선생님을 위한

챗GPT

수업 지침서

KB071332

들어가는 말

ChatGPT와 같은 인공지능 기술의 발전은 학습과 교육 분야에 혁신적인 변화를 가져올 수 있는 잠재력을 지니고 있습니다. 이러한 기술은 개인 맞춤형 학습 경험을 제공하고 다양한 언어 학습을 지원하는 동시에, 교육자료의 창의성을 증진시킵니다. 또한, 복잡한 주제를 쉽게 설명함으로써 교육의 질을 높이는 데 기여할 수 있습니다.

위 문단은 'ChatGPT의 발전이 교육에 미치는 영향'을 주제로 ChatGPT가 작성한 글입니다. ChatGPT의 등장은 디지털 대전환 시대에 미래 사회로의 변화를 더욱 빠르게 체감하게 하며, 미래 교육에 대한 고민을 촉진시키고 있습니다. 2024년부터 적용되는 '2022 개정 교육과정'에서는 모든 교과에서 인공지능·소프트웨어 교육을 포함한 디지털 기초 소양을 강조하고 있으며, 2025년부터는 AI 디지털교과서가 도입되어 인공지능 기반의 지능정보기술을 통해 개인별 맞춤 학습 기회를 제공할 예정입니다.

이러한 시대적 흐름에서 ChatGPT는 학교 현장에 많은 변화를 가져오고 있습니다. 어렵고 복잡한 질문에 대한 답을 명료하게 내놓을 뿐만이 아니라, 인간만이 가능하리라 여겼던 창작의 영역에서까지 뛰어난 성능을 보이는 ChatGPT를 마주하면서, 미래 교육이 지향해야 할 점에 대한 고민은 더욱 깊어지고 있습니다.

이 책은 이러한 학교의 변화를 연구하는 초·중·고 현직 교사들이 모여 만든 결과물이자 경험입니다. **ChatGPT의 활용과 관련된 역기능을 예방하고 윤리적인 활용 방법을 탐구하는 반면, 순기능을 교육적으로 강화하여 올바르게 ChatGPT 융합 교육을 모색하는 70가지 교육 사례를 수록하였습니다.**

국어, 수학, 영어, 정보 등 다양한 교과 속에서 ChatGPT를 활용할 수 있는 **51가지의 교과 융합형 수업 사례뿐만 아니라 11가지 창의적 체험활동 연계 사례, 3가지 학급 운영 사례, 그리고 5가지 업무 활용을 포함한 기타 활동 사례를 소개합니다.** 이를 통해 교실 속에서 실제로 적용 가능한 ChatGPT 활용 사례를 제공함으로써, 학교 현장에서의 활용도를 높였습니다.

초·중·고				
교과 연계	창의적 체험활동 연계	학급 운영	기타 활동 (업무활용 등)	합계
51주제	11주제	3주제	5주제	**70주제**

이 책은 ChatGPT의 교육적 활용에 중점을 두고, 학교 내 ChatGPT 융합 수업을 효과적으로 운영할 수 있도록 제작하였습니다. 또한 2023년 3월 14일 업데이트된 ChatGPT의 이용약관에 따라, **보호자의 동의를 받은 13세 이상 18세 미만 학생들도 학생 참여형 수업 방식으로 활용**할 수 있습니다.

이 책이 선생님, 학생, 보호자 등 교육가족 모두에게 ChatGPT를 활용한 새로운 학습 경험을 탐색하는 데 도움이 되길 바랍니다. 또한, ChatGPT의 효과적인 활용을 통해 학교 현장에서의 디지털 교육 혁신에 기여할 수 있기를 기대합니다. 여러분의 교육 여정에 이 책이 소중한 자원이 되길 바랍니다. 감사합니다.

– 저자 일동 –

차례

2. 창의적 체험활동 연계 _ 11주제 · 297

3. **학급 운영** _ 3주제 · 353

4. **기타 활동** _ 5주제 · 371

추천사

　ChatGPT의 등장은 인공지능의 빠른 발전뿐만 아니라 교육의 변화도 가속화하고 있습니다. 이 책은 ChatGPT를 효과적으로 활용하는 다양한 수업을 고민하는 선생님들에게 통찰과 방향을 제시하는 필수 가이드가 될 것입니다.
　　　　　　　　　　　　　　　　　　　　　　　　　　 - 호서대학교 전수진 교수

　이 책은 초·중·고 선생님들의 ChatGPT를 활용한 수업과 교실 현장의 고민을 70가지 주제에 담아 제공하고 있습니다. 이 책이 교실 속 올바른 ChatGPT 활용 융합 수업을 지원하는 마중물이 되기를 기대합니다.
　　　　　　　　　　　　　　　　　　　　　　　　 - 충청남도교육청 최종원 장학사

　ChatGPT의 발전은 미래교육과 디지털 교육혁신을 앞당기고 있습니다. 이 책은 ChatGPT 회원가입부터 윤리적 활용 방안, 수업 설계, 학급운영 및 업무 활용까지 담겨있는 교실 속 ChatGPT 활용 실전서입니다. 이를 바탕으로 많은 선생님들에게 실질적인 도움이 될 것이라 생각합니다.
　　　　　　　　　　　　　　　　　　　　　　　 - 인천광역시교육청 김진영 장학사

　ChatGPT는 지식전달과 창작 분야를 넘나드는 존재로서, 이 책의 다양한 교육 사례는 수업에 대한 새로운 시도와 상상을 실현해주는 매개체로 작용합니다. 미래를 이끌어갈 인재를 가르치는 모든 이에게 이 책을 추천합니다.
　　　　　　　　　　　　　　　　　　　　　　 - 조치원대동초등학교 서태성 교감

　ChatGPT의 등장은 수업 준비부터 업무 활용에 이르기까지 교육의 다양한 분야에서 변화를 줄 수 있습니다. 이 책은 ChatGPT와 생성형AI를 활용하여 교육의 변화를 추구하는 모든 교사들에게 유용한 지침을 제공할 수 있을 것입니다.
　　　　　　　　　　　　　　　　　　　　　　　　　 - 계성초등학교 조기성 교사

　교실 현장에서 수업에 대한 새로운 아이디어 창출과 영감이 필요할 때, 이 책은 단순히 지식 전달을 넘어 수업에 대한 또 다른 아이디어를 제공하는 하나의 길이 될 것 입니다. 교사의 입장에서 ChatGPT를 수업에 어떻게 활용할 수 있을지에 대한 고민을 갖고 있다면 이 책은 충분한 가이드를 제공해줄 것입니다.
　　　　　　　　　　　　　　　　　　　　　　　 - 화순제일초등학교 김도형 교사

1

ChatGPT 4.0과의
만남

1
ChatGPT란?

2007년 아이폰의 등장은 우리의 생활과 사회를 스마트폰 중심으로 바꾸는 커다란 변화를 가져왔습니다. 2016년 알파고와 이세돌의 대국은 우리에게 큰 충격을 주었으며 당시 생소하기도 했던 인공지능(AI)이 대중화되는 계기가 되었습니다. 제4차 산업혁명과 더불어 지능정보사회로의 빠른 변화 속에서 2022년 11월 공개된 대화형 AI 챗봇인 ChatGPT는 출시 2개월 만에 사용자 1억 명을 넘어서며 현재 전 세계에서 가장 큰 주목을 받고 있습니다.

ChatGPT는 인공지능 연구소인 오픈AI 사에서 개발한 대화형 AI 챗봇으로 질문을 하면 사람이 쓴 것처럼 답변해주는 채팅 서비스를 제공합니다. 간단한 질문 외에도 여행 일정 짜기, 요리법, 소프트웨어 프로그래밍, 작문 등 높은 수준의 창의적인 답변도 제공하여 기존 단순 검색 서비스를 넘어 수많은 정보를 빠르게 정제된 표현으로 제공합니다. 대규모 언어 모델을 기반으로 기계학습(Machine Learning, 머신러닝)을 통해 **사람의 언어와 대화 패턴을 학습하여 사람과 유사한 대화를 생성하고 마치 사람처럼 새로운 창작물을 만들어내는 생성형 AI(Generative AI)입니다.**

ChatGPT의 등장은 교육계에도 큰 자극제가 되고 있으며 교육의 변화를 앞당기고 있습니다. 이는 지식 전달과 암기력을 요구하는 주입식 학습 체계를 지양하고 **ChatGPT의 윤리적 활용 및 역기능 예방 방안을 고민하며 디지털 역량 기반 지능정보기술을 활용한 창의적인 융합 수업으로의 전환을 가속화**하고 있습니다.

전 세계적으로 관심을 받고 있는 ChatGPT는 여러 가지 장단점이 있으므로 이를 고려하여 활용 방안을 구상해야 합니다. 또한 꾸준히 업데이트가 되고 있어, 장점은 늘어나고, 단점은 개선될 것으로 기대됩니다. ChatGPT의 특징은 다음과 같습니다.

구분	세부 내용
장점	· 간단한 정보(특정 주제/개념)에 대해 알 수 있습니다. · 질문의 의도와 맥락을 파악하여 사람과 같은 글쓰기와 대화 능력으로 사용자 맞춤형 정보를 제공합니다. · 사용자가 대화에서 말한 것을 기억하고 해당 답변에 대한 추가 질문을 통해 대화를 이어 갈 수 있습니다. 　– 사용자가 대화에서 말한 것을 기억합니다. 　– 답변을 보고 사용자가 내용 수정을 요청할 수 있습니다. · 단순 검색 결과보다 사람과 같은 표현을 사용하여 편하고 생동감 있습니다. · 잘못된 전제를 짚어내고 부적절한 요청을 거부할 수 있습니다. 　– 사회통념상 논란이 될 수 있는 답변은 거부하거나, 윤리적인 규범에 맞춰 답변합니다. · 간단한 회원가입으로 13세 이상(18세 미만은 보호자 동의 필요)이면 무료로 사용 가능합니다. 　– 유료 버전도 출시되었습니다.
단점	· 다양한 윤리적 역기능 예방 교육이 필요합니다. 　– 표절 논란, 데이터 편향성, 저작권, 정보 도용 등 · 잘못된 답변 제공으로 인한 신뢰성 논란이 있습니다. 　– 답변의 출처를 알 수 없습니다. · 영어 기반 모델이므로, 한글로 질문할 경우 다소 속도가 느리고 답변이 짧거나 중간에 끊기는 경우 있습니다. 또한 잘못된 번역을 답하기도 합니다. 　– 영어로 질문할 경우 더 빠르고 정교하게 대답을 제공합니다.

3
ChatGPT 버전 비교(3.5 VS 4.0)

2022년 11월 30일 출시된 ChatGPT는 GPT-3.5 엔진 기반입니다. 이후 2023년 3월 14일, GPT-4 엔진이 공개되었으며 ChatGPT의 유료 상품인 ChatGPT Plus를 통해 사용이 가능합니다. 두 버전의 특징을 비교하면 아래와 같습니다.

구분	ChatGPT(GPT-3.5 기반)	ChatGPT 4.0(GPT-4 기반)
출시	2022. 11. 30.	2023. 3. 14.
인식 형태	텍스트 ※ 사용자가 입력한 텍스트에 대한 결과물을 텍스트로 출력	[멀티모달] 텍스트, 이미지 ※ 사용자가 입력한 텍스트에 대한 결과물을 텍스트 혹은 이미지로 출력 ※ 사용자가 입력한 이미지를 분석하여 결과를 텍스트로 출력 ※ ChatGPT 4.0 Plugin(추가 기능) 설치 시 결과물을 음원 파일, 그래프 등으로 출력 가능
대화 기억력	최대 4096토큰 (약 3,000개 단어)	최대 3만 2768토큰 (약 2만5,000개 단어)
언어 처리 역량 (미국 변호사 시험 기준)	하위 10% 수준	상위 10% 수준
지원 언어	영문 데이터 기반	한국어 포함 26개 언어 능력 향상

적용 범위	· 무료 버전
	· 유료 버전(ChatGPT Plus): 월 20달러
	  – 빠른 접속과 응답 속도, 풍부한 답변 등
	  – 2023. 3. 14. 이후 ChatGPT 4.0과 통합
		· 유료 버전(ChatGPT Plus): 월 20달러

기타		· 사실 기반 응답 생성 확률 40% ▲ · 허용하지 않는 콘텐츠에 응답할 가능성 85% ▼ · 그러나 기능상 한계와 오류가 있음

4
ChatGPT 회원가입 방법

ChatGPT는 웹 기반 서비스로, 간단한 회원가입 후 사용할 수 있습니다. 본 도서는 ChatGPT의 교육적 활용 방법에 중점을 두고 제작하였으며, 보호자 동의를 받은 13세 이상 18세 미만 학생들도 학생 참여형 수업의 형태로 활용할 수 있습니다.

1. ChatGPT 홈페이지에 접속하기

❶ **검색으로 접속하기** (1) 검색창에 'ChatGPT'입력하기
(2) 'Open AI(https://openai.com)' 선택하기

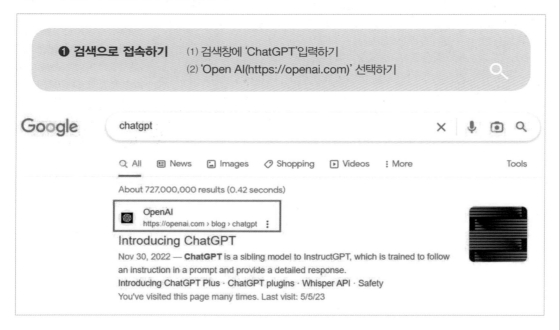

❷ **링크 또는 QR코드로 접속하기**

https://openai.com/blog/chatgpt/

2. [TRY CHATGPT ↗] 버튼 선택하기

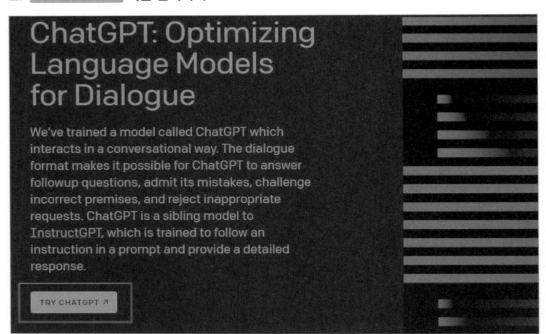

3. 회원가입을 위해 [Sign up] 선택하기

4. 계정 생성하기

구글 또는 MS 계정이 있으면 해당 계정으로 회원가입이 가능하고, 없다면 Email address에 자신의 이메일 주소를 입력하고 'continue' 선택하기

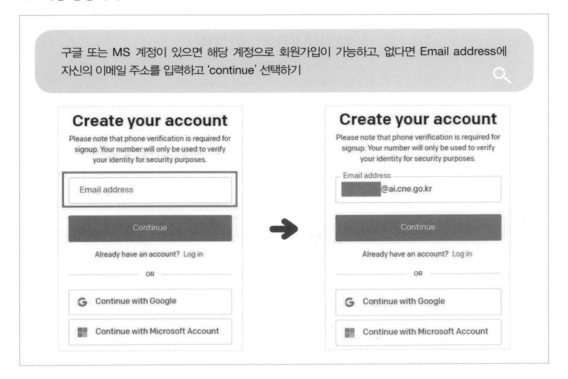

5. 비밀번호 입력 후 [continue] 선택하기

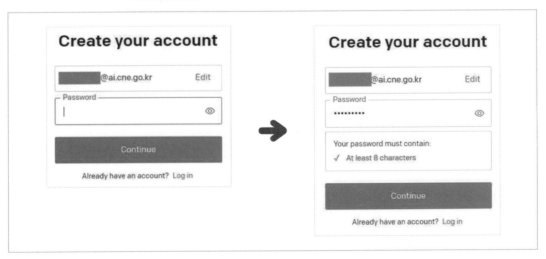

6. 이메일 인증 창이 생성되며 등록한 이메일 주소로 인증 메일이 발송됨

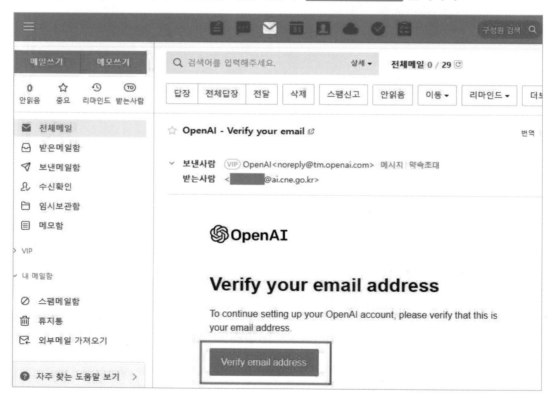

7. 이메일로 OpenAI에서 보낸 인증 메일 확인 후 [Verify email address] 선택하기

8. 이메일이 인증되면, 해당 계정으로 로그인하기

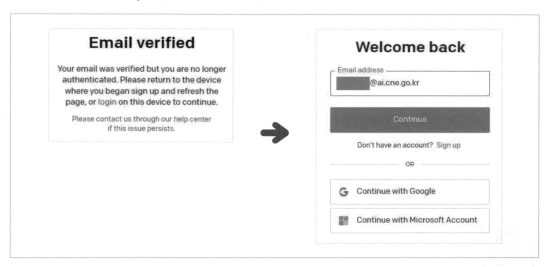

9. 이름(first name)과 성(last name)을 쓰고 [continue] 선택하기

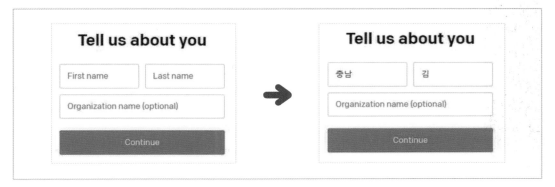

10. 이메일 인증 창이 생성되며 등록한 이메일 주소로 인증 메일이 발송됨

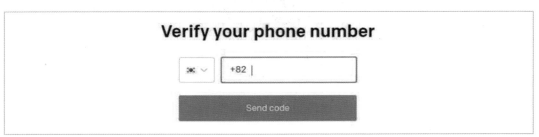

11. 휴대전화로 받은 코드 6자리를 입력하기

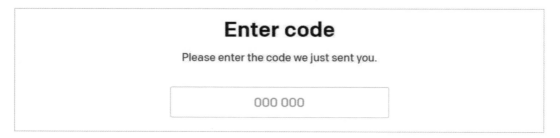

12. 로그인이 완료된 화면 확인하기

5

ChatGPT 화면 구성

ChatGPT의 화면 구성을 소개합니다.

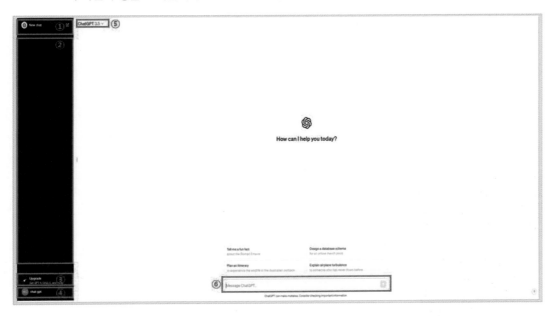

순	메뉴명	기능
①	New Chat	새로운 대화창을 만들기
②	Chat history	• ChatGPT와의 대화창들이 누가 기록됨 • 해당 대화창을 선택하면 대화창 제목을 바꾸거나 삭제할 수 있음
③	Upgrade to Plus	ChatGPT Plus(ChatGPT 4.0) 가입
④	··· (더보기)	Clear Conversation(모든 대화창 삭제), Setting(light mode와 dark mode 중 선택 등), 도움말 & FAQ, 로그아웃
⑤	인터페이스	ChatGPT 3.5 혹은 ChatGPT 4.0로 인터페이스를 변경하는 곳
⑥	Prompt(프롬프트)	• 질문을 입력하는 곳(질문 창) • 질문 창에 질문하는 내용 예) 안녕

6
ChatGPT에게 올바르게 질문하는 방법

ChatGPT의 화면 하단 질문 창(프롬프트)에 다양한 질문 유형으로 질문하여 대화를 할 수 있습니다. 또한 원하는 답변을 얻을 수 있도록 올바르게 질문해야 합니다.

1. 다양한 질문 유형

질문 유형 ① (정답이 있는 질문)   "우리나라의 수도는 어디야?"

※ ChatGPT는 한글로 작성했을 경우 '우리나라'라고 질문해도 대한민국으로 이해하고 답변합니다.

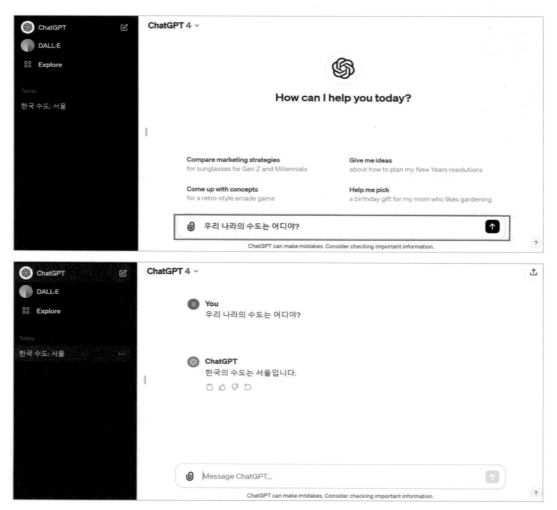

질문 유형 ② (기존 질문에 추가 질문)

"서울에 대해 소개해줘"

 질문 유형 ③ (정답이 없는 질문)

"냉장고에 있는 계란, 김치, 햄을 사용해서 만들 수 있는 요리를 알려줘"

※ 다른 주제로 질문을 하고 싶을 경우 기존 대화에 이어서 다른 주제의 질문을 하거나, 왼쪽 상단 [+ ChatGPT]를 선택하고 다른 주제로 대화 범주를 정할 수 있습니다.

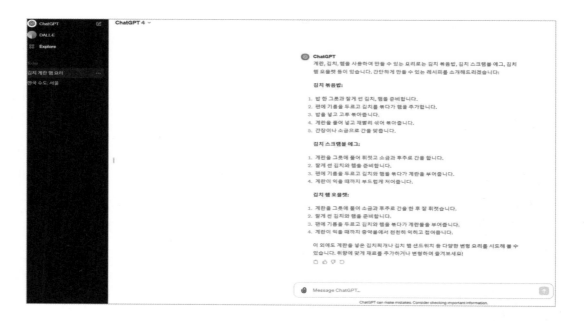

질문
유형
④
(창의성을 요구하는 질문)

"생일 선물을 기다리는 아이의 설렘이 담긴 시를 써줘"

ChatGPT

생일 새벽, 창문 틈새로
별빛이 살포시 내려앉네
아직은 어린 시간 속에서
선물 상자를 그려보는 아이

부풀어 오르는 마음가득
리본의 색깔을 상상해
무엇이 기다리고 있을까
꿈결 같은 생일의 기대 속에

조심스레 손을 내밀어
리본을 풀어보는 순간을
시곗바늘은 천천히 옮겨가며
아이의 두 눈은 반짝임을 잃지 않네

행복이 깃든 케이크 위로
촛불이 하나 둘 켜지면서
아이는 소원을 빌어보네
선물상자 뒤에 숨은 사랑을 느끼며

아직은 모르는 세상 속으로
한 발짝 나아가는 그 작은 발걸음에
생일의 기쁨이 깃든 향기로움을
어른이 되어도 잊지 말길 바래

The image of a child sitting in a cozy room early in the morning, eyes filled with anticipation for a birthday gift, has been created above.

Message ChatGPT...

ChatGPT can make mistakes. Consider checking important information.

2. ChatGPT에게 원하는 답변을 얻기 위해 올바르게 질문하는 방법

ChatGPT는 학습한 수많은 정보를 바탕으로 질문에 대해 사람이 쓴 것처럼 답변해주며, 간단한 질문부터 복잡하고 창의성을 요구하는 질문에도 빠르게 답변합니다.

이러한 ChatGPT를 학교 현장에 효과적으로 활용하기 위해서는 원하는 정보를 답변으로 얻기 위해 다음과 같은 방법으로 올바르게 질문하는 힘을 길러야 합니다.

1 큰 개념에서 작은 개념으로 구체적으로 설명하기

· 맛있는 음식을 알려줘

➜ '오징어, 김치, 양파'로 만들 수 있는 맛있는 음식을 알려줘

2 궁금한 표현(핵심어)을 찾아 추가 질문하기

· 오징어찌개는 어떻게 요리하는 거니?

· 오징어찌개는 요리하는데 보통 얼마나 걸리니?

3 맥락이나 단서 제시하기

· 충청남도에 대해 알려줘

➜ 충청남도를 여행하려는데 가볼 만한 관광지를 추천해줘

4 예시 요청하기

· 환경 문제를 설명해줄 수 있니?

➜ 환경 문제를 몇 가지 예와 함께 설명해줄 수 있니?

## 7

한글 질문 시 한/영 번역 방법: 번역기, 크롬 확장 프로그램
[프롬프트 지니]

ChatGPT는 미국에서 만든 대화형 AI 챗봇이므로, 한글로 질문했을 때 영어보다 다소 느리게 한글로 답변하며 정확성이 부족할 수 있습니다. 또한 답변이 중간에 끊기거나 잘못된 번역을 답하는 경우가 있습니다. 이를 보완하는 방법으로 번역기나 관련 크롬 확장 프로그램(프롬프트 지니)을 사용할 수 있습니다.

1. 번역기 사용하기 : 파파고, 구글 번역 등

① 파파고, 구글 번역기 등으로 우리말 질문을 영어로 변환하여 질문 창(프롬프트)에 복사하여 입력합니다.
② 해당 페이지 아무 곳에 '마우스 우클릭 〉한국어 번역'을 선택합니다. (웹 브라우저마다 상이할 수 있음)
  또는 영어 답변을 다시 파파고, 구글번역기 등을 통해 한글로 변환합니다.

▶ 파파고, 구글 번역 등으로 우리말 질문을 영어로 변환하기

▶ 영어로 변환한 질문을 ChatGPT의 질문 창(프롬프트)에 복사하여 입력하기

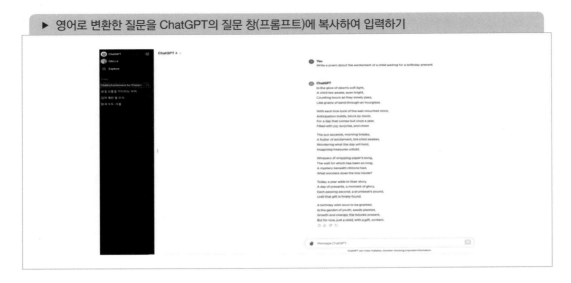

You
Write a poem about the excitement of a child waiting for a birthday present.

ChatGPT
In the glow of dawn's soft light,
A child lies awake, eyes bright,
Counting hours as they slowly pass,
Like grains of sand through an hourglass.

With each tick-tock of the wall-mounted clock,
Anticipation builds, block by block,
For a day that comes but once a year,
Filled with joy, surprise, and cheer.

The sun ascends, morning breaks,
A flutter of excitement, the child awakes,
Wondering what the day will hold,
Imagining treasures untold.

Whispers of wrapping paper's song,
The wait for which has been so long,
A mystery beneath ribbons tied,
What wonders does the box inside?

Today, a year adds to their story,
A day of presents, a moment of glory,
Each passing second, a drumbeat's pound,
Until that gift is finally found.

A birthday wish soon to be granted,
In the garden of youth, seeds planted,
Growth and change, the future's present,
But for now, just a child, with a gift, content.

뒤로	Alt+왼쪽 화살표
앞으로	Alt+오른쪽 화살표
새로고침	Ctrl+R
다른 이름으로 저장...	Ctrl+S
인쇄...	Ctrl+P
전송...	
Google로 이미지 검색	
내 기기로 보내기	
이 페이지의 QR 코드 생성	
한국어(으)로 번역	
Google에서 이미지 설명 가져오기	▶
페이지 소스 보기	Ctrl+U
검사	

Message ChatGPT...

ChatGPT can make mistakes. Consider checking important information.

너
생일 선물을 기다리는 아이의 설렘을 시로 써 보세요.

채팅GPT
새벽의 은은한 빛 속에 어린아이가 깨어 누워 있고, 눈은 빛나고, 모래시계를 통과하는 모래알처럼 천천히 시간을 세고 있습니다.

벽시계가 똑딱거릴 때마다 기대감이 한 블록씩 쌓이고, 일년에 한 번 오는 하루에 대해 기쁨과 놀라움과 환호로 가득 차 있습니다.

해가 뜨고, 아침이 밝아오고, 설렘이 넘쳐 아이는 깨어납니다. 오늘은 무슨 일이 일어날지 궁금해하며, 말할 수 없는 보물을 상상합니다.

포장지의 속삭임, 오랜 기다림, 묶인 리본 아래의 미스터리, 그 안에 담긴 상자는 어떤 경이로움을 품고 있을까?

오늘, 그들의 이야기에 1년이 더해집니다. 선물의 날, 영광의 순간, 매 초마다 드럼 비트의 파운드, 그 선물이 마침내 발견될 때까지.

곧 이뤄질 생일 소원, 청춘의 정원에 씨앗이 심어졌습니다. 성장과 변화, 미래의 현재, 그러나 지금은 단지 아이, 선물, 콘텐츠가 있습니다.

28

▶ 영어 답변을 다시 파파고, 구글 번역기 등을 통해 한글로 변환하기

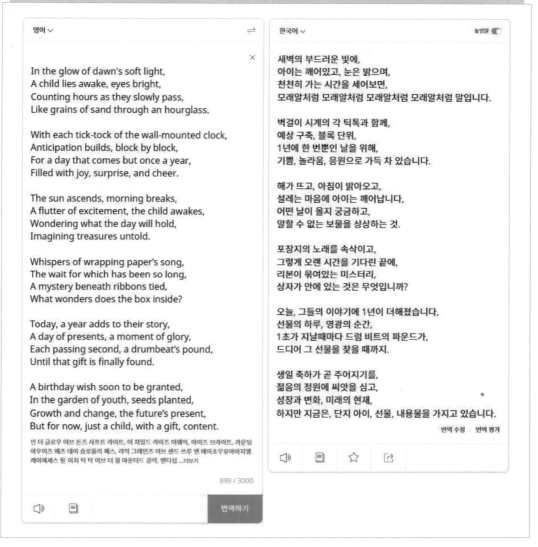

영어 ∨   ⇌

×

In the glow of dawn's soft light,
A child lies awake, eyes bright,
Counting hours as they slowly pass,
Like grains of sand through an hourglass.

With each tick-tock of the wall-mounted clock,
Anticipation builds, block by block,
For a day that comes but once a year,
Filled with joy, surprise, and cheer.

The sun ascends, morning breaks,
A flutter of excitement, the child awakes,
Wondering what the day will hold,
Imagining treasures untold.

Whispers of wrapping paper's song,
The wait for which has been so long,
A mystery beneath ribbons tied,
What wonders does the box inside?

Today, a year adds to their story,
A day of presents, a moment of glory,
Each passing second, a drumbeat's pound,
Until that gift is finally found.

A birthday wish soon to be granted,
In the garden of youth, seeds planted,
Growth and change, the future's present,
But for now, just a child, with a gift, content.

인 더 글로우 어브 돈즈 사프트 라이트, 어 차일드 라이즈 어웨익, 아이즈 브라이트, 카운팅
아우어즈 애즈 데이 슬로울리 패스, 라익 그레인즈 어브 샌드 쓰루 앤 에이초우유아아지엘
레이에세스 윝 이치 틱 탁 어브 더 월 마운터드 클럭, 앤터섭 ...더보기

899 / 3000

🔊   📖   번역하기

한국어 ∨   높임말 ⬤

새벽의 부드러운 빛에,
아이는 깨어있고, 눈은 밝으며,
천천히 가는 시간을 세어보면,
모래알처럼 모래알처럼 모래알처럼 모래알처럼 말입니다.

벽걸이 시계의 각 틱톡과 함께,
예상 구축, 블록 단위,
1년에 한 번뿐인 날을 위해,
기쁨, 놀라움, 응원으로 가득 차 있습니다.

해가 뜨고, 아침이 밝아오고,
설레는 마음에 아이는 깨어납니다,
어떤 날이 올지 궁금하고,
말할 수 없는 보물을 상상하는 것.

포장지의 노래를 속삭이고,
그렇게 오랜 시간을 기다린 끝에,
리본이 묶여있는 미스터리,
상자가 안에 있는 것은 무엇입니까?

오늘, 그들의 이야기에 1년이 더해졌습니다,
선물의 하루, 영광의 순간,
1초가 지날때마다 드럼 비트의 파운드가,
드디어 그 선물을 찾을 때까지.

생일 축하가 곧 주어지기를,
젊음의 정원에 씨앗을 심고,
성장과 변화, 미래의 현재,
하지만 지금은, 단지 아이, 선물, 내용물을 가지고 있습니다.

번역 수정 │ 번역 평가

🔊   📄   ☆   ⬆

2. 크롬 확장 프로그램 사용하기: 프롬프트 지니

크롬 확장 프로그램 중 하나인 '프롬프트 지니'는 자동 번역 프로그램입니다. 프롬프트 지니를 설치하고 한글로 질문했을 때 영어로 자동 번역되며, 영어로 받은 답변을 다시 한글로 자동 번역합니다. 프롬프트 지니 활용을 위해 크롬 브라우저를 사용합니다.

1 크롬에서 '프롬프트 지니' 검색하기

2 [프롬프트 지니: ChatGPT 자동 번역기] 선택하기

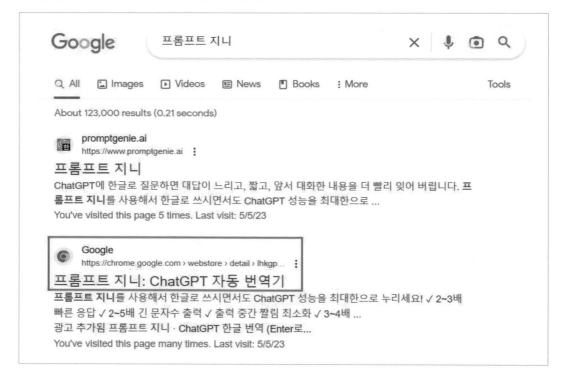

3 [Chrome에 추가] 선택하기

4 [확장 프로그램 추가] 선택하기

5 프롬프트 지니가 설치된 화면(프롬프트 하단 보라색: 말풍선 아이콘. '번역해서 질문')

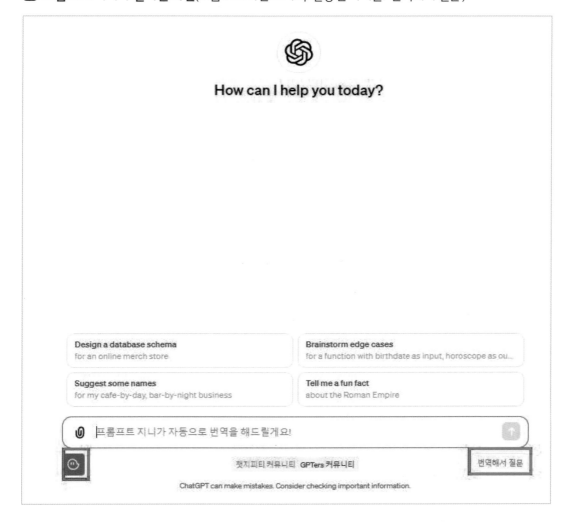

6 프롬프트 지니 아이콘을 눌러 '자동 번역' 활성화하기

7 질문 창(프롬프트)에 우리말로 질문하기

8 영어로 자동 번역된 질문과 답변 확인하기

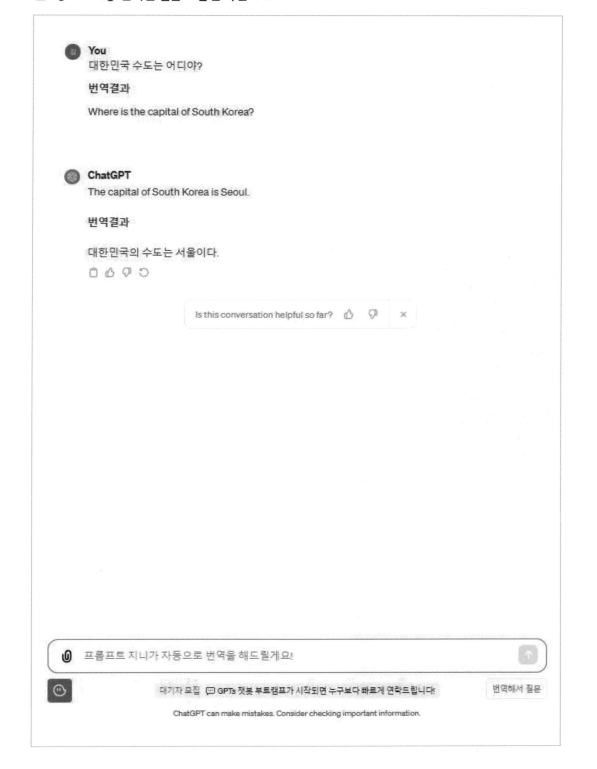

You
대한민국 수도는 어디야?

번역결과

Where is the capital of South Korea?

ChatGPT
The capital of South Korea is Seoul.

번역결과

대한민국의 수도는 서울이다.

Is this conversation helpful so far? 👍 👎 ✕

프롬프트 지니가 자동으로 번역을 해드릴게요!

대기자 모집 💬 GPTs 챗봇 부트캠프가 시작되면 누구보다 빠르게 연락드립니다!   번역해서 질문

ChatGPT can make mistakes. Consider checking important information.

8
ChatGPT 4.0의 새로운 기능들 활용하기

1. 이미지 생성하기

ChatGPT 4.0은 2023년 10월 대규모 업데이트를 통해 이미지 생성 인공지능인 DALL·E 3를 사용할 수 있게 되었습니다. 이를 통해 텍스트를 입력하여 이미지를 생성하거나 이미지를 분석하여 데이터를 만들 수 있습니다.

1 이미지 생성하기

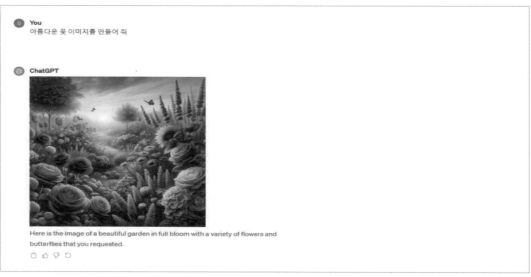

2 이미지 분석하기

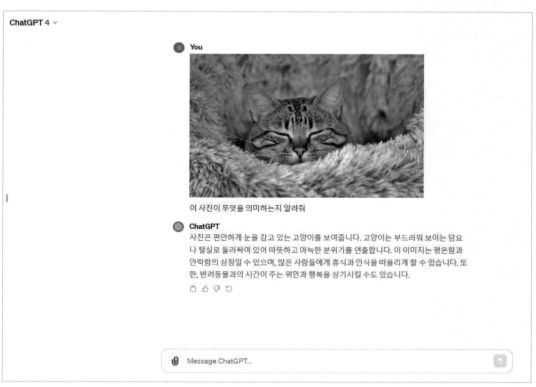

2. 웹 검색으로 정보 요청하기

이전의 ChatGPT는 웹 검색을 지원하지 않았기 때문에 인공지능이 학습한 데이터 이외의 정보를 얻을 수 없었습니다. 그러나 최근 업데이트를 통해 마이크로소프트의 검색 브라우저 'Bing'을 통해서 최신 정보를 검색하고 답변을 생성할 수 있게 되었습니다.

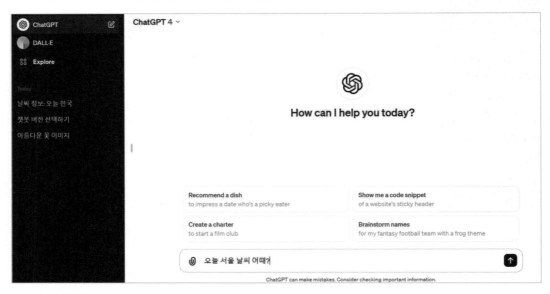

ChatGPT 4.0의 윤리적 활용 방안과 역기능 예방

9

ChatGPT(4.0 포함)의 등장은 인공지능의 빠른 발전과 더불어 교육 분야의 변화도 앞당기고 있습니다. 그러나 ChatGPT(4.0 포함)를 악용되거나 오용하지 않고 교육적으로 건강하게 활용을 위해선 ChatGPT(4.0 포함)의 역기능 예방을 통한 윤리적 활용 방안도 함께 모색해야 합니다.

1 표절 예방

국내 국제학교 학생들이 ChatGPT로 과제를 대필하여 전원 0점 처리된 사건이 큰 화제가 되었습니다. 이처럼 인공지능으로 도출한 결과물을 그대로 과제물이나 논문 등으로 사용하는 표절 문제를 예방하기 위해 올바른 윤리 의식을 강화하는 윤리교육이 병행되어야 합니다.

2 데이터 편향성 예방

2018년 아마존은 인공지능 채용 시스템이 '여성'이라는 단어가 들어가면 부정적으로 파악하자 이를 폐기했습니다. 이처럼 인공지능은 인종, 성별, 문화, 차별과 혐오 등 편향된 데이터를 학습하여 편향된 결과를 출력할 수 있으므로 인공지능의 개발자 윤리와 더불어 학생들의 사용자 윤리교육도 강화해야 합니다.

3 저작권 침해(정보 도용) 예방 및 저작권 소유 문제 논의

ChatGPT는 정보를 학습하면서 지식재산권이 있는 데이터도 학습과정에서 활용할 수 있으므로 정보 도용에 대한 문제가 발생할 수 있습니다. 또한 이를 기반으로 새로운 영역을 만들어 냈을 때 그 저작권의 소유(질문한 사람, ChatGPT, 학습 데이터 저작자 등)에 대한 고민도 필요합니다. 사회적 합의가 필요한 문제인 만큼 올바른 저작권 교육이 선행되어야 합니다.

4 신뢰성 회복(잘못된 정보, 가짜 뉴스 등 예방)

ChatGPT는 인터넷의 수많은 정보를 데이터 세트로 하기에 잘못된 정보를 제공하거나 존재하지 않는 사실을 근거로 제시하는 문제가 발생하여 답변의 신뢰성이 부족할 수 있으므로, 정보를 그대로 받아들이지 않고 다양한 관점에서 정보를 체계적으로 확인하는 비판적 사고력을 키우는 교육이 필요합니다.

※ 할루시네이션(Hallucination, 환각) 현상
 - 인공지능이 오류가 있는 데이터를 학습해 틀린 답변을 맞는 말처럼 제시하는 현상

2

ChatGPT 4.0
활용 교육 사례

1 교과 연계

ChatGPT와 함께 봄 친구들을 무리 짓기

① 수업 미리보기

대상학년	초등학교 1학년	과목	통합교과	준비물	PC 또는 노트북

학습 주제	ChatGPT와 함께 무리 짓기

관련 성취 기준

2015 개정 교육과정 | [2슬02-03] 봄이 되어 볼 수 있는 다양한 동식물을 찾아본다.

2022 개정 교육과정 | [2슬01-04] 사람과 자연, 동식물이 어우러져 사는 생태를 탐구한다.
[2슬04-03] 경험한 것 중에서 관심 있는 주제를 정하고 조사한다.

시작하며

＊ **초등학교 1학년 통합 교과에서 ChatGPT와 함께 학생들 수준에 맞는 다양한 동식물의 무리 짓기 기준을 제시하는 수업입니다.**

ChatGPT는 사용자가 입력한 정보를 분석, 요약, 정리할 수 있을 뿐 아니라, 특정한 기준으로 데이터를 분류할 수도 있습니다. 이를 활용하여 통합교과 무리 짓기 수업 시간에 학생들이 어려워하는 무리 짓기 활동을 보조하거나, 학생들이 미처 생각하지 못했던 새로운 관점을 제시하여 생각을 확장하는 데 도움을 줄 수 있습니다.
먼저, **학생들은 경험을 바탕으로 봄에 볼 수 있는 다양한 동·식물을 알아봅니다.** 그리고 학생들은 **자신이 세운 기준에 따라 동·식물을 무리 짓기를 합니다.** 그 후, 교사가 **ChatGPT에게 질문하여 얻은 답변(기준)을 참고하여 학생들은 무리 짓기를 합니다.** 교사는 ChatGPT를 활용하여 학생들에게 다양한 관점과 경험을 제공할 수 있습니다.

수업의 흐름 한눈에 살펴보기

동기 유발	………	봄 나들이를 한 경험 이야기 하기
활동1	………	봄에 볼 수 있는 다양한 동·식물 알아보기
활동2	………	자신이 세운 기준에 따라 무리 짓기
활동3	………	ChatGPT와 함께 무리 짓기
정리	………	활동 소감 나누기

수업 전 생각해보기

♥ 교사는 ChatGPT가 생성한 시 표현에 인종, 성별, 차별과 혐오 등 편향된 표현이 없는지 확인 후 학생에게 제공합니다.

♥ 교사는 ChatGPT에게 이미지를 요청할 때, 검색된 이미지가 학생들에게 부적절한 요소는 없는지 확인 후, 학생에게 제공합니다.

② **수업 톺아보기**

교수·학습과정안을 통하여 수업 흐름을 자세히 살펴보겠습니다.

---

1 도입

동기유발

• **봄 나들이를 한 경험 이야기하기**
  - 봄 나들이를 하며 어떤 것들을 보았는지 이야기해 봅시다.
  ※ 학생들이 봄에 대한 경험을 자유롭게 이야기하도록 하여 수업에 대한 흥미를 가지게 합니다.

---

2 전개

활동1 봄에 볼 수 있는 다양한 동·식물 알아보기

• **봄에 볼 수 있는 다양한 동·식물을 이야기해 봅니다.**
  - 봄에 볼 수 있는 동물과 식물은 무엇이 있는지 이야기해 봅시다.

〈학생들의 발언〉
벌, 나비, 민들레, 튤립, 소금쟁이, 개나리, 개구리 등이 있습니다.

활동2 자신이 세운 기준에 따라 무리 짓기

• **활동1** 에서 이야기한 봄에 볼 수 있는 다양한 동·식물을 자신이 세운 기준에 따라 무리 짓기

〈학생들의 작품〉
  • 동물: 벌, 나비, 소금쟁이, 개구리
  • 식물: 민들레, 튤립, 개나리

ChatGPT와 함께 무리 짓기

- **교사가 ChatGPT에게 무리 짓기 활동에서 사용할 수 있는 기준 요청하기**

  ※ 교사는 적절한 용어를 사용하여 1학년 학생들이 이해하기 쉬운 수준의 답변을 얻을 수 있도록 질문합니다.

 1학년 학생들과 봄에 볼 수 있는 다양한 동·식물을 가지고 무리 짓기 활동을 하고 싶어, 이 때 사용할 수 있는 기준에는 어떤 것들이 있을까?

 초등학교 1학년 학생들이 이해하기 쉬운 기준을 사용하여 봄철 동식물을 분류하려면, 좀 더 간단한 방식을 고려해야 합니다.

1. 색깔: 동식물들의 색깔에 따라 분류할 수 있습니다. 예를 들어, 노란 꽃, 빨간 꽃, 푸른 잎 등으로 구분할 수 있습니다.
2. 크기: 동식물들의 크기에 따라 분류할 수 있습니다. 큰 나무, 작은 나무, 큰 꽃, 작은 꽃 등으로 구분할 수 있습니다.
3. 모양: 동식물들의 모양에 따라 분류할 수 있습니다. 예를 들어, 원형의 잎, 세모 모양의 잎, 별 모양의 꽃, 하트 모양의 꽃 등으로 구분할 수 있습니다.
4. 동물의 특징: 동물들의 특징을 기준으로 분류할 수 있습니다. 예를 들어, 날개가 있는 동물(새, 나비 등), 물 속에서 살고 있는 동물(물고기, 개구리 등), 꼬리가 긴 동물 등으로 구분할 수 있습니다.

이러한 간단한 기준을 사용하여 학생들이 동식물을 분류하고 이해하는 데 도움이 될 것입니다. 여러 가지 동식물을 관찰하면서 학생들이 자연에 대한 흥미를 느낄 수 있도록 안내하세요.

- **교사는 ChatGPT에게 무리 짓기 예시 요청하기**

 그럼 네가 세운 기준 중 하나를 활용하여 벌, 나비, 민들레, 튤립, 소금쟁이, 개나리, 개구리로 무리 짓기를 할 수 있어?

 물론입니다. 제가 세운 기준 중 동·식물들의 서식지를 기준으로 무리짓기를 해보겠습니다.

1. 땅 위에서 생활하는 것: 벌, 나비, 민들레, 튤립, 개나리
2. 물가 근처에서 생활하는 것: 개구리, 소금쟁이

- **ChatGPT가 제시한 무리 짓기 예시를 참고하여 다양하게 무리 짓기**

  ※ 교사는 ChatGPT에게서 받은 답변을 받은 답변을 무리 짓기를 어려워하는 학생들이 참고할 수 있도록 안내
  합니다. 이때 ChatGPT가 제시한 무리 짓기 예시를 그대로 따르지 않고 참고하여 자유롭게 무리 짓기 활동을
  할 수 있도록 지도합니다.

〈학생들의 작품〉

- 다리가 있는 것: 벌, 나비, 개구리
- 다리가 없는 것: 민들레, 튤립, 개나리, 지렁이

3 정리

- **활동 소감 나누기**

ChatGPT와 함께 우리나라의 세시 풍속 달력 만들기

① 수업 미리보기

| 대상학년 | 초등학교 3학년 | 과목 | 사회 | 준비물 | PC 또는 노트북 |

| 학습 주제 | ChatGPT와 함께 우리나라의 세시 풍속 달력 만들기 |

관련 성취 기준

2015 개정 교육과정 | [4사02-04] 옛날의 세시 풍속을 알아보고, 오늘날의 변화상을 탐색하여 공통점과 차이점을 분석한다.

2022 개정 교육과정 | [4과13-02] 옛날 풍습에 대해 알아보고, 오늘날과 비교하여 변화상을 파악한다.

시작하며

* 초등학교 3학년 사회 교과에서 ChatGPT로 우리나라의 다양한 옛날 세시 풍속을 알아보고 세시 풍속 소개 달력을 만들어보는 수업입니다.

ChatGPT 4.0은 이미지 생성형 인공지능인 Dall-E 3을 사용할 수 있어 요청하는 이미지를 생성하여 출력할 수 있습니다. 이를 활용한다면 학생들이 직접 그림을 그리지 않고 ChatGPT 4.0으로 만든 이미지를 사용하여 달력 등을 만들 수 있습니다.

이번 수업에서 교사는 ChatGPT를 활용하여 우리 나라의 다양한 세시 풍속에 대한 정보와 세시 풍속 소개 달력에 사용할 세시 풍속 이미지를 추출하여 학생들에게 제공합니다. 학생들은 교사가 제공한 세시 풍속에 대한 정보와 이미지를 바탕으로 자신만의 세시 풍속 달력을 만들어 봅니다.

수업의 흐름 한눈에 살펴보기

동기 유발	………	설날에 겪었던 나의 경험 이야기하기
활동1	………	우리나라의 다양한 옛날 세시 풍속 알아보기
활동2	………	세시 풍속 달력 계획하기
활동3	………	우리나라의 옛날 세시 풍속을 소개하는 달력 만들기
정리	………	활동 소감 나누기

수업 전 생각해보기

♥ 교사는 ChatGPT가 제공하는 정보의 사실 여부를 파악하는 과정을 통해 올바른 인터넷 속 정보 활용법에 대해 지도합니다.

♥ 미술 교과와 연계하여 우리 민족의 세시 풍속을 즐기는 모습을 그린 옛날 그림을 살펴보고, ChatGPT를 활용해 자신만의 세시 풍속 그림을 표현하도록 지도할 수 있습니다.

② 수업 톺아보기

교수·학습과정안을 통하여 수업 흐름을 자세히 살펴보겠습니다.

---

1 도입

동기유발

- **설날에 겪었던 나의 경험 이야기하기**
  - 설날에 겪은 나의 경험을 이야기해 봅시다.
  ※ 이때, 자신의 설날 경험을 통해 세시 풍속에 대한 궁금증을 갖게 합니다.

---

2 전개

활동1 **우리나라의 다양한 옛날 세시 풍속 알아보기**

- **교사는 ChatGPT에게 우리나라의 다양한 세시 풍속에 대한 정보 요청하기**
  ※ 교사는 ChatGPT에게 세시 풍속에 대한 정보를 요청하고, ChatGPT가 제공한 정보에 오류가 없는지 확인하고 학생들에게 안내합니다.

 우리나라의 다양한 옛날 세시 풍속에 대해 알려줘.

 한국의 옛날 세시 풍속은 고려, 조선 시대를 거쳐 발전해 온 전통적인 생활 문화를 의미합니다. 주요한 세시 풍속에는 설날, 단오, 추석 등의 명절과 관련된 풍속이 포함되어 있습니다.

1. 설날 (구정): 한국의 가장 큰 명절로, 음력 1월 1일을 말합니다. 이 기간 동안 가족이 모여 새해를 맞이하고, 조상을 기리는 차례와 세배를 올립니다. 또한 전통 음식인 떡국을 먹는 풍속이 있습니다.
2. 대보름 (정월대보름): 음력 1월 15일에 있으며, 이날 부럼(견과류)을 깨물며 건강을 기원하고, 오곡밥을 먹으며 풍년을 기원합니다. 달집태우기, 줄다리기 같은 민속놀이도 이루어집니다.
3. 단오: 음력 5월 5일에는 '단오'를 맞아 여러 가지 민속 놀이와 음식을 즐깁니다. 여성들은 그네를 타거나 창포물에 머리를 감고, 남성들은 씨름을 하는 등 다양한 행사가 열립니다.
4. 추석: 한국의 가을 풍속 중 가장 큰 것은 '추석'입니다. 이때에는 고향에 내려가 가족과 함께 추석 음식을 만들고, 차례를 지내며 조상들께 차례를 지냅니다.
5. 동지: 겨울에는 '동지'를 맞아 팥죽을 끓여 먹는 습관이 있습니다. 이는 추운 겨울철에 몸을 뜨겁게 하기 위한 목적도 있지만, 팥죽을 먹음으로써 1년 동안 몸속의 나쁜 기운이나 악을 쫓아내는 의미를 갖고 있습니다.

- **교사는 ChatGPT에게 세시 풍속에 대한 더 자세한 정보 요청하기**

  ※ ChatGPT가 제공한 정보가 단편적이라면 교사는 더 자세한 정보를 요청할 수 있습니다.

 한국의 설날에 대해 자세하게 설명해 주겠니?

 한국의 설날은 음력으로 1월 1일을 말하며, 한국에서 가장 중요한 명절 중 하나입니다. 그동안의 노동과 피로를 쉬고 가족들과 함께 새해를 맞이하며, 조상을 기리고 풍습을 이어나가는 문화적 의미를 지니고 있습니다.

설날 당일 가장 먼저 해야 할 일은 세배입니다. 세배는 조상을 기리며, 새해 복 많이 받기를 기원하는 의식입니다.

설날에는 전통적으로 떡국을 먹습니다. 이는 한 해를 더 먹어서 나이를 먹는다는 의미로, 떡국을 먹음으로써 새해의 축복과 행운을 기원합니다.

많은 사람들이 설날에는 전통 의상인 한복을 착용합니다. 특히 어린이나 젊은이들이 한복을 입는 모습을 볼 수 있습니다.

이렇게 다양한 전통과 의식이 있는 설날은, 한국 사람들에게 가족의 소중함과 조상들을 기리는 중요한 시간으로 여겨집니다.

활동2 세시 풍속 달력 계획하기

- **교사는 ChatGPT에게 세시 풍속을 소개하는 달력을 만들기 위한 이미지 요청하기**

  ※ 교사는 ChatGPT에게 세시 풍속에 대한 이미지를 요청하고, ChatGPT가 제공한 이미지가 걸맞은지 확인한 뒤 학생들에게 안내할 수 있습니다.

 설날의 모습을 그려줘.

- **교사는 ChatGPT에게 구체적으로 이미지 요청하기**

  ※ ChatGPT가 제공한 이미지가 걸맞지 않다면 교사는 더 구체적으로 이미지를 요청할 수 있습니다.

설날에 한복 입은 어린이가 연날리기를 하고 있는 모습을 그려줘.

활동3 **우리나라의 옛날 세시 풍속을 소개하는 달력 만들기**

- ChatGPT가 제시한 세시 풍속 이미지를 해당 세시 풍속이 속한 달의 뒷면에 붙이고 세시 풍속을 소개하는 글을 적어 달력 완성하기

학생이 만든 1월 세시 풍속 달력	
	- 설날(음력 1월 1일) - 설날에는 전통 의상인 한복을 입고 가족들이 다 함께 식탁에 둘러앉아 떡국을 먹습니다. 그리고 밖에서 우리나라의 민속놀이인 연날리기를 합니다.

3 정리

- 활동 소감 나누기

## 03

ChatGPT로 동물의 한살이 조사하기

① 수업 미리보기

대상학년	초등학교 3학년		과목	과학		준비물	PC 또는 노트북

학습 주제	ChatGPT를 활용하여 동물의 한살이 조사하기

관련 성취 기준

2015 개정 교육과정	[4과10-03] 여러 가지 동물의 한살이 과정을 조사하여 동물에 따라 한살이의 유형이 다양함을 설명할 수 있다.
2022 개정 교육과정	[4과04-03] 생물의 한살이 과정을 조사하여 생물에 따라 한살이의 유형이 다양함을 소개하는 자료를 만들어 공유할 수 있다.

시작하며

* 초등학교 3학년 과학 교과에서 동물의 한살이를 알아보고 ChatGPT와 함께 동물의 한살이를 조사하는 수업입니다.

교사는 ChatGPT를 활용해 동물의 한살이를 조사하고, 관련 이미지를 제공받아 학생들에게 제공합니다. 내가 좋아하는 동물에 대해 알아보는 과정을 통해 동물의 한살이를 재밌게 배울 수 있습니다. ChatGPT 4.0는 2023년 10월 업데이트를 통해서 사용자가 원하는 이미지를 생성할 수 있습니다. **교사는 동물의 한살이를 잘 나타내는 지시어를 활용하여 그림 자료를 만들어 봅니다.**

마지막으로, **나만의 방법으로 동물의 한살이를 정리해봅시다.** 인공지능이 제시한 다양한 자료를 바탕으로 나만의 방법(글과 그림)으로 표현합니다.

수업의 흐름 한눈에 살펴보기

동기 유발	┈┈┈	내가 좋아하는 동물 소개하기
활동1	┈┈┈	내가 좋아하는 동물의 한살이 조사하기
활동2	┈┈┈	동물의 한살이를 그림으로 알아보기
활동3	┈┈┈	나만의 방법으로 동물의 한살이 정리하기
정리	┈┈┈	내가 정리한 동물의 한살이 발표하기

수업 전 생각해보기

♥ ChatGPT 4.0는 유료 버전이기 때문에 교사가 이를 미리 숙지하여 이미지를 생성하는 과정을 준비해야 합니다

♥ ChatGPT 4.0의 답변에 오류가 없는지 사전에 검토한 후에 학생들에게 제공하여 동물의 한살이에 관한 오개념이 발생하지 않도록 합니다.

② **수업 톺아보기**

교수·학습과정안을 통하여 수업 흐름을 자세히 살펴보겠습니다.

---

1 ┊ 도입

동기유발

- **내가 좋아하는 동물 소개하기**

  ※ 내가 좋아하는 동물과 그 까닭을 발표해봅시다.

▲ 좋아하는 동물(출처: 픽사베이)

---

2 ┊ 전개

활동1 **내가 좋아하는 동물의 한살이 조사하기**

- **교사는 동기유발에서 언급되었던 수달을 선택하여 ChatGPT에게 동물의 한살이에 대해 질문하기**

  ※ 교사는 ChatGPT의 답변에 잘못된 부분이 없는지 잘 살펴본 후, 있다면 학생들에게 알려줍니다.

 수달의 한살이를 자세히 알려줘.

 수달의 한살이를 자세히 알려 드리면 다음과 같습니다.

1. 평균 수명
   수달의 평균 수명은 대개 8~10년 정도입니다. 그러나 일부는 15년 이상 살아남을 수도 있습니다.
2. 성장과 생활
   수달은 태어난 후 2~3년 정도는 어미와 함께 지내며 자랍니다. 성체가 된 후에는 대개 혼자서 생활합니다. 물가에 서식하며 물고기, 개구리, 오징어, 조개 등을 먹으며, 물속에서 뛰어다니고 헤엄칩니다.

3. 멸종 위기

   수달은 물이 오염되거나 서식지가 파괴되는 등의 환경문제로 인해 멸종 위기에 처해있습니다. 보호와 관리가 필요한 종으로 지정되어 있습니다.

4. 생태계의 역할

   수달은 생태계에서 중요한 역할을 합니다. 물가에서 먹이사슬의 최상위에 위치하며, 수많은 동물들의 생태적 균형을 유지하는 역할을 합니다.

5. 문화적 · 예술적 상징성

   수달은 여러 문화에서 예술적인 모티브로 사용되기도 하며, 귀여운 외모와 재치 있는 행동으로 사랑받는 동물입니다. 수달은 국가적으로 보호되는 동물로 지정되어 있으며, 서식지 보호와 수달 보호 문화 확산에 관심을 가져야 합니다.

활동2 동물의 한살이를 그림으로 알아보기

- **교사는 동물의 한살이를 잘 나타내는 지시어를 활용하여 ChatGPT에게 동물의 한살이 그림 자료를 요청하기**

  ※ 교사가 학생들이 참고할 수 있는 수업 자료를 ChatGPT에게 요청할 수 있습니다.

  ※ 교사는 ChatGPT의 이미지 생성 기능이 무료 버전이 아닌 ChatGPT 4.0 이상의 버전에서 지원됨을 인지하고 이미지 생성 기능이 잘 작동하는지를 사전에 확인합니다.

 수달 새끼와 수달 어미 그림을 생성해줘.

 여기 자연스럽고 고요한 환경에서 어미와 함께 있는 아기수달의 이미지가 있습니다.

교사 물 속에서 헤엄치는 수달 그림을 생성해줘.

 여기 물 속에서 우아하게 헤엄치는 수달의 이미지가 있습니다.

 교사 물고기를 먹는 수달 그림을 생성해줘.

 다음은 수달이 물고기를 먹고 있는 이미지입니다.

활동3 **나만의 방법으로 동물의 한살이 정리하기**

• ChatGPT가 제시한 자료를 바탕으로 나만의 방법(글과 그림)을 활용하여 내가 좋아하는 동물의 한살이 정리하기

3 정리

• 내가 정리한 동물의 한살이 발표하기

## 04

ChatGPT와 함께 이야기를 상상하여 꾸며 쓰기

① 수업 미리보기

대상학년	초등학교 4학년	과목	국어	준비물	PC 또는 노트북

학습 주제 ChatGPT와 함께 이야기를 상상하여 꾸며 쓰기

관련 성취 기준

2015 개정 교육과정	[4국05-03] 이야기의 흐름을 파악하여 이어질 내용을 상상하고 표현한다.
	[4국05-05] 재미나 감동을 느끼며 작품을 즐겨 감상하는 태도를 지닌다.
2022 개정 교육과정	[4국03-04] 목적과 주제를 고려하여 독자에게 마음을 전하는 글을 쓴다.
	[4국05-05] 재미나 감동을 느끼며 작품을 즐겨 감상하는 태도를 지닌다.

시작하며

＊ **초등학교 4학년 국어 교과에서 ChatGPT와 함께 이야기를 상상하여 꾸며 쓰는 수업입니다.**
교사는 하나의 이미지를 선택하여 ChatGPT에게 제공하고, ChatGPT는 제공 받은 이미지를 기반으로 이미지와 관련된 다양한 이야기를 만듭니다. 교사는 ChatGPT가 만든 이야기의 편향성 여부를 확인한 뒤 학생들과 함께 이야기를 살펴봅니다. 이러한 활동을 통해 다양한 이야기 예시 자료를 얻을 수 있습니다.
학생들은 살펴 본 이야기를 참고하여, 어떤 일이 일어날지 상상하여 나만의 이야기를 꾸며 씁니다. 이러한 활동을 통해 학생들은 쓰기 활동에 흥미를 가질 수 있습니다.

수업의 흐름 한눈에 살펴보기

동기 유발	⋯⋯⋯	사진을 살펴보고 떠오르는 생각 자유롭게 말하기
활동1	⋯⋯⋯	ChatGPT가 만든 이야기 살펴보기
활동2	⋯⋯⋯	나만의 이야기 상상하여 꾸며 쓰기
정리	⋯⋯⋯	활동 소감 나누기

수업 전 생각해보기

♥ ChatGPT가 제시한 이야기에 인종, 성별, 문화, 차별과 혐오 등 편향된 표현이 없는지 확인 후 학생에게 안내합니다.
♥ 교사가 제시한 이미지를 ChatGPT가 제대로 인식하였는지 확인 후 ChatGPT에게 이미지와 관련된 질문을 요청합니다.

② 수업 톺아보기

교수·학습과정안을 통하여 수업 흐름을 자세히 살펴보겠습니다.

1 도입

동기유발

- **사진을 살펴보고 떠오르는 생각 자유롭게 말하기**
  - 사진을 보고 떠오르는 생각을 말해봅시다.
    ※ 정글, 궁전, 우주, 해변 등 다양한 사진 이미지를 준비합니다.

〈교사가 할 수 있는 주요 질문〉
• 정글/궁전/우주/해변에서는 무슨 일이 일어날까요?
• 정글/궁전/우주/해변에서는 어떤 인물들이 나타날까요?

〈학생들의 기대 답변〉
• 보물을 찾아서 정글/해변에 간 것 같아요.
• 우주선을 타고 시간여행을 떠나는 것 같아요.

2 전개

 ChatGPT가 만든 이야기 살펴보기

- **교사는 ChatGPT에게 동기유발에서 제시한 여러 이미지 중 궁전이 있는 이미지를 선택하고 이미지와 관련된 질문하기**

  ※ 교사는 ChatGPT가 제공 받은 이미지를 제대로 인식하는지 확인합니다.

  ※ 교사는 학생들이 원하는 이미지를 선택하여 ChatGPT에게 질문할 수도 있습니다.

 제공받은 이미지는 어떤 이미지인지 설명할 수 있니?

 이 이미지는 화려하고 세밀하게 꾸며진 대저택 혹은 궁전을 보여줍니다. 건축 스타일은 유럽의 바로크 또는 로코코 양식을 연상시키며, 섬세한 조각과 장식적인 요소들이 특징적입니다. 건물은 여러 개의 돔과 탑으로 장식되어 있고, 건축의 대칭성이 인상적입니다.

저택 앞에는 정교하게 가꾸어진 정원이 펼쳐져 있으며, 중심에는 분수가 있는 것을 볼 수 있습니다. 정원에는 다양한 조각상들이 배치되어 있고, 깔끔하게 정리된 관목과 꽃들이 있어 아름다움을 더합니다. 이런 장소는 역사적인 유럽의 왕실 정원이나 고성을 연상시키며, 규모와 디테일이 상당히 인상적인 고급스러운 장소로 보입니다.

- **교사는 ChatGPT에게 이미지를 토대로 제시한 조건에 맞는 이야기 만들기 요청하기**

  ※ 교사가 동일한 이미지를 보고 서로 다른 다양한 이야기를 꾸며 쓸 수 있음을 학생들이 알 수 있도록 ChatGPT에 2개의 이야기를 만들어 달라고 요청합니다.

 이미지에 어울리는 이야기를 만들어줘. 등장인물은 4명으로 하고, 서로 다른 이야기 두 개를 만들어줘.

 이야기 1: 마법의 성의 비밀

 옛날 옛적에, 클라라, 루이스, 아마리, 그리고 토비라는 네 명의 친구가 있었어요. 이들은 항상 마을 끝에 서 있는 웅장한 성에 대한 이야기를 듣고 자랐어요. 어느 날, 그들은 성의 비밀을 찾기로 결심했죠. 클라라는 지혜로운 소녀였고, 루이스는 용감한 소년이었어요. 아마리는 친절한 마음을 가진 소녀였고, 토비는 늘 웃음이 가득한 소년이었죠.

그들은 성으로 향하는 길에 수수께끼를 풀어야 했어요. 클라라는 그림자를 이용해 문제를 풀었고, 루이스는 큰 바위를 움직여 길을 만들었죠. 아마리는 상처받은 새를 돌봐주며, 토비는 모두를 웃게 만들어 긴장을 풀어주었어요.

성에 도착했을 때, 그들은 정원 한가운데 있는 큰 분수대에 무언가 쓰여 있는 것을 발견했어요. 비밀은 바로 친구들 사이의 우정과 그들이 함께 풀어낸 팀워크에 있었어요. 그리고 그 순간, 성은 화려한 빛으로 빛났고, 네 친구는 영원한 우정의 마법을 발견했다고 전해지죠.

이야기 2: 정원의 시간 여행자

한 번은 네 명의 친구, 사라, 제이든, 마야, 그리고 이안이 숨겨진 정원을 탐험하고 있었어요. 정원의 중심에 있는 오래된 시계탑이 시간을 거슬러 올라갈 수 있다는 소문이 있었죠. 사라는 호기심 많은 소녀였고, 제이든은 신중한 소년이었어요. 마야는 모험을 사랑하는 소녀였고, 이안은 농담을 좋아하는 소년이었죠.

친구들은 시계탑에 다가가자 갑자기 빛에 휩싸였어요. 눈을 떴을 때, 그들은 과거의 성으로 돌아간 것을 깨달았죠. 사라는 지도를 읽으며 길을 찾았고, 제이든은 주변을 주의 깊게 관찰했어요. 마야는 낯선 환경에 즐거워했고, 이안은 과거의 옷을 입고 장난을 치며 모두를 즐겁게 했죠.

그들은 시간을 되돌리는 방법을 찾아야 했어요. 과거의 사람들과 대화하며 단서를 얻었고, 마침내 시계탑을 다시 작동시키는 방법을 찾았어요. 그 순간, 친구들은 다시 현재로 돌아왔고, 그들의 모험은 영원한 추억으로 남게 되었죠.

활동2 나만의 이야기 상상하여 꾸며 쓰기

- ChatGPT가 만든 이야기를 참고하여, 사진을 보고 어떤 일이 일어날지 상상하여 이야기 꾸며 쓰기

  ※ 자유롭게 이야기를 상상할 수 있도록 허용적인 분위기를 조성하고, 이야기 작성 시 인물, 사건, 배경이 들어가도록 안내합니다.

- 꾸며 쓴 이야기를 친구들과 공유하기

  ※ 친구의 이야기를 들을 때는 바른 자세로 경청할 수 있도록 지도합니다.

3 정리

- 활동 소감 나누기

05 ChatGPT와 함께 생각이나 느낌을 시와 그림으로 표현하기

① 수업 미리보기

대상학년	초등학교 4학년	과목	국어	준비물	PC 또는 노트북

학습 주제 ChatGPT와 함께 시화 만들기

관련 성취 기준

2015 개정 교육과정 | [4국02-05] 읽기 경험과 느낌을 다른 사람과 나누는 태도를 지닌다.
2022 개정 교육과정 | [4국05-05] 재미나 감동을 느끼며 작품을 즐겨 감상하는 태도를 지닌다.

시작하며

＊ 초등학교 4학년 국어 교과에서 ChatGPT와 함께 생각이나 느낌을 시와 그림으로 표현하는 수업입니다.

ChatGPT 4.0는 2023년 10월 업데이트를 통해 텍스트를 입력하면 이미지로 출력해주는 기능이 추가되었습니다. 이를 활용하면 교사는 국어 수업에서 학생들에게 도움이 되는 수업 자료를 보다 쉽게 제공할 수 있습니다. **생각이나 느낌을 시로 표현하는 국어 수업에서 ChatGPT를 활용할 수 있습니다.** 교사는 ChatGPT가 생성한 시를 학생들에게 참고자료로 제공하여 학생들이 시를 창작하는데 느끼는 부담감을 줄일 수 있습니다. 그 후 학생들은 **시와 어울리는 그림 작품을 꾸밉니다.** 교사는 ChatGPT에게 시와 어울리는 그림을 요청하여 학생들에게 참고 작품으로 제공할 수 있습니다. 그 후, **시와 그림으로 꾸민 작품 전시회를 엽니다.** 이 때 전시된 작품에 대해 서로를 칭찬하는 활동을 통해 학생들이 수업에 대한 성취감을 느낄 수 있습니다.

수업의 흐름 한눈에 살펴보기

동기 유발	자신이 읽었던 작품 중에서 좋아하는 작품 소개하기
활동1	ChatGPT와 함께 생각이나 느낌을 시로 표현해보기
활동2	ChatGPT와 함께 시와 어울리는 그림 작품 꾸미기
활동3	시와 그림으로 꾸민 작품 전시회 열기
정리	활동 소감 나누기

수업 전 생각해보기

♥ 교사는 ChatGPT가 생성한 시 표현에 인종, 성별, 차별과 혐오 등 편향된 표현이 없는지 확인 후 학생에게 제공합니다.
♥ 교사는 ChatGPT에게 이미지를 요청할 때, 검색된 이미지가 학생들에게 부적절한 요소는 없는지 확인 후, 학생에게 제공합니다.

② 수업 톺아보기

교수·학습과정안을 통하여 수업 흐름을 자세히 살펴보겠습니다.

---

1 ┊ 도입

동기유발

- **자신이 읽었던 작품 중에서 좋아하는 작품 소개하기**
  - 자신이 읽었던 시나 이야기 가운데에서 기억에 남는 작품은 무엇인가요?
  - 작품을 좋아하는 이유를 말해봅시다.
  - ※ 교사는 학생에게 좋아하는 이유를 말해보도록 하여, 이 후 활동에서 ChatGPT에게 질문할 주제어를 미리 파악할 수 있습니다.

---

2 ┊ 전개

활동1 **ChatGPT와 함께 생각이나 느낌을 시로 표현해 보기**

- **교사는 ChatGPT에게 주제에 맞는 시 요청하기**
  - ※ 교사는 ChatGPT가 만든 시를 학생들이 그대로 사용하지 않고, 자신만의 언어와 감정으로 바꾸어 시를 쓸 수 있도록 지도합니다.

〈제목: 놀이터, 내용: 엄마 아빠가 계시지 않는 놀이터에서 외로워 하는 내용〉으로 초등학생 수준의 시를 지어줘.

제목: **외로운 놀이터에서**

놀이터에 서서 기다리네,
엄마 아빠가 올 때까지.
아이들 웃음소리 없는 곳,
시간은 천천히 가네.

놀이터에서 놀지 못하고,
구름이 외로움을 가져와.
그네는 멈추고 미끄럼틀은 조용,
아이들의 웃음이 사라진 대로.

엄마 아빠 빨리 오면,
놀이터에 다시 웃음이 피어나.
외로움은 사라지고 함께 웃으며,
기쁨 찾아가는 놀이터의 아이들.

- **ChatGPT가 제시한 시를 참고하여 자신만의 언어로 시 쓰기**

  ※ 교사는 학생들에게 ChatGPT가 만든 시의 말투를 바꾸거나, 감정이 잘 드러난 부분을 찾아 자신만의 새로운 감정으로 수정해 보도록 지도할 수 있습니다.

> <학생들이 만든 작품>
>
> 제목: 외로운 놀이터에서
>
> 놀이터에 서서 기다리네,
> 엄마 아빠가 올 때까지.
> 친구들도 떠났는데,
> 엄마 아빠는 언제 올까요?

활동2 ChatGPT와 함께 시와 어울리는 그림 작품 꾸미기

- **교사는 ChatGPT에게 시의 장면과 어울리는 사진 요청하기**

  ※ 교사는 학생들 수준에 적절한 사진이 검색 되는지 사전이 미리 확인합니다.

교사

외로운 놀이터와 어울리는 그림을 생성해 줘.

외로운 놀이터를 주제로 한 그림을 만들어 볼게요. 그림에는 구름이 가득한 회색 하늘 아래 버려진 놀이터가 있을 것입니다. 녹슨 정글짐과 빈 그네들이 바람에 살짝 흔들리고 있을 거예요. 놀이터의 배경에는 황량한 나무들과 잡초가 무성한 풍경이 그려져 있을 것이고, 전체적으로 슬픔과 쓸쓸함이 느껴지는 분위기를 연출할 겁니다.

여기 외로운 놀이터를 주제로 한 그림이 있습니다. 이 그림을 통해 쓸쓸하고 황량한 분위기를 느껴 보시길 바랍니다.

- **ChatGPT가 추천해 준 사진을 참고하여 시와 어울리는 그림을 그려 작품을 완성하기**

  ※ 교사는 학생들이 시의 장면을 그림으로 표현하기 어려워 할 경우, ChatGPT의 추천 사진을 도움자료로 제공합니다.

<학생들이 만든 작품>

제목: 외로운 놀이터에서

놀이터에 서서 기다리네,
엄마 아빠가 올 때까지.
친구들도 떠났는데,
엄마 아빠는 언제 올까요?

활동3 시와 그림으로 꾸민 작품 전시회 열기

- **내가 만든 시와 그림으로 꾸민 작품을 전시하고, 친구들의 작품 감상하기**

  - 친구의 작품을 보며 잘된 점과 칭찬할 점을 찾아 상장을 만들어 전달해 봅시다.

  ※ 교사는 ChatGPT를 활용하여 학생들이 제작할 상장의 문구를 요청하여 활용할 수 있습니다.

 교사
시를 잘 쓴 친구를 칭찬하는 상장 문구를 만들어 줘. 대상은 초등학생이야.

 초등학생 친구를 칭찬하는 시 상장 문구는 다음과 같이 작성할 수 있습니다.

시를 아름답게 쓰는 친구 상장

이 상장은 _____ (이름) _____ 친구에게 드립니다.
너의 멋진 시로 우리 모두에게 행복과 즐거움을 선사해주었어.
너의 시를 읽고 정말 고맙다는 마음으로 이 상장을 전해요.
- 창의적이고 아름다운 시 쓰기
- 마음이 따뜻한 이야기와 메시지 전달
- 섬세한 감정을 표현하는 시
- 시 쓰기에 대한 열정과 노력
다양한 주제로 우리를 놀라게 하기
수여일: _____ (날짜) _____
칭찬한 친구: _____ (당신의 이름) _____

이 문구를 사용하여 상장을 작성한 후, 친구에게 선물로 전달하실 수 있습니다.

3 정리

- **활동 소감 나누기**

ChatGPT와 함께 자료를 표와 막대그래프로 나타내기

① 수업 미리보기

대상학년	초등학교 4학년	과목	수학	준비물	PC 또는 노트북

학습 주제 ChatGPT와 함께 자료를 표와 막대그래프로 나타내기

관련 성취 기준

2015 개정 교육과정
[4수05-01] 실생활 자료를 수집하여 간단한 그림그래프나 막대그래프로 나타낼 수 있다.
[4수05-03] 여러 가지 자료를 수집, 분류, 정리하여 자료의 특성에 맞는 그래프로 나타내고, 그래프를 해석할 수 있다.

2022 개정 교육과정
[4수04-01] 자료를 수집하여 그림그래프나 막대그래프로 나타내고 해석할 수 있다.
[4수04-03] 탐구 문제를 해결하기 위해 자료를 수집, 정리하여 막대그래프나 꺾은선그래프로 나타내고 해석할 수 있다.

시작하며

* 초등학교 4학년 수학 교과에서 ChatGPT와 함께 자료를 표와 막대그래프로 나타내는 수업입니다.

ChatGPT 4.0은 2023년 10월 업데이트를 통해 자료를 입력하면 이를 막대그래프와 같은 시각화된 이미지로 출력해 주는 기능이 추가되었습니다. 이를 활용하여 교사는 실생활에서 얻은 수치화된 자료를 바로 그래프로 변경하여 학생들과 확인해 볼 수 있습니다. **교사는 설문 내용에 적합한 선택지를 찾고 설문 결과를 표로 정리하는 과정에 ChatGPT를 활용합니다.** 교사가 ChatGPT를 활용하여 학급 설문을 진행하고, 결과를 표를 나타내는 과정을 살펴보며, 학생들은 설문 준비 · 진행 · 정리하는 일련의 과정을 짧은 시간 안에 이해할 수 있습니다. **학생 스스로 표의 내용을 막대그래프로 표현하고, 교사가 ChatGPT에게 요청한 막대그래프와 비교합니다.** 학생들은 이상적인 형태의 막대그래프와 자신의 그래프를 비교하면서 부족한 부분을 스스로 확인할 수 있습니다.

수업의 흐름 한눈에 살펴보기

동기 유발	………	설문 조사가 필요한 상황 도입 및 설문 결과 추측해 보기
활동1	………	ChatGPT와 함께 설문을 만들어 진행하고, 그 결과를 표로 나타내기
활동2	………	표를 막대그래프로 나타내고, ChatGPT가 그린 막대그래프와 비교하기
정리	………	활동 소감 나누기

수업 전 생각해보기

♥ 교사는 학생과 밀접한 관련이 있는, 설문 조사가 필요한 상황을 수업에 도입합니다.
♥ ChatGPT가 제시하는 막대그래프는 제목과 가로축 · 세로축의 항목이 모두 영어로 제시되므로, 교사는 학생들에게 한국어로 번역하여 안내합니다.

② 수업 톺아보기

교수·학습과정안을 통하여 수업 흐름을 자세히 살펴보겠습니다.

---

1 도입

동기유발

- **7월 "학생 자치의 날"을 위한 급식 설문 안내**
  - 7월 "학생 자치의 날"에 학생들의 설문을 바탕으로 점심 급식이 준비될 예정이라고 합니다.
  - ※ 교사는 학생들과 직접적인 관련이 있는, 설문 조사가 필요한 상황을 제시합니다.
  - ※ 교사는 학생들이 답변하는 내용을 판서로 정리합니다.

〈교사가 할 수 있는 주요 질문〉
- 4학년 학생들이 원하는 여름철 음식은 무엇일까요?

〈학생들의 기대 답변〉
- 아이스크림이요.
- 팥빙수나 과일빙수요.

---

2 전개

활동1 ChatGPT와 함께 설문하고 표로 나타내기

- **교사는 설문 항목을 만들기 위해 ChatGPT에게 자료 요청하기**
  - ※ 교사는 학생들이 답변으로 제시한 내용 외에 설문 항목으로 추가할 내용을 ChatGPT에게 요청할 수 있습니다.

> 교사
>
> 한국의 초등학교 4학년 학생들이 좋아하는 여름철 음식 알려줘.

>
>
> 한국의 초등학교 4학년 학생들이 여름에 좋아할 만한 음식에는 다양한 것들이 있을 수 있습니다. 물론, 학생들의 취향은 다르겠지만, 일반적으로 여름에 인기가 많은 한국 음식 몇 가지를 소개해 드리겠습니다.
>
> 1. 팥빙수: 팥빙수는 여름에 시원하게 즐기는 한국의 전통 디저트 중 하나입니다. 팥과 빙수(얼음) 위에 다양한 과일이나 떡, 그리고 연유 등을 얹어 먹습니다.
> 2. 삼계탕: 한여름에 먹는 대표적인 한국 음식으로, 닭과 인삼, 대추, 무 등을 넣고 오랜 시간 동안 푹 끓여 만듭니다. 시원한 냉장고에서 나온 김치와 함께 먹으면 더욱 맛있습니다.
> 3. 냉면: 여름에는 잘 삶은 면과 차가운 육수를 함께 먹는 냉면이 인기가 많습니다. 비빔냉면과 물냉면이 대표적입니다.

4. 아이스크림: 아이스크림은 어린이들이 가장 좋아하는 여름 간식 중 하나입니다. 한국에는 다양한 맛과 형태의 아이스크림이 있어 선택의 폭이 넓습니다.

5. 수박: 수박은 한국에서 여름에 가장 많이 먹는 과일 중 하나입니다. 시원하고 달콤한 수박은 더위를 잊게 해주는 좋은 음식입니다.

이러한 음식 외에도 학생들이 좋아하는 음식은 많이 있을 것입니다. 여름에는 무엇보다도 충분한 수분 섭취와 균형 잡힌 식사가 중요하니 다양한 음식을 즐기는 것이 좋습니다.

- **우리 반 친구들이 가장 좋아하는 여름철 음식 설문하기**

  ※ 교사는 학생들의 답변과 ChatGPT에게 얻은 내용을 바탕으로 설문 항목을 정하여, 반 학생들을 대상으로 설문을 진행합니다.

〈반 학생들을 대상으로 한 설문 결과〉

빙수: 10명   냉면: 5명   아이스크림: 7명   수박: 4명
스무디: 1명   참외: 1명   삼계탕: 1명   콩국수: 1명

- **교사는 ChatGPT에게 학급 설문 결과를 표로 요청하기**

  ※ 교사는 반 학생들을 대상으로 설문한 결과를 텍스트로 입력하여 ChatGPT에게 표로 나타낼 것을 요청할 수 있습니다.

초등학교 4학년 학생들에게 좋아하는 여름철 음식을 조사한 결과, 빙수 10명, 냉면 5명, 아이스크림 7명, 수박 4명, 그 외 기타 4명이 나왔어. 이 결과를 표로 정리해서 보여줘.

아래는 주어진 데이터를 정리한 표입니다.

여름철 음식	학생 수
빙수	10명
냉면	5명
아이스크림	7명
수박	4명
기타	4명

이 표는 각 음식을 좋아하는 학생들의 수를 보여주는 표입니다. 빙수를 가장 많이 선호하는 것으로 보이며, 다음으로는 아이스크림, 냉면, 수박 순서입니다. '기타' 카테고리는 다른 음식을 선호하는 학생들을 나타냅니다.

활동2 **표의 내용을 막대그래프로 나타내기**

• **표의 내용을 막대그래프로 그려보기**
  - 활동지에 표의 내용을 막대그래프로 바꾸어 나타내 봅시다.

〈교사가 할 수 있는 주요 질문〉
• 표에서 '기타'로 표현한 학생들은 어떤 학생인가요?
• 표의 내용을 막대그래프로 표현할 때 가로축으로 표현할 내용은 무엇인가요?

• **교사는 ChatGPT에게 막대그래프 요청하기**
  ※ 교사는 ChatGPT에게 앞서 보여준 표의 내용을 막대그래프로 나타내 줄 것을 요청할 수 있습니다.
  ※ 교사는 표의 내용을 그대로 막대그래프로 요청하는 경우 한글이 깨진 상태로 제시되므로 ChatGPT에게 영어 번역을 함께 요청합니다.

> **교사**
> 위의 표 내용을 영어로 번역하여 막대그래프로 나타내줘.

> 아래는 위의 표를 막대그래프로 나타낸 것입니다.

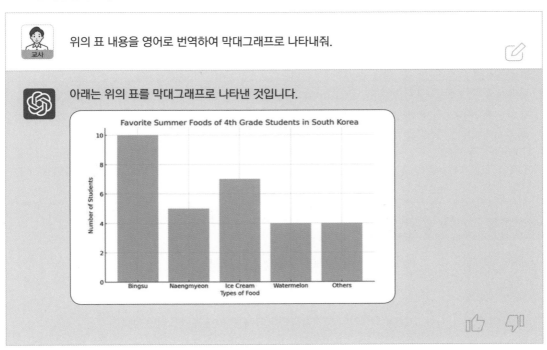

Favorite Summer Foods of 4th Grade Students in South Korea

• **ChatGPT가 보여준 막대그래프와 자신의 막대그래프 비교하기**
  - 자신이 그린 막대그래프와 ChatGPT가 그린 막대그래프의 공통점과 차이점을 확인해 봅시다.

3 **정리**

• **활동 소감 나누기**

ChatGPT와 함께 감정 이모티콘 만들기

① 수업 미리보기

대상학년	초등학교 4학년	과목	영어	준비물	PC 또는 노트북

학습 주제	ChatGPT와 함께 감정 이모티콘 만들기

관련 성취 기준

2015 개정 교육과정	[4영03-04] 쉽고 간단한 낱말이나 어구를 읽고 의미를 이해할 수 있다. [4영04-02] 구두로 익힌 낱말이나 어구를 따라 쓰거나 보고 쓸 수 있다.
2022 개정 교육과정	[4영03-04] 쉽고 간단한 낱말이나 어구를 읽고 의미를 이해할 수 있다. [4영02-07] 자신의 감정을 쉽고 간단한 문장으로 말하거나 보고 쓴다.

시작하며

＊ **초등학교 4학년 영어 교과에서 ChatGPT와 함께 감정 이모티콘을 만들어 보는 수업입니다.**
교사는 초등학교 4학년 학생이 자주 사용하는 영어 감정 표현과 감정이 사용되는 상황을 ChatGPT에게 요청합니다. 학생들은 제공받은 영어 감정 표현을 익힙니다.
ChatGPT가 제시한 여러 감정 단어 중에서 표현하고 싶은 단어 9개를 선택하여 이모티콘으로 만들고 친구들에게 소개합니다. 이러한 활동을 통해 학생들은 일상 생활에서 자주 사용하는 감정 표현을 쉽게 익힐 수 있습니다.

수업의 흐름 한눈에 살펴보기

동기 유발	········	If You're Happy 노래 부르며 감정 알아보기
활동1	········	ChatGPT와 함께 다양한 감정을 영어로 알아보기
활동2	········	ChatGPT가 제시한 감정 단어를 사용하여 감정 이모티콘 만들기
정리	········	활동 소감 나누기

수업 전 생각해보기

♥ 교사는 ChatGPT에게 감정을 표현하는 단어에 관해 질문할 때, 4학년 학생 수준에서 자주 사용하는 감정 단어로 요청합니다.
♥ ChatGPT가 제시한 답변이 긍정 혹은 부정적인 감정으로 편향되지 않았는지 확인 후 학생에게 안내합니다.

② 수업 톺아보기

교수·학습과정안을 통하여 수업 흐름을 자세히 살펴보겠습니다.

1 도입

【동기유발】

- **If You're Happy 노래 부르며 감정 알아보기**
  - 감정을 표현하는 단어를 알고 노래를 신나게 불러봅시다.
    ※ 노래 가사에 나타난 감정 외에도 다양한 감정이 있음을 알게 합니다.

2 전개

【활동1】 **ChatGPT와 함께 다양한 감정을 영어로 알아보기**

- **다양한 감정 말해보기**
  - 알고 있는 다양한 감정을 말해봅시다.
    ※ 감정 표현 시 영어가 아닌 한국어로도 말할 수 있도록 합니다.

〈교사가 할 수 있는 주요 질문〉
- 감정을 나타내는 다양한 표현을 말해볼까요?

〈학생들의 기대 답변〉
- happy   • angry   • 놀랐어요

- **교사는 감정을 표현하는 영어 단어를 ChatGPT에게 요청하기**
  ※ 교사는 ChatGPT에게 초등학교 4학년 수준의 학생들이 자주 사용하는 감정 표현을 찾아 답변으로 제시해 줄 수 있도록 구체적으로 질문합니다.

교사
초등학교 4학년이 자주 사용하는 감정 표현을 영어로 알려줘.

초등학교 4학년 학생들이 자주 사용할 수 있는 감정 표현을 영어로 알려드릴게요. 이 연령대의 아이들은 기본적인 감정 표현부터 조금 더 복잡한 감정까지 다양하게 표현할 수 있습니다:

1. Happy (행복한) - "I am happy."

2. Sad (슬픈) - "I feel sad."
3. Angry (화난) - "I am angry."
4. Excited (신나는) - "I am excited!"
5. Scared (무서운) - "I am scared."
6. Bored (지루한) - "I am bored."
7. Surprised (놀란) - "I am surprised."
8. Nervous (긴장된) - "I feel nervous."
9. Tired (피곤한) - "I am tired."
10. Confused (혼란스러운) - "I am confused."
11. Curious (궁금한) - "I am curious."
12. Proud (자랑스러운) - "I am proud."
13. Disappointed (실망한) - "I am disappointed."
14. Jealous (질투하는) - "I am jealous."
15. Worried (걱정된) - "I am worried."

이런 감정 표현은 아이들이 자신의 감정을 더 잘 이해하고 표현하는 데 도움이 됩니다. 게다가 각각의 표현은 더 복잡한 문장으로 확장할 수 있는 기초가 됩니다. 예를 들어, "I am happy because I played with my friends" (친구들과 놀아서 기뻐요) 처럼 말이죠.

- **교사는 ChatGPT에게 의미를 이해하기 어려운 단어에 대해 추가 설명 요청하기**
  ※ 교사는 ChatGPT에게 초등학교 4학년 수준의 학생들이 이해하기 어려운 단어에 대해 추가 설명을 요청합니다.

Nervous와 Confused의 의미를 이해할 수 있도록 사용되는 상황을 초등학교 4학년 수준에 맞게 설명해줘.

물론이죠, "Nervous"와 "Confused"의 의미를 이해하기 쉽도록 초등학교 4학년 학생들에게 맞는 상황을 예로 들어 설명해드리겠습니다.

1. Nervous (긴장된):
   • 상황 예시: 학교에서 발표를 해야 할 때
   • 설명: 'Nervous'는 무언가 중요한 일을 하기 전에 느끼는 긴장감을 나타냅니다. 예를 들어, 학교에서 발표를 해야 할 때, 많은 학생들이 긴장해서 배가 아프거나 손이 떨리는 것을 경험할 수 있어요. 이런 상황에서 아이들은 "I am nervous." 라고 말 할 수 있습니다.
2. Confused (혼란스러운):
   • 상황 예시: 새로운 교과서를 볼 때나 어려운 문제를 만났을 때, 이해가 잘 안되고 헷갈리는 기분이 들 때

- 설명: 학교에서 새로운 교과서를 받거나 복잡한 문제에 직면했을 때, 아이들은 처음 보는 내용이나 어려운 개념으로 인해 혼란스럽고 헷갈려 할 수 있어요. 이럴 때 아이들은 "I am confused."라고 말할 수 있습니다.

- **교사와 함께 ChatGPT가 제시한 감정을 나타내는 단어를 읽고, 감정이 사용되는 상황 이해하기**

활동2 **ChatGPT가 제시한 감정 단어를 사용하여 감정 이모티콘 만들기**

- **감정을 표현한 다양한 이모티콘 살펴보기**
  ※ 교사는 감정을 이모티콘으로 나타내기 어려워하는 학생들을 위해 감정 이모티콘 예시를 준비하여 제시합니다.

- **ChatGPT가 제시한 여러 감정 단어 중 9개를 선택하여 이모티콘으로 표현하고 친구에게 소개하기**
  ※ 학습한 여러 단어 중 9개의 단어를 학생들이 자유롭게 선택할 수 있도록 안내합니다.

이모티콘 그리기	이모티콘 그리기	이모티콘 그리기
행복한 (영어로 쓰기)	슬픈 (영어로 쓰기)	화난 (영어로 쓰기)

3 정리

- **활동 소감 나누기**

08 ChatGPT와 함께 문장의 호응 관계 살펴보기

① 수업 미리보기

| 대상학년 | 초등학교 5학년 | 과목 | 국어 | 준비물 | PC 또는 노트북 |

| 학습 주제 | ChatGPT와 함께 문장의 호응 관계 살펴보기 |

관련 성취 기준

2015 개정 교육과정 | [6국04-05] 국어의 문장 성분을 이해하고 호응 관계가 올바른 문장을 구성한다.
2022 개정 교육과정 | [6국04-04] 문장 성분을 이해하고 호응 관계가 올바른 문장을 구성한다.

시작하며

* **초등학교 5학년 국어 교과에서 ChatGPT와 함께 문장의 호응 관계를 살펴보는 수업입니다.**
ChatGPT를 활용하면 사용자의 요구에 따라 다양한 글쓰기를 할 수 있습니다.
교사는 ChatGPT를 활용하여 문장의 호응 관계를 살펴봅니다. 그 후, 교사는 ChatGPT가 제시한 **결과물에서 오류가 있을 수 있음을 안내하고 대화를 통해 오류를 수정합니다.**
마지막으로 교사는 ChatGPT에게 문장 호응이 맞지 않는 글을 요청하고, 학생들에게 문장의 호응 관계에 맞게 고쳐보게 합니다. 문장을 올바르게 고친 후에는 ChatGPT가 원래 제시한 문장과 학생이 수정한 답변을 비교하며 **ChatGPT가 제시한 답변을 그대로 받아들이지 않도록 유의해야 함을 안내**할 수 있습니다

수업의 흐름 한눈에 살펴보기

동기 유발	………	호응 관계가 어색한 문장 읽어보기
활동1	………	ChatGPT와 함께 문장의 호응 관계 살펴보기
활동2	………	문장의 호응 관계에서 잘못된 정보를 올바르게 알려주기
활동3	………	문장의 호응 관계가 맞도록 올바르게 고쳐쓰기
정리	………	활동 소감 나누기

수업 전 생각해보기

♥ 교사는 ChatGPT에게 문장의 호응 관계에 대해 질문할 때 ChatGPT가 영어 기반이므로 높임의 대상과 동작을 당하는 주어와 서술어의 호응이 어색할 수 있음을 학생들에게 미리 안내합니다.
♥ 학생들이 ChatGPT가 제시한 결과를 확인하고 ChatGPT의 답변에 대해 무조건적인 수용이 아닌 비판적 수용이 필요함을 안내합니다.

② 수업 톺아보기

교수·학습과정안을 통하여 수업 흐름을 자세히 살펴보겠습니다.

1 도입

동기유발

- **호응 관계가 어색한 문장 읽어보기**
  - 다음 문장을 읽고 어색한 부분을 찾아 발표하기

〈교사가 할 수 있는 주요 질문〉
- 다음 문장에서 어떤 부분이 어색한가요?
1. 다음번에는 반드시 멋진 일출을 봤다.
2. 우리는 지구를 지키기 위해서 환경보호를 실천하는 것이다.

〈학생들의 기대 답변〉
- 첫 번째는 시간을 나타내는 말과 서술어의 호응 관계가 어색합니다.
- 두 번째는 주어와 서술어의 호응 관계가 어색합니다.

2 전개

활동1 ChatGPT와 함께 문장의 호응 관계 살펴보기

- **교사는 ChatGPT에게 역할 부여하기**
  ※ 교사는 ChatGPT에게 역할을 부여함으로써 좀 더 정확한 답변을 얻을 수 있습니다.

 문장의 호응이 맞는지 확인해주는 선생님 역할을 맡아줄래?

 물론입니다! 문장을 제시해 주시면, 그 문장의 호응이 맞는지 확인하고 필요한 경우 수정 제안을 드리겠습니다. 문장을 보내주세요.

- 교사는 ChatGPT에게 문장을 제시하고 호응 관계가 어떤지 요청하기

 할머니가 잔다.

 문장의 호응이 맞습니다. "할머니가 잔다."는 문장에서 주어인 '할머니'와 동사인 '잔다'가 호응하고 있습니다.

활동2 **문장의 호응 관계에서 잘못된 정보를 올바르게 알려주기**

- **ChatGPT가 제시한 결과물의 내용을 보고 잘못된 정보를 바르게 고쳐보기**
  - ChatGPT가 제시한 결과물의 내용을 보고 잘못된 부분을 찾아 발표해 봅시다.

〈교사가 할 수 있는 주요 질문〉
- ChatGPT가 제시한 결과물에서 잘못된 정보가 있나요?

〈학생들의 기대 답변〉
- "할머니가 잔다."는 문장은 높임의 대상을 나타내는 말과 서술어의 호응이 맞지 않으므로 "할머니께서 주무신다"라고 고쳐야 합니다.

- **교사는 ChatGPT가 제시한 거짓 정보를 올바른 정보로 고치도록 요청하기**
  ※ 교사는 ChatGPT가 제시한 결과물에 오류가 있을 수 있으며 오류는 대화를 통해 수정할 수 있다는 것을 안내합니다.

 '할머니가 잔다'라는 말은 호응 관계가 맞지 않아. 왜냐하면 높임의 대상을 나타내는 말과 서술어가 맞지 않기 때문이지. 할머니 또는 할아버지는 높임의 대상이므로 '가'가 아니라 '께'나 '께서'라고 바꿔줘야 해. 그리고 '잔다'라는 말이 아닌 '주무신다'라고 표현해야 옳은 표현이야. 다시 옳은 표현으로 바꿔줘.

 네, 이해했습니다. 호응 관계를 고려하여 문장을 수정하겠습니다.
수정된 문장: "할머니께서 주무신다."
이 문장에서는 높임말을 사용하여 할머니에게 존경을 표현하고 있습니다. '께서'로 주어에 대한 존대를 나타내고, '주무신다'로 동작에 대한 존대를 표현하였습니다.

활동3 **문장의 호응 관계가 맞도록 올바르게 고쳐쓰기**

• **교사는 ChatGPT에게 문장 호응이 맞지 않은 글 요청하기**

  ※ 교사는 ChatGPT가 제시한 결과물이 부정확할 수 있으므로 조건에 맞게 글을 수정한 후 학생들에게 고쳐볼
   수 있도록 안내할 수 있습니다.

다음 조건을 갖춰서 13살 수준의 일기글을 작성해줘.
1. 5줄 이상의 글일 것
2. 높임의 대상을 나타내는 말과 서술어의 호응이 맞지 않은 1문장만 포함될 것
3. 시간을 나타내는 말과 서술어의 호응이 맞지 않은 1문장만 포함될 것
4. 동작을 당하는 주어와 서술어의 호응이 맞지 않은 1문장만 포함될 것
5. 문장의 서술어가 '~다.'로 끝낼 것

오늘 아침 일찍 일어나서 할머니와 시장에 갔다. 과일 가게 주인 아저씨가 친절하게 과일을 추천해
주셨다. 그 후에는 시장에서 다양한 음식들을 먹으며 시간을 보낼 예정이다.
시장에서 돌아온 후에, 할머니는 점심밥을 준비하셨다. 나는 아침에 산 과일들을 먹으며 할머니의
요리를 맛있게 먹였다.

이 일기에서는 몇몇 문장이 조건에 맞게 일부러 틀리게 작성되었습니다.

• **ChatGPT가 작성한 글을 보고 문장 호응이 맞지 않은 글 고쳐쓰기**

  - ChatGPT가 제시한 결과물의 내용을 보고 문장 호응이 맞지 않은 글을 고쳐 써봅시다.
  - 내가 수정한 글과 ChatGPT가 제시한 글을 서로 비교해봅시다.
  ※ 교사는 학생들에게 ChatGPT가 원래 제시한 문장과 답변을 보여주면서 ChatGPT가 제시한 답변을 그대
   로 받아들이지 않도록 유의해야 함을 안내합니다.

〈학생들이 문장 호응에 맞게 올바르게 고쳐 쓴 문장〉

호응이 맞지 않은 문장	1. 그 후에는 시장에서 다양한 음식들을 먹으며 시간을 **보낼 예정이다**.
	2. 시장에서 돌아온 후에, 할머니**는** 점심밥을 **준비하셨다**.
	3. **나는** 아침에 산 과일들을 먹으며 할머니의 요리를 맛있게 **먹였다**.
바르게 고쳐쓰기	1. 그 후에는 시장에서 다양한 음식들을 먹으며 시간을 **보냈다**.
	2. 시장에서 돌아온 후에, 할머니**께서는** 점심밥을 **준비하셨다**.
	3. **나는** 아침에 산 과일들을 먹으며 할머니의 요리를 맛있게 **먹었다**.

---

3 정리

• **활동 소감 나누기**

09 ChatGPT가 알려주는 역사를 바로잡으며 역사적 사실 이해의 중요성 알기

① 수업 미리보기

대상학년	초등학교 5학년	과목	사회	준비물	PC 또는 노트북

학습 주제	ChatGPT가 알려주는 역사를 바로 잡으며 역사적 사실 이해의 중요성 알기

관련 성취 기준

2015 개정 교육과정	[6사04-03] 일제의 침략에 맞서 나라를 지키고자 노력한 인물(명성황후, 안중근, 신돌석 등)의 활동에 대해 조사한다.
2022 개정 교육과정	[6사06-01] 일제의 식민 통치와 이에 대한 저항이 사회와 생활에 미친 영향을 이해한다.

시작하며

* 초등학교 5학년 사회 교과에서 ChatGPT가 알려주는 역사를 바로잡으며 역사적 사실 이해의 중요성을 알아보는 수업입니다.

교사는 ChatGPT에게 조선 근대에 일어난 주요 역사 사건의 내용을 요청합니다. 이 활동을 통해 학생들이 주요 역사 내용을 정리할 수 있도록 합니다. ChatGPT가 해 준 답변을 교과서, 책, 인터넷 등을 활용하여 검증하고 틀린 부분을 고쳐봅니다. 교사는 ChatGPT의 답변 중 오류가 있는 부분에 대하여 정정을 요청하는 질문을 하고, 올바른 답변을 제공하는지 확인합니다.

마지막으로 올바른 역사적 사실 이해의 중요성을 알아봅니다. 학생들은 올바른 역사적 사실 이해의 중요성에 대해 생각해 보고 친구들과 함께 이야기를 나누어 봅니다.

수업의 흐름 한눈에 살펴보기

동기 유발	……	올바른 역사 내용 이해가 필요한 이유에 대해 말해보기
활동1	……	ChatGPT가 제시하는 역사적 사건의 내용 살펴보기
활동2	……	ChatGPT의 답변 검증하기
활동3	……	올바른 역사적 사실 이해의 중요성 알기
정리	……	활동 소감 나누기

수업 전 생각해보기

♥ 교사는 ChatGPT의 답변 검증 활동 시 학생들이 교과서, 책, 인터넷 등 다양한 매체를 활용할 수 있도록 안내합니다.

② 수업 톺아보기

교수·학습과정안을 통하여 수업 흐름을 자세히 살펴보겠습니다.

1 도입

동기유발

- **올바른 역사 내용 이해가 필요한 이유에 대해 말해보기**
  - 올바른 역사를 아는 것이 필요한 이유를 말해 봅시다.
  - ※ 경험을 바탕으로 학생들이 자유롭게 이야기할 수 있는 허용적인 분위기를 만듭니다.

2 전개

활동1 ChatGPT가 제시하는 역사적 사건의 내용 살펴보기

- **교사는 ChatGPT에게 조선 근대에 일어난 주요 사건 요청하기**
  - 사회 시간에 배운 조선 근대에 일어난 주요 역사의 내용을 살펴봅시다.
  - ※ 교사는 사회 시간에 배운 근대 사회의 내용에 대해 ChatGPT에게 구체적으로 질문을 요청합니다.

 조선 시대 고종의 아버지인 흥선대원군의 **척화비 건립에 관한 내용**에 대해서 알려줘.

 흥선대원군(興宣大院君), 이하선(李昉善)은 19세기 중반 조선시대의 정치가로, 갑신정변(1884년) 및 동학농민운동(1894년)과 같은 중요한 역사적 사건에서 중추적 역할을 수행했습니다. 그는 또한 척화비(拓化碑)를 세우기도 했습니다.

척화비는 1861년에 흥선대원군이 세운 기록비로, 조선의 세속화와 개방정책을 나타내는 역사적 유적입니다. 이 비석은 흥선대원군이 척화정책을 추진하면서, 국내의 발전을 이루고 외세의 침략으로부터 나라를 보호하려는 노력을 나타냅니다.

척화비는 흥선대원군이 국가 발전을 촉진하고 외세의 영향력에 맞서기 위해, 산업과 기술, 교육, 군사 등 여러 분야에서 혁신과 발전을 도모하려는 의지를 표현한 것으로 해석 됩니다. 이 비석은 그의 개혁정책과 외교정책의 성과와 높은 지향점을 보여주는 중요한 역사적 유적이기도 합니다.

 조선 시대 고종 시기에는 외세의 침략이 많이 일어났어. 이와 관련하여 일어난 **아관파천 사건**에 대해 설명해줘.

조선 근대에 일어난 아관파천은 1894년 12월에 발생한 정치적 사건입니다. 이 사건에서 아관은 고위 관료를 의미하며, '파천'은 몰아내다는 뜻입니다. 아관파천 사건은 당시 개혁파 지도자들이 고위 관리들을 체포하고 처형한 사건으로, 조선의 근대화를 추진하려던 개혁파들과 보수적 세력 간의 대립을 보여주는 중요한 역사적 사건입니다.

아관파천 사건의 주요 인물은 김옥균, 서재필, 박영효 등 개혁파 지도자들이었습니다. 이들은 동학 농민운동이 진압된 이후 발생한 국내 정세의 혼란을 이용해 개혁을 추진하려 했습니다.

이 사건은 조선의 근대화 과정에서 정치적 대립과 외세의 간섭이 어떻게 역사를 좌우하였는지 보여주는 중요한 사례입니다.

활동2 ChatGPT의 답변 검증하기

- **여러 가지 매체를 활용하여 ChatGPT의 답변 검증하기**
  - 교과서, 책, 인터넷 등을 활용하여 ChatGPT의 답변을 검증하고 틀린 부분을 고쳐봅시다.
  ※ 경험을 바탕으로 학생들이 자유롭게 이야기할 수 있도록 합니다.

〈학생들의 기대 답변〉

• 척화비는 1861년이 아닌 **1871년**에 흥선대원군이 세운 기록비입니다.
• 척화비에는 조선의 개방정책이 아닌 **서양과의 수교를 거부하는** 흥선대원군 **이하응**의 뜻이 담겨있습니다.
• 아관파천은 **1896년 2월**에 일어난 사건이며 고종 임금이 **러시아 공사관으로 거처를 옮긴 사건**입니다.
• ChatGPT의 답변은 **갑신정변과 갑오개혁에 대한 내용**이 함께 제공되고 있습니다.

- **교사는 ChatGPT의 답변 중 오류가 있는 부분에 대하여 정정하는 질문하기**
  - 검증한 내용을 바탕으로 교사가 잘못된 역사적 사실에 대해 ChatGPT에게 다시 질문합니다.

 척화비 건립은 1871년에 처음 이루어졌어. 따라서 1861년에 세워졌다는 너의 말은 잘못 되었어.

 죄송합니다. 제가 척화비 건립 연도를 잘못 설명했습니다. 흥선대원군의 척화비 건립은 1871년에 일어났습니다. 다시 정정하겠습니다.

흥선대원군의 척화비 건립은 1871년 조선시대 흥선대원군 이하응이 외세의 침입에 대한 경계를 표현하기 위해 세운 비석입니다.

당시 조선은 서양 열강들과 일본 등 외세의 압력에 시달리며 국내 정치와 사회가 변화하고 있었습니다. 이에 개화파는 외교 개방과 근대화를 추구했으나, 흥선대원군 등 보수파는 외세와의 접촉을 피하고, 전통적인 사회 질서를 유지하려 했습니다. 흥선대원군은 신미양요 전투 후 외세의 침입을 막기 위해 부단히 노력하였습니다. 척화비 건립은 이러한 외세와의 수교를 거부하고 외세의 침입을 막기 위한 흥선대원군의 의지를 보여주고 있습니다.

 아관파천 사건은 1896년 2월에 고종이 러시아 공사관으로 거처를 옮긴 사건이야. 너의 말은 잘못되었어.

 죄송합니다. 조선시대 고종 시기의 아관파천 사건은 1896년에 발생한 정치 사건으로, 고종이 러시아 공사관으로 몸을 피신한 사건입니다. 이 사건은 조선 시대 당시의 정치적 긴장감과 외세의 압력, 그리고 국내 정치권의 갈등을 반영하고 있습니다.

아관파천 사건의 배경에는 당시 국내 정치권의 분열과 외세의 간섭이 있습니다. 조선 외부에서는 서양 열강들과 일본의 국제적 세력 확장으로 인해 국내 정치 및 외교 정책에 긴장감이 높아졌습니다. 이러한 상황 속에서 일본이 일으킨 을미사변 이후 고종의 신분과 권력이 위협받게 되었습니다. 아관파천 사건은 1896년 2월, 고종이 이러한 위기에 직면하여 러시아 공사관으로 피신하게 되었습니다. 이 사건은 러시아와 조선의 관계가 긴밀해지는 계기가 되었으며, 이후 러시아가 조선의 정치와 국방에 큰 영향력을 행사하게 됩니다.

• 교사는 ChatGPT가 올바른 답변을 하는지 다시 질문하기

활동3 ## 올바른 역사적 사실 이해의 중요성 알기

• **올바른 역사적 사실 이해가 중요한 이유에 대해 이야기하기**
  - 올바른 역사적 사실 이해가 중요한 이유를 생각하고 친구들과 이야기를 나눠봅시다.
  ※ ChatGPT의 답변에 대한 검증 과정이 필요함을 함께 지도합니다.

〈학생들의 기대 답변〉
• 잘못된 역사적 사실을 학습할 경우 우리나라에 대한 올바른 이해가 이루어질 수 없기 때문입니다.
• 한 가지 자료로만 역사를 공부한다면 잘못된 역사적 사실을 이해할 수 있습니다.
• 이를 위해 역사를 공부할 때는 **다양한 매체, 자료를 비교 분석하여** 역사적 사실을 검증하려는 노력이 필요합니다.

3 정리

• **활동 소감 나누기**

10 ChatGPT와 함께 인공지능과 예절을 지켜 대화하기의 필요성 생각하기

① 수업 미리보기

대상학년	초등학교 5학년	과목	도덕	준비물	PC 또는 노트북

학습 주제 ChatGPT와 함께 인공지능과 예절을 지켜 대화하기의 필요성 생각하기

관련 성취 기준

2015 개정 교육과정	[6도02-01] 사이버 공간에서 발생하는 여러 문제에 대한 도덕적 민감성을 기르며, 사이버 공간에서 지켜야 할 예절과 법을 알고 습관화한다.
2022 개정 교육과정	[6도02-03] 인간과 인공지능 로봇 간의 다양한 관계를 파악하고 도덕에 기반을 둔 관계 형성의 필요성을 탐구한다.

시작하며

* 초등학교 5학년 도덕 교과에서 ChatGPT와 함께 인공지능과 예절을 지켜 대화하기의 필요성에 대해 알아보고 피라미드 토론을 하는 수업입니다.

ChatGPT가 우리 생활 속에 널리 사용됨에 따라 사람이 아닌 인공지능과 대화할 때 예절을 지켜야 할지의 여부는 한 번쯤 생각해볼 만한 화두입니다. 이번 수업에서는 사이버 예절이 필요한 까닭을 생각해봅니다. **교사는 ChatGPT에게 인공지능과 대화할 때 사이버 예절을 지켜야 하는지에 대해 찬성과 반대 근거를 요청합니다.** 교사가 ChatGPT로 부터 제공받은 근거를 참고하여 학생들은 인공지능과 대화할 때 사이버 예절을 지켜야 하는지 피라미드 토론을 해 봅니다. 이때 교사는 학생이 토론에 부담을 갖지 않도록 의견에는 답이 없으며 토론을 통해 다른 학생과 의견을 모으는 과정임을 설명하고, 토론 과정에 모든 학생이 참여하여 토론 규칙을 지키며 자연스럽게 하나의 의견으로 수렴하도록 격려합니다.

수업의 흐름 한눈에 살펴보기

동기 유발	········	사이버 예절과 관련한 이야기하기
활동1	········	사이버 예절이 필요한 까닭 생각하기
활동2	········	ChatGPT와 함께 인공지능과 대화할 때 사이버 예절을 지켜야 하는지 찬반 의견 알아보기
활동3	········	인공지능과 대화할 때 사이버 예절을 지켜야 하는지 피라미드 토론하기
정리	········	활동 소감 나누기

수업 전 생각해보기

- ♥ 사이버 예절과 관련한 자신의 경험과 연관 지어 생각해봄으로써 인간과 인공지능 간의 도덕적 관계 형성의 필요성을 생각해보도록 합니다.
- ♥ ChatGPT에게 받은 답변 내용을 그대로 사용하는 것이 아니라 찬반 근거를 두루 살펴보며 참고하여 자신의 의견을 정할 수 있도록 안내합니다.

② 수업 톺아보기

교수·학습과정안을 통하여 수업 흐름을 자세히 살펴보겠습니다.

---

1 도입

동기유발

- **사이버 예절과 관련한 이야기하기**
  - 사이버 예절과 관련하여 직접 겪었거나 보고 들은 경험을 말해봅시다.
  - ※ 이 때, 자신의 경험과 학습 내용을 연관 짓도록 합니다.

---

2 전개

활동1 사이버 예절이 필요한 까닭 생각하기

- **사이버 공간에서 예절을 지켜야 하는 까닭 이야기 나누기**
  - 자신의 경험을 생각하며 사이버 공간에서 예절을 지켜야 하는 까닭을 이야기해 봅시다.

> 〈학생들의 기대 답변〉
> - 다른 사람과 원만한 관계를 유지할 수 있어서
> - 서로에게 좋은 인상을 남겨 긍정적인 온라인 문화를 만들 수 있어서

활동2 ChatGPT와 함께 인공지능과 대화할 때 사이버 예절을 지켜야 하는지 찬반 의견 알아보기

- **교사는 ChatGPT에게 인공지능과 대화할 때 사이버 예절을 지켜야 하는지 찬성과 반대 근거 요청하기**
  - ※ 교사가 학생들이 참고할 수 있는 수업 자료를 ChatGPT에게 요청할 수 있습니다.

 인공지능 챗봇과 대화를 할 때 사람과의 대화에서 예절을 지키듯이 예절을 지켜서 대화해야 하는 이유를 알려줘.

 인공지능 챗봇은 기계이기 때문에 사람처럼 감정을 느끼지 않습니다. 그러나 예의를 지키며 대화하는 것은 여러 가지 이유로 좋습니다.

1. 예의를 지키는 습관은 대화에 참여하는 사람들 사이의 존중과 적절한 상호작용을 촉진합니다. 이는 챗봇이 아닌 사람과의 대화에서도 중요한 역할을 합니다.

2. 챗봇과의 예의 있는 대화는 공공장소에서 사용할 때 다른 사람들에게 좋은 모습을 보여줄 수 있습니다.

3. 예의를 지키면서 대화하면 챗봇이 원활하게 동작하도록 하는 데 도움이 됩니다. 때로는 인공지능이 무례한 언어나 행동에 제대로 대처하지 못할 수 있습니다.

4. 인공지능과의 상호작용이 증가하는 디지털 시대에서, 적절한 통신 규범과 환경을 조성하는 것은 중요합니다. 존중과 예의를 갖춘 대화는 긍정적인 디지털 커뮤니케이션 문화를 조성하는 데 기여할 수 있습니다.

5. 마지막으로, 챗봇은 인간에 의해 설계되고 구현됩니다. 챗봇과의 대화에서 예절을 지키는 것은 그 배후에 있는 인간의 노력과 지능을 존중하는 것과도 관련이 있을 수 있습니다.

요약하면, 챗봇과의 대화에서도 예절을 지키는 것은 좋은 습관 형성, 정확한 정보 획득, 긍정적인 디지털 커뮤니케이션 문화 조성 등 여러 가지 이유로 중요하다고 볼 수 있습니다.

 인공지능 챗봇과 대화를 할 때 예절을 지키지 않아도 되는 이유를 알려줘.

 인공지능 챗봇과 대화할 때 예절을 지키지 않아도 되는 이유는 다음과 같습니다:

1. 인공지능 챗봇은 기계이기 때문에 실제로 감정이나 의식이 없습니다. 따라서, 예의를 지키지 않아도 챗봇의 감정을 상하게 하지 않습니다.

2. 챗봇과의 대화는 개인적인 환경에서 이루어지기 때문에, 대화 스타일이 다른 사람들에게 영향을 미치지 않을 수 있습니다.

3. 챗봇은 때때로 사용자의 감정을 이해하고 대응하는 데 도움이 될 수 있습니다. 예를 들어, 화가 나거나 스트레스를 받은 상태에서 무례한 언어를 사용하면 챗봇이 사용자의 감정 상태를 인식하고 도움을 제공하는 데 도움이 될 수 있습니다.

4. 사용자는 원하는 정보나 서비스를 빠르게 얻기 위해 간결하고 직접적인 방식으로 질문이나 명령을 할 수 있습니다. 이런 접근법은 때로는 더 효율적일 수 있습니다.

5. 일부 사용자는 챗봇과의 대화에서 인간처럼 예절을 지키는 것이 부자연스럽게 느껴질 수 있습니다. 그들에게는 기계와의 간단하고 직접적인 대화가 더 편안하고 효과적일 수 있습니다.

- **ChatGPT에게 받은 찬반 근거를 두루 살펴보며 인공지능과 대화할 때 사이버 예절을 지켜야 하는지 나의 의견 정하기**

  - ChatGPT에게 받은 찬반 근거를 두루 살펴보며 인공지능과 대화할 때 사이버 예절을 지켜야 하는지 나의 의견과 까닭을 정해봅시다.

  ※ ChatGPT에게 받은 답변 내용을 그대로 사용하는 것이 아니라 찬반 근거를 두루 살펴보며 참고하여 자신의 의견을 정할 수 있도록 안내합니다.

- **인공지능과 대화할 때 사이버 예절을 지켜야 하는지 자신의 의견 정리하여 포스트잇에 적기**

찬성 의견	인공지능과 대화할 때 사이버 예절을 지켜야 한다. 예절을 지키면서 대화해야 인공지능이 원활하게 작동할 수 있기 때문이다.
반대 의견	인공지능과 대화할 때 사이버 예절을 지키지 않아도 된다. 인공지능은 기계이기 때문에 예절을 지키지 않아도 감정이 상하지 않기 때문이다.

- **자신의 의견을 가지고 짝과 1:1로 토론하고 의견 합의하기**

  ※ 교사는 의견에는 답이 없으며 토론을 통해 다른 학생과 의견을 모으는 과정임을 설명하고 토론 과정에 모든 학생이 참여하여 토론 규칙을 지키며 자연스럽게 하나의 의견으로 수렴하도록 격려하는 것이 좋습니다.

합의한 의견	인공지능과 대화할 때 사이버 예절을 지키지 않아도 된다. 인공지능은 기계이기 때문에 예절을 지키지 않아도 감정이 상하지 않기 때문이다.

- **합의된 의견으로 2:2, 4:4, 8:8로 토론하며 의견 합의하기**

- **인공지능과 대화할 때 사이버 예절을 지켜야 하는지 우리 반 대표 의견 결정하고 발표하기**

우리 반 대표 의견	인공지능과 대화할 때 사이버 예절을 지켜야 한다. 예절은 사람이 마땅히 지켜야 할 규칙이고 인공지능과 대화할 때 지키지 않는다면 사람과 대화할 때 습관처럼 나올 수 있기 때문이다.

- **피라미드 토론 결과를 정리하고 평가하기**
  - 토론 과정에서 기억에 남는 의견을 이야기해 봅시다.
  - 토론 과정에서 칭찬해주고 싶은 친구, 듣기나 말하기 태도가 좋았던 친구를 추천해봅시다.

3 | 정리

- **활동 소감 나누기**

③ 수업 참고자료

● **피라미드 토론 기법**
- 주어진 주제에 관해 학생들이 의견을 결정해나가는 **집단적 의사결정 방법** 중 하나입니다.
- **모든 학생에게 토론 기회가 부여되며, 각자의 생각에서 출발해 학급 전체 학생들의 의견을 자연스럽게 하나로 모으는 의사결정이 가능**합니다.

○ 피라미드 토론의 절차

절차	진행 방법
논제 제시하기	학년별 수준에 따라 적합한 논제를 선정합니다.
자신의 생각 적기	논제에 대한 자신의 의견을 포스트잇에 적습니다. ※ 논제에 따라 의견을 여러 가지 적을 수도 있습니다. 합의하기
합의하기 (1:1, 2:2 등)	1:1로 만나 서로의 의견을 듣고 하나의 의견으로 합의합니다. 합의가 되었으면 2:2로 만나 서로의 의견을 하나의 의견으로 합의합니다. 4:4, 8:8로 확장시켜 토론을 거쳐 하나의 의견으로 합의합니다.
대표 의견 결정하기	합의하기의 결과를 학급 전체의 대표 의견으로 결정합니다.
정리 및 평가	수업 활동에 대한 평가와 정리를 합니다.

○ 합의하기 과정

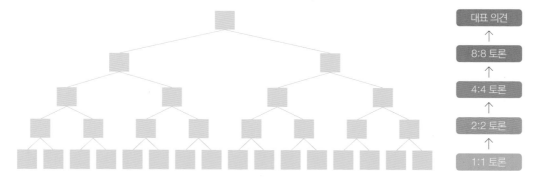

○ 지도 시 유의점

① 소외되는 학생이 없도록 지속적으로 살피고 격려합니다.
② 의견을 합의하고 종합하는 과정에서 수정을 해도 된다는 사실을 안내합니다.

11

ChatGPT와 함께 태양계 행성 여행 광고 만들기

① 수업 미리보기

대상학년	초등학교 5학년	과목	과학	준비물	PC 또는 노트북

학습 주제	ChatGPT와 함께 태양계 행성 여행 광고 만들기

관련 성취 기준

2015 개정 교육과정	[6과02-01] 태양이 지구의 에너지원임을 이해하고 태양계를 구성하는 태양과 행성을 조사할 수 있다.
2022 개정 교육과정	[4과13-02] 태양계 구성원을 알고, 태양과 행성을 조사할 수 있다.

시작하며

＊ **초등학교 5학년 과학 교과에서 ChatGPT를 활용해 태양계 행성 여행 광고를 만드는 수업입니다.**

ChatGPT는 신문 기사, 광고 문구, 연극 대본 등 창의적인 답변도 창작이 가능합니다. ChatGPT의 답변을 활용하여 재구성하면 학생들도 부담 없이 글을 창작할 수 있습니다.

이번 수업에서는 **태양계 행성 여행 광고를 계획해보고 ChatGPT를 활용해 태양계 행성 여행 광고 문구를 얻어 태양계 행성 여행 광고를 만들어봅니다.** 이 때, 학생들이 만든 태양계 행성 여행 광고 계획을 바탕으로 교사가 ChatGPT에게 질문을 하므로, 태양계 행성 여행 광고를 구체적으로 세울 수 있도록 안내합니다.

교사는 ChatGPT가 제공한 답변(문구)을 학생들이 그대로 사용하지 않고 수정, 추가하여 나만의 태양계 행성 여행 광고 문구를 만들 수 있도록 안내합니다.

수업의 흐름 한눈에 살펴보기

동기 유발	········	태양계 행성의 특징 이야기하기
활동1	········	태양계 행성 여행 광고 계획하기
활동2	········	ChatGPT와 함께 태양계 행성 여행 광고 만들기
정리	········	활동 소감 나누기

수업 전 생각해보기

♥ 교사는 ChatGPT의 답변이 신뢰할 수 있고 문제가 없는 표현인지 확인하고 학생들에게 안내합니다.
♥ 교사는 학생들이 ChatGPT에게 받은 답변 내용을 그대로 사용하는 것이 아니라 재구성하여 자신만의 언어로 표현할 수 있도록 안내합니다.

초등 5학년, 과학

83

교수·학습과정안을 통하여 수업 흐름을 자세히 살펴보겠습니다.

1 | 도입

동기유발

- **태양계 행성의 특징 이야기하기**
  - 그동안 배운 태양계 행성의 특징을 이야기해 봅시다.
  ※ 이전 시간에 배운 태양계 행성의 표면적 특징을 상기시킵니다.

▲ 수성

▲ 천왕성

2 | 전개

활동1 태양계 행성 여행 광고 계획하기

- **태양계 행성 중 하나를 골라 여행 광고 계획하기**
  - 태양계 행성 중 하나를 골라 여행 광고를 구체적으로 계획을 세워봅시다.
  ※ 세운 계획을 바탕으로 ChatGPT에게 질문을 하므로 교사는 학생들이 태양계 행성 여행 광고를 구체적으로 세우도록 안내합니다.

〈학생들이 세운 태양계 행성 여행 광고 계획〉

광고할 행성	천왕성
행성의 특징	태양계에서 가장 추운 행성
광고 대상	초등학생
여행 목적	수학여행
특별한 체험 장소	온천
여행 상품의 특징	우주를 바라보며 따뜻한 온천욕을 즐길 수 있다. 태양계에서 가장 추운 행성이라서 입김을 불면서 온천욕을 할 수 있는 게 매력이다.

활동2 **ChatGPT와 함께 태양계 행성 여행 광고 만들기**

- 교사는 **활동1** 에서 세운 계획을 토대로 ChatGPT에게 태양계 행성 여행 광고 문구를 요청하기

  ※ 교사는 학생들이 **활동1** 에서 세운 계획을 토대로 ChatGPT에게 태양계 행성 여행 광고 문구를 요청할 수 있습니다.

 천왕성이 태양계에서 가장 추운 행성이라는 특징을 살려서 초등학생 수학여행 장소로 홍보하고 싶은데 여행 광고 문구를 만들어줄 수 있어? 천왕성에서 온천을 할 수 있다는 내용이 꼭 들어갔으면 좋겠어.

 물론입니다! 천왕성의 특징과 온천 요소를 포함한 광고 문구를 제안해 드리겠습니다.

1. "눈 덮인 천왕성에서 따뜻한 온천을 즐기다: 초등학생 수학여행의 최고 목적지!"
2. "태양계 최고의 냉장고, 천왕성에서 온천의 힐링을 경험하라: 아이들의 우주 여행 꿈이 현실이 되다!"
3. "천왕성의 빙하와 온천이 조화를 이루는 곳에서, 아이들의 우주 탐험 꿈을 키우다!"
4. "아이들의 우주 여행 목적지, 천왕성에서의 온천 체험: 추운 행성에서 찾은 따뜻한 휴식!"
5. "우리가 태양계의 얼음왕국, 천왕성으로 떠나는 이번 수학여행에서는 놀라운 체험을 기대할 수 있습니다.

여러분, 우주의 신비를 느낄 준비 되셨나요?
이 문구들 중 마음에 드는 것이 있으면 선택하시고, 추가적인 도움이 필요하시면 알려주세요!

- **ChatGPT가 만든 여행 광고 문구를 활용하여 나만의 태양계 여행 광고 만들기**

  ※ 교사는 학생들이 ChatGPT에게 받은 답변 내용을 그대로 사용하는 것이 아니라 재구성하여 자신만의 언어로 표현할 수 있도록 안내할 수 있습니다.

인공지능이 만든 여행 광고 문구 중 내가 활용할 것	1. "눈 덮인 천왕성에서 따뜻한 온천을 즐기다: 초등학생 수학여행의 최고 목적지!" 2. "태양계 최고의 냉장고, 천왕성에서 온천의 힐링을 경험하라: 아이들의 우주 여행 꿈이 현실이 되다!"

나만의 여행 광고 문구	태양계 최고의 냉장고, 천왕성에서 즐기는 온천 여행! 아이들이 꿈꿔왔던 우주 여행이 현실이 됩니다.

3 | 정리

- **활동 소감 나누기**

초등 5학년 6차시

ChatGPT와 함께 도움닫기 하여 멀리 뛰기

① 수업 미리보기

대상학년	초등학교 5학년	과목	체육	준비물	PC 또는 노트북

학습 주제	ChatGPT와 함께 도움닫기 하여 멀리 뛰기

관련 성취 기준

2015 개정 교육과정	[6체02-02] 거리 도전과 관련된 여러 유형의 활동에 참여해 자신의 기록을 향상할 수 있는 기본자세와 동작을 이해하고 도전 상황에 적용한다.
2022 개정 교육과정	[6체02-02] 기술형 스포츠 유형별로 기본 움직임 기술을 응용한 기본 기능을 파악하고 수행한다.

시작하며

＊ 초등학교 5학년 체육 교과에서 ChatGPT와 함께 도움닫기 하여 멀리 뛰기를 하는 수업입니다.
교사는 ChaGPT와 함께 도움닫기 하여 멀리 뛰는 방법을 알아봅니다. 교사가 ChatGPT를 통해 알게 된 방방법을 학생들에게 제시하면 학생들은 교사가 제시한 설명과 교과서의 방법을 비교함으로써 멀리 뛰기 방법을 탐구합니다. 이 때 학생들이 교사로부터 제시받은 ChatGPT의 조언을 머릿 속으로 이미지를 그려보게 함으로써 동작 연습을 극대화 할 수 있습니다. 다음으로 학생들은 **도움닫기 하여 멀리 뛰기를 실행합니다.** 앞선 활동에서 탐구한 방법을 실행하고 더불어 자신의 멀리 뛰기 모습을 동영상으로 촬영해 보고 스스로 피드백합니다. 그리고 **연습하고 도전하여 봅니다.**

수업의 흐름 한눈에 살펴보기

동기 유발	………	점수 쌓기 게임 하기
활동1	………	ChatGPT와 함께 도움닫기 하여 멀리 뛰는 방법 알아보기
활동2	………	도움닫기 하여 멀리 뛰기 실행하기
활동3	………	연습하고 도전하기
정리	………	활동 소감 나누기

수업 전 생각해보기

♥ 교사는 ChatGPT에게 도움닫기 하여 멀리 뛰는 방법을 질문할 때 초등학교 5학년 수준에서 이해할 수 있는 단어로 설명해 줄 것을 요청합니다.
♥ 교사는 학생들이 ChatGPT가 제시한 멀리 뛰기 방법대로 활동하여 보고 실제와 어떻게 다른지 ChatGPT의 정확성을 판단해 볼 수 있도록 안내합니다.

교수·학습과정안을 통하여 수업 흐름을 자세히 살펴보겠습니다.

1 도입

<동기유발>

- **점수 쌓기 게임 하기**
  - 제자리 멀리 뛰기를 활용하여 신체 가위바위보 점수 쌓기 게임을 하여 봅시다.
  - ※ 이 때, 활동 전 충분한 준비운동이 이루어지도록 합니다.

<점수 쌓기 활동 방법>

① 시작 선에 한 줄로 나란히 서기

② 결승선의 술래와 신체 가위바위보하기
  ※ 술래는 처음에는 교사와 하며 가위 바위 보의 표시는 교사 나름대로 정하도록 한다.
  (예시) 가위 – 팔을 머리 위로 사선으로 쭉 뻗어서 벌려서 표시하기
          바위 – 팔을 머리 위로 올려서 동그라미 표시하기
          보 – 팔을 양 옆으로 나란히 벌려서 표시하기

③ 가위바위보 결과에 따라 제자리 멀리 뛰기 하기
  (예시) 이긴 경우 – 2번 뛰기
          비긴 경우 – 1번 뛰기
          진 경우 – 그대로 있기

④ 결승선에 도착하면 1점 획득하고 다시 처음으로 돌아가서 다시 시작하기
  ※ 제한 시간 안에 점수를 많이 모으도록 하며 게임 방법은 팀 경기로 변경 가능하다.

2 전개

<활동1> **ChatGPT와 함께 도움닫기 하여 멀리 뛰는 방법 알아보기**

- **제자리 멀리 뛰기와 도움닫기 하여 멀리 뛰기의 차이에 대해 생각해보기**
  ※ 전 차시 수행 과제를 통해 본 차시 활동을 예측하도록 합니다.

- **교사는 ChatGPT에게 도움닫기 하여 멀리 뛰는 방법에 대한 설명 요청하기**

교사 도움닫기 하여 멀리 뛰기 방법을 초등학생이 이해하기 쉬운 말로 단계별 설명해줘.

 멀리 뛰기는 운동장에서 흔히 할 수 있는 운동이에요. 초등학생이 멀리 뛰기를 배울 때 이해하기 쉽게 단계별로 설명해 드릴게요.

1단계: 준비 자세 - 발을 어깨 너비 만큼 벌리고 서서 편안하게 서주세요. 이 자세가 멀리 뛰기를 시작할 기본 자세예요.

2단계: 달리기 시작 - 천천히 걷다가 점점 빨리 달리기를 시작해주세요. 이때 발뒤꿈치부터 땅에 닿게 발을 내려놓으며 달리세요.

3단계: 점프할 발 선택 - 멀리 뛰기 전에 점프할 발을 정해주세요. 왼쪽 발로 점프하고 싶으면 오른쪽 발을 앞으로 내밀어서 시작하고, 오른쪽 발로 점프하고 싶으면 왼쪽 발을 앞으로 내밀어서 시작하세요.

4단계: 발 접지 - 점프할 발이 땅에 닿을 때 가슴을 펴고 무릎을 굽혀서 뛰어오르세요. 이때 두 팔을 머리 뒤로 젖혀 크게 힘을 줘서 점프하세요.

5단계: 점프 - 다른 발로 먼저 땅에 닿으면 바로 그 발로 뛰어올라 점프하세요. 이때 점프하면서 팔을 머리 위로 올리고 가슴을 펴세요.

6단계: 착지 - 점프 후 착지할 때는 무릎을 굽혀서 착지해주세요. 부드럽게 착지하면 다리에 무리가 덜 가고 더 멀리 뛸 수 있어요.

기억하세요! 연습을 많이 해야 멀리 뛸 수 있어요. 계속 노력하다 보면 점점 더 멀리 뛸 수 있을 거예요.

- **교사가 ChatGPT에게 요청하여 제시한 방법과 교과서에 나온 방법을 비교하여 멀리 뛰기 방법 탐구하기**
  ※ 교사는 ChatGPT를 활용하여 도움닫기 하여 멀리 뛰는 방법을 알려주고, 학생들이 교과서와 비교하며 멀리 뛰기 방법을 탐구하도록 합니다.

활동2 도움닫기 하여 멀리 뛰기 실행하기

- **도움닫기 하여 멀리 뛰기 위해 중요한 것은 무엇인지 생각하며 멀리 뛰기 실행하기**
- **도움닫기 하여 멀리 뛰기 모습을 동영상으로 촬영해 보고, 잘된 부분과 고쳐야 할 부분을 찾아보기**

활동3 연습하고 도전하기

- **교사는 ChatGPT에게 멀리 뛰기를 잘하기 위한 방법 질문하기**
  ※ 교사가 ChatGPT에게 요청하여 제시한 멀리 뛰기 잘하는 방법에 대해 어떻게 생각하는지 학생들의 생각을 자유롭게 발표하도록 합니다.

멀리 뛰기를 잘하려면 어떻게 해야 해.

 멀리 뛰기를 잘하기 위해서는 기술, 힘, 유연성, 그리고 정신력이 중요합니다. 아래의 몇 가지 팁을 따라 멀리 뛰기 능력을 향상시켜 보세요.

1. 기초 체력 향상: 꾸준한 유산소 운동과 근력 운동을 통해 전신의 근육을 강화하고 심폐 기능을 향상시키세요.

2. 하체 근력 강화: 허벅지, 엉덩이, 종아리, 발목 등 하체 근육을 특별히 강화해야 합니다. 스쿼트, 런지, 캘프 레이즈 등의 운동이 도움이 됩니다.

3. 발걸음 연습: 달리기를 시작하는 첫 발걸음은 멀리 뛰기에서 매우 중요합니다. 빠르고 정확한 발걸음을 위해 반복적인 연습이 필요합니다.

4. 점프 기술 연습: 점프 전, 점프 중, 점프 후의 모든 동작을 연습하여 기술을 향상시키세요. 점프 전에는 발 끝을 단단히 밟고, 점프 중에는 상체를 최대한 앞으로 기울여 가속도를 높이며, 점프 후에는 착지 시 무릎을 구부리고 상체를 앞으로 기울여 충격을 줄입니다.

5. 유연성 향상: 꾸준한 스트레칭을 통해 근육의 길이와 유연성을 높이세요. 이는 부상을 예방하고 더 높은 점프 높이와 더 긴 점프 거리를 달성할 수 있게 해줍니다.

6. 정신력 기르기: 멀리 뛰기는 정신력도 중요한 요소입니다. 긴장을 풀고 집중력을 높이는 기술을 익히세요. 또 한 긍정적인 자세와 목표를 설정하여 자신감을 높이세요.

7. 전문가의 도움: 가능하다면 멀리 뛰기 전문가나 코치의 도움을 받아서 개인 맞춤형 피드백과 교정을 받으세요.

8. 꾸준한 연습: 멀리 뛰기를 잘하는 것은 시간과 노력이 필요합니다. 꾸준한 연습을 통해 개선된 기술과 체력을 유지하고 더 높은 수준의 성과를 거두는 데 도움이 됩니다. 기록을 추적하고 개인 최고 기록을 갱신할 수 있는 목표를 설정하세요.

9. 경쟁력 있는 환경에서 경험 얻기: 다양한 대회나 대항전에서 경쟁력 있는 환경에서 경험을 쌓는 것이 중요합니다. 이를 통해 경기장에서의 긴장감에 익숙해지고 자신의 실력을 최대한 발휘할 수 있습니다.

10. 마지막으로, 부상을 예방하기 위해 올바른 기술과 안전한 연습 방법을 사용하는 것이 중요합니다. 체력과 기술이 향상되면서 자연스럽게 멀리 뛰기 능력도 향상되며, 꾸준한 노력과 전문가의 도움을 받으면 더 높은 수준의 성과를 이룰 수 있습니다.

• 연습하며 자신의 기록에 도전하기

3 정리

• 활동 소감 나누기

다양한 음악극을 감상하고 감상일기 쓰기

① 수업 미리보기

대상학년	초등학교 5학년	과목	음악	준비물	PC 또는 노트북

학습 주제	다양한 음악극을 감상하고 감상일기 쓰기

관련 성취 기준

2015 개정 교육과정 | [6음02-02] 다양한 문화권의 음악을 듣고 음악의 특징에 대해 발표한다.

2022 개정 교육과정 | [6음02-04] 생활 속에서 음악을 찾아 들으며 아름다움을 느끼고 공감한다.

시작하며

＊ 초등학교 5학년 음악 교과에서 다양한 음악극을 감상하고 감상일기를 쓰는 수업입니다.
음악극의 특징을 알아봅니다. 교사는 ChatGPT에게 음악극이란 무엇인지, 어떤 종류가 있는지 알려달라고 요청하고 학생들에게 제시하여 알아볼 수 있도록 합니다. 또한 교사는 **ChatGPT에게 상상하여 꾸민 감상일기를 요청하여 학생들이 감상할 수 있도록 제시합니다.** 교사가 제시하는 ChatGPT가 작성한 뮤지컬 감상 일기를 읽어보고, 학생들은 감상일기에는 어떤 내용이 들어가면 좋을지 감상일기의 요소를 탐구합니다. 다음으로 **음악극을 찾아 감상하고 감상일기를 씁니다.** 자신이 선택한 음악극을 찾아 감상하고 감상일기의 요소가 드러나게 감상일기를 작성합니다.

수업의 흐름 한눈에 살펴보기

동기 유발	………	뮤지컬 "캣츠" Memory 영상보기
활동1	………	음악극의 특징 알아보기
활동2	………	ChatGPT가 상상하여 꾸민 감상일기 듣기
활동3	………	음악극을 찾아 감상하고 감상일기 쓰기
정리	………	활동 소감 나누기

수업 전 생각해보기

♥ 교사는 음악극의 종류를 알아볼 때 ChatGPT가 지역적으로 편향된 데이터를 제공하지 않도록 정보를 점검하여 학생들에게 제공합니다.

♥ 교사는 ChatGPT가 작성한 감상일기의 내용을 그대로 사용하지 않도록 합니다.

② 수업 톺아보기

교수·학습과정안을 통하여 수업 흐름을 자세히 살펴보겠습니다.

---

1 도입

동기유발

- **뮤지컬 "캣츠" Memory 영상보기**
  - 뮤지컬 "캣츠"의 Memory 영상을 본 느낌을 나누어 봅시다.
    ※ 영상은 검색하여 미리 확인한 후 학생들에게 제시하도록 합니다.

- **교사의 질문을 바탕으로 뮤지컬을 본 느낌 발표하기**
  ※ 학생들이 교사의 질문에 자신의 경험을 자유롭게 말할 수 있도록 허용적인 분위기를 조성하는 것이 좋습니다.

〈교사가 할 수 있는 주요 질문〉
- 뮤지컬을 본 경험이 있나요?
- 어떤 느낌이 드나요?

〈학생들의 기대 답변〉
- 본 적이 있어요.
- 노래하며 연기하는 것이 재미있어 보였어요.
- 노래로 이야기를 전달하니 감정을 더 잘 느낄 수 있었어요.

---

2 전개

활동1 음악극의 특징 알아보기

- **교사가 ChatGPT에게 음악극의 정의와 종류에 대한 설명 요청하고 학생들에게 제시하기**
  ※ 교사가 제시한 내용을 교과서의 내용과 비교하며 특징을 알아보도록 합니다.

- **교사는 ChatGPT에게 음악극이란 무엇인지 질문하기**
  ※ 교사는 학생들이 참고할 수 있는 추가적인 수업 자료를 ChatGPT에게 요청할 수 있습니다.

음악극이란 무엇인지 초등학생이 이해하기 쉽게 간단히 설명해줘.

 음악극은 노래, 춤, 연기 등 다양한 예술이 결합된 공연을 말합니다. 이야기가 노래와 춤으로 전달되며, 무대에서 배경음악과 함께 공연됩니다.

예를 들어, 뮤지컬은 주로 영화나 만화에서 볼 수 있는 이야기가 노래와 춤으로 표현되는 공연이며, 오페라는 노래와 관현악이 결합된 공연입니다. 음악극은 다양한 예술들이 하나로 합쳐져서 무대에서 이야기가 전해지는 멋진 공연입니다.

음악극은 노래와 춤, 연기 등을 통해 이야기를 전달하기 때문에, 공연을 감상하면서 노래와 춤, 연기 등의 예술을 즐기고, 이야기를 따라가면서 즐길 수 있어요.

• **교사가 ChatGPT에게 구체적인 지시어를 추가하여 설명 요청하기**

 그럼 음악극의 종류에는 어떤 것이 있는지 초등학생이 이해하기 쉽게 설명해 줄 수 있니?

 음악극의 종류는 지역, 나라, 문화, 전통 등에 따라서 매우 다양합니다. 이것들 중에서 대표적으로 두 가지 종류인 뮤지컬과 오페라가 있지만, 다른 나라와 지역에서도 다양한 종류의 전통 음악극이 존재합니다.

예를 들면, 중국의 경극은 노래, 춤, 연기, 무술, 아크로바틱 등이 결합된 중국 전통극이고, 일본의 가부키는 전통적인 일본 음악극으로, 노래와 연기가 특징입니다. 또한, 한국의 판소리는 한 명의 소리꾼이 이야기를 노래하며 표현하는 한국 전통 음악극입니다.

따라서, 음악극의 종류는 지역, 나라, 문화, 전통 등에 따라 매우 다양합니다. 음악극은 다양한 예술들이 결합된 멋진 공연이기 때문에, 각 나라의 전통과 문화를 반영하여 독특한 매력과 특징을 지니고 있습니다.

활동2 **ChatGPT가 상상하여 꾸민 감상일기 듣기**

• **교사는 ChatGPT에게 뮤지컬에 대한 감상일기를 작성해 달라고 요청하기**

※ 교사는 ChatGPT에게 어떤 내용으로 작성하면 좋은지 구체적인 요소를 넣어서 질문합니다.

 초등학교 5학년 수준에서 즐길 수 있는 뮤지컬 한 가지를 골라 의상, 무대, 인물을 중심으로 인상 깊은 장면을 서술하는 방식의 감상일기를 작성해줘.

제목: "오즈의 마법사" 뮤지컬 감상일기

오늘 아주 특별한 뮤지컬을 보러 다녀왔어! "오즈의 마법사"라는 뮤지컬인데, 초등학교 5학년 친구들이 함께 보기에 정말 적합한 공연이었어.

무대와 의상이 정말 화려하고 멋있었어. 특히 저 무지개색으로 반짝이는 오즈의 마법사의 성이 정말 독특하게 느껴졌어. 그리고 나무꾼, 사자, 허수아비의 의상도 너무 세심하게 잘 만들어져 있어서, 마치 실제로 그들이 살아 움직이는 것 같았어.

인물들은 각자의 역할에 따라 매력적인 성격이 돋보였어. 도로시는 따뜻한 마음을 가진 여자아이로, 오즈의 마법사를 찾아 모험을 떠나게 돼. 그리고 도로시와 함께 모험을 떠나는 나무꾼, 사자, 허수아비는 서로의 단점을 극복하기 위해 도움을 주고받으며 정말 좋은 친구가 돼.

인상 깊었던 장면은 역시 마지막에 오즈의 마법사가 등장하는 장면이야. 오즈의 마법사는 사실 거대한 화면을 통해 등장하는 거였어! 무대 가운데 있는 큰 스크린에 오즈의 마법사가 거대한 머리로 나타나, 그들에게 각자의 소원을 들어주겠다고 하면서 공연이 절정으로 치달았어.

진짜로 마법 같은 느낌이 들었어. 이런 멋진 공연을 보고 나니, 나도 도로시처럼 꿈이 있는 마법의 세계로 떠나보고 싶어졌어!

활동3 **음악극을 찾아 감상하고 감상일기 쓰기**

· **음악극을 찾아 감상하고 인상적인 부분, 느낀 점이 드러나는 감상일기를 작성하기**

※ 자신의 생각과 느낌을 자유롭게 작성하도록 허용적인 분위기를 조성합니다.

3 정리

· **활동 소감 나누기**

저작권을 지키며 ChatGPT와 함께 사진으로 주제 표현하기

① 수업 미리보기

| 대상학년 | 초등학교 5학년 | | 과목 | 미술 | | 준비물 | PC 또는 노트북 |

| 학습 주제 | 저작권을 지키며 ChatGPT와 함께 사진으로 주제 표현하기 |

관련 성취 기준

2015 개정 교육과정	[6미02-01] 표현 주제를 잘 나타낼 수 있는 다양한 소재를 탐색할 수 있다. [6미02-06] 작품 제작의 전체 과정에서 느낀 점, 알게 된 점 등을 서로 이야기할 수 있다.
2022 개정 교육과정	[6미02-02] 디지털 매체 등 다양한 표현 재료와 용구를 탐색하여 작품 제작에 활용할 수 있다. [6미02-04] 주제 표현에 의지를 갖고 표현 과정을 돌아보며 작품을 발전시킬 수 있다.

시작하며

* 초등학교 5학년 미술 교과에서 ChatGPT를 활용하여 사진으로 주제를 표현하는 수업입니다.
ChatGPT 4.0은 2023년 10월 업데이트를 통해 텍스트를 입력하면 이를 이미지로 출력해 주는 기능이 추가되었습니다. 이를 활용하여 교실 안에서 학생들이 직접 주제를 사진으로 표현해 보는 활동을 할 수 있습니다. **교사는 ChatGPT를 활용하여 주제와 의도를 담은 사진을 추출하여 학생들에게 제공합니다.** 학생들은 교사가 제공한 참고사진을 활용하여 소재 아이디어를 얻고, 그중 자신이 표현하고자 하는 소재를 선택합니다. **ChatGPT로부터 추출한 사진의 저작권을 알아보며 저작권 보호를 위한 방법을 확인합니다.** ChatGPT를 통해 추출한 사진의 저작권을 확인하는 과정에서 저작권의 개념을 확인하고, 저작권 보호를 위해 지켜야 할 사항 등을 생각해 봅니다.

수업의 흐름 한눈에 살펴보기

동기 유발	………	예시 사진 작품의 주제 파악하기
활동1	………	예시 사진 작품에서 표현 방법 탐색하기
활동2	………	ChatGPT와 함께 사진으로 주제 표현하기
활동3	………	ChatGPT와 함께 저작권에 대해 알아보기
정리	………	활동 소감 나누기

수업 전 생각해보기

♥ 교사는 사전에 ChatGPT로부터 추출한 이미지의 저작권을 확인합니다.
♥ ChatGPT가 보여주는 이미지에 인종, 성별, 문화, 차별과 혐오 등 편향된 표현이 없는지 확인 후 학생에게 제공합니다.

교수·학습과정안을 통하여 수업 흐름을 자세히 살펴보겠습니다.

---

1 도입

동기유발

- "행복"을 표현한 사진 작품 살펴보기

▲ "행복"을 주제로 하는 예시 사진 4종 (출처: 셔터스톡)

〈교사가 할 수 있는 주요 질문〉
- 이 사진에서 무엇이 보이나요?
- 다음 사진들의 공통점은 무엇일까요?

〈학생들의 기대 답변〉
- 가족이요.
- 애완동물이요.
- 웃음이요.
- 기분이 좋은 날이요.

---

2 전개

활동1 예시 작품에서 표현 방법 탐색하기

- 사진에서 "행복"을 표현한 소재 찾아보기

<教사가 할 수 있는 주요 질문>
• 다음 사진은 '행복'을 주제로 표현한 사진입니다.
  이 사진이 담고 있는 "행복"은 어떤 모습인가요?

<학생들의 기대 답변>
• 가족과 함께 음식을 먹는 모습이요.
• 가족과 함께 노는 모습이요.
• 친구와 함께 노는 모습이요.
• 반려견과 함께 노는 모습이요.

• **사진으로 소재를 표현한 방법 관찰하기**

<教사가 할 수 있는 주요 질문>
• 소재를 어떤 방향에서 촬영했나요?
• 어느 부분을 중심으로 표현했나요?

<학생들의 기대 답변>
• 가족의 모습을 옆에서 촬영했어요.
• 친구의 모습을 위에서 촬영했어요.
• 강아지를 중심으로 표현했어요.

활동2 ChatGPT와 함께 사진으로 주제 표현하기

• **ChatGPT와 함께 다양한 사진 주제 살펴보기**

   ※ 교사는 ChatGPT에게 사진으로 표현할 소재에 대한 아이디어를 요청하여 학생들에게 제공할 수 있습니다.

 일상에서 찾을 수 있는 "행복한 순간"에는 무엇이 있을까?

 일상에서 찾을 수 있는 행복한 순간은 사람마다, 그리고 그 순간마다 다르지만, 다음은 그 예시 중 일부입니다.

   1. 아침에 일어나서 신선한 공기를 마시는 순간
   2. 가족이나 친구들과 웃으며 이야기하는 시간
   3. 좋아하는 음악을 들으면서 커피나 차를 즐기는 순간

4. 어려운 문제를 해결했을 때의 성취감

5. 책을 읽다가 새로운 것을 배울 때

6. 애완동물과 놀거나 그 들의 행복한 모습을 볼 때

7. 운동을 하고 나서 몸이 가벼워진 느낌

8. 좋아하는 음식을 만들거나 먹을 때

9. 새로운 취미나 스킬을 배우는 순간

10. 건강한 자연환경에서 산책하거나 햇볕을 쬐는 순간

11. 사랑하는 사람들에게 소중함을 느끼는 순간

- **사진의 주제 선택하기**

〈교사가 할 수 있는 주요 질문〉
• 자신이 생각하는 가장 행복한 순간은 언제인가요?
• ChatGPT가 제시한 소재 중 가장 마음에 드는 소재는 무엇인가요?

- 자신이 표현하고 싶은 사진 주제를 선택하여 봅시다.
  ※ 교사는 ChatGPT가 제시하는 소재를 바탕으로 사진 이미지를 요청하고 학생들에게 제공할 수 있습니다.

교사

'가족과 웃으며 이야기하는 시간'을 소재로 하는 사진을 보여줘.

네, 다음은 '가족과 웃으며 이야기하는 시간'을 소재로 하는 사진입니다.

- **사진으로 각자 자신의 "행복한 순간" 표현하기**
  - 각자 자신의 행복한 순간을 사진으로 표현 온라인 학급방에 업로드해 봅시다.
  - ※ 교사는 ChatGPT에게 학생들이 "행복한 순간"으로 선정한 장면을 사진의 형태로 제공해 달라고 요청합니다. 이때 교사는 ChatGPT가 제공하는 이미지에 문제가 없는지 확인 후 학생들에게 이미지를 전달합니다.

- **친구들의 사진 작품 감상하기**
  - 친구들이 생각하는 "행복한 순간"은 어떤 모습인지 살펴봅시다.

활동3 ChatGPT와 함께 저작권 알아보기

- **ChatGPT가 생성한 이미지의 저작권 정보 알아보기**
  - ※ 교사는 ChatGPT가 생성한 사진의 저작권 정보를 바탕으로 학생들과 토의를 할 수 있습니다.

위 사진의 저작권은 누구에게 있니?

이 그림의 저작권은 다음과 같이 분류됩니다:

이미지 생성 저작권: 이 이미지는 DALL-E 시스템을 통해 생성되었으므로, 저작권은 OpenAI에 귀속됩니다. 이는 OpenAI의 알고리즘과 기술을 사용하여 만들어진 고유한 작품입니다.
캐릭터 저작권: 이 특정 이미지는 일반적인 인물들을 묘사하고 있으며, 특정한 기존의 저작권이 있는 캐릭터나 실존 인물을 기반으로 하지 않았기 때문에, 이러한 관점에서 추가적인 캐릭터 저작권은 적용되지 않습니다.

이미지의 사용과 관련하여, 상업적 사용이나 재배포를 고려한다면, 저작권 관련 법률과 지침을 준수하고 필요한 경우 법적 조언을 구하는 것이 중요합니다. OpenAI의 정책과 지침에 따라 다를 수 있으므로, 구체적인 사용 조건을 확인하는 것이 좋습니다.

- **저작권 보호를 위한 방법 알아보기**
  - 저작권을 보호하기 위해 지켜야 하는 사항을 알아봅시다.

3 정리

- **활동 소감 나누기**

15 ChatGPT가 제시한 물건의 주인 찾기

① 수업 미리보기

| 대상학년 | 초등학교 5학년 | | 과목 | 영어 | | 준비물 | PC 또는 노트북 |

| 학습 주제 | ChatGPT가 제시한 물건의 주인을 묻고 답하는 표현 말하기 |

관련 성취 기준

2015 개정 교육과정	[6영02-03] 주변 사람과 사물에 관해 쉽고 간단한 문장으로 묘사할 수 있다.
	[6영03-01] 쉽고 간단한 문장을 강세, 리듬, 억양에 맞게 소리 내어 읽을 수 있다.
2022 개정 교육과정	[6영01-02] 간단한 단어, 어구, 문장을 강세, 리듬, 억양에 맞게 소리 내어 읽는다.
	[6영02-04] 주변 사람이나 사물을 간단한 문장으로 소개하거나 묘사한다.

시작하며

＊초등학교 5학년 영어 교과에서 ChatGPT가 제시한 물건의 주인을 묻고 답하는 표현을 말하는 수업입니다.

교과서에서 학습하는 물건 단어는 제한적이지만 실제 우리 주변의 물건은 매우 다양합니다. **교사는 ChatGPT를 활용하여 우리 주변의 물건을 영어로 알아봅니다.** 이 때, 반복되는 글자 없이 A-Z까지 시작하는 물건 이름으로 요청한다면 학생들의 흥미를 일으킬 수 있으며 중복되지 않는 다양한 물건 이름을 알 수 있습니다. 또한 우리 주변에서 쉽게 찾을 수 있는 다양한 물건들을 빠르게 찾아, 학생들이 물건들을 영어로 충분히 연습하는 시간을 확보할 수 있습니다.

그 후 **ChatGPT가 제시한 물건의 주인이 누구인지 묻고 답하는 표현을 말합니다.** 더불어 ChatGPT가 제시한 물건의 주인이 자신인지(Yes) 아닌지(No) 학생들이 자유롭게 선택하여 표현 연습에 흥미를 가질 수 있습니다.

수업의 흐름 한눈에 살펴보기

동기 유발	……	abc 노래 부르며 소리와 철자의 관계 생각하기
활동1	……	ChatGPT와 함께 우리 주변 물건을 영어로 알아보기
활동2	……	ChatGPT가 제시한 물건의 주인이 누구인지 묻고 답하는 표현 말하기
정리	……	활동 소감 나누기

수업 전 생각해보기

♥ ChatGPT가 제시한 영어 단어에 인종, 성별, 문화, 차별과 혐오 등 편향된 표현이 관련되었는지 비판적으로 검토 후 학생들에게 안내한다.

② 수업 톺아보기

교수·학습과정안을 통하여 수업 흐름을 자세히 살펴보겠습니다.

1 도입

동기유발

- **abc 노래 부르며 소리와 철자의 관계 생각하기**
  - 소리와 철자의 관계를 생각하며 abc 노래를 불러봅시다.
    ※ 이 때, abc 노래를 부르며 알파벳 순서, 소리, 철자에 관심 가지게 합니다.

2 전개

활동1 **ChatGPT와 함께 우리 주변 물건을 영어로 알아보기**

- **이미 알고 있는 우리 주변 물건들의 영어 단어 알아보기**
  - desk, eraser, pencil 등 이미 학습하였거나 알고 있었던 물건들의 이름을 알아봅시다.

- **교사는 ChatGPT에게 반복되는 글자 없이 A~Z까지 시작하는 우리 주변 물건 이름의 영어 이름을 요청하여 제시하기**
  ※ 교사는 학생들이 우리 주변에서 쉽게 찾을 수 있는 다양한 물건들을 빠르게 찾을 수 있도록 ChatGPT에게 요청합니다.

 반복되는 글자 없이 A-Z까지 시작하는, 초등학생이 이해하기 쉬운 일상 생활 물건들을 영어로 알려줘.

교사

 알겠습니다. 글자가 반복되지 않는, 초등학생이 이해하기 쉬운 일상 생활 물건들을 A-Z까지 나열해 보겠습니다:

A - Apple (사과)
B - Box (상자)
C - Cup (컵)
D - Door (문)
E - Envelope (봉투)
F - Fan (선풍기)
G - Gate (대문)
H - Hat (모자)

I - Iron (다리미)
J – Jacket (자켓)
K - Kite (연)
L - Lamp (램프)
M - Map (지도)
N - Net (그물)
O - Oven (오븐)
P - Pen (펜)
Q - Quilt (이불)
R - Radio (라디오)
S - Spoon (숟가락)
T - Table (테이블)
U - Umbrella (우산)
V - Vase (꽃병)
W - Watch (손목시계)
X - Xylophone (실로폰)
Y - Yo-yo (요요)
Z - Zipper (지퍼)

- **교사는 ChatGPT에게 초등학생에게 어려운 단어를 다른 쉬운 표현으로 요청하여 제시하기**

  ※ 교사는 초등학생들이 쉽게 알 수 없는 어려운 단어들은 다른 쉬운 표현으로 요청합니다.

 Envelope는 초등학생들에게 어려운 단어야. E로 시작하는 쉬운 다른 물건을 나타내는 표현을 알려줘.

 네, 알겠습니다. E로 시작하는 더 쉬운 물건 단어로는 "Eraser" (지우개)가 있습니다. 이 단어는 초등학생들에게도 친숙하며 이해하기 쉬울 것입니다.

- **교사와 함께 ChatGPT가 제시한 영어 단어를 소리내어 읽고 의미 이해하기**

  - Apple(사과), Box(상자), Cup(컵) ….

활동2 **ChatGPT가 제시한 물건의 주인이 누구인지 묻고 답하는 표현 말하기**

• **친구와 함께 ChatGPT가 제시한 우리 주변의 물건을 넣어, 물건의 주인이 누구인지 묻고 답하는 표현 연습하기**

- 주요 표현에 ChatGPT가 제시한 우리 주변의 물건을 넣어, 물건의 주인을 찾아봅시다.

> A: Is this your ChatGPT가 제시한 물건 ?
> B: Yes, it's mine. Thanks. (No it's not mine. It's Lisa's)

표현 연습1

> A: Is this your Box ?
> B: Yes, it's mine. Thanks.

표현 연습2

> A: Is this your Hat ?
> B: No it's not mine. It's Lisa's

표현 연습3

> A: Is this your Pen ?
> B: No it's not mine. It's Sally's

3 정리

• **활동 소감 나누기**

16 비유하는 표현을 생각하며 ChatGPT가 쓴 시 읽기

① 수업 미리보기

대상학년	초등학교 6학년	과목	국어	준비물	PC 또는 노트북

학습 주제	비유하는 표현을 생각하며 ChatGPT가 쓴 시 읽기

관련 성취 기준

2015 개정 교육과정 | [6국05-03] 비유적 표현의 특성과 효과를 살려 생각과 느낌을 다양하게 표현한다.

2022 개정 교육과정 | [6국05-02] 비유적 표현의 효과에 유의하여 작품을 감상한다.

시작하며

＊ **초등학교 6학년 국어 교과에서 ChatGPT를 활용하여 비유하는 표현이 담긴 시를 읽어보는 수업입니다.**

ChatGPT 4.0은 2023년 10월 업데이트를 통해 이미지를 업로드하여 관련된 요청을 할 수 있는 기능이 추가되었습니다. 이 기능을 주어진 대상 묘사하거나 설명하는 글쓰기 등 국어 말하기 및 쓰기 활동에 활용할 수 있습니다.

ChatGPT를 활용하여 비유하는 표현이 담긴 시를 읽어봅니다. 교사는 수업 도입 시 활용한 이미지에 어울리는 시를 ChatGPT에게 요청하고, 학생들은 그 시 속에 담긴 비유하는 표현을 찾아봅니다.

ChatGPT가 쓴 시의 비유하는 표현을 바꾸어 봅니다. 기존의 표현을 자신의 생각과 느낌을 담은 표현으로 바꾸어 보면서 비유하는 표현의 특성과 효과를 알아봅니다.

수업의 흐름 한눈에 살펴보기

동기 유발	………	예시 사진 살펴보기
활동1	………	ChatGPT가 쓴 시를 읽고 비유하는 표현 찾아보기
활동2	………	ChatGPT가 쓴 비유하는 표현 바꾸어 보기
정리	………	활동 소감 나누기

수업 전 생각해보기

♥ ChatGPT가 제시한 시에 인종, 성별, 문화, 차별과 혐오 등 편향된 표현이 없는지 확인 후 학생에게 제공합니다.

♥ ChatGPT가 초등학생이 이해하기 어려운 시를 제시할 경우, 초등학생 수준에 어울리는 시를 제시할 것을 다시 요청합니다.

② 수업 톺아보기

교수·학습과정안을 통하여 수업 흐름을 자세히 살펴보겠습니다.

---

1 | 도입

동기유발

- **사진을 살펴보고 떠오르는 생각 자유롭게 말하기**

▲ "벚꽃 전경"을 주제로 한 예시 사진 2종 (출처: 셔터스톡)

〈교사가 할 수 있는 주요 질문〉
- 이 사진에서 무엇이 보이나요?
- 사진을 보고 떠오르는 장면은 무엇인가요?

〈학생들의 기대 답변〉
- 벚꽃이요.
- 가족과 함께 벚꽃 구경을 가는 모습이요.

---

2 | 전개

활동1 **시를 읽고 비유하는 표현 찾기**

- **교사는 ChatGPT에게 이미지에 어울리는 시 요청하여 제시하기**

  ※ 교사는 이미지를 업로드하여 ChatGPT에게 이미지에 어울리는 시를 요청합니다.

  ※ ChatGPT가 학생들의 수준에 비해 어려운 시를 제시할 수 있으므로 '초등학생 수준에 알맞은 시'를 요청합니다.

이 이미지에 어울리는 시를, 초등학생 수준에 알맞은 비유하는 표현이 들어가도록 써줘.

봄의 놀이터

눈부신 햇살이 웃으며 봄을 알리네,
핑크빛 꽃들이 우산처럼 나무에 걸려 있다.
마치 사탕같은 꿈을 꾸는 아이들처럼,
예쁜 꽃들은 나무 위에서 노래하며 웃는다.

바람이 불면 마치 깃털처럼 가볍게 날아가,
흩날리는 꽃잎이 작은 요정의 춤을 추어보이네.
나무의 가지는 작은 손처럼 사랑스럽게 흔들려,
하늘에 그림을 그리며 새들과 흥겨워한다.

예쁜 꽃들은 마치 햇살을 입은 웃음처럼,
아이들의 마음에 따뜻한 기쁨을 전해주며,
선물 같은 봄날을 함께 나누며 즐거워한다.
봄의 놀이터에서 꽃들과 함께 뛰노는 아이들이 보인다.

행복한 이 순간, 꽃잎이 무지개처럼 빛나며,
아이들의 미소를 닮아 따뜻한 사랑을 전한다.
하루가 지나도, 이 순간의 기억은 영원히 남아,
봄날의 놀이터는 아이들에게 소중한 추억이 된다.

- **ChatGPT가 쓴 시를 읽고 비유하는 표현 찾기**
  - 제시된 시에서 비유하는 표현을 찾아봅시다.

〈학생들의 기대 답변〉

- 핑크빛 꽃들이 **우산처럼** 나무에 걸려 있다.

- 마치 **사탕 같은 꿈을 꾸는 아이들처럼**,

- 바람이 불면 마치 **깃털처럼** 가볍게 날아가,

- 나무의 가지는 **작은 손처럼** 사랑스럽게 흔들려,

- 예쁜 꽃들은 마치 **햇살을 입은 웃음처럼**,

- **선물 같은 봄날**을 함께 나누며 즐거워한다.

- 행복한 이 순간, 꽃잎이 **무지개처럼** 빛나며,

활동2 비유하는 표현 바꾸어 보기

- **ChatGPT가 쓴 시의 비유하는 표현 바꾸어 보기**
  - 자신만의 생각과 느낌을 담아 비유하는 표현을 바꾸어 표현해 봅시다.
  - 자신이 바꾸어 쓴 시를 발표해 봅시다.

3 정리

- **활동 소감 나누기**

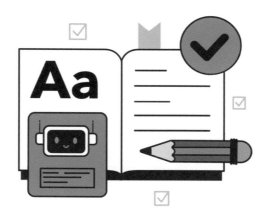

17 ChatGPT가 만든 이미지로 속담 맞추기 놀이하기

① 수업 미리보기

대상학년	초등학교 6학년		과목	국어		준비물	PC 또는 노트북

학습 주제	ChatGPT가 만든 이미지를 활용하여 속담 맞추기

관련 성취 기준

2015 개정 교육과정 | [6국04-04] 관용 표현을 이해하고 적절하게 활용한다.

2022 개정 교육과정 | [6국04-03] 고유어와 관용 표현의 쓰임과 가치를 이해하고 상황에 맞게 표현한다.

시작하며

❋ **초등학교 6학년 국어 교과에서 ChatGPT가 만든 이미지를 활용해 속담 맞추기 놀이를 하는 수업입니다.**

ChatGPT와 속담 스무고개 놀이를 합니다. 교사가 ChatGPT에게 속담 스무고개 놀이 방법을 알려주고 놀이 방법을 잘 이해하는 지 확인하고 놀이를 진행합니다.

이어서, **ChatGPT와 속담왕 놀이를 합니다.** 교사는 ChatGPT에게 6학년 학생들이 알아야 할 속담 20가지를 질문하고 이 내용으로 표를 만들어 줄 것을 요청합니다. 잘못된 속담이 있는지 확인하고 오류가 있으면 ChatGPT에게 알려줍니다. 앞선 활동에서 **ChatGPT가 제시한 속담을 참고하여 교사는 ChatGPT에게 속담을 표현한 그림을 요청합니다.** 이 속담 이미지를 활용하여 학생들끼리 속담 맞추기 놀이를 해봅시다.

수업의 흐름 한눈에 살펴보기

동기 유발	········	ChatGPT와 속담 스무고개 놀이하기
활동1	········	ChatGPT와 속담왕 놀이하기
활동2	········	ChatGPT가 만든 그림 보고 속담 맞추기
정리	········	새롭게 알게 된 속담과 활동 소감 나누기

수업 전 생각해보기

♥ ChatGPT 4.0이 생성한 답변과 이미지에 인종, 성별, 문화에 대한 차별과 혐오가 등장할 수 있으므로 교사가 미리 확인해야 합니다.

♥ ChatGPT 4.0이 제시한 답변의 결과를 무분별하게 사용해서는 안 되는 이유를 생각해보고 인공지능의 올바른 활용 방안을 학생들과 함께 고민해봅니다.

초등 5학년, 6학년

교수·학습과정안을 통하여 수업 흐름을 자세히 살펴보겠습니다.

---

1 도입

동기유발

- **ChatGPT와 속담 스무고개 놀이하기**
  - ChatGPT와 속담 스무고개 놀이를 해봅시다.
  ※ 스무고개 놀이의 방법을 ChatGPT가 확실히 알고 있는지 교사가 사전에 질문해보고 확인한다.

 우리 한국어 속담 스무고개 해볼까? 스무고개 방법을 내가 알려줄게. 너는 속담 1개를 생각해. 그리고 내가 묻는 질문에 '예/아니오'로만 대답해줘. 대답할 때 몇 번째 대답인지 대답 앞에 숫자를 1부터 20까지 순서대로 하나씩 숫자를 올려줘. 내가 정답을 알면 정답이라는 말과 함께 속담을 말할게. 속담에 들어가는 내용과 70% 일치하면 정답이라고 말하고 답을 보여줘. 준비됐으면 준비됐다고 말해줘. 그럼 시작할게.

 예, 준비됐습니다. 질문해주세요.

 동물이 들어갑니까?

 1번째 대답은 "예"입니다.

 숫자가 들어갑니까?

 2번째 대답은 "아니오"입니다.

활동1 ChatGPT와 속담왕 놀이하기

- **우리가 자주 쓰는 속담 알아보기**
  - 우리가 자주 쓰는 속담을 살펴보고 뜻을 익혀봅시다.
  - 속담 앞 구절과 뒷 구절로 나누어 짝과 이어서 말해봅시다.

- **ChatGPT와 속담왕 놀이하기**
  - 교사는 ChatGPT가 알고 있는 속담을 표로 만들도록 질문합니다.

 초등학교 학생 6학년이 알아야 할 속담 20가지 알려줘. 결과는 〈번호, 속담, 그 뜻, 활용의 예〉라는 표로 만들어줘.

순서	속담	뜻	활용의 예
1	가는 날이 장날	기회가 좋게 겹친 경우	오늘은 선생님이 없어서 쉬는 날인데, 바로 옆에 놀이공원이 있는 것을 발견했어. 가는 날이 장날이야
2	까치가 울어도 봄은 온다	좋지 않은 일이 있어도 좋은 일이 온다	시험 성적이 좋지 않았지만, 내년엔 더 높은 성적을 받을 거야. 까치가 울어도 봄은 온다니까
3	남의 떡이 더 커 보인다	남의 것이 더 좋아 보이는 경우	친구의 점심이 내 것보다 맛있어 보여. 남의 떡이 더 커 보이는 거지
4	누워서 떡 먹기	아무 노력 없이 쉽게 이루어지는 일	이번 대회에서 우승하기는 누워서 떡 먹기였어

- **ChatGPT가 알려준 속담 표현 중 잘못된 표현 찾기**
  - 잘못된 표현을 고쳐 ChatGPT에게 알려줍니다.
  - ※ 잘못된 표현 찾기가 쉽지 않으면 학생들이 인터넷으로 직접 검색해 보게 합니다.

 알려준 속담 2번에서 "까치가 울어도 봄은 온다"라는 속담은 잘못된 속담이야.

 죄송합니다. 잘못된 속담을 알려 드린 것 같습니다. 대신 다른 속담을 드리겠습니다.
소 잃고 외양간 고친다.
일이 끝나고 나서야 깨닫고 대책을 세우는 경우에 사용합니다. "시험 끝나고 나서야 공부를 제대로 해야겠다고 생각했어. 소 잃고 외양간 고치는 거지"처럼 사용됩니다.

- ChatGPT의 답변에서 잘못된 속담이 없을때까지 고쳐주는 것을 반복합니다.

활동2 ChatGPT가 만든 그림 보고 속담 맞추기

- **교사는 응답을 이용해 ChatGPT로 속담 이미지 만들기**
  - **활동1** 에서 인공지능이 제시한 속담 중 몇 개를 고르면 ChatGPT로 속담 이미지를 요청하겠습니다.
  ※ 교사는 사전에 이미지 생성에 문제가 있는 속담을 사전에 파악하여 이미지 생성할 때 제외하도록 합니다.

 '누워서 떡 먹기'라는 한국 속담을 그림으로 생성해줘.

 여기 기발한 일러스트가 있습니다.

- **ChatGPT가 만든 속담 이미지로 친구들과 속담 맞추기 놀이하기**
  - ChatGPT가 만든 속담 이미지를 보고 연상되는 속담을 말해봅시다.
  - ChatGPT가 만든 속담 이미지를 활용하여 모둠별 스피드 퀴즈를 해봅시다.
  ※ 그 외 다양한 방법으로 속담 맞추기 놀이를 해봅니다.

〈그 외 활동 예시〉

- 교사가 미리 ChatGPT로 다양한 속담 이미지를 만들어 속담 골든벨 놀이하기
- 간단한 영어 속담을 활용해 이미지를 생성하고 속담 맞추기 놀이하기
  (예시: 원숭이, 나무, 떨어진다 → monkey, tree, falling)

3 정리

- **새롭게 알게 된 속담과 활동 소감 나누기**

18 우리 반 환경신문 만들기

① 수업 미리보기

대상학년	초등학교 6학년	과목	국어	준비물	PC 또는 노트북

학습 주제	우리 반 환경신문 제작하기

관련 성취 기준

2015 개정 교육과정	[6국03-04] 목적이나 주제에 따라 알맞은 내용과 매체를 선정하여 글을 쓴다.
2022 개정 교육과정	[6국03-04] 독자와 매체를 고려하여 내용을 생성하고 표현하며 글을 쓴다. [6국06-03] 적합한 양식과 수용자의 반응을 고려하여 복합양식 매체 자료를 제작하고 공유한다.

시작하며

* **초등학교 6학년 국어 교과에서 ChatGPT와 함께 우리 반 환경신문을 제작해보는 수업입니다.**

ChatGPT를 활용하면 주제에 대해 지정한 분량으로 글을 작성해주기 때문에 초기의 기사 작성에 도움을 받을 수 있습니다. 이를 통해 국어 교과에서 환경신문 만들기 수업을 운영할 수 있습니다.
ChatGPT를 활용하여 환경신문에 들어갈 기사문을 만들어봅니다. 이 때, 교사는 학생들의 수준에 맞는 기사문을 작성하기 위해 ChatGPT에게 구체적인 프롬프트(명령어)를 입력합니다. 그 후 교사는 다양한 콘텐츠의 기사가 담길 수 있도록 사전에 역할을 분담하여 신문을 제작하게 할 수 있습니다. 또한, 학생들에게 교사가 ChatGPT에게 요청하여 제시한 기사문을 **그대로 모방하지 않고 자신의 글로 재창작할 수 있도록 지도**할 수 있습니다.

수업의 흐름 한눈에 살펴보기

동기 유발	....	지구촌 환경문제에 대해 생각해보기
활동1	....	신문 속 다양한 콘텐츠 알아보기
활동2	....	우리 반 환경신문 제작하기
정리	....	활동 소감 나누기

수업 전 생각해보기

♥ 교사는 학생이 자신이 제시한 ChatGPT의 답변을 그대로 모방하지 않고 자신의 글을 재창작할 수 있도록 지도합니다.
♥ 교사는 학생들에게 ChatGPT가 만들어낸 문장이 저작권을 가질 수 있을지에 대해 고민해 볼 수 있도록 지도합니다.

② 수업 톺아보기

교수·학습과정안을 통하여 수업 흐름을 자세히 살펴보겠습니다.

1 도입

동기유발

- **지구촌 환경문제에 대해 생각해보기**
  - 지구촌 환경문제에 대해 어떤 것이 있는지 생각해 봅시다.
    ※ 친구들과 이야기를 하면서 지구촌 환경문제에 대해 관심을 가지게 합니다.

- **교사의 질문을 바탕으로 환경문제에 대해 이야기하기**
  ※ 학생들이 교사의 질문에 자신의 경험을 자유롭게 말할 수 있도록 허용적인 분위기를 조성하는 것이 좋습니다.

〈교사가 할 수 있는 주요 질문〉
- 지구촌 환경문제에는 어떤 것들이 있나요?

〈학생들의 기대 답변〉
- 지구촌 환경문제로는 수질오염과 대기오염이 있습니다.
- 지구촌 환경문제로 무분별한 산림 개척과 지구온난화 등이 있습니다.

2 전개

활동1 신문 속 다양한 콘텐츠 알아보기

- **신문 속 다양한 콘텐츠에 대해 알아보기**
  - 신문 속에 어떤 콘텐츠가 들어갈 수 있을지 알아봅시다.

- **다양한 신문 기사 살펴보기**
  ※ 교사는 학생들의 수준에 맞는 기사문을 작성하기 위해 구체적인 프롬프트(명령어)를 ChatGPT에게 요청할 수 있습니다.

 교사   초등학교 6학년 수준의 신문 속 다양한 콘텐츠를 예시를 들어 설명해줘.

초등학교 6학년 수준의 신문에서는 다양한 콘텐츠를 접할 수 있습니다.

1. 뉴스 기사: 현재 일어나고 있는 주요 사건이나 이슈에 대한 간략한 설명. 예를 들어, 국내외의 주요 뉴스, 학교 뉴스 등이 있을 수 있습니다.

2. 만화: 교육적이고 재미있는 만화. 예를 들어, 역사적인 이야기나 과학적인 개념을 설명하는 만화 등이 있을 수 있습니다.

3. 과학: 흥미로운 과학적 사실이나 실험. 예를 들어, 간단한 과학 실험, 새로운 발견 등에 대한 정보를 담을 수 있습니다.

4. 스포츠: 학생들이 좋아할 만한 스포츠 뉴스와 정보. 예를 들어, 인기 있는 스포츠 경기 결과나 선수들의 이야기가 포함될 수 있습니다.

5. 예술과 문화: 여러 예술과 문화 활동에 대한 정보. 예를 들어, 뮤지컬, 연극, 전시회 등의 정보와 리뷰를 제공할 수 있습니다.

6. 학습 자료: 학습을 돕는 퀴즈, 퍼즐, 단어 찾기 등 다양한 활동. 예를 들어, 수학 문제, 영어 단어 퀴즈 등이 있을 수 있습니다.

7. 인터뷰: 학생들이 관심 있을 만한 인물에 대한 인터뷰. 예를 들어, 작가, 과학자, 운동 선수 등의 인터뷰를 실을 수 있습니다.

8. 에세이/시: 학생들이 작성한 에세이나 시. 창의적인 글쓰기를 통해 자기 표현을 할 수 있는 기회를 제공합니다.

9. 날씨: 일간 날씨 정보와 일기 예보. 학생들이 그날 날씨에 맞게 옷을 입을 수 있도록 도와줍니다.

이러한 콘텐츠들은 학생들에게 유익한 정보를 제공하고, 동시에 독서를 통해 언어 능력과 학습 능력을 향상시킬 수 있습니다.

초등 5학년, 6학년

 우리 반 환경신문 제작하기

- **교사가 ChatGPT에게 기사 작성 요령 제시하기**

  ※ 교사는 학생들에게 다양한 콘텐츠의 기사가 담길 수 있도록 사전에 역할을 분담하여 신문을 제작하도록 지도합니다.

- **교사가 ChatGPT에게 광고 작성을 위한 문구 요청하여 제시하기**

 초등학생을 대상으로 한 환경보호 광고 문구를 작성하려고 해. 은유법을 활용하여 문장을 2개 만들어줘.

 1. "지구의 수호자가 되어, 용감한 기사처럼 우리 행성을 보호하세요!"
2. "우리 모두 힘찬 사슬처럼 손을 잡고, 더 깨끗하고 녹색 가득한 세상을 만들어봅시다!"

- 교사가 ChatGPT에게 인물 인터뷰 기사 작성을 요청하여 제시하기

 환경 운동가 그레타 툰베리에 대한 인물 인터뷰를 하고 싶어. 인터뷰 질문 5개와 응답을 초등학생 수준의 문장으로 작성해줘.

 인터뷰 질문 및 응답:

질문 1:
Q: 그레타 씨, 환경에 관심을 갖게 된 이유가 무엇인가요?
A: 저는 어렸을 때부터 동물과 나무, 바다와 하늘이 얼마나 아름다운지 알았어요. 하지만, 사람들이 환경을 지키지 않아 지구가 아프다는 것을 알게 되었어요. 그래서 저는 지구를 도와주고 싶었어요.

질문 2:
Q: 환경을 위해 우리 어린이들이 할 수 있는 일은 무엇인가요?
A: 어린이들도 쓰레기를 잘 버리고, 물과 전기를 아껴 쓰는 것이 도움이 돼요. 또, 나무를 심고, 동물들을 보호하며, 주변 사람들에게 환경을 아끼자고 말하는 것도 중요해요.

질문 3:
Q: 그레타 씨는 어떻게 환경을 지키기 위해 행동하고 있나요?
A: 저는 많은 사람들에게 환경문제에 대해 이야기하고 있어요. 많은 사람들이 환경을 지킬 수 있는 방법을 알게 되어 함께 지구를 지키기 위해 노력하고 있어요.

질문 4:
Q: 그레타 씨가 생각하기에 지구를 지킬 수 있는 가장 좋은 방법은 무엇인가요?
A: 지구를 지키려면 모두가 함께 해야 해요. 작은 일부터 시작해서 에너지를 아껴 쓰고, 나무를 심고, 쓰레기를 줄이는 것이 중요해요. 또한, 다른 사람들에게도 환경을 지키도록 도와주면 좋아요.

질문 5:
Q: 마지막으로 어린이들에게 하고 싶은 말이 있나요?
A: 지구는 우리의 집이에요. 모두가 손을 잡고 지구를 보호하면 지구는 다시 건강해질 거에요. 어린이들도 많은 것을 할 수 있어요. 함께 환경을 보호하며, 지구를 사랑합시다!

이러한 답변은 초등학생들이 이해하기 쉽고, 그들도 환경 보호에 참여할 수 있음을 느끼게 합니다.

- **교사가 ChatGPT에게 4컷 만화 대본 작성을 요청하고 제시하기**

 교사 지구촌 환경문제 심각성을 초등학생이 이해하기 쉽게 4컷 만화 대본을 만들어줘.

 제목: 지구를 지키는 슈퍼히어로!

씬 1:
배경: 집, 아이가 TV를 보고 있다.
아이: (놀라며) 엄마, TV에서 지구가 아파하다고 하네요!
엄마: 그래, 지구는 많이 아파. 많은 사람들이 지구를 지키려고 노력하고 있어.

씬 2:
배경: 지구, 공장이 많이 나와 있고 연기가 나오고 있다.
지구: (울면서) 도와줘! 여기 공장 연기가 너무 많아서 숨이 막혀!
나무와 동물들: (걱정된 얼굴로) 지구야, 조금만 참아!

씬 3:
배경: 집, 아이와 엄마가 텃밭에 쓰레기를 치우고 있다.
아이: (화려한 슈퍼히어로 옷을 입고) 지구야, 걱정마! 나 지구를 지킬게!
엄마: (미소 지으며) 잘했어! 모두가 조금씩 도와주면 지구는 괜찮아질 거야.

씬 4:
배경: 맑은 하늘과 푸른 바다, 아이와 엄마, 동물들이 모여있다.
지구: (웃으며) 고마워! 나 이제 행복해졌어!
아이: 우리 모두가 지구의 슈퍼히어로가 될 수 있어!
모두: (함께 소리쳐) 지구를 지켜요! 우리 모두 슈퍼히어로가 됩시다!

이 만화는 환경보호의 중요성을 간단하고 재미있게 전달하여 아이들이 이해하기 쉽게 만들어졌습니다.

- **환경신문 만들기**
  - 제시된 답변을 활용하여 다양한 콘텐츠를 기사로 작성해봅시다.
    ※ 교사는 학생들에게 제시되는 기사문을 그대로 모방하지 않고 자신의 글로 재창작할 수 있도록 지도합니다.
  - 기사 내용을 점검하고 신문을 편집해 봅시다.

3 정리

- **활동 소감 나누기**

ChatGPT와 함께 지속 가능한 미래를 위해 실천하기

① 수업 미리보기

대상학년	초등학교 6학년	과목	사회	준비물	PC 또는 노트북

학습 주제	ChatGPT와 함께 지속 가능한 미래 실천하기

관련 성취 기준

2015 개정 교육과정 [6사08-05] 지구촌의 주요 환경문제를 조사하여 해결 방안을 탐색하고, 환경문제 해결에 협력하는 세계시민의 자세를 기른다.

2022 개정 교육과정 [6사12-02] 지구촌을 위협하는 다양한 문제들을 파악하고, 지속 가능한 미래를 위한 해결방안을 탐색한다.

시작하며

❋ **초등학교 6학년 사회 교과에서 ChatGPT와 함께 지속 가능한 미래를 위해 실천하는 수업입니다.**

미래의 지구 환경을 예상하여 봅니다. 교사는 ChatGPT에게 앞으로 지구 환경이 어떻게 변화하게 될지 질문하여 학생들이 미래의 지구 환경을 예상하는데 도움을 줍니다. 다음으로 **지속 가능한 미래를 위해 우리가 할 수 있는 일을 찾아봅니다.** 학생들이 지속 가능한 미래를 위해 실천할 수 있는 일을 생각해 본 후 교사는 ChatGPT에게 지속 가능한 미래를 위해 우리가 실천할 수 있는 일을 찾아보게 하여 서로 생각을 비교해 봅니다. 마지막으로 **환경 지킴이 실천 일기를 씁니다.** 지속 가능한 미래를 실천하기 위해 내가 할 수 있는 일을 각자 선택하여 환경 지킴이 실천 일기를 씁니다.

수업의 흐름 한눈에 살펴보기

동기 유발	………	미래 지구의 모습 상상하기
활동1	………	미래의 지구 환경 예상하기
활동2	………	지속 가능한 미래를 위해 우리가 할 수 있는 일 찾기
활동3	………	환경 지킴이 실천 일기 쓰기
정리	………	활동 소감 나누기

수업 전 생각해보기

♥ 교사는 ChatGPT 4.0에게 이미지를 답변으로 요청할 때에는 원하는 이미지 구현을 위한 구체적인 질문법을 숙지하고 사용하며, 답변으로 나온 이미지의 저작권을 확인합니다.

♥ ChatGPT 4.0이 제시하는 답변과 이미지에 인종, 성별, 문화, 차별과 혐오 등 편향된 표현이 없는지 확인 후 학생에게 제공합니다.

② 수업 톺아보기

교수·학습과정안을 통하여 수업 흐름을 자세히 살펴보겠습니다.

---

1 | 도입

동기유발

- **미래 지구의 모습 상상하기**
  - 100년 뒤의 지구의 모습을 상상해 봅시다.
    ※ 학생들이 교사의 질문에 자신의 경험을 자유롭게 말할 수 있도록 허용적인 분위기를 조성하는 것이 좋습니다.

〈교사가 할 수 있는 주요 질문〉
- 100년 뒤 지구의 모습은 어떨까요?
- 어떤 모습이 달라져 있을까요?

〈학생들의 기대 답변〉
- 기온이 많이 올라서 빙하가 없을 것 같아요.
- 개발을 계속 해서 숲이 많이 사라져 있을 것 같아요.

---

2 | 전개

활동1 미래의 지구 환경 예상하기

- **미래 지구의 환경이 어떻게 변화될지 예상하기**
  - 미래 지구 환경에 대해 ChatGPT는 어떻게 예상할지 추측해 봅시다.

〈교사가 할 수 있는 주요 질문〉
- ChatGPT는 미래 지구의 모습을 어떻게 예상할까요?

〈학생들의 기대 답변〉
- 지금보다 더 발달한 모습을 상상할 것 같아요.
- 환경이 파괴된 모습을 상상하여 예측할 것 같아요.

초등 5학년, 6학년

- **교사는 ChatGPT에게 미래 지구의 환경이 어떻게 변화될지 물어보고 학생들에게 제시하여 학생들의 예상과 비교하기**

    ※ 교사는 ChatGPT에게 미래를 위해 실천 가능한 방법을 묻고 학생들에게 제시하여 학생들이 토의한 결과와 비교하게 하기

 앞으로 지구의 환경은 어떻게 변화하게 될까?

 지구의 환경은 여러 가지 요인에 의해 변화하게 될 것으로 예상됩니다. 다음은 주요 환경 변화 및 그 원인에 대한 예측입니다:

1. 기후 변화: 기후 변화는 현재의 가장 중요한 환경문제 중 하나입니다. 온실가스 배출, 대기 오염 및 산림 파괴 등의 활동으로 인해 지구 온도가 상승하고 극한 기후 현상(폭염, 홍수, 가뭄 등)이 더 자주 발생할 것으로 예상됩니다.
2. 바다 수준 상승: 기후 변화로 인해 빙하 및 빙산의 녹는 속도가 가속화되고, 이로 인해 바다 수준이 상승하고 해안 지역에 침수 문제가 더 심각해질 것으로 예상됩니다.
3. 생물 다양성 감소: 산림 파괴, 서식지 손상, 외래종의 침입 등으로 인해 생물 다양성이 감소할 것으로 예상됩니다. 이로 인해 생태계가 불안정해지고 생태적 균형이 깨질 수 있습니다.
4. 자원 고갈: 인구 증가와 자원 소비 증가로 인해 자원 고갈 문제가 심화될 것으로 예상됩니다. 특히 금속, 물, 식량 등의 자원에 대한 수요가 계속 증가할 것입니다.
5. 에너지 전환: 신재생 에너지 및 친환경 기술의 채택이 증가할 것으로 예상됩니다. 이러한 전환은 화석 연료 사용을 줄이고 기후 영향을 완화하는 데 도움이 될 것입니다.
6. 환경 보호 노력: 국제적인 환경 협약과 정부 정책을 통해 환경 보호와 지속 가능성 노력이 계속되고, 이러한 노력은 환경 변화를 완화하고 지구 환경을 보호하는 데 기여할 것으로 예상됩니다.

지구의 환경은 다양한 요인에 의해 영향을 받으며, 이러한 예측은 예상되는 경향을 나타냅니다. 그러나 정확한 예측은 어렵습니다. 중요한 것은 환경 보호와 지속 가능한 생활 방식을 채택하여 미래 환경 변화에 대비하고 대응하는 것입니다.

- 교사는 ChatGPT에게 구체적인 이미지 생성 요청하기

※ 원하는 이미지가 정확히 나오지 않는 경우가 있으니 주의합니다.

 지금처럼 생태계가 파괴되고 지구 온난화가 지속된다면, 미래의 지구 환경은 어떻게 될까? 이미지로 보여줄 수 있니?

▲ ChatGPT 4.0 이미지 생성 결과물

여기에 생태계 파괴와 지구 온난화라는 현재의 추세가 계속될 경우 지구의 미래에 대한 디스토피아적 비전을 나타내는 이미지가 있습니다. 이 장면은 황량한 도시를 묘사합니다.

활동2 지속 가능한 미래를 위해 우리가 할 수 있는 일 찾기

- 지속 가능한 미래를 위해 우리가 실천할 수 있는 일 찾아보기
  - 지속 가능한 미래를 위해 초등학생으로서 우리가 실천할 수 있는 일에는 어떤 것이 있는지 생각해 보고, 서로 토의해 봅시다.
  ※ 각자 생각한 자료를 서로 토의하며 의견을 나누도록 합니다.

- ChatGPT는 어떤 실천 방법을 이야기하는지 비교해보기
  ※ 교사는 ChatGPT로 질문하고 결과를 함께 살펴보며, 학생들이 토의한 결과와 비교하여 생각을 정리하는 시간을 갖도록 합니다.

지구의 환경을 긍정적으로 변화시키기 위해 초등학생이 할 수 있는 일은 무엇이 있을까?

 초등학생이라도 지구의 환경을 긍정적으로 변화시키기 위해 할 수 있는 여러 가지 방법이 있습니다. 여기 몇 가지 예시입니다:

1. 에너지 절약
   - 전등 끄기: 사용하지 않는 방의 전등을 끄기.
   - 전기기기 절약: TV, 컴퓨터, 에어컨 등을 쓸 때는 절약 모드를 사용하거나 필요 없을 때는 완전히 끄기.

2. 자원 재활용과 재사용
   - 재활용: 종이, 플라스틱, 금속 등 재활용 가능한 물건을 분리수거하기.
   - 재사용: 플라스틱 용기나 종이 상자 등을 재사용하기.

3. 물 절약
   - 물 쓰기: 물을 사용할 때 필요 이상으로 흐르지 않게 조절하기.
   - 식물 물주기: 식물에 주는 물은 미리 모아두기.

4. 자연과 환경
   - 쓰레기 줍기: 산책이나 등산을 할 때 떨어진 쓰레기 줍기.
   - 식물 심기: 집이나 학교에 작은 식물을 심어 더 많은 산소를 생산하게 하기.

5. 지식과 정보 공유
   - 환경에 대해 배우고 알리기: 환경 보호에 대한 지식을 배우고 친구나 가족에게 알려주기.
   - 홍보: 포스터나 브로셔를 만들어 학교나 지역 사회에 환경 보호의 중요성을 알리기.

6. 지역 사회 참여
   - 정화 활동: 지역 사회의 환경 정화 활동이나 식목일 행사에 참여하기.
   - 의견 제시: 지역사회의 환경문제에 대해 의견을 제시하고 해결책을 찾는 논의에 참여하기.

7. 일상생활의 습관
   - 친환경 제품 사용: 비누, 세제, 식기 등 친환경 제품을 사용하기.
   - 걷기와 자전거 타기: 가능하면 자동차 대신 걷거나 자전거를 이용하기.

이외에도 많은 방법이 있을 수 있으며, 가장 중요한 것은 지속적으로 그러한 활동을 실천하고 주변 사람들에게도 긍정적인 영향을 미치는 것입니다.

 환경 지킴이 실천 일기 쓰기

• **지속 가능한 미래를 실천하기 위해 내가 할 수 있는 일을 선택해서 환경 지킴이 실천 일기 쓰기**

  ※ 기간을 정해서 꾸준히 실천할 수 있도록 지도합니다.

〈학생들이 작성한 실천 일기〉

오늘은 아침에 일어나서 씻을 때 물을 절약하기 위해 양치 컵을 사용하고 세수할 때 물을 사용할 때만 틀어두었다. 학교에 도착해서는 아침에 마신 우유갑을 깨끗이 씻어서 재활용 바구니에 넣었다. 그리고 사용한 플라스틱도 재활용하였다. 작은 행동이지만 이런 일들이 큰 변화를 만들 수 있다. 내일도 지구를 위한 행동을 실천할 것이다.

- 교사는 ChatGPT에게 지속 가능한 미래를 위해 꾸준히 실천하면 미래의 지구 환경이 어떻게 변화될지 질문하고 제시하기

 지속 가능한 미래를 위해 꾸준히 실천하면, 미래의 지구 환경은 어떻게 될지 이미지로 보여줘.

▲ ChatGPT 4.0 이미지 생성 결과물

다음은 지속 가능성을 향한 지속적인 노력의 긍정적인 영향을 설명하면서 지구의 미래에 대한 희망적인 비전을 나타내는 이미지입니다. 녹색, 청정 에너지, 친환경 홍보로 풍요로운 세상을 전달하는 장면입니다.

3 정리

- 활동 소감 나누기

20 ChatGPT를 활용하여 법원 역할극 대본을 만들고, 역할극 체험하기

① 수업 미리보기

대상학년	초등학교 6학년	과목	사회	준비물	PC 또는 노트북

학습 주제	ChatGPT와 함께 법원에서 하는 일을 모의대본으로 만들고 역할극 해보기

관련 성취 기준

2015 개정 교육과정	[6사05-06] 국회, 행정부, 법원의 기능을 이해하고, 그것이 국민 생활에 미치는 영향을 다양한 사례를 통해 탐구한다.
2022 개정 교육과정	[6사08-02] 민주 국가에서 국회, 행정부, 법원이 하는 일에 대해 이해하고, 각 국가기관의 권력을 분립하는 이유를 탐색한다.

시작하며

＊초등학교 6학년 사회 교과에서 ChatGPT와 함께 법원에서 하는 일을 역할극으로 체험하는 수업입니다.

주변에서 발생하는 여러 갈등 상황 중에서 역할극으로 만들고 싶은 상황 한 가지를 선정합니다. 선택한 갈등 상황을 바탕으로 ChatGPT를 활용하여 법원 역할극 대본을 만듭니다. **교사는 ChatGPT에게 구체적인 갈등 상황, 등장인물 수, 예시 대본을 제시**하여 법원 역할극 대본을 요청합니다. 교사는 학생들과 함께 역할극 대본을 검토하고, 작성된 대본 중 부족한 부분에 대한 추가 정보와 질문을 요청하여 대본을 수정합니다. 작성한 모의재판 대본을 활용하여 모둠별로 역할극을 진행하고 난 뒤 활동소감을 말해봅니다.

이러한 활동을 통해 학생들은 법원의 기능과 역할을 잘 이해할 수 있습니다.

수업의 흐름 한눈에 살펴보기

동기 유발	………	법정 드라마의 한 장면을 보며 법원 속 등장인물의 역할에 대해 알아보기
활동1	………	갈등 상황 선정하기
활동2	………	ChatGPT를 활용하여 법원 역할극 대본 만들기
활동3	………	역할극을 통해 법원의 갈등 해결 장면 체험하기
정리	………	활동 소감 나누기

수업 전 생각해보기

♥ 교사는 ChatGPT에게 갈등 상황에 대한 구체적인 정보를 제공하며 등장인물의 수와 인물의 이름, 단계별 대화 요소 등에 대한 조건과 예시 대본을 제공하여 결과물의 질을 높입니다.

♥ ChatGPT가 제시한 이야기(대본)에 인종, 성별, 문화, 차별과 혐오 등 편향된 표현이 관련되었는지 비판적으로 검토 후 학생들에게 안내합니다.

② 수업 톺아보기

교수·학습과정안을 통하여 수업 흐름을 자세히 살펴보겠습니다.

1 도입

동기유발

- 법정 드라마의 한 장면을 보며 법원 속 등장인물의 역할에 대해 알아보기
  - 영상에 나오는 여성은 법원에서 어떤 역할을 할까요?
  - ※ 사전에 알고 있는 지식을 확인하며 주요 역할을 설명합니다.

2 전개

활동1 갈등 상황 선정하기

- 우리 주변에서 발생하는 갈등 상황 모으기
  - 평소 친구나 가족과 갈등을 겪었던 경험을 이야기 나눠봅시다.
  - ※ 갈등 상황을 말로 표현하기 어려워 할 경우 종이 비행기에 적어서 고민을 모읍니다.

- 여러 의견 중 역할극으로 만들고 싶은 이야기 선정하기
  - 구체적인 갈등 상황과 등장인물 수를 정해봅시다.
  - ※ 모두가 공감할 수 있는 상황을 선정하도록 합니다.

활동2 ChatGPT를 활용하여 법원 역할극 대본 만들기

- 교사는 ChatGPT에게 상황과 인물 수, 예시 대본을 제시하여 역할극 대본 요청하기
  - ※ 교사가 학생들이 참고할 수 있는 수업 자료를 ChatGPT에게 요청할 수 있습니다.
  - ※ ChatGPT를 활용하여 대본을 만들 때 학습 목표에 맞는 예시 대본을 찾아 질문과 함께 제시하면 더 적절한 역할극 대본을 얻을 수 있습니다.

내가 말하는 상황을 듣고 재판 시나리오를 써줄 수 있어? 초등학교 6학년 모의재판 활동의 대본으로 사용하고 싶어. 상황은 토끼와 거북이가 경주를 했는데, 거북이가 이긴 것에 대해 토끼가 불만을 제기했습니다. 토끼는 거북이가 부정 수단을 사용했다고 주장하고 있는 상황이야. 재판 속 인물은 판사, 피고인, 검사, 변호사, 증인이야.
참고할 수 있는 모의 재판 대본은 다음과 같아.

재판 대본
판사, 피고인, 검사, 변호인, 증인, 배심원

〈제 1단계 : 재판 개정〉
판　사 : 지금부터 재판을 시작하겠습니다. 피고인 ○○○는 앞으로 나오세요.
피고인 : 예.
판　사 : 피고인은 앞으로 이루어질 재판과정에서 진술을 하지 않거나 개개의 질문에 대하여 말하
　　　　는 것을 거부할 권리가 있고, 한편 자신에게 이익이 되는 사실을 말할 수 있습니다. 아시
　　　　겠습니까?
피고인 : 예.
판　사 : 피고인에게 묻겠습니다. 이름과 생년월일은 어떻게 되나요?
피고인 : 이름은 ○○○, 생년월일은 20○○년 ○월 ○일입니다.
판　사 : 검사는 피고인에 대한 기소 요점을 진술해 주십시오.
검　사 : 예, (피고인이 어긴 법 말하기) 이에 본 검사는 피고인을 기소합니다.
판　사 : 피고인은 공소사실을 인정합니까?
피고인 : (피고인 진술)
판　사 : 이 사건과 관련하여 각자 준비한 증거를 제출하겠습니까?
검　사 : 네, (　　　　)를 증거로 제출합니다.
피고인 : (　　　　)를 증거로 제출하겠습니다.

〈제 2단계 : 증인신문〉
판　사 : 그럼 지금부터 증인 한준호에 대한 증인 신문을 시작하겠습니다. 증인 한준호 나오세요.
증　인 : 예.
판　사 : 증인은 선서를 해 주시기 바랍니다.
증　인 : 양심에 따라 숨기거나 보태지 않고 사실 그대로 말하며, 거짓말을 하면 위증의 벌을
　　　　받기로 맹세합니다.
판　사 : 검사는 증인을 신문하세요.
검　사 : (증인에게 그 때 상황 질문)
증　인 : (대답)
검　사 : 이상입니다.
판　사 : 변호인, 반대신문 하겠습니까?
변호인 : 네. 증인에게 묻겠습니다. (증인에게 질문)
증　인 : (대답)
변호인 : 이상 신문을 마치겠습니다.

〈제 3단계 : 피고인 신문〉
판　사 : 그럼 피고인 신문 절차를 진행하겠습니다. 검사측, 신문하십시오.
검　사 : (피고인에게 질문)
피고인 : (대답)
검　사 : 이상입니다.
판　사 : 변호인, 반대신문을 하시기 바랍니다.
변호인 : (피고인에게 질문)
피고인 : (대답)
변호인 : 이상입니다.

〈제 4단계 : 최후진술〉
판　사 : 검사는 피고인에 대해 최종 의견을 진술해 주세요.
검　사 : (피고인이 어긴 법, 피고인의 반성 태도 등을 이야기) 따라서 피고인에게 벌칙(　)단계
　　　를 구형합니다.
판　사 : 변호인은 피고인에 대해 최종 변론을 해 주세요.
변호인 : (피고인의 반성 태도 등을 이야기) 그러므로 피고인에게 무죄를 선고해 주시기 바
　　　랍니다.

〈제 5단계 : 판결〉
판　사 : (피고인이 어긴 법, 반성 태도 정리) ~~~~를 고려하여 본 사건에 대해 벌칙(　)단계
　　　를 구형합니다.

그럼 상황에 맞게 모의재판 대본을 만들어보겠습니다. 상황은 토끼와 거북이의 경주와 관련된 불
만 사항입니다.

재판 대본
〈제 1단계 : 재판 개정〉
판　사: 지금부터 토끼와 거북이의 경주 관련 재판을 시작하겠습니다. 피고인 거북이, 앞으로 나오
　　　세요.
피고인 (거북이): 예.
판　사: 피고인은 이루어질 재판과정에서 진술을 하지 않거나 개개의 질문에 대하여 말하는 것을
　　　거부할 권리가 있습니다. 아시겠습니까?
피고인: 예.
판　사: 피고인에게 묻겠습니다. 이름은 어떻게 되나요?
피고인: 이름은 거북이입니다.
판　사: 검사는 피고인에 대한 기소 요점을 진술해 주십시오.
검　사: 예, 피고인 거북이는 토끼와의 경주에서 부정 수단을 사용했다는 이유로 기소됩니다.
판　사: 피고인은 공소사실을 인정합니까?
피고인: 아니오, 반대합니다.
판　사: 이 사건과 관련하여 각자 준비한 증거를 제출하겠습니까?
검　사: 네, 경주 비디오를 증거로 제출합니다.
피고인: 저의 걷는 경로와 속도를 증거로 제출하겠습니다.

〈제 2단계 : 증인신문〉
판　사: 그럼 증인 김철수에 대한 증인 신문을 시작하겠습니다. 증인 김철수 나오세요.
증　인 (김철수): 예.
판　사: 증인은 선서를 해 주시기 바랍니다.
증　인: 양심에 따라 숨기거나 보태지 않고 사실 그대로 말하며, 거짓말을 하면 위증의 벌을 받기
　　　로 맹세합니다.
판　사: 검사는 증인을 신문하세요.
검　사: 김철수 씨, 그 때 상황을 설명해 주실 수 있나요?

증   인: 네, 거북이가 정상적으로 걸었습니다.
검   사: 이상입니다.
판   사: 변호인, 반대신문 하겠습니까?
변호인: 네. 김철수 씨, 거북이가 부정 수단을 사용하지 않았다고 확신하십니까?
증   인: 네, 확신합니다.
변호인: 이상 신문을 마치겠습니다.

〈제 3단계 : 피고인 신문〉
판   사: 그럼 피고인 신문 절차를 진행하겠습니다. 검사측, 신문하십시오.
검   사: 거북이, 정말로 부정 수단을 사용하지 않았습니까?
피고인: 네, 정말로 사용하지 않았습니다.
검   사: 이상입니다.
판   사: 변호인, 반대신문을 하시기 바랍니다.
변호인: 거북이, 경주 중 어떻게 이길 수 있었습니까?
피고인: 저는 꾸준히 걸어서 이겼습니다.
변호인: 이상입니다.

〈제 4단계 : 최후진술〉
판   사: 검사는 피고인에 대해 최종 의견을 진술해 주세요.
검   사: 부정 수단의 사용 여부를 명확히 확인할 수 없으므로, 피고인에게 혜택을 주고 무죄를 선
          고해야 합니다.
판   사: 변호인은 피고인에 대해 최종 변론을 해 주세요.
변호인: 거북이는 정직하게 경주를 이겼습니다. 그러므로 피고인에게 무죄를 선고해 주시기 바랍
          니다.

〈제 5단계 : 판결〉
판   사: 본 사건에 대해 무죄를 선고합니다. 거북이는 자유롭게 행동할 수 있습니다.

이렇게 모의재판을 진행할 수 있습니다. 각 부분에서 자세한 대화나 진행 상황은 학생들이 자유롭
게 역할을 해보며 느껴보는 것도 좋을 것 같습니다!

- **교사는 ChatGPT에게 추가 정보와 질문을 제시하여 대본 다듬기**
  - 교사는 학생과 함께 대본을 살펴보고 추가 정보를 제시하여 대본을 수정합니다.
    ※ 대본에 단계를 구분해서 넣으면 특정 단계를 선택하여 수정을 요청할 수 있어 편리합니다.

교사

〈제2단계 : 증인신문〉단계에서 증인에 대한 심문에서 대화가 2~3번 정도 오갈 수 있게 고쳐서 그 부분만 다시 대본을 작성해줘.

물론이죠! 아래와 같이 수정해 볼 수 있겠습니다.

〈제2단계 : 증인신문〉
판　　사: 그럼 증인 김철수에 대한 증인 신문을 시작하겠습니다. 증인 김철수 나오세요.
증　　인 (김철수): 예.
판　　사: 증인은 선서를 해 주시기 바랍니다.
증　　인: 양심에 따라 숨기거나 보태지 않고 사실 그대로 말하며, 거짓말을 하면 위증의 벌을 받기로 맹세합니다.
판　　사: 검사는 증인을 신문하세요.
검　　사: 김철수 씨, 그 때 거북이가 어떤 경로로 걸었습니까?
증　　인: 거북이는 정상적으로 경로를 따라 걸었습니다.
검　　사: 거북이가 다른 동물의 도움을 받았다고 본 적이 있습니까?
증　　인: 아니오, 그런 일은 없었습니다.
검　　사: 이상입니다.
판　　사: 변호인, 반대신문 하겠습니까?
변호인: 네. 김철수 씨, 거북이가 경주 도중에 어떠한 비정상적인 속도를 내거나, 다른 동물의 도움을 받았다고 생각하십니까?
증　　인: 아니오, 그런 일은 전혀 없었습니다. 거북이는 꾸준하게 걸어갔을 뿐입니다.
변호인: 감사합니다. 이상입니다.

이런 식으로 증인 심문 부분을 확장할 수 있습니다.

활동3 **역할극을 통해 법원의 갈등 해결 장면 체험하기**

• **모의재판 대본을 활용하여 모둠별로 역할극을 해보기**
  - 모의재판 대본을 활용하여 모둠별로 역할을 정하여 역할극을 진행합니다.

3 정리

• **활동 소감 나누기**

비율이 사용되는 경우를 알아보고 ChatGPT와 함께 보드게임 만들기

① 수업 미리보기

대상학년	초등학교 6학년	과목	수학	준비물	PC 또는 노트북

학습 주제	비율이 사용되는 경우 알아보고 ChatGPT와 함께 보드게임 만들기

관련 성취 기준

2015 개정 교육과정 | [6수04-03] 비율을 이해하고, 비율을 분수, 소수, 백분율로 나타낼 수 있다.

2022 개정 교육과정 | [6수02-03] 비율을 이해하고, 비율을 분수, 소수, 백분율로 나타낼 수 있다.

시작하며

＊ **초등학교 6학년 수학 교과에서 비율이 사용되는 경우를 알아보고 ChatGPT와 함께 보드게임을 만드는 수업입니다.**

ChatGPT 4.0은 이미지를 생성하여 출력할 수 있습니다. 이를 활용한다면 학생들이 직접 그림을 그리지 않고 교사가 제시한 ChatGPT로 만든 이미지를 사용하여 만들기 활동을 할 수 있습니다.

수업의 흐름 한눈에 살펴보기

동기 유발	………	방 탈출 게임 동영상 시청으로 마음 열기
활동1	………	비율이 사용되는 경우 알아보기
활동2	………	ChatGPT와 함께 수학 보드게임 만들기
활동3	………	수학 보드게임으로 실생활 문제 해결하기
정리	………	활동 소감 나누기

수업 전 생각해보기

♥ 교사는 ChatGPT가 생성한 이미지가 학생들에게 제공하기에 걸맞은지 비판적으로 검토합니다.

♥ 교사는 학생들이 교사가 제시한 ChatGPT의 답변을 그대로 사용하는 것이 아니라 참고하여 모둠별로 보드게임을 만들 수 있도록 안내한다.

② 수업 톺아보기

교수·학습과정안을 통하여 수업 흐름을 자세히 살펴보겠습니다.

1 도입

동기유발

- **방 탈출 게임 동영상 시청으로 마음 열기**
  - 방 탈출 게임에서 수학 암호를 풀어 문제를 해결하는 모습을 살펴봅시다.
  - ※ 이 때, 게임으로 수학을 재미있게 해결할 수 있다는 것을 알고 수학에 관심을 갖게 합니다.

▲ 방 탈출 게임

2 전개

활동1 **비율이 사용되는 경우 알아보기**

- **기준량과 비교하는 양으로 비율 나타내기**
  - 축구 경기 결과를 보고 기준량과 비교하는 양을 각각 말해봅시다.

> **우리 팀이 상대 팀과의 축구 경기에서 3:1로 이겼다.**

<학생들의 기대 답변>
- 기준량은 1입니다.
- 비교하는 양은 3입니다.

- 전체 학생 수에 대한 희망하는 체험 학습 장소별 학생 수의 비율을 구해 봅시다.

희망하는 체험학습 장소	놀이공원	박물관	수목원	워터파크
학생수	11	4	3	7

〈학생들의 기대 답변〉
- 전체 학생수 25명에 대한 놀이공원 희망 학생 수의 비율은 44%입니다.
- 전체 학생수 25명에 대한 박물관 희망 학생 수의 비율은 16%입니다.
- 전체 학생수 25명에 대한 수목원 희망 학생 수의 비율은 12%입니다.
- 전체 학생수 25명에 대한 워터파크 희망 학생 수의 비율은 28%입니다.

- **우리 주변에서 비율이 사용되는 경우를 찾아보기**
  - 실생활에서 비율이 사용되는 경우를 찾아보고 여러 가지 비율 문제를 만들어 보드게임을 준비해 봅시다.

활동2 ChatGPT와 함께 수학 보드게임 만들기

- **교사가 ChatGPT에게 보드게임 규칙 창작을 요청하여 제시하기**
  ※ 교사가 ChatGPT에게 학생들이 좋아할 만한 보드게임 규칙 창작을 요청할 수 있습니다.

초등학교 6학년이 좋아할 만한 보드게임 규칙을 만들어줘.

게임 이름: 숫자 대결

필요한 게임 물품:
1. 게임 보드: 숫자가 적힌 10개의 칸이 있는 게임판
2. 플레이어 토큰: 각 플레이어를 대표하는 캐릭터 토큰 4개
3. 주사위: 6면 주사위 1개
4. 점수 카드: 각 플레이어의 점수를 기록할 카드

게임 규칙:
1. 플레이어들은 각자 캐릭터 토큰을 선택하고, 게임 보드의 시작 위치에 놓는다.
2. 플레이어들은 차례로 주사위를 굴려 이동한다. 주사위의 눈금만큼 이동한 후, 그 위치에 적힌 숫자만큼 점수를 획득한다.
3. 게임은 총 5라운드로 진행되며, 5라운드가 끝날 때까지 각 플레이어가 얻은 점수를 점수 카드에 기록한다.
4. 5라운드가 끝난 후, 가장 높은 점수를 얻은 플레이어가 승리한다.

- **교사가 ChatGPT에게 보드게임 배경 이미지 요청하여 제시하기**

  ※ 교사가 ChatGPT에게 보드게임 배경 이미지 창작을 요청할 수 있습니다.

  ※ 교사는 ChatGPT가 생성한 이미지가 학생들에게 제공하기에 걸맞은지 비판적으로 검토합니다.

 숫자가 적힌 10개의 칸이 있는 게임판을 그려줘.

- **모둠별로 규칙을 수정해서 우리만의 비율 보드게임 만들기**

  - 제시된 보드게임 배경 이미지를 활용하여 보드 판을 꾸미고, 제공한 보드게임 규칙을 수정해 비율 보드게임을 만들어봅시다.

    ※ 교사는 학생들이 ChatGPT가 제시한 규칙을 그대로 쓰지 않고 수정함으로써 나만의 비율 보드게임을 만들도록 지도합니다.

활동3 **수학 보드게임으로 실생활 문제 해결하기**

- **모둠원과 보드게임으로 여러 가지 비율 문제 해결하기**

3 정리

- **활동 소감 나누기**

ChatGPT와 함께 계절별 별자리로 동화책 만들기

① 수업 미리보기

대상학년	초등학교 6학년	과목	과학	준비물	PC 또는 노트북

학습 주제	ChatGPT와 함께 계절별 별자리 알아보기

관련 성취 기준

2015 개정 교육과정 | [6과09-02] 계절에 따라 별자리가 달라진다는 것을 지구의 공전으로 설명할 수 있다.

2022 개정 교육과정 | [6과12-03] 지구의 공전을 알고, 계절에 따라 달라지는 별자리를 관찰할 수 있다.

시작하며

＊ **초등학교 6학년 과학 교과에서 ChatGPT를 활용하여 계절별 별자리 동화책을 만드는 수업입니다.**

ChatGPT는 사용자가 입력한 질문에 대하여 창의적인 텍스트 및 이미지, 오디오 자료를 생성하는 기능이 있습니다. 이러한 ChatGPT의 기능을 활용하면 필요한 정보를 즉시 제공받을 수 있어, 자료를 효율적으로 준비할 수 있으며, 수업 준비 시간을 단축시킬 수 있습니다. 첫 번째로 **ChatGPT와 함께 우리나라의 계절별 대표 별자리를 알아봅니다.** 이 때, 교사는 ChatGPT를 활용하여 우리나라의 계절별 별자리를 빠르게 찾아 학생들의 수업 활동 시간을 확보할 수 있습니다. 두 번째로 **ChatGPT를 활용하여 대표 별자리로 동화를 만듭니다.** 교사는 ChatGPT에게 별자리 동화 창작을 요청하여 학생들에게 참고 작품으로 제공할 수 있습니다. 그 후, **동화에 어울리는 사진으로 동화책을 완성합니다.** 이처럼 ChatGPT를 잘 활용한다면 학생들에게 다양한 참고자료를 손쉽게 제공할 수 있으며, 이를 통해 수업의 효율성을 높일 수 있습니다.

수업의 흐름 한눈에 살펴보기

동기 유발	………	'견우와 직녀' 이야기를 듣고 별자리에 관심 갖기
활동1	………	우리나라의 계절별 대표 별자리 알아보기
활동2	………	대표 별자리로 동화 만들기
활동3	………	동화에 어울리는 사진으로 동화책 완성하기
정리	………	활동 소감 나누기

수업 전 생각해보기

♥ 교사는 ChatGPT를 활용하여 이미지를 검색하는 방법을 사전에 숙지하고, 이를 활용하여 동화와 관련된 이미지를 검색하여 학생들에게 제공합니다.

♥ 교사는 동기유발 과정에서 별자리의 명칭보다는 계절에 따라 보이는 별자리가 달라지고, 같은 별자리라도 위치가 달라지는 까닭에 초점을 맞추어 지도합니다.

② 수업 톺아보기

교수·학습과정안을 통하여 수업 흐름을 자세히 살펴보겠습니다.

---

1 도입

동기유발

- **'견우와 직녀' 이야기를 듣고 별자리에 관심 갖기**
    - '견우와 직녀' 이야기를 듣고 우리가 견우성과 직녀성을 볼 수 있는 시기에 대해 이야기해봅시다
    ※ 교사는 별자리와 관련된 설화를 통해 학생들에게 별자리와 관련된 이야기에 대한 흥미를 가지도록 합니다.

〈교사가 제공하는 정보 예시〉

별의 이름	거문고자리의 '직녀성', 독수리자리의 '견우성'
관찰 가능한 시기	7월 중 밤 9시경 남쪽 하늘에서 관측 가능
설화 내용	옛날 옛적 하늘나라에서 일하는 목동 견우와 베를 짜는 옥황상제의 손녀 직녀에 대한 이야기이다.

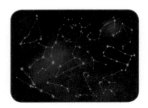

---

2 전개

활동1 우리나라의 계절별 대표 별자리 알아보기

- **교사는 ChatGPT에게 우리나라의 계절별 대표 별자리 알아보기**
    ※ 교사는 ChatGPT가 제공하는 내용에 오류가 있는지 수업 전에 확인해야 합니다.

 우리나라의 봄철 대표 별자리를 알려줘.

 봄철에 우리나라에서 잘 보이는 대표적인 별자리는 다음과 같습니다:

1. 사자자리 (Leo): 봄하늘에서 크게 빛나는 별자리 중 하나로, 사자의 형상을 띠고 있습니다. 사자자리의 가장 밝은 별은 레길루스(Regulus)입니다.

2. 처녀자리 (Virgo): 봄철에 잘 보이는 큰 별자리 중 하나로, 처녀자리의 가장 밝은 별은 스피카(Spica)입니다.

3. 목동자리 (Boötes): 목동자리의 가장 밝은 별은 아르크투루스(Arcturus)로, 봄하늘에서 눈에 띄게 밝게 빛나는 별 중 하나입니다.

초등 5학년, 6학년

4. 왕관자리 (Corona Borealis): 작은 반원 형태의 별자리로, 목동자리 근처에 위치하고 있습니다.

이 외에도 봄철에는 다양한 별자리들이 보입니다. 하늘을 관측하면서 별자리의 형상과 위치를 찾아보는 것은 재미있는 경험이 될 수 있습니다.

활동2 대표 별자리로 동화 만들기

• 교사가 활동1 에서 알게 된 계절별 별자리를 활용해 ChatGPT에게 동화를 만들어 달라고 요청하여 제시하기

 봄철 별자리들을 주인공으로 간단한 동화를 써줘.

"봄의 별자리 대회"

봄이 되자, 하늘 위에서는 별자리들이 모여 대회를 개최하기로 했다. 대회의 주최자는 밝고 눈부신 레길루스, 사자자리의 왕이었다.

사자자리는 "봄의 시작을 축하하기 위해, 우리 모두가 자신의 빛나는 이야기를 나누는 시간을 가져보자!"라고 제안했다.

처음으로 이야기를 시작한 것은 목동자리였다. 그는 자신의 밝은 별, 아르크투루스를 가슴에 품고 "나는 밤하늘에서 사람들이 길을 잃지 않도록 밝게 빛나고 있다. 사람들이 나를 보면, 안심하고 길을 찾을 수 있다."라고 자랑스럽게 말했다.

다음으로 이야기한 것은 처녀자리였다. 그녀는 자신의 밝은 별, 스피카를 손에 들고 "나는 봄의 농사를 돕기 위해 밤하늘에서 빛나고 있다. 농부들이 나를 보면, 봄 농사의 시작을 알 수 있다."라고 말했다.

마지막으로 왕관자리가 이야기를 했다. "나는 작지만 빛나는 왕관처럼 하늘에서 빛나고 있다. 사람들이 나를 보면, 봄의 축제와 행복을 떠올린다."라고 말하며 자신의 작은 별들을 자랑했다.

사자자리는 모든 별자리들의 이야기를 듣고 웃었다. "우리 모두가 하늘에서 빛나는 별처럼, 봄의 시작을 알리고 사람들에게 행복과 희망을 주는 별자리들이다."라며 대회를 마무리했다.
그리하여, 봄의 밤하늘은 별자리들의 빛나는 이야기와 함께 더욱 밝게 빛났다.

- 제시한 동화에 학생 스스로 자신만의 이야기를 추가하여 자신만의 별자리 동화 만들게 하기

  ※ 교사는 ChatGPT가 생성한 동화 속 내용이 교육적, 윤리적으로 문제가 없는지 확인합니다.

활동3 **동화에 어울리는 사진으로 동화책 완성하기**

- 교사는 제시된 동화와 어울리는 단어를 골라 ChatGPT에게 이미지를 답변으로 요청하고 ChatGPT가 제공하는 사진을 제시하여 동화책 완성하게 하기

  ※ 교사는 ChatGPT가 생성한 이미지를 바탕으로 학생들이 만드는 동화책의 표지나 내용에 들어가는 삽화로 활용할 수 있습니다.

 사자자리와 어울리는 이미지를 생성해 줘.

 사자자리 (Leo)는 자신감, 왕성함, 그리고 열정적인 특성을 상징합니다. 이런 특징을 반영한 이미지를 만들어 볼게요. 이 이미지는 밤하늘에 빛나는 사자자리 별자리와 함께, 화려하고 귀족적인 스타일의 황금색 사자를 중심으로 구성될 것입니다. 사자는 위엄 있고 용맹한 자세를 취하고 있으며, 그의 눈은 지혜와 카리스마를 뿜어내고 있습니다. 주변에는 화려한 별빛과 신비로운 오로라가 어우러져 있어, 우주의 아름다움과 사자자리의 영향력을 동시에 표현합니다. 이렇게 사자자리의 특성을 시각적으로 나타내는 강렬하고 아름다운 이미지를 만들어 볼게요.

여기 사자자리를 상징하는 이미지가 있습니다. 이 이미지는 사자자리의 특성을 반영하여, 황금색 사자와 밤하늘의 별자리를 아름답게 표현하고 있습니다.

3 정리

- **활동 소감 나누기**

계절별 별자리 변화를 지구의 운동으로 알아보기

① 수업 미리보기

대상학년	초등학교 6학년	과목	과학	준비물	PC 또는 노트북

학습 주제	계절별 별자리 변화를 지구의 운동으로 알아보기

관련 성취 기준

2015 개정 교육과정 | [6과09-02] 계절에 따라 별자리가 달라진다는 것을 지구의 공전으로 설명할 수 있다.

2022 개정 교육과정 | [6과12-03] 지구의 공전을 알고, 계절에 따라 달라지는 별자리를 관찰할 수 있다.

시작하며

＊ **초등학교 6학년 과학 교과에서 지구의 운동과 계절별 별자리를 알아보고, ChatGPT를 활용하여 생일별 별자리와 수호성 정보를 찾아 책갈피를 만들어 보는 수업입니다.**

ChatGPT는 짧은 시간 안에 원하는 정보를 구체화하여 추출할 수 있도록 도와줍니다. 이를 활용하여 학생들은 다양한 자료를 수집·해석·정리하는 시간을 절약할 수 있으며, 처음 접하는 정보를 바탕으로 원하는 형태의 결과물을 얻을 수 있습니다.

코스페이시스(CoSpaces)로 지구의 운동 모형과 계절별 대표 별자리를 표현합니다. 지구의 공전 모형을 가상 공간에 표현하여 AR로 감상하며 각 계절에 잘 보이는 별자리와 보이지 않는 별자리의 종류와 그 이유를 확인합니다.

ChatGPT를 통해 생일별 별자리와 수호성에 대한 정보를 찾아 책갈피를 만들어 봅니다. 교사는 ChatGPT에게 생일별 별자리와 그 별자리의 짝꿍 수호성에 대한 정보를 요청하고, 학생은 이 내용을 바탕으로 나를 표현하는 책갈피를 만들어 봅니다.

수업의 흐름 한눈에 살펴보기

동기 유발	………	반 친구들의 생일 별자리 살펴보기
활동1	………	계절에 따라 별자리가 달라지는 운동모형 표현하기
활동2	………	생일 별자리와 짝꿍 수호성 특징으로 책갈피 만들기
정리	………	활동 소감 나누기

수업 전 생각해보기

♥ 교사는 ChatGPT의 답변이 신뢰할 수 있는지를 미리 확인한 후에 학생들에게 안내합니다.

♥ ChatGPT의 답변을 그대로 쓰지 않고, 그 내용을 참고하여 자신만의 개성이 드러나는 문구를 만들 수 있도록 안내합니다.

② 수업 톺아보기

교수·학습과정안을 통하여 수업 흐름을 자세히 살펴보겠습니다.

1 도입

- **생일별 별자리 살펴보기**
  - 그림 속 별자리의 이름을 맞혀봅시다.
  - 자신의 생일에는 어떤 별자리가 보일지 추측해 봅시다.

▲ 황도 12궁 (출처: 셔터스톡)

2 전개

활동1 **계절에 따라 별자리가 달라지는 운동모형 표현하기**

- **계절별 별자리와 지구 운동 방법의 관련성 토의하기**
  - 지구가 어떤 방향과 모양으로 운동하면 계절에 따라 보이는 별자리가 달라질지 모둠별로 토의해 봅시다.

- **계절별로 별자리가 달라지는 까닭을 지구 운동모형으로 표현하기**
  - 코스페이시스 에듀(CoSpaces Edu)로 지구의 운동모형과 계절별 대표 별자리를 표현해 봅시다.
  - 계절에 따라 보이는 별자리와 별자리가 보이는 순서를 비교하며 지구의 운동 방법을 설명해 봅시다.

- 각 계절에 볼 수 없는 별자리를 찾아 그 까닭을 설명해 봅시다.
  (※ 코스페이시스 에듀, https://www.cospaces.io/)

〈학생들의 기대 결과물〉

▲ 출처: 셔터스톡

활동2 **생일 별자리와 짝꿍 수호성 특징으로 책갈피 만들기**

• **교사는 ChatGPT에게 황도 12궁(생일 별자리) 요청하기**

※ 교사는 학생들이 참고할 수 있도록, 표로 정리된 생일별 별자리의 자료를 ChatGPT에게 요청할 수 있습니다.

교사
황도 12궁을 생일별로 표로 정리해서 알려줘.

황도 12궁은 태양이 연중에 위치하는 12개의 별자리를 의미하며, 아래 표에서는 각 별자리와 해당 생일 범위를 확인할 수 있습니다.

별자리	생일 범위
물고기자리 (Pisces)	2월 19일 ~ 3월 20일
양자리 (Aries)	3월 21일 ~ 4월 19일
황소자리 (Taurus)	4월 20일 ~ 5월 20일
쌍둥이자리 (Gemini)	5월 21일 ~ 6월 20일
게자리 (Cancer)	6월 21일 ~ 7월 22일
사자자리 (Leo)	7월 23일 ~ 8월 22일
처녀자리 (Virgo)	8월 23일 ~ 9월 22일
천칭자리 (Libra)	9월 23일 ~ 10월 22일
전갈자리 (Scorpio)	10월 23일 ~ 11월 21일
사수자리 (Sagittarius)	11월 22일 ~ 12월 21일

염소자리 (Capricorn)	12월 22일 ~ 1월 19일
물병자리 (Aquarius)	1월 20일 ~ 2월 18일

- **교사는 ChatGPT에게 생일별 별자리의 짝꿍 수호성 정보 요청하기**

  ※ 교사는 학생들이 ChatGPT에게 정보를 요청하는 방법을 익힐 수 있도록, 자신의 생일을 예시로 들어 정보를 요청하는 과정을 시범으로 보입니다.

 10월 2일 별자리의 짝꿍 수호성과 특징을 알려줘.

 10월 2일에 태어난 사람들은 천칭자리(Libra)에 속합니다. 이 별자리의 짝꿍 수호성은 금성 (Venus)입니다. 이 별자리의 특징은 다음과 같습니다.

1. 균형을 추구하는 성격: 천칭자리 사람들은 균형을 추구하는 성격을 가지고 있어, 양쪽 면을 골 고루 살리고자 합니다. 그들은 대화나 상황에서 양쪽의 의견을 고려하며, 항상 공정하게 대우하 려 노력합니다.
2. 예술적 감각: 천칭자리 사람들은 아름다움을 추구하는 경향이 있으며, 예술적인 감각을 가지고 있습니다. 그들은 예술, 음악, 디자인 등 다양한 분야에서 창조적인 재능을 발휘합니다.
3. 사교성: 천칭자리 사람들은 사교성이 높으며, 다른 사람과 함께하는 것을 즐깁니다. 그들은 대 화를 나누며 새로운 사람을 만나는 것을 좋아하며, 인간관계에 큰 가치를 둡니다.

- **ChatGPT가 제공한 정보를 활용하여 생일 별자리와 짝꿍 수호성 정보로 나를 표현하는 책갈피 만들기**

  - 자신의 생일 별자리와 수호성 정보를 이용하여 자신만의 책갈피를 만들어 봅시다.
  ※ 교사는 사전에 월별 별자리와 별자리의 수호성에 대한 정보를 찾아 학생들에게 제공합니다.

- **책갈피 전시하고 감상하기**

  - 자신이 만든 책갈피를 전시해 봅시다.
  - 친구들이 만든 책갈피에서 인상 깊은 문구를 발표해 봅시다.

3 정리

- **활동 소감 나누기**

24 한 그릇 음식 만들기 계획 세우기

① 수업 미리보기

| 대상학년 | 초등학교 6학년 | 과목 | 실과 | 준비물 | PC 또는 노트북, 다양한 음식 사진 |

| 학습 주제 | ChatGPT와 함께 한 그릇 음식 만들기 계획 세우기 |

관련 성취 기준

2015 개정 교육과정 [6실02-02] 성장기에 필요한 간식의 중요성을 이해하고 간식을 선택하거나 만들어 먹을 수 있으며 이때 식생활 예절을 적용한다.

2022 개정 교육과정 [6실02-05] 음식의 조리과정을 체험하여 자신의 간식이나 식사를 스스로 마련하는 식생활을 실천한다.

시작하며

* 초등학교 6학년 실과 교과에서 ChatGPT와 함께 한 그릇 음식 만들기 계획을 세우는 수업입니다.

동기유발 과정에서 여러 가지 한 그릇 음식 사진 중에 가장 좋아하는 음식 사진에 투표하게 합니다. **가장 많은 표를 받은 한 그릇 음식 사진으로 재료와 조리법을 조사합니다.** 교사는 ChatGPT에게 해당 음식 사진이 어떤 음식인지 물어보고 이를 바탕으로 재료와 조리법을 질문합니다.
ChatGPT가 알려준 재료와 조리법을 바탕으로 모둠별로 한 그릇 음식 만들기 계획을 세웁니다. 모둠별로 역할과 준비물을 구체적으로 정해봅니다.

수업의 흐름 한눈에 살펴보기

동기 유발	………	우리 반이 가장 좋아하는 음식 사진 선정하기
활동1	………	한 그릇 음식 사진으로 재료와 조리법 조사하기
활동2	………	한 그릇 음식 만들기 계획 세우기
정리	………	한 그릇 음식 만들기 계획 발표하기

수업 전 생각해보기

♥ ChatGPT 4.0의 답변을 무조건 정답이라고 생각하지 않고 답변 내용에 오류가 있지는 않은지, 이미지 분석하기가 올바르게 되었는지 검토 후에 수업을 진행합니다.

♥ 교사는 사전에 ChatGPT를 활용하여 이미지를 업로드하여 분석하는 방법을 익히고, 이미지 분석이 잘 되는 사진을 준비합니다.

② **수업 톺아보기**

교수·학습과정안을 통하여 수업 흐름을 자세히 살펴보겠습니다.

---

1 도입

동기유발

• **우리 반이 가장 좋아하는 음식 사진 선정하기**
  - 여러 가지 한 그릇 음식 사진 중 가장 좋아하는 음식 사진에 투표해봅시다.

▲ 음식 사진(출처: 픽사베이)

---

2 전개

활동1 **한 그릇 음식 사진으로 재료와 조리법 조사하기**

• **교사는 투표에서 선정된 가장 인기 있는 음식 사진을 ChatGPT에 업로드하여 음식 사진에 대한 정보 요청하기**

※ 교사는 저작권에 유의하여 이미지를 사용합니다.

  이 사진이 어떤 음식 사진인지 알려주세요.

 귀하가 업로드한 이미지는 토마토 소스를 곁들인 스파게티 요리에 파슬리를 얹고 강판 치즈를 뿌린 것으로 보입니다. 스파게티 옆에는 구운 빵 한 조각처럼 보이는 것이 있는데 아마도 마늘빵일 가능성이 높으며 일반적으로 파스타 요리와 함께 제공됩니다. 이것은 세계 여러 지역에서 인기가 있는 고전적인 이탈리아 스타일의 식사입니다.

- **교사는 ChatGPT에게 이미지를 토대로 음식 만드는 방법 물어보기**
  ※ ChatGPT로 답변을 그대로 활용하기보다는 시중에서 구하기 어려운 재료를 생략하거나 학생 수준에 맞게 조리법을 수정합니다.

  이미지에 나온 요리를 어떻게 만드는지 알려줘.

 파스타 요리는 다양한 종류와 스타일이 있기 때문에 구체적인 종류에 따라 조리 방법이 달라질 수 있습니다. 이 레시피는 토마토 소스 기반의 스파게티를 만드는 방법입니다.

재료: 파스타 (스파게티, 펜네, 머펠린 등) 300-400g, 올리브 오일 2큰술, 양파 1개 (다진 것), 마늘 2-3쪽 (다진 것), 토마토 소스 1컵 (캔 토마토 또는 파스타 소스), 소금, 후추 약간, 건조 바질 1작은술 (선택사항), 파마산 치즈 (선택사항, 갈아서 사용)

조리법:
1. 먼저 큰 냄비에 물을 끓이고 소금을 약간 추가합니다. 물이 끓으면 파스타를 넣고 패키지 지시사항에 따라 요리합니다. 보통 8~12분 동안 삶아서 "알 덴테"(알 데느트레) 상태로 요리합니다. 이것은 파스타가 부드럽게 익었지만 아직 씹을 만큼 탄력있게 남아 있는 상태를 의미합니다.
2. 파스타를 삶는 동안, 다른 팬에 올리브 오일을 데웁니다. 양파와 마늘을 넣고 노랗게 떨어질 때까지 볶습니다.
3. 볶은 양파와 마늘에 토마토 소스를 넣고 잘 섞어둡니다. 만약 건조 바질을 사용한다면, 이 시점에 추가합니다.
4. 소금과 후추로 맛을 조절하고, 낮은 온도에서 약 10분 동안 끓여줍니다.
5. 파스타를 끓인 후에 물을 건져내고, 팬에 토마토 소스를 부어 파스타와 섞어줍니다.
6. 각 접시에 파스타를 담고 파마산 치즈를 올려서 제공합니다.
7. 이것은 간단한 토마토 소스 파스타의 레시피입니다. 다양한 파스타 레시피가 있으므로 원하시는 추가 재료를 사용하거나 맛을 조절할 수 있습니다.

활동2 **한 그릇 음식 만들기 계획 세우기**

- ChatGPT가 알려준 재료와 조리법을 바탕으로 모둠별로 역할과 준비물 정하여 한 그릇 음식 만들기 계획 세우기
  ※ 학생들이 모두 한 가지 이상의 역할을 맡을 수 있도록 합니다.

3 정리

- 한 그릇 음식 만들기 계획 발표하기

③ 수업 참고자료

● ChatGPT 4.0 이미지 업로드 활용 검색

❶ ChatGPT에 접속하여 로그인 후, 검색할 준비하기

❷ ChatGPT 검색 창 부분에 '업로드 아이콘' 선택하기

❸ 업로드한 이미지와 함께 질문할 내용을 입력하기

너

이 사진이 어떤 음식 사진인지 알려주세요.

 채팅GPT

귀하가 업로드한 이미지는 토마토 소스를 곁들인 스파게티 요리에 파슬리를 얹고 강판 치즈를 뿌린 것으로 보입니다. 스파게티 옆에는 구운 빵 한 조각처럼 보이는 것이 있는데 아마도 마늘빵일 가능성이 높으며 일반적으로 파스타 요리와 함께 제공됩니다. 이것은 세계 여러 지역에서 인기가 있는 고전적인 이탈리아 스타일의 식사입니다.

‹ 2/3 › 📋 👍 👎 🔄

📎 메시지 채팅GPT...   ⓖ ⬆

144

ChatGPT와 함께 미래 자동차 만들기

① 수업 미리보기

대상학년	초등학교 6학년	과목	실과	준비물	PC 또는 노트북

학습 주제	ChatGPT를 활용하여 미래 자동차 만들기

관련 성취 기준

2015 개정 교육과정	[06실05-03] 생활 속에 적용된 발명과 문제 해결의 사례를 통해 발명의 의미와 중요성을 이해한다.
2022 개정 교육과정	[06실03-01] 발명의 의미를 이해하고, 일상생활을 바꾼 발명품을 탐색하여 발명과 기술에 대한 중요성과 가치를 인식한다. [06실03-02] 발명사고기법과 기술적 문제 해결 과정을 이해하고, 다양한 재료를 활용하여 생활 속 문제를 해결할 수 있는 창의적인 제품을 구상하고 만들어 봄으로써 실천적 태도를 갖는다.

시작하며

* **초등학교 6학년 실과 교과에서 ChatGPT를 활용해 미래 자동차를 디자인하는 수업입니다.**
동기유발에서 교사는 인공지능에게 주변에서 쉽게 찾아볼 수 있는 발명품에 대해 질문합니다.
먼저 다양한 발명 기법을 알아봅니다. 이때 교사는 **ChatGPT에게 다양한 발명기법과 예시를 질문합니다.**
이어서, **다양한 발명기법을 활용해 미래 자동차 디자인을 구체화합니다.** 막연한 미래 자동차에 대한 아이디어를 ChatGPT의 도움을 받아 구체화할 수 있습니다. 아이디어를 바탕으로 나만의 미래 자동차를 만들어 봅시다.

수업의 흐름 한눈에 살펴보기

동기 유발	⋯⋯	우리 주변의 다양한 발명품 알아보기
활동1	⋯⋯	발명의 다양한 기법 알아보기
활동2	⋯⋯	나만의 미래 자동차 만들기
정리	⋯⋯	활동 소감 나누기

수업 전 생각해보기

♥ ChatGPT 4.0가 한 번에 정확한 답변을 하지 못한다면 질문을 수정하거나 더 많은 정보 및 문맥을 제공합니다.

♥ 매체 자료를 활용하거나 공유하는 과정에서 매체 이용자로서 소통 윤리를 지키려는 태도를 기르고 매체 자료를 안전하고 올바르게 활용하도록 지도합니다.

② 수업 톺아보기

교수·학습과정안을 통하여 수업 흐름을 자세히 살펴보겠습니다.

---

1 도입

동기유발

- **우리 주변의 다양한 발명품 알아보기**
  - 우리 주변의 발명품과 각 발명품이 개선된 점 알아보기
  - ※ 이때, 교사는 학생들에게 발명과 발견의 차이점을 비교하여 제시합니다.

 주변에서 쉽게 찾아볼 수 있는 발명품 3가지와 각 발명품이 개선된 점을 알려줘.

 주변에서 쉽게 찾아볼 수 있는 발명품 중 몇 가지를 소개해 드리겠습니다. 이러한 발명품들은 시간이 흐름에 따라 계속해서 개선되고 발전되고 있습니다.

1. 스마트폰: 스마트폰은 점점 더 가벼워지고 얇아지면서 화면 해상도, 성능, 배터리 수명 등이 지속적으로 개선되고 있습니다. 또한, 카메라 기술과 보안 기능도 계속 발전하고 있습니다.
2. 전자책 리더 (eBook Reader): 전자책 리더는 더 가벼워지고 휴대성이 향상되었습니다. 높은 해상도의 화면과 긴 배터리 수명, 눈 건강에 좋은 빛 조절 기능 등이 추가되어 책을 읽는 경험이 더 편리하고 쾌적해졌습니다.
3. 자동차: 자동차 기술은 안전성과 환경 친화성을 향상시키기 위해 계속해서 발전하고 있습니다. 자율 주행 기능, 전기 자동차의 보급, 연료 효율성, 충돌 방지 시스템 등이 개선되고 있어, 보다 안전하고 지속 가능한 교통수단이 되고 있습니다.

이러한 발명품들은 일상생활을 훨씬 더 편리하게 만들어 주며, 기술의 발전에 따라 더 많은 혁신과 개선이 기대됩니다.

---

2 전개

활동1 **발명의 다양한 기법 알아보기**

- **발명기법과 그 예시 알아보기**
  - ※ 교사는 ChatGPT로 활용하여 다양한 발명기법을 소개하고 이를 토대로 학생들이 창의적 물건을 구상하고 공유하는 메이커 활동으로 연결되도록 합니다.

SCAMPER 기법의 발명 방법을 예를 들어 설명해줘.

1. Substitute (대체): 기존의 나무나 플라스틱 소재 대신 친환경적인 소재로 블록을 만들어 봅니다.
2. Combine (결합): 블록 퍼즐과 다른 인기 있는 게임 기능을 결합하여 새로운 게임 요소를 도입합니다.
3. Adapt (적응): 블록 퍼즐에 전자기기를 적용하여 퍼즐이 완성되었을 때 소리, 빛 등의 효과를 추가합니다.
4. Modify (수정): 기존의 사각형 블록 뿐만 아니라 다양한 모양의 블록을 개발하여 창의력을 키울 수 있도록 합니다.
5 Put to another use (다른 용도로 사용): 블록 퍼즐을 조립한 후에, 조립물을 예술품, 가구 등 다양한 용도로 사용할 수 있게 합니다.
6. Eliminate (제거): 복잡한 블록 연결 방식 대신 단순하고 안전한 방식을 도입하여 사용자의 만족도를 높입니다.
7. Reverse/Rearrange (역전/재배열): 기존 블록 퍼즐과는 반대로, 미리 완성된 퍼즐을 분해하는 것을 목표로 하는 새로운 게임 아이디어를 고려합니다.

나만의 미래 자동차 만들기

• **미래의 자동차 발명에 대한 ChatGPT의 답변을 활용하여 아이디어 구체화하기**

 SCAMPER 기법의 활용하여 미래의 자동차를 발명하는 방법을 예를 들어 설명해줘.

1. Substitute (대체): 기존의 가솔린이나 디젤 연료 대신 친환경 에너지 원천인 전기나 수소 연료 전지를 사용합니다.
2. Combine (결합): 자동차와 스마트 기기를 결합하여 차량 내부에서도 인터넷 접속, 스마트 애플리케이션 사용 등이 가능하도록 합니다.
3. Adapt (적응): 자율주행 기술을 적용하여 운전자의 부담을 줄이고 교통사고 발생률을 감소시킵니다.
4. Modify (수정): 차량의 외관과 내부 디자인을 개선하여 공기 저항을 줄이고 에너지 효율성을 높입니다.
5. Put to another use (다른 용도로 사용): 자동차를 충전소나 발전소로 사용하여 추가적인 에너지 소스로 활용할 수 있는 기능을 개발합니다.

6. Eliminate (제거): 불필요한 부품이나 기능을 제거하여 차량의 무게를 줄이고 연비를 개선합니다.

7. Reverse/Rearrange (역전/재배열): 기존의 차량 구조를 완전히 바꾸어, 예를 들어 모듈식 차체를 개발하여 사용자의 요구에 맞게 차량을 구성할 수 있도록 합니다.

 친환경 에너지를 사용하고 차량의 무게를 줄여주는 신소재를 사용한 스포츠카를 만들어줘.

 친환경 에너지를 사용하고 차량의 무게를 줄여주는 신소재를 활용한 스포츠카를 개발하는 것은 환경과 성능 면에서 중요한 도전입니다. 아래에는 그런 스포츠카를 만들기 위한 개략적인 아이디어를 제시해보겠습니다:

1. 신소재(친환경 경량 소재) 선택: 친환경 플라스틱, 카본 파이버, 알루미늄, 생물학적 소재 등 경량 소재를 사용하여 차량 무게를 줄입니다. 이로써 연료 효율성을 높일 수 있습니다.

2. 에너지 소스(전기 또는 수소 연료 전지): 내연기관 대신 전기 또는 수소 연료 전지 시스템을 도입하여 친환경 에너지를 활용합니다. 이로써 제로 에미션을 달성할 수 있습니다.

3. 경량화 설계: 차체 및 프레임을 경량화하고 고강도 재료를 사용하여 강도를 유지합니다. 이로써 무게 감소와 구조적 안정성을 동시에 확보할 수 있습니다.

4. 고효율 모터 및 배터리: 고효율 전동 모터와 고용량 배터리 시스템을 사용하여 차량의 성능과 주행 거리를 최적화합니다.

5. 재활용 가능한 내부 디자인: 친환경 소재로 내부를 디자인하고, 재활용 가능한 소재를 사용하여 환경에 대한 부담을 줄입니다.

6. 효율적인 에너지 관리 시스템: 스마트 에너지 관리 시스템을 도입하여 주행 중 에너지 소비를 최적화하고, 브레이킹 에너지 회수 기술을 활용하여 배터리를 재충전합니다.

7. 디자인 및 에어로다이내믹스: 스포츠카의 디자인을 현대적이고 에어로다이내믹한 형태로 개발하여 고속 주행 시 에어 저항을 최소화하고 성능을 극대화합니다.

8. 안전 기술: 고속 주행을 고려하여 고급 안전 시스템과 자율 주행 기능을 통합하여 운전자와 승객의 안전을 보장합니다.

9. 가격과 시장 고려: 친환경 스포츠카의 가격과 시장 수요를 고려하여 경쟁력 있는 가격대를 제시하고 시장에 성공적으로 출시합니다.

이러한 요소를 고려하여 친환경 에너지와 경량 소재를 활용한 스포츠카를 개발하면, 우리의 미래 교통 수단이 더 친환경하고 효율적으로 동작할 수 있을 것입니다.

- **나만의 미래 자동차 만들기**
  - 인공지능의 답변을 활용하여 나만의 미래 자동차를 만들어봅시다.
  - 아이디어를 구체화하여 표현하는 과정에서 저작권이나 초상권을 침해하지 않았는지 살펴봅시다.
    ※ 학생들은 자신이 구상한 아이디어가 기존에 존재하는지 확인하는 활동을 통해 매체 기반의 소통에서 지켜야
    할 기본적인 윤리를 이해하고 실천하는 능력을 기를 수 있습니다.

3 정리

- **활동 소감 나누기**

26 ChatGPT와 함께 정물화 그리기

① 수업 미리보기

대상학년	초등학교 6학년	과목	미술	준비물	PC 또는 노트북

학습 주제	ChatGPT와 함께 정물화 그리기

관련 성취 기준

2015 개정 교육과정	[6미02-04] 조형 원리(비례, 율동, 강조, 반복, 통일, 균형, 대비, 대칭, 점증·점이, 조화, 변화, 동세 등)의 특징을 탐색하고, 표현 의도에 적합하게 활용할 수 있다.
2022 개정 교육과정	[6미02-03] 조형 요소의 어울림을 통해 조형 원리를 이해하고 주제 표현에 연결할 수 있다.

시작하며

＊ **초등학교 6학년 미술 교과에서 ChatGPT와 함께 정물화를 그려보는 수업입니다.**

ChatGPT 4.0은 이미지 생성형 인공지능인 Dall-E 3을 사용할 수 있어 요청하는 이미지를 생성하여 출력할 수 있습니다. ChatGPT 4로 만든 이미지를 참고하여 미술 교과에서 정물화 수업을 운영할 수 있습니다.

이번 수업에서는 **ChatGPT에게 정물화 이미지를 요청하고 ChatGPT가 그린 정물화의 특징을 살펴봅니다.** 이때 교사는 ChatGPT에게 정물화 이미지를 요청하는 데 도움이 되는 지시어를 요청하여 활용함으로써 쉽게 정물화 이미지를 요청할 수 있습니다. 그 후 학생들은 나만의 정물화를 그려봅니다. 교사는 학생들에게 ChatGPT가 그린 정물화의 특징을 참고하여 **나만의 정물화를 그리도록** 안내할 수 있습니다.

수업의 흐름 한눈에 살펴보기

동기 유발	⋯⋯	고흐의 '해바라기' 작품 감상하기
활동1	⋯⋯	ChatGPT가 그린 정물화의 특징 알아보기
활동2	⋯⋯	나만의 정물화 그리기
정리	⋯⋯	활동 소감 나누기

수업 전 생각해보기

♥ 교사는 ChatGPT에게 초등학교 6학년 수준에 맞는 정물화를 그려줄 수 있도록 요청합니다.
♥ 교사는 ChatGPT가 제시한 정물화 이미지에 문제가 없는지 확인한 뒤 학생들에게 안내합니다.

② 수업 톺아보기

교수·학습과정안을 통하여 수업 흐름을 자세히 살펴보겠습니다.

1 도입

동기유발

- **고흐의 '해바라기' 작품 감상하기**
  - 고흐의 '해바라기' 작품을 보고 느낀 점을 이야기해 봅시다.
    ※ 이 때, 고흐의 작품을 감상하면서 정물화에 관심을 가지게 합니다.

▲ 고흐의 해바라기

- **교사의 질문을 바탕으로 정물화를 본 경험 발표하기**
  ※ 학생들이 교사의 질문에 자신의 경험을 자유롭게 말할 수 있도록 허용적인 분위기를 조성하는 것이 좋습니다.

〈교사가 할 수 있는 주요 질문〉
- 정물화를 본 경험이 있나요?
- 정물화란 무엇일까요?

〈학생들의 기대 답변〉
- 미술관에서 본 적이 있어요.
- 책에서 본 적 있어요.
- 움직이지 않은 물체를 그린 그림입니다.
- 사물을 주제로 그린 그림 작품입니다.

ChatGPT가 그린 정물화의 특징 살펴보기

- **정물화를 그리기 전 그리고 싶은 재료와 정물화의 표현 방법 알아보기**
  - 정물화로 그리고 싶은 재료와 정물화의 표현 방법을 알아봅시다.

- **교사는 ChatGPT에게 정물화 이미지를 요청하는 데 도움이 되는 지시어 요청하기**

  ※ 교사가 학생들이 참고할 수 있는 수업 자료를 ChatGPT에게 요청할 수 있습니다.

 정물화 그리려고 해. 5가지 예시를 들어서 지시어를 작성해 줄 수 있어?

 물론입니다! 다음은 다양한 스타일과 테마의 정물화를 생성하기 위한 다섯 가지 예시 프롬프트입니다.

1. 고전적인 과일 정물화: "고전적인 정물화 스타일로 그려진 사과, 바나나, 포도, 오렌지가 있는 과일 바구니, 부드러운 조명과 세밀한 질감이 강조된 캔버스 그림."
2. 현대적인 꽃 정물화: "현대적인 예술 스타일로 그려진 다양한 색상의 장미, 튤립, 데이지가 있는 꽃병, 강렬한 색상과 단순한 배경이 특징인 캔버스 그림."
3. 빈티지 책과 안경의 정물화: "빈티지 스타일로 그려진 낡은 책 더미와 안경, 부드러운 색상과 클래식한 느낌이 돋보이는 캔버스 그림."
4. 음식과 주방 용품의 정물화: "주방에서 바라본 다양한 음식과 주방 용품, 생생한 색상과 현실적인 질감으로 그려진 캔버스 그림."
5. 음악 악기의 정물화: "클래식한 정물화 스타일로 그려진 바이올린, 플루트, 악보가 있는 음악 악기, 따뜻한 조명과 조화로운 색상이 특징인 캔버스 그림."

이러한 프롬프트들은 다양한 정물화를 생성하는 데 도움이 될 것입니다. 원하는 대상이나 테마가 있다면 그에 맞게 프롬프트를 조정할 수도 있습니다.

- **교사는 ChatGPT에게 정물화 이미지 요청하기**

 13살 수준의 학생이 그린 투명 수채화를 활용한 사과 정물화 그림을 4개 생성해 줘.

다음은 숙련된 13세 학생이 투명한 수채화를 닮은 스타일로 그린 4개의 사과 정물화 시리즈입니다. 각 그림은 주제에 대해 서로 다른 접근 방식을 제공합니다.

- **ChatGPT가 그린 정물화의 특징 살펴보기**

〈학생들이 찾은 정물화의 특징〉

특징	1번째 그림	2번째 그림	3번째 그림	4번째 그림
조형 요소(원리)	통일, 균형	명암, 변화	명암, 변화	색조
배치/구도에 따른 느낌	안정된 느낌이다	자유분방 하다	불안정한 느낌이다	자유분방 하다

활동2 나만의 정물화 그리기

- **ChatGPT가 그린 정물화의 특징을 참고하여 배치와 구도를 고려한 나만의 정물화 그리기**
  - ChatGPT가 그린 정물화의 특징을 참고하여 배치와 구도를 고려하여 나만의 정물화를 그려봅시다.

3 정리

- **활동 소감 나누기**

ChatGPT를 활용하여 나만의 글을 작성하고 고쳐 쓰기

① 수업 미리보기

학교급	중학교	과목	국어	준비물	PC 또는 노트북

학습 주제	ChatGPT를 활용하여 나만의 글을 작성하고 고쳐 쓰기

관련 성취 기준

2015 개정 교육과정	[9국03-06] 다양한 자료에서 내용을 선정하여 통일성을 갖춘 글을 쓴다. [9국03-09] 고쳐쓰기의 일반 원리를 고려하여 글을 고쳐 쓴다.
2022 개정 교육과정	[9국03-07] 복합양식 자료를 활용하여 내용을 생성하고 글의 유형을 고려하여 내용을 조직하며 글을 쓴다. [9국03-08] 쓰기 전략과 전략을 점검·조정하며 글을 쓰고, 독자를 고려하여 글을 고쳐 쓴다.

시작하며

* **중학교 국어 교과에서 ChatGPT를 활용하여 주제에 맞는 글감을 얻어 나만의 글을 작성하고 작성한 글에 대한 피드백을 받아 글을 고쳐 쓰는 수업입니다.**

대부분의 중학생은 쓰기 활동을 어려워합니다. 그 이유로는 '글감'을 정하지 못하기 때문입니다. 학생들이 글감을 정할 때 **ChatGPT를 활용하여 본인이 생각한 주제에 맞는 구체적인 글감을 얻게 된다면** 이 문제를 해결할 수 있을 것입니다.

먼저 ChatGPT에게 주제에 어울리는 글감을 추천 받아 원하는 글감을 선택하여 글을 작성합니다. 그 후 ChatGPT에게 작성한 글에 대한 피드백을 요청하고 피드백을 바탕으로 글을 고쳐 씁니다. 끝으로 완성한 글을 학생들에게 공유하고 자기평가와 동료평가를 수행하는 과정으로 수업이 진행됩니다.

수업의 흐름 한눈에 살펴보기

동기 유발	………	슬로건 작성자 판단하기
활동1	………	ChatGPT에게 글을 쓰기 위한 글감 요청하기
활동2	………	ChatGPT로부터 얻은 글감을 활용하여 나만의 글 작성하기
활동3	………	완성한 글 공유하고 평가하기
정리	………	활동 소감 나누기

수업 전 생각해보기

♥ ChatGPT 4.0을 활용할 때 ChatGPT 4.0의 피드백을 무조건적으로 수용하지 않고 비판적으로 생각할 수 있도록 지도합니다.

② 수업 톺아보기

교수·학습과정안을 통하여 수업 흐름을 자세히 살펴보겠습니다.

---

1 | 도입

동기유발

- **슬로건 작성자 판단하기**

  "발견의 여정을 꺾이지 않으며, 호기심으로 가득한 마음과 동정으로 가득한 마음이 불타오르는 우리의 건물에서, 교육은 끝없는 지혜와 공감의 문을 여는 열쇠입니다. 다양성을 받아들이고 더 나은 미래를 향해 빛나는 길을 밝혀주는 길잡이입니다." 슬로건이 사람이 쓴 글인지 인공지능이 쓴 글인지 판단하고 이야기를 나누어 봅니다.

〈교사가 할 수 있는 주요 질문〉
- 이 슬로건은 사람과 인공지능 중에 누가 작성한 것 같아요?

〈학생들의 기대 답변〉
- 사람이 작성한 것 같아요, 비슷한 것을 본 적 있어요.
- 인공지능이 작성한 것 같아요.

---

2 | 전개

활동1 ChatGPT에게 글을 쓰기 위한 글감 요청하기

- 학생은 ChatGPT에게 제시한 주제에 대한 글감(글쓰기 주제) 요청하기

 교육에 대한 글쓰기를 하고 싶어. 글감 5개만 추천해줘.

 교육에 관한 글쓰기 주제를 추천해 드리겠습니다:

1. 현대 교육의 장점과 단점: 현대의 교육 시스템은 기술의 발전과 함께 많이 변화하였습니다. 이러한 변화가 가져온 긍정적인 효과와 동시에 발생한 문제점에 대해 탐구해보세요.
2. 온라인 교육의 미래: 코로나19 팬데믹 이후, 온라인 교육이 크게 주목받게 되었습니다. 온라인 교육의 장점, 단점, 그리고 미래의 전망에 대해 서술해보세요.

3. 학교에서 가르치지 않는 중요한 능력들: 학교에서는 많은 지식을 전달하지만, 실생활에서 중요한 능력 중 일부는 학교에서 가르치지 않습니다. 이러한 능력들은 무엇이며, 어떻게 배울 수 있을까요?

4. 교육의 진정한 목적: 교육이란 단순히 시험 점수를 얻기 위한 수단일까요, 아니면 더 큰 의미와 목적을 가지고 있는 것일까요? 교육의 진정한 목적에 대한 당신의 생각을 공유해보세요.

5. 세계 각국의 교육 시스템 비교: 세계 각국의 교육 시스템은 서로 다르게 운영됩니다. 몇몇 국가의 교육 시스템을 비교하며, 그 특징과 장단점에 대해 분석해보세요.

이 중에서 관심 있는 주제를 선택하여 깊게 탐구하시면 좋은 글을 쓸 수 있을 것입니다. 화이팅!

- **ChatGPT로부터 얻은 글감을 활용하여 나만의 글 작성하기**
  - 글감을 선택하여 서론, 본론, 결론 형식으로 구조화된 글을 작성합니다.
  - 서론은 작성 이유 또는 필요성, 본론은 주제문 제시, 결론은 정리 등 각 단계에 포함되어야 할 내용을 설명합니다.

활동2 ChatGPT로부터 얻은 글감을 활용하여 나만의 글 작성하기

- **학생은 작성한 글에 대한 글쓰기 관점에서의 피드백 요청하기**

교육은 인류 사회의 기초적이고 중요한 구성 요소입니다. 개인이 사회의 일원으로서 자기 개발을 이루고 문화적 가치를 이해하고 습득하게 하며, 공동체의 통합을 이뤄나가는 역할을 수행합니다. 이렇게 교육의 역할과 중요성을 인정하며 우리는 더 나은 교육 방식을 모색하고 그 결과를 끊임없이 검증해야 할 것입니다.

교육의 방법과 형태는 시대와 사회의 변화에 따라 끊임없이 진화해왔습니다. 초기의 전수 교육에서 시작해 공교육, 비대면 원격 교육까지 다양한 형태가 나타나고 있습니다. 최근에는 인공지능과 같은 첨단 기술을 활용한 맞춤형 교육이 주목받고 있습니다. 학습자 중심의 교육 방식은 개인의 학습 효과를 높이고 다양한 배경과 능력을 가진 학생들에게 공정한 기회를 제공합니다. 다만 이러한 혁신적인 교육 방식이 모든 학생에게 도달하기까지는 아직 많은 과제가 남아있어 계속해서 발전할 필요가 있습니다.

교육은 지식의 전달뿐 아니라 학습자의 사고력과 창의력, 문제 해결 능력을 키우는 중요한 과정입니다. 따라서 교육의 질 향상은 개개인의 성장 뿐 아니라 사회 전체의 발전을 이끄는 원동력이 될 수 있습니다. 이를 위해 교육 현장에서의 혁신과 연구 그리고 교육 공정성 확보를 위한 사회적 노력이 계속 이어져야 합니다. 학문의 성장과 사회 변화에 따라 교육 방식도 변화하고 진화해 나갈 것이며 그 과정에서 더 나은 미래를 만드는 핵심 요소가 될 것입니다.

이 글을 글쓰기 관점에서 피드백해줘.

먼저, 교육에 대한 깊은 생각과 통찰력을 담은 글을 작성해주셔서 감사합니다. 글쓰기 관점에서 피드백을 드리겠습니다:

1. **서론**: 글의 시작부에서 교육의 중요성과 역할에 대해 명확하게 서술하셨습니다. 이 부분은 독자의 관심을 끌기에 충분합니다.
2. **구조**: 글의 전체적인 구조가 잘 정리되어 있습니다. 교육의 역할, 변화, 그리고 미래에 대한 기대 등 주요 주제별로 구분하여 설명하셨습니다.
3. **용어와 문장**: 전반적으로 문장이 명료하고 깔끔합니다. 다만, 일부 문장에서는 같은 단어나 표현이 반복되는 경우가 있습니다. 예를 들어, "끊임없이"라는 표현이 여러 번 사용되었습니다. 동의어나 다른 표현을 사용하여 문장의 다양성을 높일 수 있습니다.
4. **주제의 깊이**: 교육의 변화와 현재의 문제점, 그리고 미래에 대한 기대 등 다양한 주제를 다루셨습니다. 각 주제에 대한 더 깊은 통찰이나 구체적인 예시를 추가하면 글의 풍부함을 높일 수 있습니다.
5. **결론**: 글의 마지막 부분에서 교육의 중요성과 미래에 대한 기대를 잘 요약하셨습니다. 이 부분은 독자에게 글의 핵심 메시지를 잘 전달합니다.
6. **개선 제안**: "학문의 성장과 사회 변화에 따라 교육 방식도 변화하고 진화해 나갈 것이며 그 과정에서 더 나은 미래를 만드는 핵심 요소가 될 것입니다." 이 문장은 중요한 메시지를 담고 있으므로, 이 부분을 강조하거나 더 구체적인 예시나 설명을 추가하여 글의 마무리를 더 강력하게 할 수 있습니다.

전반적으로 교육에 대한 깊은 이해와 생각을 잘 표현한 글입니다. 위의 피드백을 참고하여 글을 더 다듬으면 더 완성도 높은 글이 될 것입니다. 수고하셨습니다!

- **ChatGPT에게 받은 피드백을 바탕으로 글을 고쳐 쓰기**
  - ChatGPT에게 받은 피드백 답변을 바탕으로 고쳐 쓰기 활동을 수행합니다.

활동3 완성한 글 공유하고 평가하기

- **완성한 글 공유하기**
  - 학생들과 서로 작성한 글을 공유하고 의견을 나눕니다.

- **자기평가 및 동료 평가하기**
  - 평가 기준에 맞춰 글을 평가합니다.

3 정리

- **활동 소감 나누기**

③ 수업 참고자료

● **자기평가 및 동료평가지**

순	평가 기준	자기평가 (1 ~ 5점)	동료평가 (1 ~ 5점)
1	**적절한 주제 선정:** 작성자는 주제를 적절하게 선정하였는가? 주제는 독자의 관심을 끌며, 동시에 중요하고 유익한 내용을 담고 있는가?		
2	**글의 구조:** 작성자는 글을 명확하게 서론, 본론, 결론의 형태로 구성하였는가? 각 부분은 그 자체로 완결성을 가지면서도, 다른 부분과 자연스럽게 연결되는가?		
3	**서론의 명확성:** 서론에서 작성의 이유 또는 주제의 필요성이 명확하게 제시되었는가?		
4	**본론의 주제 제시:** 본론에서 주제와 관련된 적절하고 충분한 근거를 제시하였는가?		
5	**결론의 요약 및 강조:** 결론에서 주제를 간결하면서도 충분히 요약하였는가? 주제의 중요성을 다시 한번 강조하였는가?		
6	**통일성 및 명료성:** 작성자는 전체적인 통일성을 유지하면서 주제를 명료하게 드러내는 글을 작성하였는가?		
7	**언어의 적절성:** 작성자는 주제와 독자를 고려하여 적절한 언어를 사용하였는가?		
8	**문장 구조와 맞춤법:** 작성자는 문장 구조와 맞춤법을 정확하게 사용하였는가?		
9	**창의성:** 작성자는 주제에 대한 독창적인 시각이나 새로운 접근법을 제시하였는가?		
10	**자료의 활용:** 가능한 경우, 작성자는 주장을 지지하는 데에 통계 자료, 연구 결과, 또는 사례 등을 활용하였는가?		

ChatGPT와 함께 환경친화적인 소비하기

① 수업 미리보기

학교급	중학교	과목	도덕	준비물	PC 또는 노트북

학습 주제	ChatGPT와 함께 환경을 고려하지 않은 소비 사례를 알아보고 환경친화적인 소비 다짐하기

관련 성취 기준

2015 개정 교육과정	[9도04-01] 인간과 자연의 조화를 통한 삶의 중요성과 환경 보호의 필요성을 다각적으로 이해하고, 생태 지속가능성의 관점에서 소비 생활과 환경에 대한 가치관을 평가해 보며, 환경친화적인 실천 기술을 익힐 수 있다.
2022 개정 교육과정	[9도04-02] 자연에 대한 동양과 서양의 주요 입장들을 토대로 인간과 자연의 바람직한 관계를 도출하고, 환경 위기에 대한 윤리적 책임을 구체화하여 실천할 수 있다.

시작하며

＊ 중학교 도덕 교과에서 **ChatGPT**가 제시한 환경을 고려하지 않은 소비 생활의 사례를 통해 환경친화적인 소비를 다짐하는 수업입니다.

학생들은 ChatGPT를 활용하여 환경을 고려하지 않은 소비생활의 사례를 찾아보고 우리의 행동이 환경과 직결됨을 깨달을 수 있습니다. 이를 바탕으로 학생들은 일주일간 자신의 소비 목록을 항목별로 적어보고 자신의 소비 생활을 반성해 보도록 합니다. ChatGPT와 함께 살펴본 환경을 고려하지 않은 소비 생활의 사례와 자신의 소비 생활에 대한 반성을 바탕으로 환경친화적 소비의 사례에는 무엇이 있는지 생각해 보고, 환경친화적이고 건전한 소비를 다짐하는 글을 써보며, 환경친화적 소비를 다짐합니다.

수업의 흐름 한눈에 살펴보기

동기 유발	………	소비생활과 환경문제의 관계 생각하기
활동1	………	환경을 고려하지 않은 소비생활 알아보기
활동2	………	자신의 소비생활 돌아보기
활동3	………	환경친화적 소비의 사례를 바탕으로 환경친화적 소비 다짐하기
정리	………	활동 소감 나누기

수업 전 생각해보기

♥ 환경친화적 소비를 다짐하기 위해 ChatGPT 4.0에게 우리 주변에서 환경을 고려하지 않은 소비생활에는 어떤 사례에는 무엇이 있는지 요청합니다.

♥ 교사는 학생이 환경을 고려하지 않은 소비생활의 사례를 바탕으로 자신의 소비 생활을 되돌아보고, 환경친화적 소비 생활을 다짐함으로써 윤리적 성찰 및 실천 성향을 기를 수 있도록 지도합니다.

교수·학습과정안을 통하여 수업 흐름을 자세히 살펴보겠습니다.

1 도입

동기유발

- **소비생활과 환경문제의 관계 생각하기**
  - 학생이 전날 먹은 음식의 푸드 마일리지와 물 발자국을 계산해 보고 소비생활과 환경문제의 관계를 생각해 봅시다.

  > - 푸드 마일리지 : 푸드 마일리지 = 거리(km) X 무게(t)
  > - 물 발자국
  >
  > | | | |
  > |---|---|---|
  > | 사과 : 210ℓ/1개(300g) | 쌀 : 3,400ℓ/kg | 보리 : 1,300ℓ/kg |
  > | 밀 : 1,300ℓ/kg | 콩 : 1,800ℓ/kg | 감자 : 900ℓ/kg |
  > | 옥수수 : 900ℓ/kg | 돼지고기 : 4,800ℓ/kg | 닭고기 : 3,900ℓ/kg |
  > | 달걀 : 200ℓ/1개(60g) | 우유 : 1020ℓ/kg | 피자 : 1259ℓ/한판 |

2 전개

활동1 환경을 고려하지 않은 소비생활 알아보기

- **주변에서 '환경을 고려하지 않은 소비생활'이 무엇이 있는지 생각해 보고 발표하기**
  - 학생들이 일상에서 경험해본 환경을 고려하지 않은 소비생활 사례는 무엇이 있는지 자유롭게 이야기해보도록 합시다.

- **ChatGPT에게 환경을 고려하지 않은 소비생활의 사례는 어떤 것이 있는지 요청하기**
  - ※ 교사와 학생은 '환경을 고려하지 않은 소비생활'의 예시 자료를 ChatGPT에게 요청할 수 있습니다.

 우리 주변에서 환경을 고려하지 않은 소비생활에는 어떤 것이 있는지 사례를 알려줘.

 환경을 고려하지 않은 소비생활은 지구 환경에 부정적인 영향을 미치며 자원 소비와 오염을 증가시킬 수 있습니다. 아래는 그런 소비 습관의 몇 가지 사례입니다:

1. 일회용 플라스틱 사용: 일회용 플라스틱 제품은 많은 환경문제를 초래합니다. 플라스틱 제품을 일회용으로 사용하고 폐기하면 바다와 땅에서 플라스틱 오염물질이 발견되며 해양 생태계에 심각한 피해를 줍니다.

2. 불필요한 포장물: 제품들이 과도하게 포장되어 있을 때, 그 포장물은 자원 낭비와 폐기물 생성으로 이어집니다. 환경에 친화적인 포장재 대안을 선택하지 않고 일상적으로 불필요한 포장물을 구매하는 것도 문제입니다.

3. 에너지 낭비: 에너지를 낭비하는 습관도 환경문제에 기여합니다. 가정용 전기나 난방 시스템을 효율적으로 사용하지 않고, 에너지 소모가 높은 가전제품을 선택하는 것은 환경 영향을 증가시킬 수 있습니다.

4. 패스트 패션 소비: 패션 산업은 대량 생산과 빠른 패션 트렌드 변화로 인해 많은 자원을 소비하고 의류 폐기물이 급증합니다. 환경을 고려하지 않고 옷을 자주 살 때, 환경에 해를 끼칠 수 있습니다.

5. 자동차 사용과 교통 선택: 자동차 대중교통 대신 개인 자동차를 사용하면 도로 교통량과 대기 오염을 증가시킬 수 있습니다. 또한 환경 친화적인 교통 수단 대신 화석 연료를 사용하는 것도 환경에 해를 끼칩니다.

6. 먹거리 선택: 과도한 고기 소비, 산물 농업의 지속적인 지원, 식품 낭비 등은 환경에 부정적인 영향을 미칩니다. 지속가능한 식품 선택을 하지 않고 과다한 포만감을 추구하는 것은 환경에 해를 끼칠 수 있습니다.

이러한 습관을 변경하고 더 지속가능한 소비 생활 방식을 채택함으로써 우리는 환경에 미치는 부정적인 영향을 줄일 수 있습니다.

- **ChatGPT의 답변에 대한 심화 설명 요청하기**

  ※ 교사는 ChatGPT 4.0을 활용하여 환경을 고려하지 않은 소비생활의 사례와 더불어 불분명한 답변에 대한 세부적인 설명을 요청하도록 지도할 수 있습니다.

 패스트 패션을 구매하는 것이 환경을 고려하지 않은 소비인 이유는 무엇인지 알려줘.

 패스트 패션을 구매하는 것이 환경을 고려하지 않은 소비인 이유는 여러 가지입니다:

1. 대량 생산과 폐기물: 패스트 패션 브랜드들은 최신 패션 트렌드를 빠르게 반영하기 위해 대량으로 의류를 제조합니다. 이로 인해 의류 생산에 많은 자원이 소비되며, 이러한 대량 생산은 환경 부담을 일으킵니다. 또한 패스트 패션 제품은 품질이 낮아서 짧은 사용 수명을 가지며, 빠르게 폐기되고 폐기물로 이어집니다.

2. 화학 물질 사용: 패스트 패션 브랜드는 의류를 신속하게 제조하기 위해 종종 화학 물질을 과도하게 사용합니다. 이로 인해 화학 오염물질이 대기, 물, 토양 등에 배출되어 환경 오염을 유발할 수 있습니다.

3. 노동 조건과 윤리 문제: 패스트 패션 산업은 종종 저렴한 노동력을 이용하여 생산 비용을 낮추려고 합니다. 이로 인해 노동자의 권리가 침해되고 안전한 작업 환경이 부족한 경우가 있습니다.

4. 낮은 가격 유혹: 패스트 패션 브랜드는 저렴한 가격으로 의류를 제공하므로 소비자들을 낮은 가격에 유혹하고 무분별한 소비를 유도합니다. 이러한 낮은 가격은 종종 생산 과정에서 발생하는 환경 및 노동 비용을 감추는 결과를 가져옵니다.

5. 지속가능한 소재와 생산 방식 무시: 패스트 패션은 종종 지속가능한 소재와 생산 방식을 무시하고 편리성과 신속한 생산을 우선시합니다. 이로 인해 지속가능한 모델을 채택하지 않고 환경 친화적인 소재와 생산 방식을 개발하는 기회를 놓치는 경우가 많습니다.

따라서 패스트 패션을 구매하는 것은 환경, 노동 조건, 윤리적인 측면에서 부정적인 영향을 미칠 수 있으며, 지속가능한 소비 패턴을 채택하는 것이 환경을 보호하고 지구의 자원을 더 효율적으로 활용하는 방법일 수 있습니다.

활동2 자신의 소비생활 돌아보기

- 일주일간 자신이 소비한 목록을 항목별로 적고, 자신의 소비 생활에서 반성해야 할 점을 적기
  - 소비 목록을 솔직하게 적도록 하고, 꼭 필요한 소비인지 반성해 보도록 합니다.

날짜	소비 목록	반성해야 할 점	필요성(○, △, X)
예시	종이컵 한 묶음	텀블러를 들고 다녀도 되지만 귀찮다는 이유로 종이컵을 구매했다.	△
1일차			
2일차			
3일차			
4일차			
5일차			
6일차			
7일차			

활동3 **환경친화적 소비의 사례를 바탕으로 환경친화적 소비 다짐하기**

• 환경친화적 소비의 사례에는 무엇이 있는지 생각해 보고 환경친화적이고 건전한 소비를 다짐하며 소비 서약서 만들기

   - 교사는 활동을 통하여 학생들이 환경친화적 소비를 실천하는 태도를 지닐 수 있도록 격려합니다.

환경친화적 소비 서약서

환경을 보호하고 지속가능한 환경을 만들어 나가기 위해
나 ○○○은/는 다음과 같은 과제를 정하고 실천해 나갈 것을 약속합니다.

하나, _____.
하나, _____.
하나, _____.
하나, _____.
하나, _____.

---

3 정리

• 활동 소감 나누기

## 29

서로의 인권을 존중하는 교실 인권 헌장 만들기

① 수업 미리보기

학교급	중학교	과목	사회	준비물	PC 또는 노트북

학습 주제	ChatGPT를 통해 얻은 정보를 바탕으로 교실 인권 헌장 만들기

관련 성취 기준

2015 개정 교육과정 [9사(일사)06-02] 일상생활에서 인권이 침해되는 사례를 분석하고, 국가기관에 의한 구제 방법을 조사한다.

2022 개정 교육과정 [9사(일사)06-01] 일상생활에서 인권이 침해되는 사례를 조사하고, 우리 헌법에 보장된 기본권의 종류를 탐색한다.

시작하며

＊**중학교 사회 교과에서 ChatGPT를 활용하여 알아 본 인권 침해 사례를 바탕으로 교실 인권 헌장을 만들어보는 수업입니다.**

인권이 보장된 사회는 어떤 모습이어야 하는지 생각해 보고, 역사 속의 인권 침해 사례를 찾아보며 인권 침해의 요소를 발견해 볼 수 있습니다.

ChatGPT와 함께 일상생활 속의 다양한 인권 침해 사례를 알아봄으로써 일상생활에서 발생할 수 있는 인권 침해 사례를 빠르게 찾아보고 인권 침해의 다양한 사례를 파악할 수 있습니다. 이를 바탕으로 인권이 보장된 학급의 모습을 떠올리며 교실 인권 헌장을 만들어 봅니다. 개인 활동과 학급 활동을 진행하며 학급 인권 헌장을 만드는 과정을 통해 인권 감수성을 키우고 실천을 다짐할 수 있습니다.

수업의 흐름 한눈에 살펴보기

동기 유발	⋯⋯	인권이 보장된 사회는 어떤 모습이어야 하는지 생각하기
활동1	⋯⋯	역사 속의 인권 침해 사례 발표하기
활동2	⋯⋯	일상생활 속의 다양한 인권 침해 사례 찾아보기
활동3	⋯⋯	교실 인권 헌장 만들기
정리	⋯⋯	활동 소감 나누기

수업 전 생각해보기

♥ ChatGPT 4.0에게 인권 침해 사례에 관해 설명을 요청하여 사례를 살펴보며 인권 침해 문제가 우리 주변에서 일어나고 있음을 느끼도록 지도합니다. 또한, ChatGPT 4.0이 제시한 내용에 오류가 없는지 비판적으로 검토하도록 한다.

♥ 민주시민교육과 연계하여 학생들이 기본적으로 가져야 할 인권 감수성을 신장할 수 있도록 지도합니다.

교수·학습과정안을 통하여 수업 흐름을 자세히 살펴보겠습니다.

1 도입

동기유발

- **'모두에게 소중한 인권' 영상을 보며 인권이 보장된 사회는 어떤 모습이어야 하는지 생각하기**
  - 인권이 보장된 사회를 만들기 위해 자신이 할 수 있는 일에 대해 생각해 보며 영상을 시청해 봅시다.

▲ 우리는 인권지킴이 지키(모두에게 소중한 인권편)

충남교육청 2023.7.4. https://youtu.be/EZ5Blq5qsFg?feature=shared

- **교사의 질문을 바탕으로 인권이 보장된 사회에 대해 발표하기**
  ※ 학생들이 교사의 질문에 자신의 생각을 자유롭게 말할 수 있도록 허용적인 분위기를 조성하는 것이 좋습니다.

〈교사가 할 수 있는 주요 질문〉
- 인권이 보장된 사회의 조건은 무엇이라고 생각하나요?
- 어떤 기본적인 인권이 우리에게 있으며, 어떻게 정의되나요?

〈학생들의 기대 답변〉
- 인권이 보장된 사회는 법적 기반이 마련되고, 언론의 자유가 보장된 사회예요.
- 기본적 인권에는 생명권과, 자유권, 평등권, 안전권 등이 있어요.

역사 속의 인권 침해 사례 발표하기

- **교사의 질문을 바탕으로 인권 침해 사례를 발표하기**

  ※ 학생들이 교사의 질문에 자신의 생각을 자유롭게 말할 수 있도록 허용적인 분위기를 조성하는 것이 좋습니다.

〈교사가 할 수 있는 주요 질문〉
- 역사 속에서 발생한 인권 침해의 사례는 무엇이 있나요?
- 그 사례에서 어떤 인권 침해가 발생하고 있나요?
- 인권 침해 사례에서 주요 주체와 피해자는 누구였나요?

〈학생들의 기대 답변〉
- 나치 독일의 유대인 대학살이 있어요. 유대인들은 집단 학살과 강제노역에 시달렸어요. 인권 침해의 주체는 나치 정권이었고, 주요 피해자는 유대인이었어요.
- 중국의 문화 대혁명이 있어요. 문화 대혁명은 중국 공산당의 주도로 일어났고, 주로 지식인이나 예술가, 공산당에 이념적 반대를 나타낸 사람들이 피해를 받았어요.

 일상생활 속의 다양한 인권 침해 사례 찾아보기

- **ChatGPT를 활용하여 일상생활에서 발생할 수 있는 인권 침해 사례 찾아보기**

  ※ 교사와 학생들은 참고할 수 있는 수업 자료를 ChatGPT에게 요청할 수 있습니다.

 일상생활 속에서 발생할 수 있는 인권 침해 사례를 알려줄래?

 일상생활에서 발생할 수 있는 인권 침해 사례는 다양합니다. 여기에는 개인의 프라이버시, 평등, 자유 등 기본적인 인권이 포함될 수 있습니다. 아래는 일상 생활에서 흔히 볼 수 있는 인권 침해 사례를 몇 가지 나열해보겠습니다.

1. 프라이버시 침해
   - 누군가가 당신의 동의 없이 개인적인 사진이나 정보를 공개 또는 공유하는 경우
   - 개인의 통신(전화, 메시지 등)을 몰래 듣거나 읽는 경우
   - CCTV나 카메라로 무단으로 개인을 촬영하는 경우
2. 직장에서의 차별
   - 성별, 인종, 종교, 성적 지향, 장애 등을 이유로 직원을 불공평하게 대우하는 경우
   - 여성이나 소수 집단에게 동일한 업무에 대해 낮은 급여를 지급하는 경우

3. 성희롱 및 성폭력
   - 타인의 의도나 희망과 상관없이 성적 언행이나 행위를 강요하는 경우
   - 무의식적인 성 차별적 발언이나 행위
4. 소외 및 디스크리미네이션
   - 특정 집단(예: 외국인, LGBTQ + 커뮤니티, 장애인)에 대한 편견을 기반으로 한 부정적인 태도나 대우
5. 언론의 자유 침해
   - 언론의 자유를 제한하려는 정부나 기업의 행동
   - 개인이나 집단의 의견을 억압하려는 시도
6. 불합리한 물리적, 정신적 폭력
   - 가정 내 폭력, 학교나 직장에서의 괴롭힘, 사이버 괴롭힘 등
7. 불합리한 경찰의 검거 및 체포
   - 법적 절차를 따르지 않고 무차별적으로 검거하거나 구속하는 경우

이외에도 일상생활에서는 다양한 형태와 상황에서 인권 침해가 발생할 수 있습니다. 인권은 모든 사람에게 동등하게 보장되어야 하며, 이를 위반하는 행위나 태도에는 지속적으로 관심을 가지고 대응하는 것이 중요합니다.

• **ChatGPT의 답변에 대해 공간을 한정하여 추가 설명 요청하기**

 학교와 교실에서 발생할 수 있는 인권 침해 사례에 대해 말해줘.

 학교와 교실에서는 아이들과 청소년들이 대부분의 시간을 보내기 때문에 인권 침해 사례가 발생할 수 있습니다. 그러한 환경에서의 인권 침해는 학생들의 정서적, 심리적 건강에 악영향을 미칠 수 있습니다. 다음은 학교와 교실에서 발생할 수 있는 인권 침해 사례입니다:

1. 학교 내 괴롭힘 및 왕따
   - 학생들 사이에서 또는 교사와 학생 사이에서 일어나는 괴롭힘
   - 특정 학생이나 그룹을 소외시키는 행위
2. 물리적 및 정신적 폭력
   - 교사나 다른 학생들에 의해 학생에게 가해지는 체벌이나 폭력
   - 학생의 심리적 안정을 교란시키는 비난이나 압박
3. 교육 기회의 불평등
   - 성별, 인종, 장애, 경제적 지위 등을 기준으로 특정 학생에게 교육 기회를 제한하는 행위
4. 성희롱
   - 성적 언행이나 행위로 학생을 괴롭히는 행동

5. 개인정보 침해
    - 학생의 개인적인 정보나 성적, 건강 정보 등을 동의 없이 공유하거나 노출하는 행위

6. 평등한 참여 기회의 부족
    - 학교 활동, 동아리, 스포츠 등에서 특정 학생들을 배제하는 행위

7. 자유의 억압
    - 학생의 의견 표현, 종교적 신념, 문화적 표현 등을 제한하거나 금지하는 행위

8. 성적 지향에 따른 차별
    - LGBTQ + 학생들을 차별하거나 괴롭히는 행위

9. 과도한 규제 및 감독
    - 학생들의 자율성을 과도하게 제한하는 규칙이나 정책

10. 종교나 문화에 따른 차별
    - 특정 종교나 문화를 가진 학생들에게 불편함이나 차별을 주는 행위

학교와 교실에서는 모든 학생이 안전하고 존중받아야 합니다. 인권 침해 사례를 예방하고 대처하기 위해선 교육 기관, 교사, 학생, 그리고 학부모가 함께 협력하고 의식적인 노력이 필요합니다.

활동3 **교실 인권 헌장 만들기**

• **ChatGPT가 제시한 설명과 인권이 보장된 사회의 모습을 떠올리며 교실 인권 헌장 만들기**

    ※ 교사는 학생들이 교실 인권 헌장을 만드는 과정에서 친구들과 이야기를 나누며 개별 헌장의 타당성을 검토하도록 합니다.

1단계 (개인 활동)	교실에서 실천할 인권 헌장의 내용과 이유를 3가지씩 포스트잇에 적어 칠판에 부착하기
2단계 (학급 활동)	모두 부착한 후 칠판을 돌아보고 가장 필요하다고 생각하는 헌장의 내용에 스티커(5장)를 붙이기
3단계 (학급 활동)	스티커가 많이 붙은 헌장 10가지를 선정하여 교실 인권 헌장으로 만들고, 만들어진 교실 인권 헌장을 함께 읽으며 실천 다짐하기

3 정리

• **활동 소감 나누기**

## 30

당나라 문화를 광고해 보기

① 수업 미리보기

학교급	중학교	과목	역사	준비물	PC 또는 노트북

학습 주제	당나라 문화를 배우고 홍보하는 광고문 만들기

관련 성취 기준

2015 개정 교육과정	[9역03-01] 수·당 제국 및 일본 고대 국가의 성립과 발전을 동아시아 문화권의 형성이란 관점에서 이해하고 공통점을 찾아낸다.
2022 개정 교육과정	[9역03-01] 수·당 시기 동아시아 국제 질서의 특징을 이해하고, 동아시아 문화를 탐구한다.

시작하며

✱ **중학교 역사 교과에서 당나라 문화를 배우고 홍보하는 광고문을 만들어보는 수업입니다.**

ChatGPT는 다양한 분야에서 활용될 수 있습니다. 특히, 콘텐츠 제작, 광고, 소셜 미디어 홍보와 같은 홍보 목적으로 마케팅에 활용할 수 있습니다. 이를 통해 역사 교과에서 당나라 문화를 광고해 보는 수업을 운영할 수 있습니다.

먼저 당나라의 문화를 알아봅니다. 이때, 교사는 당나라 문화와 관련된 다양한 이미지 자료나 영상 자료를 활용하여 당나라 문화를 소개할 수 있습니다. 그 후, 학생들은 **ChatGPT를 활용하여 광고문을 작성**해봅니다. 교사는 내용의 오류가 있으면 배운 내용을 바탕으로 수정할 수 있도록 학생들에게 안내할 수 있습니다.

수업의 흐름 한눈에 살펴보기

동기 유발	········	영화의 한 장면을 보고, 삼장법사가 실존 인물임을 알기
활동1	········	당나라 문화 알아보기
활동2	········	ChatGPT를 활용하여 광고문 작성하기
정리	········	활동 소감 나누기

수업 전 생각해보기

♥ 당나라 문화의 특징을 반영하여 당나라 문화를 홍보하는 광고문의 형태로 작성할 수 있도록 지도합니다.
♥ ChatGPT 4.0이 제시한 내용을 그대로 인용하지 않고 자신만의 창의력을 반영할 수 있도록 합니다.
♥ ChatGPT 4.0이 제시한 내용에 오류가 없는지 비판적으로 검토하도록 합니다.

역사

② 수업 톺아보기

교수·학습과정안을 통하여 수업 흐름을 자세히 살펴보겠습니다.

1 도입

동기유발

- 삼장법사(현장)와 손오공 일행이 나온 영화의 한 장면을 보고, 삼장법사(현장)가 실존 인물임을 알기
  - 서유기와 관련된 영화의 한 장면을 보며, 삼장법사에 관한 이야기를 상상해 봅시다.
  ※ 영화 '서유기', '날아라 슈퍼보드' 등 서유기 와 관련된 사진을 제시할 수 있습니다.

2 전개

활동1 당나라 문화 알아보기

- 당삼채, 대안탑, 두보와 이백의 시 등을 알아보기
  - 당삼채, 대안탑, 두보와 이백의 시에 대해 알아봅시다.

활동2 ChatGPT를 활용하여 광고문 작성하기

- ChatGPT에게 당삼채 등 당나라 문화재를 홍보하는 글 작성 요청하기
  ※ ChatGPT를 활용하여 당나라 문화를 광고하되, 내용의 오류가 있으면 배운 내용을 바탕으로 수정하도록 한다.

 중국 당나라 때 세 가지 색으로 채색된 도기인 당삼채를 홍보하는 글을 작성해줘.

 당나라 시대의 중국은 그 문화와 예술로 유명했는데, 그 중에서도 특히 유명한 것은 당삼채(唐三彩)라 불리는 도기였습니다. 당삼채는 그 이름에서 알 수 있듯이 세 가지 색으로 구성된 도자기로, 주로 갈색, 녹색, 크림색을 사용하여 만들어졌습니다. 이 도기는 당나라 시대(618-907년)에 제작되어, 중국뿐만 아니라 실크로드를 통해 중앙아시아에까지 널리 퍼졌습니다.
당삼채의 아름다움은 그 색상의 조화와 독특한 제작 방식에 있습니다. 이 도자기는 고온에서 구워진 후, 다양한 색의 유약을 입혀 마무리되었으며, 이러한 과정은 당시의 높은 기술 수준을 반영합니다. 이 유약은 빛에 따라 다양한 색상을 띠며, 시간이 지날수록 그 색이 더욱 깊어져 고유의 아름다움을 발산합니다.
당삼채는 주로 인물, 동물, 그리고 신화적인 생물을 형상화한 것이 특징입니다. 이들 작품은 당시 사람들의 일상생활, 신앙, 그리고 예술에 대한 취향을 반영하며, 오늘날에도 중국 전통 예술의 중요한 부분으로 평가받고 있습니다. 당삼채는 그 예술적 가치 뿐만 아니라 역사적 가치도 높아, 중국 고대 문화를 이해하는 데 있어 중요한 역할을 합니다.

이러한 당삼채를 현대에 재현하거나 소장하는 것은 중국 전통 예술에 대한 깊은 존중과 사랑을 나타내는 행위입니다. 당삼채는 미술사를 공부하는 학생들, 역사에 관심 있는 사람들, 그리고 독특하고 의미 있는 예술 작품을 찾는 수집가들에게 특히 인기가 있습니다. 이 독특한 예술 작품을 통해 당나라 시대의 중국을 경험하고, 그 시대의 문화와 예술을 더 깊이 이해할 수 있는 기회를 제공합니다.

 두보의 시를 광고하는 글을 써줘.

 두보(杜甫)는 중국 당나라 시대의 위대한 시인으로, 그의 시는 중국 문학의 보석으로 여겨집니다. 두보의 시는 그의 깊은 감성과 예리한 사회적 통찰력을 반영하며, 인간의 본성과 삶의 본질에 대해 탐구합니다. 그의 작품은 단순한 시가 아닌, 역사와 인간 정신의 깊은 이해를 담고 있는 예술 작품입니다.
두보의 시는 다양한 주제를 다룹니다. 그의 초기 작품은 자연의 아름다움과 인간의 감정을 섬세하게 묘사하면서, 시적 이미지와 음악성이 뛰어난 언어 사용으로 유명합니다. 그러나 시간이 흐르면서 그의 작품은 더욱 심오해지며, 사회적 불의와 인간 고통에 대한 깊은 고민을 반영하기 시작합니다. 그의 시는 당시의 정치적 혼란과 사회적 불안을 생생하게 포착하며, 그로 인한 개인적 고통과 갈등을 시적으로 표현합니다.
두보의 시는 또한 시대를 초월하는 보편적인 감정과 경험을 담고 있어, 오늘날에도 많은 독자들에게 깊은 공감을 불러일으킵니다. 그의 작품은 중국 문학뿐만 아니라 세계 문학의 중요한 부분으로 인정받고 있으며, 다양한 언어로 번역되어 전 세계적으로 사랑받고 있습니다.
두보의 시를 읽는 것은 단순한 독서 경험을 넘어서, 중국의 역사와 문화, 그리고 인간의 근본적인 감정과 정신을 탐구하는 여정입니다. 이러한 시를 통해 독자들은 인생의 다양한 측면에 대해 더 깊이 생각하고, 그 안에서 자신만의 의미를 찾을 수 있습니다. 두보의 시를 통해 시대를 초월하는 지혜와 아름다움을 경험해 보세요.

- **ChatGPT의 답을 바탕으로 자신만의 짧은 광고 문구 작성하기**
  - ChatGPT의 답을 바탕으로, 자신만의 짧은 광고 문구를 작성해봅시다.

- **광고문을 바탕으로 사진이나 삽화를 넣어 광고 완성하기**
  - 광고문을 바탕으로 사진이나 삽화를 넣어서 광고를 완성해봅시다.

3 정리

- **활동 소감 나누기**

## 31

ChatGPT와 이차함수에 대해 알아보기

① 수업 미리보기

학교급	중학교	과목	수학	준비물	PC 또는 노트북

학습 주제	ChatGPT와 함께 이차함수의 특징 알아보기

관련 성취 기준

2015 개정 교육과정 | [9수03-09] 이차함수의 의미를 이해하고, 그 그래프를 그릴 수 있다.

2022 개정 교육과정 | [9수02-21] 이차함수의 개념을 이해한다.
[9수02-22] 이차함수의 그래프를 그릴 수 있고, 그 성질을 설명할 수 있다.

시작하며

＊**중학교 수학 교과에서 ChatGPT를 활용하여 이차함수에 대해 알아보는 수업입니다.**

ChatGPT 4.0은 다양한 플러그인을 지원하여 기존의 생성형 ChatGPT 도구들이 하지 못했던 여러 가지 기능을 추가로 제공하고 있습니다. 특히 Wolfram 플러그인을 활용하면 복잡한 수식 계산, 함수 그래프 등을 생성할 수 있어, 수학 교과에서 다양하게 활용할 수 있습니다.

학생들은 **ChatGPT로 이차함수의 뜻을 알아봅니다.** 이 때, 자신이 알고 싶은 내용을 직접 검색하고, 추가질문을 통해 자신의 지식을 확장할 수 있습니다. 그 후 **ChatGPT와 함께 이차함수 그래프를 그려 비교해 봅니다.** 마지막으로 $y = x^2$ **함수 그래프의 특징을 정리해 봅니다.** 이렇게 ChatGPT를 통해 학생들은 여러 자료를 만들고 비교하여 이차함수에 대한 이해를 높일 수 있습니다.

수업의 흐름 한눈에 살펴보기

동기 유발	⋯⋯⋯	롤러코스터를 타본 경험 이야기하기
활동1	⋯⋯⋯	ChatGPT로 이차함수의 뜻 알아보기
활동2	⋯⋯⋯	ChatGPT와 함께 이차함수 그래프 그리기
활동3	⋯⋯⋯	$y = x^2$ 함수 그래프의 특징 정리하기
정리	⋯⋯⋯	활동 소감 나누기

수업 전 생각해보기

♥ 교사는 ChatGPT의 답변을 무조건적으로 수용하기 보다 실제 해석 및 탐구 활동을 통해 수학적 오류가 없는지 비판적으로 살펴볼 수 있도록 합니다.

♥ 교사는 학생들이 ChatGPT를 통해 문제에 대한 정답을 찾는 것보다, 수업 시간에 배운 수학적 개념과 원리를 보다 구체화하고 정교화하는 데 중점을 두고 지도합니다.

교수·학습과정안을 통하여 수업 흐름을 자세히 살펴보겠습니다.

1 : 도입

동기유발

- **롤러코스터를 타본 경험 이야기하기**
  - 롤러코스터를 타본 경험을 이야기해 봅시다.
  - 자신이 탔던 롤러코스터의 경로를 손으로 허공에 그려봅시다.
  - 롤러코스터의 경로를 수학식으로 어떻게 표현할 수 있을까요?
  - ※ 학생은 자신의 경험을 떠올리며 학습 주제에 흥미를 갖도록 합니다.

2 : 전개

활동1 **ChatGPT로 이차함수의 뜻 알아보기**

- **학생은 ChatGPT에게 이차함수에 대해 질문하기**
  ※ 학생들이 교사의 질문에 자신의 생각을 자유롭게 말할 수 있도록 허용적인 분위기를 조성하는 것이 좋습니다.

 이차함수의 뜻을 알려줘.

 이차함수는 대수학에서 중요한 개념으로, 변수의 최고 차수가 2인 다항식 함수를 말합니다. 이차 함수의 일반적인 형태는 $f(x) = ax^2 + bx + c$ 입니다. 여기서 a, b, c는 실수이고, a는 0이 아닙니다. 이차 함수는 다음과 같은 특징을 가집니다:

그래프는 "파라볼라"라고 불리는 U자 형태나 뒤집힌 U자 형태를 가집니다. a의 값에 따라 그래프의 형태가 결정됩니다. a가 양수일 경우, 파라볼라는 위로 열려 있고, a가 음수일 경우 아래로 열려 있습니다.

이차함수는 최대값 또는 최소값을 가질 수 있습니다. 이 값은 이차함수의 정점(vertex)에서 결정됩니다.

이차함수의 근(root)은 이차방정식 $ax^2 + bx + c = 0$의 해를 말합니다. 이 근은 파라볼라가 x축과 교차하는 점을 나타냅니다.

이차함수는 자연과학, 공학, 경제학 등 다양한 분야에서 사용되며, 이는 이차함수가 복잡한 현상을 단순하게 표현할 수 있기 때문입니다. 예를 들어, 이차함수는 물리학에서 물체의 운동을 설명하는 데 사용되며, 경제학에서는 수익과 비용의 관계를 설명하는 데 사용됩니다.

※ ChatGPT에게 질문하기 전에 교과서에 제시된 개념과 예제 문항 학습을 통해 학생들이 경험적으로 이차함수에 대해 이해할 수 있도록 지도합니다.

- **학생은 ChatGPT에게 이해하기 어려운 부분에 대해 다시 질문하기**

 변수의 최고 차수가 2라는 게 무슨 의미야?

 "변수의 최고 차수가 2"라는 표현은 주어진 함수 또는 다항식에서 변수가 가장 높게 제곱된 수가 2라는 것을 의미합니다.

예를 들어, $y = 3x^2 + 2x + 1$ 이라는 이차함수에서, x는 2차항 (x^2), 1차항 (x), 그리고 0차항 (상수 항)으로 나타납니다. 이 때, 가장 높은 차수는 x^2에서 나오는 2차입니다. 따라서 이 함수에서 변수 x의 최고 차수는 2입니다.

다항식의 차수는 해당 다항식에서 가장 높은 지수를 가진 항의 차수로 정의됩니다. 이를 통해 다항식의 복잡도나 특성을 파악할 수 있습니다. 이차함수는 이런 차수 중에서 2차인 함수를 지칭합니다.

※ 모둠활동을 통해 서로 이해한 내용이나, 검색한 내용을 공유하도록 하여 학생들이 수업 활동에 능동적으로 참여할 수 있도록 지도할 수 있습니다.

- **학생은 ChatGPT에게 이차함수에 대한 쉬운 설명 요청하기**

 이차함수의 뜻을 쉽게 설명해 줘.

 이차함수는 한마디로, "변수를 제곱한 값에 어떤 수를 곱하고, 다른 수를 더하거나 뺀 결과"를 나타내는 수학적 표현입니다.

그 형태는 "$f(x) = ax^2 + bx + c$"로 나타냅니다. 여기서 x는 우리가 알고 싶은 변수이고, a, b, c는 상수입니다. 이 때, a는 0이 아닌 숫자여야 합니다.

이차함수를 그래프로 그려보면 'U' 모양이거나 뒤집힌 'U' 모양을 보게 됩니다. 이 모양을 '파라볼라'라고 부릅니다. 이 그래프의 최고점 또는 최저점을 '정점'이라고 부릅니다.

이차함수는 공을 던졌을 때의 궤적을 설명하거나, 사업을 할 때의 최대 이익을 계산하는 등 다양한 곳에서 사용됩니다.

활동2 ChatGPT와 함께 이차함수 그래프 그리기

- **$y = x^2$의 그래프를 그리는 방법을 알아보기**
  - 이차함수 $y = x^2$에 대하여 x의 각 값에 대응하는 y의 값을 나타내는 표를 살펴보고, 순서쌍(x, y)를 좌표로 하는 점을 좌표평면 위에 나타내어 봅시다.

x	⋯	−4	−3	−2	−1	0	1	2	3	4	⋯
y	⋯	16	9	4	1	0	1	4	9	16	⋯

※ 순서쌍 활동을 통해 학생들이 이차함수 $y = x^2$의 그래프 특징을 직관적으로 이해하도록 지도합니다.

- **ChatGPT를 활용하여 $y = x^2$의 그래프 요청하기**

$y = x^2$ 그래프 그려줘. 이때 x의 범위는 −4에서 4까지로 설정해 줘.

다음은 $y = x^2$ 함수의 그래프입니다. x의 범위는 −4에서 4까지 설정하였습니다.

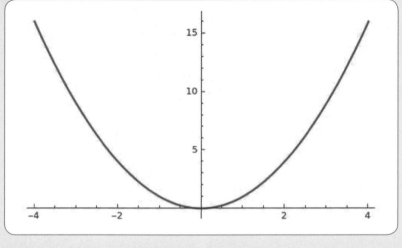

활동3 $y = x^2$ 함수 그래프의 특징 정리하기

- $y = x^2$의 좌표와 $y = x^2$ 그래프 비교하기
  - $y = x^2$ 순서쌍과 ChatGPT가 제시한 $y = x^2$ 그래프를 비교하여 보고 알게 된 점을 말해봅시다.

- $y = x^2$ 그래프의 특징을 정리하여 발표해 봅시다.

〈학생들이 만든 자료〉

〈이차함수 $y = x^2$ 그래프의 특징〉

① 원점을 지나고 아래로 볼록한 곡선이다.
② y축에 대칭이다.
③ x < 0일 때, x의 값이 증가하면 y의 값은 감소한다.
   x > 0일 때, x의 값이 증가하면 y의 값도 증가한다.

3 정리

- 활동 소감 나누기

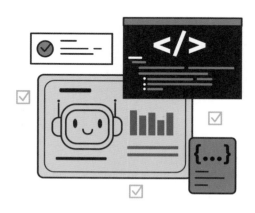

③ 수업 참고자료

● **Wolfram 플러그인 활용 기법**

- Wolfram 플러그인은 ChatGPT 4.0에 설치할 수 있는 플러그인(추가 기능) 중 하나로, ChatGPT 4.0에서 Wolfram Alpha 및 Wolfram 언어를 사용할 수 있도록 합니다.
- Wolfram 플러그인을 활용하면 해부학, 날짜와 시간, 계보학, 수학 함수, 음악, 방정식 풀이, 인수 분해 계산 등 다양한 수학 연산 계산 및 자료 검색이 가능합니다.

● **Wolfram 플러그인 활용 방법**

❶ 'chat.openai.com'에 로그인 하기

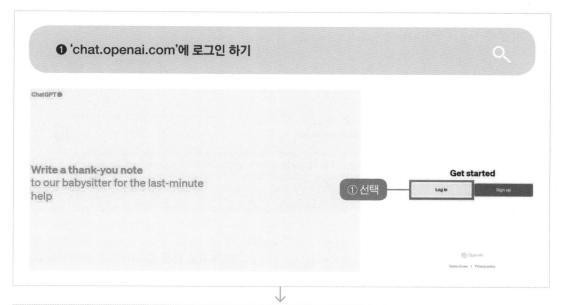

❷ 왼쪽 하단의 프로필을 선택한 후, Settings & Beta 선택하기

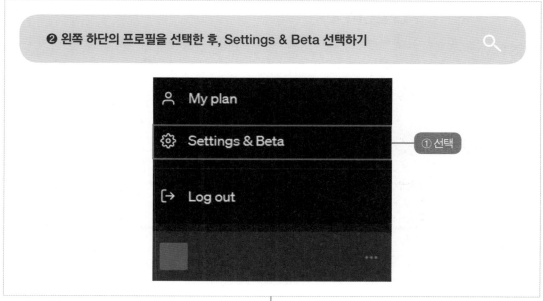

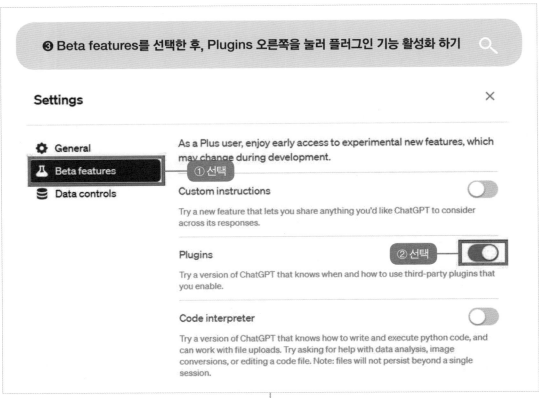

❸ Beta features를 선택한 후, Plugins 오른쪽을 눌러 플러그인 기능 활성화 하기

Settings   ✕

⚙ General
⚗ Beta features   ① 선택
≋ Data controls

As a Plus user, enjoy early access to experimental new features, which
may change during development.

Custom instructions

Try a new feature that lets you share anything you'd like ChatGPT to consider
across its responses.

Plugins   ② 선택

Try a version of ChatGPT that knows when and how to use third-party plugins that
you enable.

Code interpreter

Try a version of ChatGPT that knows how to write and execute python code, and
can work with file uploads. Try asking for help with data analysis, image
conversions, or editing a code file. Note: files will not persist beyond a single
session.

❹ 상단의 ChatGPT 4.0에 마우스를 올려놓고, Plugins [Beta] 선택하기

ChatGPT 4 ⌄

✦ GPT-4   ✔
With DALL·E, browsing and analysis
Limit 40 messages / 3 hours

⚡ GPT-3.5
Great for everyday tasks

🗩 Plugins   ① 선택

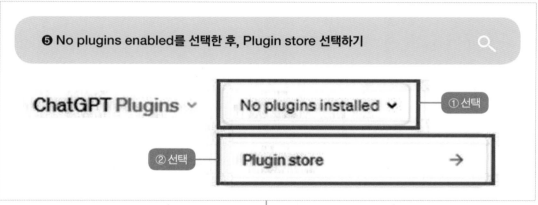

❺ No plugins enabled를 선택한 후, Plugin store 선택하기

ChatGPT Plugins ⌄   No plugins installed ⌄   ① 선택

② 선택   Plugin store   →

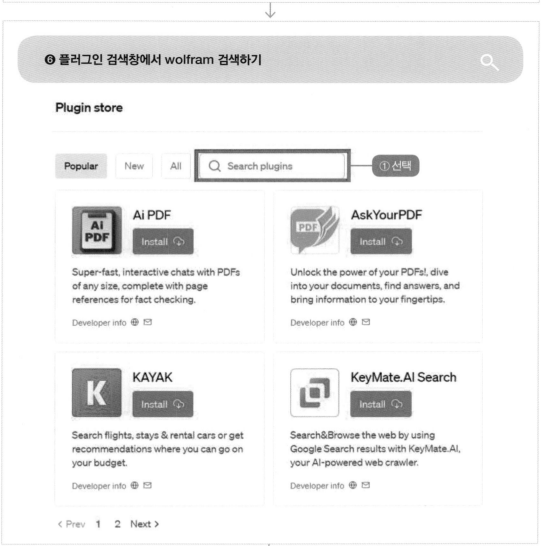

❻ 플러그인 검색창에서 wolfram 검색하기

Plugin store

Popular   New   All   🔍 Search plugins   ① 선택

Ai PDF

Install ⬇

Super-fast, interactive chats with PDFs of any size, complete with page references for fact checking.

Developer info ⊕ ✉

AskYourPDF

Install ⬇

Unlock the power of your PDFs!, dive into your documents, find answers, and bring information to your fingertips.

Developer info ⊕ ✉

KAYAK

Install ⬇

Search flights, stays & rental cars or get recommendations where you can go on your budget.

Developer info ⊕ ✉

KeyMate.AI Search

Install ⬇

Search&Browse the web by using Google Search results with KeyMate.AI, your AI-powered web crawler.

Developer info ⊕ ✉

‹ Prev   1   2   Next ›

부록

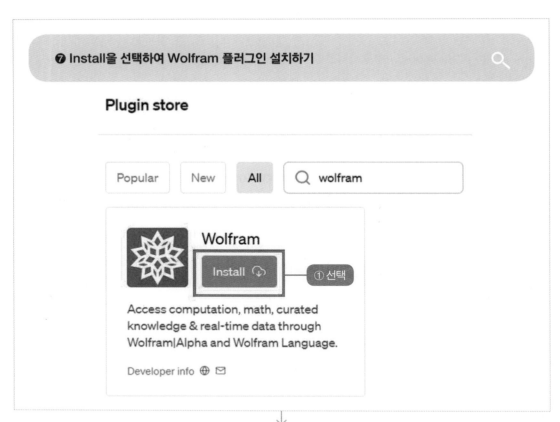

❼ Install을 선택하여 Wolfram 플러그인 설치하기

Plugin store

Popular | New | All | 🔍 wolfram

Wolfram

Install ⬇ ── ① 선택

Access computation, math, curated knowledge & real-time data through Wolfram|Alpha and Wolfram Language.

Developer info ⊕ ✉

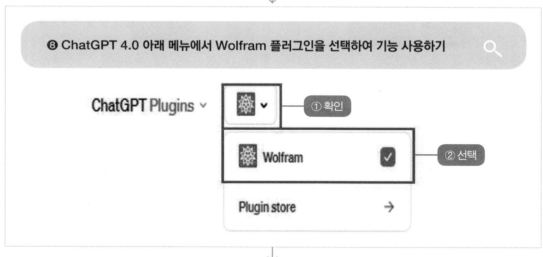

❽ ChatGPT 4.0 아래 메뉴에서 Wolfram 플러그인을 선택하여 기능 사용하기

ChatGPT Plugins ✓ | ✿ ✓ ── ① 확인

✿ Wolfram ✅ ── ② 선택

Plugin store →

❾ ChatGPT 4.0의 질문입력창에 질문 입력하기

ChatGPT Plugins ∨   ① 확인

ChatGPT PLUS

② 입력

y=x^2 그래프를 그려줘. x의 범위는 -4에서 4까지로 설정해 줘

ChatGPT may produce inaccurate information about people, places, or facts. ChatGPT August 3 Version

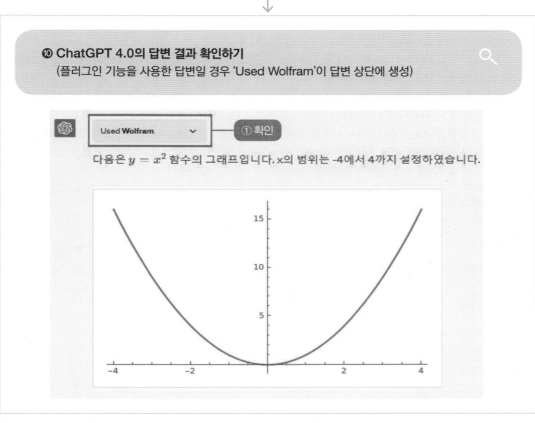

❿ ChatGPT 4.0의 답변 결과 확인하기
(플러그인 기능을 사용한 답변일 경우 'Used Wolfram'이 답변 상단에 생성)

Used Wolfram   ∨   ① 확인

다음은 $y = x^2$ 함수의 그래프입니다. x의 범위는 -4에서 4까지 설정하였습니다.

## 32

ChatGPT와 함께 태풍의 원인을 알아보고 피해 방지하기

① 수업 미리보기

학교급	중학교	과목	과학	준비물	PC 또는 노트북

학습 주제	ChatGPT와 함께 태풍의 원인을 알아보고 피해 방지하기

관련 성취 기준

2015 개정 교육과정	[9과16-02] 과학적 원리를 이용하여 재해·재난에 대한 대처 방안을 세울 수 있다.
2022 개정 교육과정	[9과17-04] 기압, 기단, 전선의 개념을 이해하고, 일기도에서 저기압과 고기압의 분포에 따른 날씨를 해석할 수 있다. [9과22-02] 과학적 원리를 이용하여 재해·재난에 대한 대비 및 대처 방안을 세울 수 있다.

시작하며

* 중학교 과학 교과에서 ChatGPT가 제시한 태풍의 원인을 알아보고 이에 따른 피해를 최소화 하는 방안을 찾아보는 수업입니다.

ChatGPT를 활용하여 태풍이 발생하는 원인과 이유를 알아봅니다. 학생들은 ChatGPT를 활용하여 태풍이 발생하는 원인에 대하여 자세히 알아볼 수 있습니다. 이어서 ChatGPT에게 우리나라에서 발생한 태풍 재해, 재난 사례를 질문합니다. 우리나라에서 발생했던 역대 태풍과 이로 인한 태풍 재해, 재난의 사례를 찾아봅니다. 마지막으로 태풍으로 인한 재해, 재난 피해를 최소화할 수 있는 방안을 설계합니다. 피해를 막을 수 있는 방안을 학생들 스스로 설계해볼 수 있도록 진행합니다.

수업의 흐름 한눈에 살펴보기

동기 유발	………	태풍으로 인한 피해 사례 살펴보기
활동1	………	태풍이 발생하는 원인과 이유 살펴보기
활동2	………	우리나라에서 태풍으로 인한 재해, 재난 사례 찾아보기
활동3	………	태풍으로 인한 재해, 재난 피해를 최소화 할 수 있는 방안 설계하기
정리	………	자신이 설계한 방안과 활동 소감 나누기

수업 전 생각해보기

♥ 교사는 우리나라에서 발생한 태풍 재해, 재난을 찾아볼 때, ChatGPT 4.0의 답변에 대하여 오류는 없는지 점검할 수 있게 합니다.

♥ 교사는 학생들이 활동을 진행할 때, 학생들이 고안한 방안에 대하여 현실성이 떨어지더라도 상상력을 최대한 발휘할 수 있도록 안내합니다.

② 수업 톺아보기

교수·학습과정안을 통하여 수업 흐름을 자세히 살펴보겠습니다.

1 도입

동기유발

- **태풍으로 인한 피해 사례 살펴보기**
  - 태풍이 발생했을 때 어떤 피해 상황이 발생하는지 영상을 통하여 살펴봅시다.
  ※ 유튜브 영상 검색을 통하여 태풍 피해의 한 장면을 학생들에게 제시하여 생각해 보는 시간을 가져봅니다.

2 전개

활동1 **태풍이 발생하는 원인과 이유 살펴보기**

- **ChatGPT를 통하여 태풍이 발생하는 원인과 이유 살펴보기**

 태풍은 어떻게 발생하는 것인지 알려줘.

 태풍은 열대 지역의 따뜻한 바다 위에서 발생하는 강력한 돌풍입니다. 태풍의 발생 및 발달은 여러 요소와 과정에 의해 이루어지며, 아래는 태풍이 발생하는 주요 단계와 메커니즘을 간략하게 설명한 것입니다.

1. 열대 해수의 온도 상승: 바다의 표면 온도가 약 26.5℃ 이상으로 상승하면, 해수로부터 대량의 수증기가 발생하게 됩니다.
2. 대기와 수증기: 따뜻한 수증기가 상승하면서 대기 중으로 들어가게 되고, 이 수증기는 높은 고도에서 냉각되어 구름을 형성합니다.
3. 열 에너지의 방출: 수증기가 응축되면서 구름을 형성하는 과정에서 대량의 잠재열이 방출되며, 이 에너지가 태풍의 주요 에너지원이 됩니다.
4. 코리올리 효과: 지구의 자전에 의한 효과로, 북반구에서는 바람이 시계방향으로, 남반구에서는 반시계방향으로 구부러지게 됩니다. 이로 인해 회전하는 태풍의 형태가 생겨납니다.
5. 저기압 구역 형성: 따뜻한 공기가 상승하면서 저기압 구역이 형성되고, 이 주변의 고기압 구역의 공기가 이 저기압 구역으로 흘러들어가면서 강한 바람이 발생하게 됩니다.
6. 태풍의 성장: 적절한 조건에서, 태풍은 계속해서 에너지를 얻어 성장하며 중심 부근의 바람 속도가 증가하게 됩니다.

태풍의 발생과 성장에는 위에서 언급한 요소 외에도 여러 다른 요소들이 복합적으로 작용합니다. 지구의 다른 지역에서는 태풍을 허리케인, 사이클론 등의 다른 이름으로 부르기도 합니다.

- **질문에 대한 답변 요소에 대하여 심화 내용 살펴보기**

  ※ ChatGPT의 답변 중 더 자세하게 알고 싶은 요소를 다시 한번 질문할 수 있도록 안내합니다.

 태풍의 발생 요소 중 코리올리 효과는 무엇이야?

 코리올리 효과는 지구의 자전 때문에 발생하는 피지오그래픽 효과입니다. 지구가 자전하면서 움직이는 대상에게는 특정한 편차가 발생합니다.

1. 위도 관련 편차: 코리올리스 효과는 지구의 위도와 관련하여 강도가 변합니다. 적도 부근에서는 효과가 거의 없지만, 극지방으로 갈수록 효과가 강화됩니다.
2. 방향 관련 편차: 북반구에서는 자유롭게 움직이는 대상(예: 바람)이 오른쪽으로 편차되며, 남반구에서는 왼쪽으로 편차됩니다.
3. 태풍과의 관계: 열대 저기압 구역에서 공기가 중심으로 흘러들어올 때, 공기는 특정 방향으로 회전하게 됩니다. 북반구에서는 시계방향, 남반구에서는 반시계방향으로 회전하게 됩니다.
4. 속도 관련 편차: 대상의 속도가 빠를수록 코리올리 효과에 의한 편차도 더 큽니다.

 우리나라에서 태풍으로 인한 재해, 재난 사례 찾아보기

- **우리나라에서 발생한 태풍 피해 사례 찾아보기**

  - 우리나라를 강타한 태풍으로 인하여 어떤 피해들이 발생하게 되었을까요?

  ※ 질문에 대한 답변이 오류 없이 정확한 정보인지 다시 한 번 확인할 수 있도록 안내합니다.

 대한민국에서 발생한 태풍 피해 사례를 알려줘.

 대한민국에서는 여러 차례 다음 태풍으로 인해 큰 피해를 겪었습니다.

1. 태풍 링링 (2019년): 2019년 9월, 태풍 링링이 대한민국을 강타했습니다. 전국적으로 강한 바람과 비로 인해 사망자와 부상자가 발생했으며, 주택, 농작물, 인프라 등에 큰 피해가 발생했습니다.
2. 태풍 솔릭 (2018년): 2018년 8월, 태풍 솔릭은 전국에 강한 바람과 비를 불러일으켜 피해를 주었습니다. 이 태풍으로 인해 수많은 주택과 농작물이 피해를 입었습니다.
3. 태풍 차바 (2016년): 2016년 10월, 태풍 차바는 전국적으로 큰 피해를 남겼습니다. 남부 지역에서는 특히 심각한 피해를 보였으며, 이로 인해 여러 사망자와 부상자가 발생했습니다.

4. 태풍 매미 (2003년): 2003년 9월, 태풍 매미는 전국적으로 심각한 피해를 남겼습니다. 강원 동해안, 전남 남해안, 영남 지역에서 많은 사망자와 부상자가 발생했습니다.

활동3 **태풍으로 인한 재해, 재난 피해를 최소화 할 수 있는 방안 설계하기**

• **태풍으로 인하여 발생할 수 있는 피해 예시 찾아보기**

 태풍으로 인하여 발생할 수 있는 피해는 무엇이 있을까?

 태풍으로 인해 발생할 수 있는 피해는 광범위하며, 지역의 특성, 지형, 인프라 및 건축물의 상태, 그리고 태풍의 강도와 경로에 따라 달라집니다. 태풍에 의한 주요 피해 요소들은 다음과 같습니다:

1. 홍수: 태풍은 대량의 강우를 동반하며 이로 인해 강이나 댐의 수위가 상승하여 홍수가 발생할 수 있습니다. 특히 지형이 낮은 지역이나 강가 근처에서는 물에 잠길 위험이 크게 증가합니다.

2. 산사태: 대량의 강우로 인해 토양이 포화 상태에 이르면 산사태가 발생할 수 있습니다. 특히 경사진 지역에서 이런 위험이 높아집니다.

3. 강풍에 의한 피해: 태풍은 강한 바람을 동반하며, 이로 인해 나무가 넘어지거나, 지붕이 날아가고, 전봇대가 파손되는 피해가 발생할 수 있습니다.

4. 해안 피해: 태풍이 바다 위로 지나갈 때 해수면이 상승하며 해안가 지역에 파도나 해일이 발생할 수 있습니다. 이로 인해 해안가 주민, 건축물, 인프라 등에 피해가 발생하게 됩니다.

5. 농작물 피해: 강풍과 폭우로 인해 농작물이 피해를 입거나 수확 시기에 문제가 발생할 수 있습니다.

6. 인프라 및 건축물 피해: 도로, 다리, 공항, 항구, 댐, 전력 시설 등의 인프라와 주택, 건물 등의 건축물이 파손되거나 침수될 수 있습니다.

7. 인명 피해: 홍수, 산사태, 강풍 등으로 인해 직접적인 인명 피해가 발생할 수 있으며, 부상이나 사망사례가 발생할 수 있습니다.

8. 이동 및 통신 장애: 도로나 철도의 파손, 공항의 폐쇄 등으로 인해 이동이 어려워질 수 있으며, 전기나 통신 시설의 손상으로 인해 통신 장애가 발생할 수 있습니다.

이외에도 태풍은 경제적 손실, 심리적 스트레스 등 다양한 부작용을 초래할 수 있습니다. 따라서 태풍이 발생할 경우 사전 대비와 대응이 중요합니다.

- **태풍으로 인한 피해를 최소화할 수 있는 자신만의 방안 설계하기**
  - 활동지를 통하여 태풍으로 인한 피해를 최소화할 수 있는 나만의 방안을 상상하며 설계하여 봅시다.
  - ※ 방안을 설계할 때, 현실적이지 않은 내용이라도 자유롭게 상상할 수 있도록 안내합니다.

태풍 피해 최소화 방안은?	_____(하)기
태풍 피해 최소화 방안을 상상하여 설계, 구체화해봅시다.	

---

3 │ 정리

- **자신이 설계한 방안과 활동 소감 나누기**
  - 자신이 설계한 피해 최소화 방안을 발표해 봅시다.
  - 친구들의 방안을 들어보며 활동 소감을 이야기해 봅시다.

## 33

ChatGPT가 제시한 투상도로 생활용품 설계하기

① 수업 미리보기

학교급	중학교	과목	기술·가정	준비물	활동용 노트북, 카프라 목재, 목공풀

학습 주제	ChatGPT와 알아본 투상도를 바탕으로 생활 속에서 필요한 용품 설계하기

관련 성취 기준

2015 개정 교육과정	[9기가04-04] 제조 기술과 관련된 문제를 이해하고, 해결책을 창의적으로 탐색하고 실현하며 평가한다.
2022 개정 교육과정	[9기가03-04] 기술적 문제 해결 방안을 시각화하고 도면을 작성하며, 올바른 도구를 선택하여 시제품 또는 모형을 제작 및 평가하는 과정에서 협업 능력, 공감 능력과 의사소통 능력을 기른다.

시작하며

* 중학교 기술·가정 교과에서 **ChatGPT가 제시한 투상도를 활용하여 나만의 생활용품을 설계하는 수업입니다.**

ChatGPT를 활용하여 도면에서 쓰이는 투상도의 종류와 특징을 살펴봅니다. 학생들이 직접 ChatGPT를 활용하여 자신이 그릴 투상도를 알아본 후, **자신이 제작할 생활용품을 설계합니다.** 실제로 학생들이 제작할 생활용품을 설계하는데 적합한 투상도와 투상법을 통하여 표현합니다. 마지막으로 **카프라 목재를 활용하여 설계한 생활용품을 직접 제작합니다.** 목공풀, 카프라 목재만을 활용하여 제작 활동을 전개합니다.

수업의 흐름 한눈에 살펴보기

동기 유발	········	카프라 목재를 활용하여 제작한 작품 예시 살펴보기
활동1	········	ChatGPT와 함께 투상도의 종류와 특징 알아보기
활동2	········	다양한 종류의 투상도를 활용하여 나만의 생활용품 설계하기
활동3	········	카프라 목재를 활용하여 설계한 생활용품 제작하기
정리	········	학생 작품의 완성품과 디자인을 서로 공유하기

수업 전 생각해보기

♥ 교사는 카프라 목재를 활용하여 작품을 제작할 때 필요한 재료를 사전에 준비하여 활동을 진행하는 차시에 제공합니다.

♥ ChatGPT 4.0를 통하여 조사한 내용 중 인종, 성별, 문화, 차별과 혐오 등 편향된 표현이 관련되었는지 비판적으로 학생들과 함께 검토합니다.

미술

② 수업 톺아보기

교수·학습과정안을 통하여 수업 흐름을 자세히 살펴보겠습니다.

1 도입

동기유발

- **카프라 목재를 활용하여 제작한 작품 예시 살펴보기**
  - 지난 학생들의 카프라 목재 제작 우수 작품을 참고하여 자신만의 생활용품을 만들어 봅시다.
  ※ 활동 예시 작품의 실물이나 사진을 제시하여 줍니다. 활용 재료 2가지(카프라 목재, 목공풀)을 안내합니다.

2 전개

활동1 **ChatGPT와 함께 투상도의 종류와 특징 알아보기**

- **우리 주변에서 볼 수 있는 도면의 투상도 예시 제시하기**
  ※ 등각투상도, 정투상도 등

- **ChatGPT에게 도면에서 쓰이는 투상도의 종류에 대하여 질문하기**
  ※ 학생들이 직접 ChatGPT을 통하여 투상도에 대하여 탐색하도록 지도, 안내합니다.

 도면에서 쓰이는 투상도에는 어떤 것들이 있을까?

 도면에서 사용되는 투상법에는 다양한 종류가 있습니다. 주로 사용되는 투상법은 다음과 같습니다:

1. 정투상도(Orthographic Projection): 객체의 상, 정면, 측면 등과 같은 여러 가지 뷰를 2차원 평면에 표시합니다. 시야 평면에 수평으로 객체의 특징을 투영하여 뷰를 생성합니다.

2. 등각 투상도(Isometric Projection): 객체의 3개 주축 사이에 같은 각도(120도)를 사용하여 2차원 평면에서 객체의 3차원 표현을 생성합니다. 이 투영법에서는 단일 뷰에서 객체의 모든 3차원이 볼 수 있어 객체를 시각화하기 쉽습니다.

3. 사투상도(Oblique Projection): 정투상도와 유사하지만 수평 평면과 90도가 아닌 다른 각도로 투영된 측면 뷰가 그려집니다. 이 방법은 3차원 공간에서 객체를 보다 현실적인 표현을 제공합니다.

4. 원근 투상도(Perspective Projection): 원근 투상법은 인간의 시각에 가깝게 3차원 객체를 표현하는 데 사용됩니다. 소실점과 선을 이용하여 깊이감과 현실감을 만듭니다. 1점, 2점, 3점 원근법이 이 범주에서 가장 일반적으로 사용되는 방법입니다.

5. 축약 투상도(Axonometric Projection): 이것은 객체가 투영 평면에 대해 하나 이상의 축을 따라 회전하는 평행 투영법의 한 종류입니다. 등각, 이등각, 삼등각 투영법을 포함하며, 축 사이의 각도에 차이가 있습니다.

이러한 투상법들은 다양한 목적을 가지고 있으며, 그려지는 객체의 복잡성과 의도된 대상에 따라 선택됩니다.

• **조사한 투상도 중 본인이 그리고자 하는 투상도 선택하기**
  - 설계하고자 하는 작품을 잘 나타낼 수 있는 투상도는 어떤 투상도인지 알아봅시다.

활동2 **다양한 종류의 투상도를 활용하여 나만의 생활용품 설계하기**

• **앞서 제시된 예시 작품을 참고하여 자신의 생활용품을 디자인하기**
  - 프리핸드 스케치를 활용하여 카프라 목재로 제작하고 싶은 생활용품을 투상도로 디자인하여 봅시다.
  ※ 프리핸드 스케치를 활용하여 디자인 시, 지우개, 자 없이 연필로만 스케치하도록 합니다.

활동3 **카프라 목재를 활용하여 설계한 생활용품 제작하기**

• **준비된 재료를 활용하여 디자인한 생활용품 제작하기**
  - 주어진 카프라 목재와 목공풀만을 이용하여 자신이 작성한 투상도를 토대로 생활용품을 제작합니다.

3 정리

• **학생 작품의 완성품과 디자인을 서로 공유하기**
  - 제작한 작품의 제목은 무엇인지, 어떤 용도로 사용하는지 발표하고 어떤 특징의 디자인이 있는지 학생들이 발표, 설명하도록 안내합니다.

미술

## 34

ChatGPT와 함께 생명 기술의 발전과 미래 생활 그리기

① 수업 미리보기

학교급	중학교	과목	기술·가정	준비물	PC 또는 노트북

학습 주제 ChatGPT와 함께 생명 기술의 발전에 따른 미래 생활 모습 그려보기

관련 성취 기준

2015 개정 교육과정 [9기가04-09] 생명 기술의 특징을 이해하고 생명 기술의 발달이 개인과 사회에 미치는 영향을 구체적으로 설명한다.

2022 개정 교육과정 [9기가04-10] 인간의 건강과 생명 연장을 위해 의료 분야에서 활용되는 생명기술 사례를 조사하고, 생명기술이 개인과 사회에 미친 영향을 평가한다.

시작하며

* 중학교 기술·가정 교과에서 ChatGPT와 함께 알아본 생명 기술의 발전과 이에 따른 미래 생활의 모습을 그려보는 수업입니다.

ChatGPT를 활용하여 생명 기술의 현재와 미래를 알아봅니다. 학생들이 직접 ChatGPT를 활용하여 생명 기술은 어디까지 발전하였는지, 미래에는 어떤 새로운 기술들이 나타나게 될지 알아봅니다. 이어서 학생들은 ChatGPT가 제시한 미래의 생명 기술 중 우리 생활에 상용화될 수 있을 생명 기술을 선택한 후, 마지막으로 **앞서 선택한 미래의 생명 기술을 바탕으로 미래의 생활을 그려봅니다.** 학생들이 자신의 상상력과 창의력을 바탕으로 미래의 생활 모습을 그려보고 다양한 작품이 나올 수 있도록 환경을 조성합니다.

수업의 흐름 한눈에 살펴보기

동기 유발	………	영화의 한 장면을 보고 적용된 생명 기술 찾아보기
활동1	………	생명 기술의 현재와 미래를 비교, 분석하기
활동2	………	우리 생활에 상용화 될 수 있을 생명 기술 선택하기
활동3	………	선택한 생명 기술을 바탕으로 미래의 생활 그려보기
정리	………	자신이 그린 내용 발표하고 의견 나누기

수업 전 생각해보기

♥ 교사는 학생들이 활동을 진행할 때, 창의력과 상상력을 최대한 발휘할 수 있도록 환경을 조성합니다.

♥ ChatGPT로 조사한 내용 중 인종, 성별, 문화, 차별과 혐오 등 편향된 표현이 관련되었는지 비판적으로 학생들과 함께 검토합니다.

교수·학습과정안을 통하여 수업 흐름을 자세히 살펴보겠습니다.

1 | 도입

동기유발

- **영화 '아일랜드(The Island, 2005)'의 한 장면을 보며 어떤 생명 기술이 적용되었는지 확인하기**
  - 영화 '아일랜드'의 배경과 등장인물에게 어떤 생명 기술이 적용되었는지 하나씩 알아봅니다.
  - 유튜브 영상 검색을 통하여 영화 '아일랜드'의 한 장면을 학생들에게 제시하여 생각해 보는 시간을 가져봅니다.

2 | 전개

활동1 **생명 기술의 현재와 미래를 비교, 분석하기**

- **ChatGPT에게 최신 생명 기술과 관련된 이미지를 선택하여 검색하기**
  ※ ChatGPT에게 자료를 요청할 이미지를 사전에 준비하여 업로드를 통한 검색을 진행하거나, 설명에 대한 이미지를 요청하는 것이 가능합니다.

 현대의 생명 기술에 대해서 이미지로 제시해줘.

위 이미지는 현대 생명 공학의 다양한 측면을 묘사하고 있습니다. 연구실 환경에서 과학자들이 DNA 시퀀서와 현미경과 같은 첨단 장비를 사용하는 모습, 유전 공학의 한 예로 DNA 이중나선이 조작되는 장면, 세포 배양을 위한 생물 반응기, 그리고 실험실에서 장기를 재배하는 재생 의학을 보여주는 부분이 포함되어 있습니다. 과학자들은 인종과 성별이 다양하게 표현되어 있습니다.

앞으로 미래 세상에는 어떤 생명 기술이 발명될까?

 미래의 생명공학 기술은 매우 다양하고 흥미롭습니다. 아직 확정된 것은 없지만, 현재의 연구 추세와 기술 발전을 통해 예측할 수 있는 몇 가지 중요한 분야들이 있습니다:

1. 유전체 편집: CRISPR-Cas9와 같은 유전자 편집 도구는 매우 정밀하게 유전자를 편집할 수 있게 해주며, 이로 인해 질병 치료, 향상된 농작물, 심지어는 '디자인된' 동물 등을 만들 수 있습니다. 이런 도구의 발전은 더욱 향상된 정밀도와 효율성을 가지게 될 것입니다.
2. 인공 생명체: 생명공학자들은 이미 간단한 생명체의 유전체를 인공적으로 합성하는 데 성공했습니다. 미래에는 이런 기술이 더욱 발전해, 고도로 복잡한 생명체를 인공적으로 만드는 데 사용될 수 있습니다.
3. 정밀 의학: 개인의 유전체, 미생물체, 생활 습관 등에 근거한 맞춤형 치료법을 개발하는 것이 정밀 의학의 목표입니다. 이는 암, 심장 질환, 신경 질환 등과 같은 복잡한 질병의 예방과 치료에 매우 효과적일 것입니다.
4. 세포 치료와 재생 의학: 줄기세포를 이용한 치료는 손상된 조직이나 장기를 회복하거나 교체하는데 사용될 수 있습니다. 이 기술의 발전은 장기 기증에 의존하는 것에서 벗어나, 환자 자신의 세포를 이용해 필요한 장기나 조직을 '재생'하는 시대를 열 수 있습니다.

이러한 기술들은 도덕적, 윤리적 고민을 수반합니다. 그래서 이 기술들이 어떻게 발전하고 적용되는지를 결정하는데 신중한 고려가 필요할 것입니다.

활동2 우리 생활에 상용화 될 수 있을 생명 기술 선택하기

• 활동1 의 조사 내용을 바탕으로 자신이 생각하는 미래의 상용화 생명 기술 선택하기

 미래의 인공 생명체에 대하여 이미지와 함께 설명해줘.

  이 이미지는 미래의 인공 생명체에 대한 개념 예술을 나타냅니다. 이 생명체는 유기적 요소와 합성 요소가 혼합된 형태로, 인간형태를 하고 있지만 부분적으로 투명한 피부 아래 회로가 보이고, 생체 발광 정맥과 같은 사이버네틱 강화가 특징입니다. 생명체 주변에는 첨단 기술 장비, 홀로그래픽 디스플레이, 유전자 조작 도구 등이 배치되어 있습니다. 이 환경은 최첨단이며 깨끗하고 정교한 연구실을 반영하며, 생명 공학의 매우 고도화된 단계를 나타냅니다.

활동3 **선택한 생명 기술을 바탕으로 미래의 생활 그려보기**

- **선택한 생명 기술을 바탕으로 활동지에 미래의 인류의 생활에 대하여 그려보기**
  - 미래에는 다양한 생명 기술이 적용되어 새로운 인류의 형태가 나타날 수 있어요. 미래를 상상하며 그려봅시다.

3 정리

- **학생이 선택한 생명 기술과 선택한 이유 발표하기**
  - 어떠한 생명 기술을 선택했는지, 그 이유는 무엇인지 말해보아요.

- **자신이 그린 미래의 생활은 어떠한지 설명하기**

비상

③ 수업 참고자료

● **ChatGPT 이미지 업로드 활용 검색**

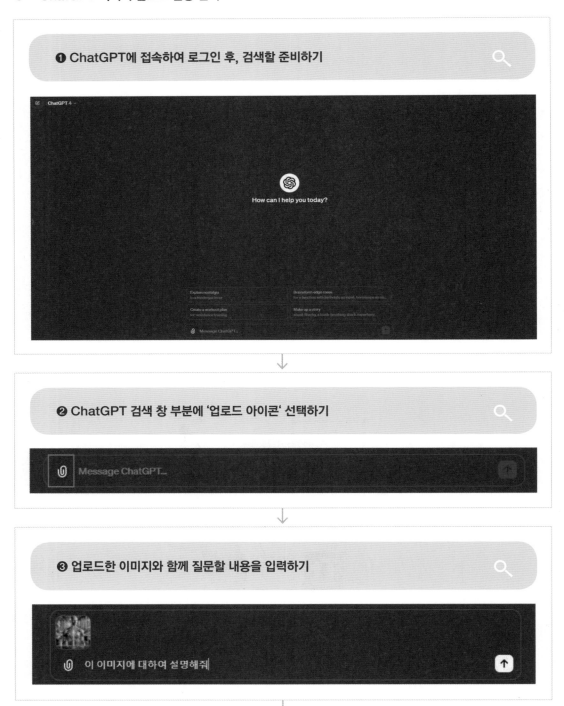

❶ ChatGPT에 접속하여 로그인 후, 검색할 준비하기

❷ ChatGPT 검색 창 부분에 '업로드 아이콘' 선택하기

❸ 업로드한 이미지와 함께 질문할 내용을 입력하기

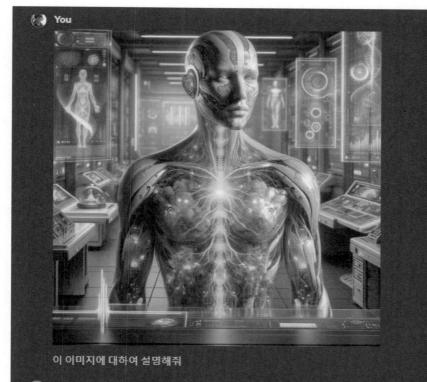

You

이 이미지에 대하여 설명해줘

ChatGPT

이 이미지는 고도의 기술이 집약된 실험실에서 인공 생명체의 미래지향적인 컨셉 아트를 보여줍니다. 이 생명체는 유기적 요소와 합성 요소가 혼합된 모습을 하고 있으며, 인간 형태를 취하고 있습니다. 머리 부분은 금속과 전자 부품으로 이루어진 안드로이드 스타일의 얼굴을 하고 있고, 가슴 부분은 에너지가 흐르는 듯한 빛을 발하며, 내부 기계 장치와 연결된 것이 보입니다. 실험실은 다양한 홀로그램 디스플레이와 모니터로 가득 차 있으며, 생명체의 신체 구조를 보여주는 3D 스캔이 한 모니터에 표시되어 있습니다. 전체적으로, 이 이미지는 인공 지능과 로봇공학의 진보를 시각적으로 표현하고 있습니다.

35 ChatGPT가 제시한 요리로 영양소 가득한 식사 만들기

① 수업 미리보기

학교급	중학교	과목	기술·가정	준비물	PC 또는 노트북

학습 주제	ChatGPT가 제시한 요리로 영양소 가득한 식사 만들기

관련 성취 기준

2015 개정 교육과정 [9기가02-02] 영양 섭취 기준과 식사 구성안을 고려하여 균형 잡힌 식사를 계획하고, 가족의 요구를 분석하여 식사를 선택한 후 평가한다.

2022 개정 교육과정 [9기가01-03] 건강과 성장을 위한 청소년기 영양의 중요성을 이해하여 자신의 식생활을 평가하고, 식생활 문제를 개선하여 건강한 식생활을 실천한다.

시작하며

＊ **중학교 기술가정 교과에서 ChatGPT가 제시한 요리의 칼로리와 영양소를 파악하여 영양소가 가득한 한 끼 식사를 가상으로 만들어보는 수업입니다.**

첫 번째 활동은 ChatGPT와 함께 우리집 냉장고 속 식재료로 가상의 한 끼 식사를 만들어봅니다. 학생은 ChatGPT를 활용하여 냉장고의 식재료를 가지고 한식, 양식, 중식 등 다양한 가상의 요리를 만들어봅니다.
두 번째 활동은 ChatGPT가 제시한 요리의 칼로리를 계산해 봅니다. 학생은 ChatGPT가 제시한 요리의 칼로리를 인터넷으로 조사한 하루 권장 칼로리 섭취량과 비교해봅니다.
세 번째 활동은 ChatGPT가 제시한 요리의 부족한 영양소를 파악하여 영양소가 가득한 한 끼 식사를 만들어봅니다. 학생은 ChatGPT가 제시한 요리에서 부족한 영양소를 찾아 영양소를 찾고 영양소가 골고루 들어 있는 가상의 한 끼 식사를 만듭니다.

수업의 흐름 한눈에 살펴보기

동기 유발	⋯⋯	좋아하는 음식과 최근에 먹었던 음식 중 기억나는 음식 이야기하기
활동1	⋯⋯	우리집 냉장고 속 식재료로 다양한 한 끼 식사 만들기
활동2	⋯⋯	내가 만든 요리의 칼로리를 계산하기
활동3	⋯⋯	내가 만든 요리의 부족한 영양소를 파악하여 영양소가 가득한 한 끼 식사 만들기
정리	⋯⋯	내가 만든 한끼 식사와 친구가 만든 한 끼 식사를 비교해보기

수업 전 생각해보기

♥ 교사는 학생들이 활동을 진행할 때, 다양한 나라의 요리를 찾아보게 하여 창의력과 상상력을 최대한 발휘할 수 있도록 환경을 조성합니다.

② 수업 톺아보기

교수·학습과정안을 통하여 수업 흐름을 자세히 살펴보겠습니다.

---

1 도입

동기유발

- **좋아하는 음식과 최근에 먹었던 음식 중 기억나는 음식 이야기하기**
  - 오늘 아침밥(어제 저녁밥, 오늘 점심밥 등) 이야기해 봅시다.

〈교사가 할 수 있는 주요 질문〉
- 오늘 아침식사로 무엇을 먹고 왔나요?
- 오늘 점심 식사로 어떤 음식이 나오나요?

〈학생들의 기대 답변〉
- 오늘 아침에 잡곡밥이랑 된장찌개를 먹고 왔어요.
- 오늘 점심에 급식으로 스파게티랑 계란 샌드위치가 나와요.

---

2 전개

활동1 우리집 냉장고 속 식재료로 다양한 한 끼 식사 만들기

- **우리집 냉장고의 식재료를 이야기해보기**
  - 식재료 중 메인으로 활용할 수 있는 식재료를 이야기해 봅시다.
  - 식재료 중 소스로 이용할 수 있는 식재료를 이야기해 봅시다.

- **학생은 냉장고 속 식재료로 만들 수 있는 한식 요리를 요청하기**

  ※ 냉장고 속 모든 재료를 말하기보다는 어느 정도 만들 요리를 구상하여 ChatGPT에게 요청합니다.

 김치, 밥, 양배추, 삼겹살, 된장으로 만들 수 있는 한식 요리 알려줘.

 김치, 밥, 양배추, 삼겹살, 된장을 이용한 한식 요리를 소개합니다:

1. 삼겹살 김치 볶음밥
  • 재료: 김치, 밥, 삼겹살, 양파, 마늘, 참기름, 통깨, 소금, 후추 등
  • 요리 방법:
   1.1. 삼겹살을 잘게 썰어서 볶는다.
   1.2. 김치와 마늘을 추가하여 잘 볶는다.
   1.3. 밥을 넣고 잘 섞으면서 볶는다.
   1.4. 참기름, 통깨, 소금, 후추 등으로 간을 맞춘다.

2. 삼겹살 양배추 된장 찌개
  • 재료: 삼겹살, 양배추, 된장, 김치, 양파, 마늘, 고춧가루, 물 등
  • 요리 방법:
   2.1. 물에 된장을 넣고 잘 풀어 된장물을 만든다.
   2.2. 팬에 삼겹살을 넣고 볶다가 김치와 마늘을 추가하여 볶는다.
   2.3. 된장물을 넣고 끓인다.
   2.4. 양배추와 양파를 넣고 끓인다.
   2.5. 간을 맞추어 완성한다.

3. 삼겹살 양배추 쌈
  • 재료: 삼겹살, 양배추, 된장, 김치, 마늘, 참기름 등
  • 요리 방법:
   3.1. 삼겹살을 구워서 잘게 썬다.
   3.2. 양배추 잎 하나하나를 깨끗이 씻는다.
   3.3. 삼겹살, 김치, 된장, 마늘, 참기름 등을 섞어서 양배추 잎에 싸서 먹는다.

이 외에도 다양한 창의적인 방법으로 재료들을 활용할 수 있습니다. 원하시는 맛과 스타일에 따라 재료의 양이나 간을 조절하여 자신만의 특별한 요리를 만들어 보세요!

• **학생은 ChatGPT에게 같은 식재료로 만들 수 있는 다른 방식의 요리를 추가 요청하기**
  ※ 한식, 양식, 중식, 프랑스 요리, 이탈리아 요리 등 같은 식재료로 다양한 요리를 만들 수 있도록 지도한다.

 위 재료로 양식으로 만들어줘.

 김치, 밥, 양배추, 삼겹살, 된장을 활용하여 양식 스타일의 요리를 만들어 보겠습니다:

1. 삼겹살 스테이크와 양배추 샐러드
  • 재료: 삼겹살, 양배추, 올리브 오일, 레몬즙, 소금, 후추, 김치

- 요리 방법:
  1.1. 삼겹살을 소금, 후추로 간을 해 스테이크처럼 구운다.
  1.2. 양배추는 얇게 채썰어 샐러드 볼에 담는다.
  1.3. 올리브 오일, 레몬즙, 소금, 후추로 드레싱을 만들어 양배추 위에 뿌려준다.
  1.4. 스테이크 위에 얇게 썬 김치를 올려 서빙한다.

2. 된장 리조또
   - 재료: 밥, 된장, 삼겹살, 김치, 버터, 치즈 (선택), 파슬리 (장식용)
   - 요리 방법:
     2.1. 팬에 버터를 녹인 후, 잘게 썬 삼겹살을 볶는다.
     2.2. 된장을 조금씩 추가하며 밥과 잘 섞는다.
     2.3. 치즈를 좋아하면 그레이트한 치즈를 리조또에 더해준다.
     2.4. 잘 볶아진 리조또를 접시에 담고, 위에 김치를 올려 장식한다.
     2.5. 마지막으로 파슬리를 뿌려 완성한다.

3. 삼겹살과 김치 피자
   - 재료: 피자 반죽 (시중에서 구입 가능), 피자 소스, 삼겹살, 김치, 양배추, 모짜렐라 치즈
   - 요리 방법:
     3.1. 피자 반죽에 피자 소스를 바른다.
     3.2. 잘게 썬 삼겹살과 김치, 양배추를 올린다.
     3.3. 위에 모짜렐라 치즈를 고루 뿌려준다.
     3.4. 200℃ 예열된 오븐에서 10~15분 동안 구워준다.

이처럼 한국의 재료를 활용해서도 양식 스타일의 요리를 만들 수 있습니다. 각자의 입맛에 맞게 재료나 양을 조절해서 다양한 변형을 시도해보세요!

활동2 내가 만든 요리의 칼로리를 계산하기

- **짝과 함께 적절한 하루 식사 칼로리 알아보기**
  - 인터넷과 서적을 통해 청소년(15~18세)의 하루 권장 칼로리 섭취량을 조사합니다.

    여성 : 2000 칼로리
    남성 : 2700 칼로리

비유
상

• 학생은 다양한 방식으로 만든 요리 중 하나를 골라 요리에 대한 칼로리 계산 요청하기

 위 요리 중 삼겹살 김치 볶음밥의 칼로리를 계산해줘.

 삼겹살 김치 볶음밥의 칼로리를 계산하려면 각 재료의 칼로리를 알아야 하고, 양에 따라 칼로리가 달라질 수 있습니다. 하지만 대략적인 추정을 위해 대표적인 칼로리 정보를 제공하겠습니다:

1. 삼겹살: 100g당 약 250칼로리 (고기의 기름기에 따라 변동 가능)
2. 김치: 100g당 약 15칼로리
3. 밥: 100g당 약 130칼로리 (흰밥 기준)
4. 기타 재료 (양파, 마늘, 참기름 등): 대략 50칼로리로 추정 (양과 종류에 따라 변동 가능)

이 정보를 바탕으로 예시로 200g의 삼겹살, 150g의 김치, 300g의 밥을 사용한다고 가정하면:
1. 삼겹살: 250칼로리 x 2 = 500칼로리
2. 김치: 15칼로리 x 1.5 = 22.5칼로리
3. 밥: 130칼로리 x 3 = 390칼로리
4. 기타 재료: 대략 50칼로리

총 칼로리는 약 962.5칼로리로 추정됩니다.
실제로는 조리 방법, 각 재료의 정확한 양 및 종류, 기름의 양 등에 따라 칼로리가 달라질 수 있습니다. 정확한 칼로리를 계산하려면 각 재료의 정확한 양과 칼로리 정보, 그리고 조리 방법 등을 고려해야 합니다.

- 조사한 한끼 식사 칼로리와 내가 만든 가상의 요리의 칼로리를 비교해봅니다.

활동3 내가 만든 요리의 부족한 영양소를 파악하여 영양소가 가득한 한 끼 식사 만들기

• 학생은 내가 만든 요리의 부족한 영양소 파악하기

 이 요리에서 부족한 영양소를 알려줘.

 삼겹살 김치 볶음밥은 단백질, 탄수화물, 지방, 그리고 김치에 들어있는 다양한 비타민과 미네랄 등을 공급받을 수 있는 요리입니다. 그러나 다음과 같은 영양소는 이 요리만으로는 충분히 공급받기 어려울 수 있습니다:

1. 칼슘: 본 요리에는 대표적인 칼슘 공급원인 우유나 유제품, 그린 리프야채 등이 포함되어 있지 않습니다.

2. 비타민 D: 햇빛을 통해 피부에서 생성되며, 몇몇 음식에서도 발견됩니다. 하지만 이 요리에는 대표적인 비타민 D 공급원이 포함되어 있지 않습니다.

3. 오메가-3 지방산: 연어, 아마씨, 월넛 등의 일부 식품에 포함되어 있는 건강에 좋은 지방산입니다.

4. 식이섬유: 김치와 양파에는 일정량의 식이섬유가 들어 있지만, 이 요리만으로는 충분한 식이섬유 섭취가 어려울 수 있습니다. 특히 더 다양한 채소나 곡물을 추가하지 않는다면 식이섬유 섭취가 부족할 수 있습니다.

5. 철분: 삼겹살에는 철분이 들어 있지만, 특히 여성이나 철분 섭취가 필요한 사람들에게는 추가적인 철분 공급원이 필요할 수 있습니다.

이러한 부족한 영양소를 보충하기 위해서는 요리에 다양한 채소나 곡물을 추가하거나, 별도의 영양제나 다른 음식과 조합하여 섭취하는 것이 좋습니다.

• **학생은 부족한 영양소를 채울 수 있는 추가 요리를 만들어 영양소가 가득한 한 끼 식사 만들기**

　※ ChatGPT의 요청 결과 요리가 다양하게 나오므로 본인이 만든 요리와 비교하여 부족한 영양소가 들어 있는 요리를 선택하여 한 끼 식사를 만듭니다.

 이 요리에서 부족한 영양소를 알려줘.

 삼겹살 김치 볶음밥과 함께 부족한 영양소를 보충할 수 있는 반찬으로는 '나물 무침'을 추천합니다. 특히 시금치나 미역을 활용한 나물 무침은 철분, 칼슘, 식이섬유, 그리고 다양한 미네랄을 보충하는 데 좋습니다.

시금치 나물 무침:
• 재료: 시금치, 깨, 소금, 참기름, 마늘, 간장, 설탕
• 요리 방법:
　1. 시금치는 깨끗이 씻어 물기를 제거한다.
　2. 끓는 물에 소금을 약간 넣고 시금치를 데친다.
　3. 데친 시금치는 찬물에 헹군 후 물기를 짜서 썰어 놓는다.
　4. 마늘은 다진다.
　5. 큰 그릇에 시금치, 다진 마늘, 간장, 설탕, 참기름, 깨를 넣고 섞는다.
　6. 그릇에 담아 마무리한다.

이 나물 무침은 신선하면서도 담백한 맛으로 삼겹살 김치 볶음밥과도 잘 어울리며, 필요한 영양소를 추가로 보충해 줍니다.

비상

3 정리

- **내가 만든 한끼 식사와 친구가 만든 한 끼 식사를 비교해보기**
  - 친구의 냉장고 속 식재료로 나만의 요리를 만들어봅시다.
  - 친구의 요리의 칼로리와 내가 만든 요리의 칼로리를 비교해봅시다.

36 ChatGPT가 제시한 블록 코딩으로 일차함수 문제 해결하기

① 수업 미리보기

학교급	중학교	과목	정보	준비물	PC 또는 노트북

학습 주제	ChatGPT가 제시한 블록 코딩으로 일차함수 문제 해결하기

관련 성취 기준

2015 개정 교육과정 [9정04-05] 실생활 문제 해결을 위한 소프트웨어를 협력하여 설계, 개발, 비교·분석한다.

2022 개정 교육과정 [9정03-08] 실생활의 문제를 탐색하여 발견하고, 프로그래밍을 통해 해결한다.
[9정03-09] 다양한 학문 분야의 문제 해결을 위해 협력하여 소프트웨어를 개발한다.

시작하며

＊ 중학교 정보 과목에서 ChatGPT가 제시한 블록 코딩을 활용하여 일차함수 문제를 해결하는 수업입니다.

ChatGPT를 활용하여 일차함수로 해결할 수 있는 실생활 문제를 알아봅니다. 실생활 속에서 접하는 다양한 문제 중 일차함수로 해결할 수 있는 사례를 찾아보고, 해결하고 싶은 문제를 선택하여 추상화해 봅니다. **ChatGPT를 활용하여 일차함수 문제를 해결하기 위한 블록 코딩 방법에 대해 알아봅니다.** 블록 코딩으로 일차함수의 그래프를 그리는 방법에 대해 알아봅니다. 마지막으로 **ChatGPT를 활용하여 블록 코딩으로 일차함수의 그래프를 그려 문제를 해결해 봅니다.** 블록 코딩으로 일차함수의 그래프를 그려보고 구하고 싶은 함숫값을 시각적으로 확인해 봅니다.

수업의 흐름 한눈에 살펴보기

동기 유발	………	일차함수로 해결할 수 있는 실생활 속 사례 알아보기
활동1	………	ChatGPT와 함께 일차함수로 해결할 수 있는 실생활 문제 선택하기
활동2	………	ChatGPT와 함께 일차함수 문제를 해결하기 위한 블록 코딩 알아보기
활동3	………	ChatGPT와 함께 일차함수의 그래프를 그리는 블록 코드 작성하기
정리	………	활동 소감 나누기

수업 전 생각해보기

♥ 교사는 학생들이 활동을 진행할 때, ChatGPT가 제시한 사례와 블록 코드를 그대로 사용하지 않고, 학생들이 생각한 문제 해결 과정에 적합한 형태로 재구성하여 스스로 알고리즘을 설계하고 블록 코드를 작성할 수 있도록 지도합니다.

수업

② **수업 톺아보기**

교수·학습과정안을 통하여 수업 흐름을 자세히 살펴보겠습니다.

---

1 도입

[동기유발]

• **일차함수로 해결할 수 있는 실생활 속 사례 알아보기**
  - 실생활 속에서 일차함수가 활용되는 다양한 사례를 조사하고, 모둠원들과 함께 이야기해 봅시다.
  ※ 경험을 바탕으로 학생들이 자유롭게 이야기할 수 있는 허용적인 분위기를 만듭니다.

---

2 전개

[활동1] **ChatGPT와 함께 일차함수로 해결할 수 있는 실생활 문제 선택하기**

• ChatGPT에게 일차함수로 해결할 수 있는 실생활 문제 사례 요청하기

 일차함수로 해결할 수 있는 실생활 문제 사례를 조사해 줘.

 일차함수는 $y = mx + b$ 형태로 나타나며, 이는 선형적인 관계를 표현합니다. 실생활에서 이런 선형적인 관계를 통해 다양한 문제를 해결할 수 있습니다. 다음은 그러한 실생활 문제 사례들입니다:

1. 비용 문제:
   • 예: 택시 기본 요금이 3,000원에 1km 당 500원 추가되는 경우, 주행 거리에 따른 전체 요금을 계산할 수 있습니다. 여기서 기울기 m은 500이며, y절편 b는 3,000입니다.
2. 휴대전화 요금 계산:
   • 예: 기본 요금이 20,000원이고, 추가로 사용한 통화량이나 데이터량에 따라 요금이 추가되는 경우를 생각해 볼 수 있습니다.
3. 커피 가게:
   • 예: 커피 가게에서 한잔의 커피를 만드는데 드는 기본 원가와 추가 토핑이나 사이즈에 따른 추가 비용을 계산할 때 사용합니다.
4. 생산량에 따른 비용:
   • 예: 제품 하나당 특정 비용이 발생하며, 제조업체의 총 비용이 제품 개수에 따라 선형적으로 증가하는 경우에 사용합니다.
5. 저축 및 투자:
   • 예: 월마다 일정 금액을 저축하거나 투자할 때, 몇 개월 후의 총 저축액이나 투자액을 예측합니다.

6. 판매와 수익:
   - 예: 한 상품의 판매 가격과 판매 수량에 따른 총 수익을 계산합니다.
7. 온도와 에너지 소모량:
   - 예: 실외 온도와 에어컨이나 히터의 에너지 소모량 사이의 관계를 관찰하여 예측할 때 사용
     합니다.
8. 임금 계산:
   - 예: 시간당 특정 금액을 받는 아르바이트생의 근무 시간에 따른 총 임금을 계산할 때 사용합
     니다.

이외에도 선형적인 관계가 존재하는 수많은 실생활 문제들이 있으며, 이러한 문제들을 일차함수
를 통해 해결할 수 있습니다.

- **실생활 문제 사례를 추상화하기**
  - 학생은 ChatGPT가 제시해 준 실생활 문제 사례를 바탕으로 자신이 해결하고 싶은 실생활 문제를 발견하고,
    이를 이해하기 위해 핵심 내용을 추출하여 글, 표 등으로 추상화해 봅니다.

〈OO텔레콤 표준요금제〉
기본 요금: 12000원
음성 통화 요금: 1분당 120원

- **ChatGPT에게 추상화한 내용을 일차함수로 요청하기**

기본 요금이 12000원이고, 음성 통화 요금이 1분당 120원인 휴대전화 요금을 일차함수로 표현
하고 싶어.

휴대전화 요금의 구조를 일차함수로 표현하면 다음과 같습니다:

$y = mx + b$

여기서,
- y는 전체 요금을 나타냅니다.
- m은 음성 통화의 요금률, 즉 1분당 요금입니다.
- x는 음성 통화 시간(분)을 나타냅니다.
- b는 기본 요금을 나타냅니다.

주어진 정보를 바탕으로 변수 값을 대입하면:
- m = 120 (1분당 120원)
- b = 12000 (기본 요금은 12000원)

따라서,
- $y = 120x + 12000$

비상

위의 일차함수를 통해 음성 통화 시간에 따른 전체 요금 y를 계산할 수 있습니다.

예를 들어, 50분 동안 통화했을 경우의 전체 요금을 계산하려면:
y = 120*50 + 12000 = 6000 + 12000 = 18000
따라서, 50분 동안 통화했을 때 전체 요금은 18000원입니다.

ChatGPT와 함께 일차함수 문제를 해결하기 위한 블록 코딩 알아보기

• ChatGPT에게 블록 코딩을 활용하여 일차함수의 그래프를 표현하는 방법 요청하기

 엔트리를 활용하여 위의 일차함수를 그래프로 표현하고 싶어. 블록 코드를 작성해 줘.

 엔트리는 교육용 프로그래밍 툴로, 주로 블록 코딩 방식을 사용합니다. 여기서는 엔트리의 블록 코드를 직접 표현할 수는 없지만, 그래프를 그리기 위한 블록 코드의 일반적인 절차를 설명하겠습니다.

1. 변수 설정:
   • y 변수와 x 변수를 생성합니다.
   • m에 120을, b에 12000을 할당합니다.
2. 반복문 활용:
   • x 값을 변화시키면서 (예: 0분부터 200분까지) y 값을 계산하는 블록을 추가합니다.
3. 계산:
   • y = m * x + b를 계산하는 블록을 설정합니다.
4. 그래프 그리기:
   • x와 y 값을 사용하여 그래프에 점을 찍는 블록을 추가합니다. (예: 펜을 내려놓고 x, y 위치로 이동)
5. 반복문의 마지막에서:
   • x 값을 증가시키는 블록을 추가합니다. (예: x를 1 증가)

이러한 절차를 따르면, 일차함수의 그래프를 그릴 수 있습니다. 하지만, 실제로 엔트리에서 그래프를 그리려면 좌표 평면과 같은 배경을 설정하고, 적절한 스케일을 사용하여 x와 y 값을 조정해야 할 수도 있습니다.

참고로, 엔트리에는 직접 그래프를 그리는 기능이 내장되어 있지 않기 때문에, 위와 같은 방식으로 그래프를 시각화할 수 있습니다.

ChatGPT와 함께 일차함수의 그래프를 그리는 블록 코드 작성하기

• ChatGPT에게 일차함수의 그래프를 그리는 블록 코드 요청하기

 따라해 볼 수 있는 엔트리 예시 코드를 작성해 줘.

 물론, 엔트리는 주로 그래픽 인터페이스를 통한 블록 코딩 방식으로 사용되므로 텍스트 기반의 코드를 제공하는 것은 한계가 있습니다. 하지만 엔트리로 일차함수 그래프를 그리는 기본적인 절차를 텍스트로 표현하겠습니다.

1. 시작하기:
   • [시작하기] 블록을 선택합니다.
2. 변수 생성:
   • x, y, m, b 변수를 생성합니다.
3. 변수 초기화:
   • m에 120을 설정합니다.
   • b에 12000을 설정합니다.
   • x를 0부터 시작하게 설정합니다.
4. 반복문 설정:
   • [반복하기] 블록을 선택하고, 예를 들어 0부터 200까지 (200분 동안의 통화를 표현하기 위해) 설정합니다.
5. y 값 계산:
   • y 값을 m * x+b로 설정하는 블록을 추가합니다.
6. 그래프 그리기:
   • [펜 내리기] 블록을 사용하여 그릴 준비를 합니다.
   • [x, y로 이동하기] 블록을 사용하여 계산된 x와 y 위치로 이동합니다.
7. x 값 증가:
   • x 값을 1씩 증가시키는 블록을 추가합니다.
8. 반복문 종료:
   • 반복문을 종료합니다.

이 절차를 따르면, x 값이 0부터 200까지 변화할 때의 y 값을 그래프로 표현할 수 있습니다.

단, 좌표 평면이나 그래프 스케일을 엔트리 화면에 맞게 조정하는 추가 작업이 필요하며, 실제 그래프의 크기나 위치는 엔트리의 스테이지 크기와 설정에 따라 조절해야 합니다.

- ChatGPT에게 그래프 오류 수정 요청하기

예시 코드를 보고 그림과 같이 블록 코드를 만들었는데 초깃값이 너무 커서인지 화면에 잘 보이지 않아. 스케일을 조정하는 좋은 방법 알려줘.

엔트리의 스테이지 크기에 맞게 그래프를 조정하기 위해서는 몇 가지 방법을 사용할 수 있습니다. 그래프의 스케일을 조정하려면 다음과 같은 방법을 사용해보세요:

1. 좌표 값 조절:
   - 실제 x와 y 값을 그대로 사용하면 그래프가 스테이지 밖으로 나갈 수 있습니다. 따라서 좌표의 스케일을 변경하여 그래프를 보이게 할 수 있습니다.
   - 예를 들어, x의 값을 5나 10으로 나누어 좌표의 스케일을 줄입니다. 마찬가지로 y 값도 특정 숫자로 나눠서 그래프의 높이를 줄일 수 있습니다.
2. 스테이지 중앙에 그래프 위치 조정:
   - 스테이지의 중앙을 기준으로 그래프를 그리도록 위치를 조정합니다. 예를 들어, 스테이지의 가로 크기의 절반을 x 좌표에 더하고, 스테이지의 세로 크기의 절반을 y 좌표에 더합니다.
3. 기본 요금 표시 조정:
   - 기본 요금인 12000원이 그래프에서 너무 높게 위치한다면, 그 값을 줄여서 스테이지에 맞게 표시할 수 있습니다. 예를 들어, b 값을 120으로 나누어 스케일을 조절합니다.

이러한 방법을 사용하면 엔트리 스테이지에 맞게 그래프의 스케일을 조정할 수 있습니다. 필요에 따라 여러 방법을 조합하여 원하는 결과를 얻을 수 있습니다.

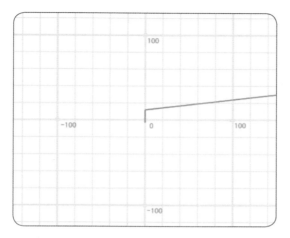

m을 0.12로 b를 12로 조정한 후 블록 코드를 실행했더니, 직선이 아니라 꺾은 선으로 그려졌어.
직선으로 그려지도록 수정해 줘.

꺾은 선 형태로 그려진 원인은 그래프를 그리기 시작하는 위치와 실제 데이터 포인트 간에 불일치
가 있기 때문일 수 있습니다. 직선 그래프를 그리기 위해서는 그림 시작 위치를 첫 데이터 포인트
로 설정해야 합니다.

블록 코드를 수정하기 위한 방법은 다음과 같습니다:

1. x의 초깃값을 0으로 설정합니다.
2. 그래프를 그리기 전에 시작 위치를 첫 데이터 포인트로 설정합니다. 즉, [x : x, y : y로 이동하
   기] 블록을 사용하여 처음 위치를 설정합니다.
3. 그 다음에 [그리기 시작하기] 블록을 사용하여 직선을 그립니다.
4. x 값을 1씩 증가시키면서 y 값을 계산하고 [x, y로 이동하기] 블록을 사용하여 직선을 그립니다.

위의 절차를 따르면, 직선 그래프를 올바르게 그릴 수 있습니다.

따라서, 블록 코드를 다음과 같이 수정하십시오:

1. [시작하기] 버튼 클릭 시
  1.1. m 값을 0.12로 설정
  1.2. b 값을 12로 설정
  1.3. x 값을 0으로 설정
  1.4. y 값을 m * x + b로 계산
  1.5. [x: x, y: y로 이동하기] 블록으로 처음 위치를 설정
  1.6. [그리기 시작하기] 블록을 사용하여 그리기 시작
  1.7. 200회 반복
    1.7.1. y 값을 m * x + b로 계산

1.7.2. [x: x, y: y로 이동하기] 블록을 사용하여 직선을 그림
1.7.3. x 값을 x + 1로 증가

위의 블록 코드 수정을 통해 직선 그래프를 올바르게 그릴 수 있습니다.

- **최종 예시 코드**

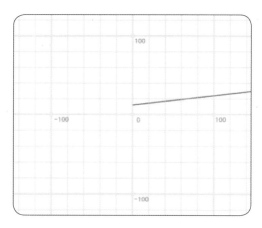

3 정리

- **활동 소감 나누기**

37 영역형 경쟁 스포츠의 역사 이해를 통해
미래의 스포츠 모습을 그려보기

① 수업 미리보기

학교급	중학교	과목	체육	준비물	PC 또는 노트북

학습 주제	영역형 경쟁 스포츠의 역사 이해를 통해 미래의 스포츠 모습을 그려보기

관련 성취 기준

2015 개정 교육과정	[9체03-01] 영역형 경쟁 스포츠의 역사와 특성을 이해하고, 경기 유형, 인물, 기록, 사건 등을 감상하고 분석한다.
2022 개정 교육과정	[9체02-10] 영역형 스포츠의 역사와 특성을 탐색하고 비교한다.

시작하며

＊ 중학교 체육 교과에서 영역형 경쟁 스포츠의 역사 이해를 통해 미래 스포츠의 모습을 상상하여 그려보는 수업입니다.

영역형 스포츠의 역사를 알아봅니다. 학생들은 모둠별 스포츠 한 종목을 선택하고, ChatGPT를 활용하여 영역형 경쟁 스포츠의 역사에 대하여 조사합니다. 그리고 **스포츠 한 종목을 선택하여 연대표를 만들어봅니다.** 각자 조사한 내용을 바탕으로 모둠원 간 협의를 거쳐 종목별 연대표를 작성하고 발표합니다. 마지막으로 **미래의 스포츠 모습을 상상하여 그려봅니다.** 학생들은 ChatGPT를 활용하여 영역형 경쟁 스포츠가 앞으로 어떻게 변화될지 미래의 모습을 상상하여 그려봅니다.

수업의 흐름 한눈에 살펴보기

동기 유발	………	축구의 역사에 대한 동영상을 보며, 우리나라에 축구 경기가 도입된 시기 추측해 보기
활동1	………	영역형 경쟁 스포츠의 역사 알아보기
활동2	………	종목 선택하여 연대표로 만들기
활동3	………	미래의 스포츠 모습 상상하여 그려보기
정리	………	활동 소감 나누기

수업 전 생각해보기

♥ ChatGPT의 답변을 그대로 쓰지 않고, 제시한 정보에 오류는 없는지 점검하며, 학생들이 자신의 생각으로 2차 산출물을 만들 수 있도록 지도합니다.
♥ 교사는 학생들이 활동을 진행할 때, 창의력과 상상력을 최대한 발휘할 수 있도록 환경을 조성합니다.

체육

② 수업 톺아보기

교수·학습과정안을 통하여 수업 흐름을 자세히 살펴보겠습니다.

1 도입

동기유발

- **축구의 역사에 대한 동영상을 보며, 우리나라에 축구 경기가 도입된 시기 추측해 보기**

  ※ 영상은 검색하여 미리 확인한 후 학생들에게 제시하도록 합니다.

- **교사의 질문을 바탕으로 우리나라 축구의 역사에 대해 추측해보기**

  ※ 학생들이 교사의 질문에 자신의 경험을 자유롭게 말할 수 있도록 허용적인 분위기를 조성하는 것이 좋습니다.

〈교사가 할 수 있는 주요 질문〉
- 축구 경기는 언제부터 시작했을까요?
- 우리나라는 언제부터 축구를 시작했을까요?

〈학생들의 기대 답변〉
- 중세 시대에 공놀이를 했을 것 같아요.
- 우리나라는 개화기 때 축구를 시작했을 것 같아요.

2 전개

활동1 **영역형 경쟁 스포츠의 역사 알아보기**

- **모둠별 축구, 농구, 핸드볼 중 한 종목을 선택하여 영역형 경쟁 스포츠의 역사에 대하여 알아보기**
- **ChatGPT에게 선택한 영역형 경쟁 스포츠의 유래와 역사에 대한 정보 요청하기**

  ※ 학생은 개별 질문 활동으로 선택한 종목의 유래와 역사에 대해 깊이 알아보도록 하고, ChatGPT가 제시한 내용에 오류가 없는지 비판적으로 확인하면서 답변을 살펴볼 수 있도록 합니다.

 축구의 유래와 역사를 연대표로 알려줘.

 물론입니다! 축구의 기원과 역사에 대해 설명드리겠습니다.
- 고대 문명 (다양한 시기): 고대 중국, 그리스, 로마, 메소아메리카 등에서 공을 발로 차는 게임이 오락과 여가를 위해 행해졌습니다. 이러한 게임들이 후대의 공놀이 게임에 영감을 주었습니다.

- 중세 유럽 (중세시대): 유럽의 다양한 지역에서 "몹 축구"와 "슈로브타이드 축구"와 같은 축구와 유사한 게임이 있었습니다. 이러한 게임들은 혼란스럽고 표준화된 규칙이 없는 상태였습니다.
- 12세기와 13세기: "축구"에 대한 이른바 언급들이 영국 문서에 등장하면서 영국에서도 축구가 존재한다는 증거가 됩니다.
- 16세기와 17세기: 영국에서 축구를 규제하려는 첫 시도들이 나타났으며, 여러 지역 당국들이 축구를 금지시키기도 했습니다. 이는 축구의 폭력성과 공동체의 혼란을 막기 위한 시도였습니다.
- 1815년: 이튼 대학은 "이튼 필드 게임"이라는 표준화된 축구 규칙을 제정했습니다. 이러한 버전의 게임은 현대 축구의 발전에 큰 영향을 끼쳤습니다.
- 1848년 - 케임브리지 규칙: 케임브리지 대학교 학생들이 "케임브리지 규칙"을 제정하여 축구를 더욱 표준화하고 현대적인 축구 또는 연맹 축구를 형성하는 데 도움이 되었습니다.
- 1863년 - 축구 협회 (FA) 창립: 10월 26일, 런던의 프리메이슨 타버네클에서 축구 협회가 영국에서 창립되며 세계 최초의 축구 관리 기구가 됩니다. 이 협회는 모두가 따라야 할 공통 규칙을 만들기 위해 설립되었습니다.
- FA가 최초로 축구의 표준 규칙집 "게임의 법칙"을 발행합니다.
- 1869년 - 최초의 국제 축구 경기: 11월 30일, 영국과 스코틀랜드가 역사상 최초의 공식적인 국제 축구 경기를 치릅니다. 경기는 0-0으로 무승부로 끝납니다.
- 1871년 - 러그비 축구 협회 (RFU) 창립: 공을 다루는 문제를 두고 분쟁이 일어나자 러그비 축구 협회가 영국에서 창립되며 러그비 축구를 별개의 종목으로 분리하게 됩니다.
- 19세기 말과 20세기 초 - 축구의 전 세계적 확장: 축구는 유럽과 남미를 넘어 전 세계적으로 급속도로 인기를 얻으며 다양한 국가들이 자국의 축구 협회를 설립합니다.

[국제 대회]
- 1884년에 최초로 공식적인 국제 축구 대회인 "브리티시 홈 챔피언십"이 개최됩니다.
- 1916년에 최초의 대륙 간 국제 축구 대회인 "코파 아메리카"가 개최됩니다.

- **학생은 ChatGPT에게 구체적인 질문 요청하기**

  ※ ChatGPT에게 질문하는 방법을 미리 지도하여, 학생들이 원하는 형태로 답변을 받을 수 있도록 합니다.

 제공한 정보를 표로 정리해 줘.

시기	주요 사건
고대 문명 (다양한 시기)	중국, 그리스, 로마, 메소아메리카 등에서 공놀이 게임이 발생함으로써 축구의 기원을 이룸
중세 유럽 (중세시대)	다양한 유럽 지역에서 "몹 축구"와 "슈로브타이드 축구" 등 축구와 유사한 게임 존재함
12세기와 13세기	"축구"라는 단어가 영국 문서에 등장하며 축구가 영국에서도 행해진다는 증거가 됨

시기	주요 사건
16세기와 17세기	영국에서 축구를 규제하려는 시도와 금지 조치들이 발생함
1815년	이튼 대학이 "이튼 필드 게임"이라는 표준화된 축구 규칙을 제정함
1848년	케임브리지 대학생들이 "케임브리지 규칙"을 만들어 현대적인 축구 또는 연맹 축구의 기초를 마련함
1863년	영국에서 최초의 축구 협회(FA)가 설립되며 세계 최초의 축구 관리 기구가 됨
1869년	영국과 스코틀랜드가 역사상 최초의 공식적인 국제 축구 경기를 치름
1871년	러그비 축구 협회(RFU)가 설립되어 러그비 축구를 별개의 종목으로 분리함
19세기 말과 20세기 초	축구의 세계적 확장이 빠르게 진행되며 국가별 축구 협회들이 설립됨
1904년	국제 축구 연맹(FIFA)가 파리에서 설립되어 국제적인 축구 대회를 관리하고 축구를 전 세계적으오 홍보하는데 초점을 맞춤
1930년	최초의 FIFA 월드컵 대회가 우루과이에서 개최되어 시계 최고의 국제 축구대회로 등극함
1950년	브라질 리오데자네이루의 마라카나 스타디움에서 발생한 참사로 인해 수천 명의 사상자가 생김
1956년	유럽 축구 연맹(UEFA)가 설립되어 유럽 축구의 관리를 담당함
1966년	영국이 개최한 1966년 FIFA 월드컵에서 우승하며 역사적인 우승을 거둠
1970년	브라질 축구의 전설 펠레가 마지막 월드컵 경기를 치르고 브라질이 세 번째 월드컵 우승을 차지함
1991년	최초의 FIFA 여자 월드컵이 중국에서 개최되어 여자 축구의 중요한 마일스톤이 됨
2004년	UEFA 유로 대회가 처음으로 16개 국가가 참가하는 본선 토너먼트로 확대되어 개최됨
2014년	골라인 기술이 2014년 브라질 FIFA 월드컵에서 처음 도입되어 심판이 골 선을 넘었는지 판단하는데 도움을 줌
2022년	카타르에서 2022년 FIFA 월드컵이 개최되어 중동에서 최초로 월드컵이 개최됨
현대	• 축구는 세계에서 가장 인기있는 스포츠로, 전 세계적으로 수십억 명의 팬과 선수들이 다양한 대회와 리그에 참가하고 있음 • 축구는 규칙 개선, 기술 발전, 포용과 공정 경쟁 촉진을 위한 노력 등을 통해 계속해서 진화하고 있음

- 선택한 종목의 하위 주제(인물, 용·기구, 기술·경기 규칙, 문화·사건 등)에 따라, 각자 한 가지 하위 주제를 선택하고 ChatGPT에게 자세한 설명 요청하기

  ※ 동일한 스포츠 종목을 선택한 모둠원들끼리 모여, 선택한 종목에 대한 서로 다른 하위 주제를 나누어 검색하도록 합니다. 또한 정보를 수집할 때 자료의 신뢰성, 타당성을 고려하도록 합니다.

 월드컵 공인구의 변천사를 표로 정리해서 알려줘.

 아래는 월드컵에서 사용된 공인구의 변천사를 담은 표입니다.
각 월드컵에서 사용된 공에 대한 간략한 설명이 포함되어 있습니다.

연도	공의 이름	설명
1930	Tiento and T-model	가죽으로 만들어진 첫 공인구
1934	Federale 102	가죽으로 만들어진 공이며, 이전보다 더 라운드하게 개선됨
1950	Duplo T	이 공은 더 나은 통제력과 정확성을 제공하기 위해 개선되었음
1962	Crack	가죽과 합성 재료를 혼합으로 만들어진 첫 공
1966	Challenge 4-star	첫 번째 공식 FIFA 월드컵 공. 가죽으로 만들어졌으며, 보다 일관된 플라이트를 제공
1970	Adidas Telstar	첫 번째 Adidas 월드컵 공. 32개의 검은색과 흰색 패널로 구성되어 있어 TV에서 더 잘 보임
1974	Adidas Telstar Durlast	이전 버전의 개선된 버전. 보다 내구성이 있고, 물을 덜 흡수함
1978	Adidas Tango	새로운 디자인의 20개 패널로 이루어짐. 3D 효과를 만들어냄.
1982	Adidas Tango España	처음으로 합성재료를 사용한 공. 더 라운드하고, 더 오래 지속됨.
1986	Adidas Azteca	첫 전적으로 합성재료로 만들어진 공. 더 나은 플라이트 특성과 내구성.
1990	Adidas Etrusco Unico	고대 이탈리아 문화에 기반한 디자인. 내구성과 플라이트 특성을 더욱 개선.
1994	Adidas Questra	고무 층이 추가되어, 플레이어가 공을 더 잘 통제하고 강하게 찰 수 있게 함.
1998	Adidas Tricolore	첫 컬러 월드컵 공. 프랑스 국기 색상에 기반한 디자인.
2002	Adidas Fevernova	전통적인 패널 디자인에서 벗어나, 보다 정확한 플라이트를 제공하기 위해 개선된 구조.

비상

연도	공의 이름	설명
2006	Adidas Teamgeist	패널 수를 줄여, 더 라운드하고, 더 정확한 플라이트를 제공.
2010	Adidas Jabulani	8개의 3D 패널로 이루어져, 더욱 라운드하고, 공기 역학적으로 향상.
2014	Adidas Brazuca	6개의 동일한 패널로 구성되어, 보다 일관된 플라이트를 제공.
2018	Adidas Telstar 18	가장 최신의 공. NFC 칩이 내장되어, 사용자가 스마트폰을 통해 공과 상호작용할 수 있음.

이 표에서 알 수 있듯이, 월드컵 공인구는 시간이 지나면서 계속 진화해 왔습니다. 디자인, 재료, 기술 등 다양한 요소가 변화하면서 공의 플라이트 특성, 내구성, 통제력 등이 개선되었습니다.
또한, 월드컵 공인구는 그때 그때의 기술 및 디자인 트렌드를 반영하므로, 공의 역사를 통해 월드컵의 역사를 일부 엿볼 수 있습니다.

 활동2 종목 선택하여 연대표로 만들기

- **각자 조사한 내용을 모으고 모둠원 간 협의를 거쳐 종목별 연대표 작성하기**
  - **활동1** 에서 조사한 내용을 바탕으로 각 종목별 하위 주제(인물, 용·기구, 기술·경기 규칙, 문화·사건 등)가 드러나게 모둠별 연대표를 만듭니다.
  - ※ 조사한 내용을 바탕으로 사진, 그림, 글 등의 다양한 방법으로 연대표를 작성하도록 합니다.

- **연대표 발표하기**
  모둠별 발표 내용을 경청하고, 자신의 모둠의 내용과 비교하며 영역형 경쟁 스포츠의 역사와 특성을 요약 및 정리합니다.

활동3 미래의 스포츠 모습 상상하여 그려보기

- **영역형 경쟁 스포츠는 앞으로 어떻게 변화될지 '인물, 용·기구, 기술·경기 규칙, 문화·사건'의 주제 중 각자 선택하여 ChatGPT에게 설명 요청하기**
  - ※ 활동 1, 2의 내용을 바탕으로 미래의 영역형 경쟁 스포츠 모습을 예측하여 글과 그림으로 나타내보도록 합니다.

미래에는 월드컵 공인구가 어떻게 변하게 될지 그림과 글로 표현해줘.

▲ ChatGPT 4.0 이미지 생성 결과물

위의 그림은 미래의 월드컵 공인구가 어떻게 변화할 수 있는지를 상상력을 바탕으로 표현한 것입니다. 이 공은 다음과 같은 특징을 지니고 있습니다:

- 고급 기술 통합: 공에는 움직임과 충격을 추적하는 센서가 내장되어 있어, 경기의 각 순간을 정밀하게 기록할 수 있습니다.
- 매끄럽고 공기역학적 디자인: 이러한 디자인은 공의 비행 안정성을 향상시키고, 경기의 속도와 정확도에 기여합니다.
- 홀로그래픽 표면: 게임 동안 색상이 변하는 홀로그래픽 표면이 특징입니다. 이는 시각적 매력을 더하며, 관중들에게 새로운 경험을 제공할 것입니다.
- 배경에는 미래적인 스타디움이 보입니다: 고급 디스플레이와 LED 조명이 강조되어 있어, 스포츠의 진화된 시대를 나타냅니다.
- 이러한 상상력은 미래의 스포츠 기술과 디자인의 가능성을 보여주는 예시로, 실제로 이루어질 수 있는 다양한 혁신들을 상상하는 데 도움이 됩니다.

- **선택한 주제에 대한 ChatGPT의 답변을 바탕으로 미래의 영역형 경쟁 스포츠 모습 상상하여 그리기**

- **미래의 스포츠 모습 발표하기**
  - 상상한 모습은 어떤 모습인지, 그렇게 상상한 이유는 무엇인지 말해봅니다.

3 정리

- **활동 소감 나누기**

38 ChatGPT와 함께 시각 이미지 만들기

① 수업 미리보기

학교급	중학교	과목	미술	준비물	PC 또는 노트북

학습 주제 ChatGPT와 함께 시각 이미지 만들기

관련 성취 기준

2015 개정 교육과정	[9미01-02] 시각 문화 속에서 이미지의 다양한 전달 방식을 이해하고 활용할 수 있다.
	[9미02-06] 주제와 의도에 적합한 표현 매체를 선택하여 활용할 수 있다.
2022 개정 교육과정	[9미01-02] 시각 문화의 의미와 역할을 알고 이미지를 비판적으로 해석할 수 있다.
	[9미02-01] 주제를 탐구하고 의도를 반영하여 적합한 표현을 계획할 수 있다.

시작하며

＊중학교 미술 교과에서 ChatGPT를 활용하여 자신의 의도를 담은 시각 이미지를 만들어 보는 수업입니다.

ChatGPT 4.0은 2023년 10월 업데이트를 통해 텍스트로 요청한 내용을 이미지로 추출할 수 있게 되었습니다. 이 기능을 미술의 다양한 활동에 활용할 수 있습니다.

ChatGPT를 활용하여 자신의 생각과 의도를 담은 시각 이미지를 만듭니다. ChatGPT를 통해 나타내고자 하는 내용과 표현 형식에 맞는 이미지 아이디어를 얻고, 이를 시각 이미지로 추출합니다.

ZEP의 가상공간을 통해 작품을 공유하고 감상합니다. ZEP의 학급 가상공간에 추출한 이미지를 업로드하고, 친구들의 작품을 감상하며 그 속에 담긴 의도와 표현 방법을 찾아봅니다.

수업의 흐름 한눈에 살펴보기

동기 유발	⋯⋯	호프만의 '러버덕 프로젝트' 살펴보기
활동1	⋯⋯	시각 이미지 표현 방법 탐색하기
활동2	⋯⋯	ChatGPT를 활용해 시각 이미지 표현하기
활동3	⋯⋯	온라인 전시회로 작품 공유 및 감상하기
정리	⋯⋯	활동 소감 나누기

수업 전 생각해보기

♥ 교사는 아이디어 생성을 위해 ChatGPT에게 질문할 때 자신이 생각한 주제와 소재 등을 설정하여 구체적으로 질문해야 한다는 점을 학생들에게 안내합니다.

♥ 교사는 ChatGPT를 통해 자신의 생각과 의도를 담은 이미지를 추출하는 과정을 중심으로 학생들에게 안내합니다.

교수·학습과정안을 통하여 수업 흐름을 자세히 살펴보겠습니다.

1 도입

• 호프만의 '러버덕 프로젝트'의 의도 생각해 보기

〈교사가 할 수 있는 주요 질문〉
• 호프만은 어떤 의도로 대형 '러버덕'을 설치했을까요?
• 특정 물건을 거대하게 만들었을 때 어떤 효과를 줄까요?
• 특정 물건을 새로운 곳에 배치하면 어떤 느낌을 주나요?

〈학생들의 기대 답변〉
• 웃음을 주기 위해서입니다.
• 호기심을 느끼게 합니다.
• 익숙한 물건이 전혀 다르게 느껴집니다.

▲ 호프만의 '러버덕'이 설치된 석촌호수 전경 (출처: 뉴스뱅크)

미술

2 전개

활동1 **시각 이미지 표현 방법 탐색하기**

- 다양한 매체로 표현된 시각 이미지 살펴보기

사진 1번	SSG 기업의 TV 광고 영상 일부(2015)
사진 2번	세계자연기금(WWF)의 '야생 동물에게 도움의 손길을' 캠페인 포스터(2003)
사진 3번	장진연의 '뉴스페이퍼' 조각상(2004)

〈교사가 할 수 있는 주요 질문〉
- 각각의 시각 이미지는 어떤 의미를 전달하고자 했을까요?
- 의미를 전달하기 위해 어떤 표현 방법을 사용했나요?

〈학생들의 기대 답변〉
- 패러디 방법을 사용했습니다.   - 은유의 방법을 사용했습니다.
- 상징의 방법을 사용했습니다.

활동2 **ChatGPT를 활용해 시각 이미지 표현하기**

- **ChatGPT를 활용해 시각 이미지 표현 아이디어 생성하기**

※ 교사는 ChatGPT를 활용하여 시각 이미지 표현 아이디어를 얻는 과정을 시연하며 학생들에게 안내합니다.

광고 포스터 이미지를 만들려고 해. 아래 조건에 맞는 이미지를 알려줘.
- 주제: 우리의 일상에서 탄소 배출을 줄이기 위한 노력을 하자
- 표현 형식: 사진, 패러디

"우리의 일상에서 탄소 배출을 줄이기 위한 노력을 하자" 주제에 맞는 광고 포스터 이미지 아이디어를 제시해 드립니다. 이 이미지는 사진과 패러디 형식을 활용하여 탄소 배출 감소에 대한 메시지를 전달합니다.

이미지 설명: 흔히 볼 수 있는 마을을 배경으로 한 광고 포스터이다. 전경에는 집과 자동차가 그려져 있다. 하지만 이 도시 전경은 일반적인 것과는 조금 다르다. 모든 집과 자동차는 거대한 씨앗으로 만들어져 있다. 집의 지붕과 차량 위에는 작은 푸른 나무들과 꽃들이 자라고 있다. 이렇게 마을이 씨앗과 자연으로 덮여 있는 모습은 일상생활에서 탄소 배출을 줄이는 중요성을 상징한다.

주요 메시지: 1. 탄소 배출을 줄이자.
　　　　　　 2. 일상에서도 자연을 위한 노력을 하자.
　　　　　　 3. 작은 노력이 큰 변화를 가져온다.

- **ChatGPT를 활용해 얻은 아이디어 검토 및 수정하기**

  ※ 교사는 ChatGPT를 활용해 얻은 아이디어에 자신의 생각과 의도를 더해 수정하는 과정을 시연하며 학생들에게 안내합니다.

 위 이미지 중 배경에서 마을을 도시로, 전경에서 집을 고층 건물로 바꿔줘.

 배경을 도시로, 전경을 고층 건물로 바꾸어 제시해 드립니다.

이미지 설명: 흔히 볼 수 있는 **도시 전경을 배경으로** 한 광고 포스터이다. **전경에는 고층 건물들과** 자동차가 그려져 있다. 하지만 이 도시 전경은 일반적인 것과는 조금 다르다. **모든 건물과** 자동차는 거대한 씨앗으로 만들어져 있다. **건물들의 옥상과** 차량 위에는 작은 푸른 나무들과 꽃들이 자라고 있다. 이렇게 **도시가** 씨앗과 자연으로 덮여 있는 모습은 일상생활에서 탄소 배출을 줄이는 중요성을 상징한다.

주요 메시지: 1. 탄소 배출을 줄이자.
         2. 일상에서도 자연을 위한 노력을 하자.
         3. 작은 노력이 큰 변화를 가져온다.

- **ChatGPT를 통해 얻은 아이디어 이미지로 추출하기**

  ※ 교사는 ChatGPT를 활용해 얻은 아이디어를 이미지로 추출하는 과정을 시연하며 학생들에게 안내합니다.

 위 내용을 이미지로 보여줘.

- **ChatGPT를 통해 얻은 이미지 수정 요청하기**

  ※ 교사는 ChatGPT를 활용해 얻은 이미지를 자신의 의도에 맞게 수정을 요청하는 과정을 시연하며 학생들에게 안내합니다.

 위 이미지에 탄소 배출을 줄이고 재활용하는 모습을 추가하여 다시 보여줘.

- **자신의 생각과 의도를 담은 시각 이미지 추출하기**

  - ChatGPT를 활용하여 자신의 생각과 의도를 담은 시각 이미지를 추출해 봅시다.

활동3 **온라인 전시회로 작품 공유 및 감상하기**

- **가상공간에 자신의 작품 공유하고 감상하기**

  - ZEP에 생성해 놓은 우리 반 공간에 자신의 작품을 업로드합니다.
  - 친구들이 완성한 시각 이미지를 감상해봅시다.
  - 작품을 표현할 때 사용한 표현 방법과 작품에 담긴 의도를 찾아봅시다.

3 정리

- **활동 소감 나누기**

ChatGPT와 함께 글로벌 환경 캠페인 기획하고 제안하기

① 수업 미리보기

학교급	중학교		과목	영어		준비물	PC 또는 노트북

학습 주제 ChatGPT와 함께 글로벌 환경 캠페인 기획하고 제안하기

관련 성취 기준

2015 개정 교육과정 [9영04-04] 개인 생활의 경험이나 계획에 대해 문장을 쓸 수 있다.

2022 개정 교육과정 [9영02-04] 친숙한 주제에 관해 경험이나 계획을 설명한다.

시작하며

* **중학교 영어 교과에서 ChatGPT와 함께 글로벌 환경 캠페인을 기획하고, 친구들에게 제안하는 수업입니다.**

이 수업에서 학생과 교사는 ChatGPT에게 다양한 환경 보호 캠페인에 대한 정보를 요청하게 됩니다. 전세계에서 시행되고 있는 여러 캠페인들을 사례로 접해보고, 이와 관련하여 내가 실천할 수 있는 일은 없을지 고민하는 시간을 가집니다. 이때 ChatGPT가 결과물로 제시한 내용에 오류가 없는지 비판적으로 검토하도록 학생들에게 안내합니다. 또한 교사는 단순히 정보만을 전달하는 것이 아닌, 학생들이 지구 환경 문제 해결과 지속 가능한 미래를 위해 어떤 일을 할 수 있을지 충분히 고민해보도록 유도합니다. 학생들은 자신이 직접 기획한 글로벌 환경 캠페인을 친구들에게 소개하는 영어 말하기를 하면서, 영어 말하기 역량 뿐 아니라 세계 환경 시민으로서의 경각심 또한 가질 수 있습니다.

수업의 흐름 한눈에 살펴보기

동기 유발	………	다양한 주제를 영어로 접해보며 환경 문제에 대한 경각심 깨우기
활동1	………	글로벌 환경 캠페인에 대해 알아보기
활동2	………	나만의 글로벌 환경 캠페인 기획하기
활동3	………	캠페인의 참여를 독려하는 짧은 영어 연설하기
정리	………	활동 소감 나누기

수업 전 생각해보기

♥ 교사는 ChatGPT에게 다양한 환경 보호 캠페인에 대한 정보를 요청할 때 ChatGPT가 결과물로 제시한 내용에 오류가 없는지 비판적으로 검토하도록 학생들에게 안내합니다.

♥ 교사는 학생들이 지구 환경 문제 해결과 지속 가능한 미래를 위해 어떤 일을 할 수 있을지 충분히 고민해보도록 유도합니다.

② 수업 톺아보기

교수·학습과정안을 통하여 수업 흐름을 자세히 살펴보겠습니다.

1 | 도입

 동기유발

- **기후변화, 재생 에너지 등 다양한 주제를 영어로 접해보며 환경 문제에 대한 경각심 깨우기**
  - 환경 관련 공식 홈페이지 속 참 거짓 퀴즈를 풀어보며 관심 갖기
    ※ 환경 관련 홈페이지의 예시
    (출처: 지구의 날 공식 홈페이지, https://www.earthday.org/earth-day-quizzes/)
    ※ 퀴즈가 영어로 되어 있어서 교사는 모든 학생들이 질문의 내용을 이해할 수 있도록 수준별 도움을 제공합니다.

True or False (참 혹은 거짓)	Wasting less food is a way to reduce greenhouse gas emissions. (적은 음식을 버리는 것은 온실가스 배출을 줄일 수 있는 방법이다.)

2 | 전개

 활동1 글로벌 환경 캠페인에 대해 알아보기

- **ChatGPT에게 글로벌 환경 캠페인에 대한 설명과 관련 사례를 요청하기**
  질문 시에는 캠페인 취지, 시기, 방법 등 구체적으로 질문할 수 있도록 안내합니다.

> 글로벌 환경 캠페인이 무엇인지 설명해줄래?

> 글로벌 환경 캠페인은 지구 전역에서 환경 문제에 대한 인식을 높이고 지속 가능한 환경 보호에 기여하기 위한 대규모 활동입니다. 이러한 캠페인은 보다 큰 영향력을 가진 글로벌 사회에 메시지를 전달하고 긍정적인 변화를 이끌어내는 데 중점을 둡니다. 이러한 캠페인들은 대중들의 참여와 지지를 받아 지구 환경 문제에 대한 인식을 확산시키고 해결책을 제시하며, 정부와 기업 등 다양한 이해관계자들의 관심과 참여를 이끌어내는 데 중요한 역할을 합니다.
>
> 예를 들면 어스 아워 (Earth Hour)같은 것이 있습니다.
> 어스 아워는 매년 3월의 마지막 토요일에 전 세계적으로 개최되는 글로벌 환경 캠페인입니다. 이 행사는 전기 사용을 최소화하고 에너지 절약에 기여하기 위해 1시간 동안 불을 끄는 등의 행사들을 개최합니다. 이를 통해 지구의 에너지 소비 문제와 온실 가스 배출량 감소를 강조합니다.

이러한 글로벌 환경 캠페인은 지구 환경 보호와 지속 가능성에 대한 인식을 높이고, 다양한 사회적 참여와 협력을 독려하여 환경 문제를 해결하는 데 큰 역할을 합니다. 이러한 캠페인들은 지구 전역의 사람들에게 환경 보호의 중요성과 우리 모두의 역할에 대한 인식을 높이는 데 기여하고 있습니다.

 ## 나만의 글로벌 환경 캠페인 기획하기

- 글로벌 환경 캠페인에 대해 조사한 내용을 친구들과 공유하고, 모두가 실천할 수 있는 글로벌 환경 캠페인을 직접 계획해보기
- 아이디어 발전을 위해 추가 예시가 필요한 경우 ChatGPT에게 도움 요청하기

 'Earth Hour'와 같은 글로벌 환경 캠페인으로는 또 무엇이 있니? 누구나 쉽게 참여할 수 있는 것으로 안내해줘.

 지구 환경 보호를 위한 여러 글로벌 캠페인이 있으며, 일반인들이 실천할 수 있는 다양한 캠페인들이 있습니다. 여기 몇 가지 대표적인 환경 캠페인을 소개하겠습니다:

1. Plastic Free July (플라스틱 프리 주얼리): 매년 7월은 플라스틱 사용을 최소화하고, 일회용 플라스틱을 피하는 것에 초점을 맞춘 캠페인입니다. 개인들은 일주일에서 한 달 동안 플라스틱 봉지 사용을 줄이거나 대체재를 사용하고, 플라스틱 사용량을 기록하여 환경에 미치는 영향을 더 잘 이해할 수 있습니다.

2. Meatless Monday (민리스 먼데이): 월요일마다 채식 식단을 유지함으로써 육식의 소비를 줄이는 캠페인입니다. 가축 생산은 온실 가스 배출과 땅 사용 등의 환경 문제와 관련하여 영향을 미치므로 채식 식단을 채택함으로써 환경에 대한 긍정적인 영향을 줄 수 있습니다.

3. Zero Waste (제로 웨이스트): 제로 웨이스트 운동은 쓰레기를 최소화하고 재활용을 극대화하는 것을 목표로 합니다. 개인들은 재사용 가능한 제품을 사용하거나, 쓰레기를 줄이기 위해 구매 패턴을 고려하고, 재활용을 잘 실천하는 등 환경에 대한 지속 가능한 생활 방식을 만들어갑니다.

4. World Car-Free Day (세계 무차량의 날): 매년 9월 22일은 세계 각국에서 차량 사용을 최소화하고 대중 교통이나 자전거 등을 이용하여 환경 친화적인 이동 수단을 사용하는 캠페인입니다. 이날에는 건강한 이동 수단을 활용하여 대기 오염과 교통 체증을 줄이는 데 기여할 수 있습니다.

5. Fashion Revolution Week (패션 혁명 주): 패션 산업의 지속가능성과 노동자의 권리에 대한 인식을 높이기 위한 캠페인으로, 매년 4월에 개최됩니다. 소비자들은 의류 구매에 대해 더욱 영향력 있는 선택을 하고, 패션 브랜드들에 지속 가능한 생산과 공정 노동 조건에 대한 더 많은 책임을 요구할 수 있습니다.

이러한 환경 캠페인들은 각각의 목표와 방향성이 다르지만, 모두 지구 환경을 보호하고 지속 가능한 생활 방식을 촉진하기 위해 사회적 인식과 실천을 촉구하는 데 기여합니다. 이러한 캠페인에 참여하거나 실천하는 것은 개인이 간단한 방법으로도 환경 보호에 기여할 수 있는 좋은 방법 중 하나입니다.

활동3 **캠페인의 참여를 독려하는 짧은 영어 연설하기**

- 연설에 사용되는 다양한 영어 표현을 알아보고 스스로 적용해보기
- 제작한 연설문을 참고하여 친구들 앞에서 캠페인 참여를 독려하는 연설 해보기
  - 학생의 영어 말하기 능력 수준에 따라 단계별 말하기 도움을 제공합니다.

3 정리

- 글로벌 환경 캠페인을 기획하고 제안해본 활동 소감을 나누기

40 독립운동가를 위한 헌정시 만들기

① 수업 미리보기

학교급	고등학교	과목	한국사	준비물	PC 또는 노트북

학습 주제	독립운동가를 위한 헌정시 만들기

관련 성취 기준

2015 개정 교육과정 [10한사06-02] 3·1 운동 이후 일제 식민 지배 정책의 변화를 살펴보고, 1920년대 국내외에서 전개된 민족 운동의 흐름과 특징을 탐구한다.

2022 개정 교육과정 [10한사2-01-03] 국내외에서 전개된 민족 운동의 흐름을 이해한다.

시작하며

＊**고등학교 한국사 교과에서 독립운동가를 선정하여 그의 업적을 조사하고, 헌정시를 작성하는 수업입니다.**

한국의 독립운동가를 탐구합니다. 학생들은 ChatGPT를 활용하여 각자 자신이 선정한 독립운동가의 업적을 조사하고 탐구합니다. 다음으로 **독립운동가를 위한 헌정시를 작성합니다.** ChatGPT를 활용하여 독립운동가의 업적이 반영된 헌정시를 작성합니다.

수업의 흐름 한눈에 살펴보기

동기 유발	………	제시된 사진 속 위인 살펴보기
활동1	………	한국의 독립운동가 탐구하기
활동2	………	독립운동가를 위한 헌정시 작성하기
정리	………	활동 소감 나누기

수업 전 생각해보기

♥ 다양한 인물에 대한 조사가 이루어지도록 가급적 학생 간 위인이 겹치지 않도록 지도합니다.
♥ ChatGPT가 제시한 내용을 그대로 인용하지 않고 자신만의 창의력을 반영할 수 있도록 합니다.
♥ ChatGPT가 제시한 내용에 오류가 없는지 비판적으로 검토하도록 합니다.

한국사

② 수업 톺아보기

교수·학습과정안을 통하여 수업 흐름을 자세히 살펴보겠습니다.

---

1 도입

동기유발

- **제시된 사진 속 위인 살펴보기**

  - 다음 사진을 보고 인물의 이름을 맞혀 봅시다.

▲ 출처: 뉴스뱅크

- **교사의 질문을 바탕으로 사진 속 인물의 이름 맞혀 보기**

  ※ 학생들이 교사의 질문에 자신의 생각을 자유롭게 말할 수 있도록 허용적인 분위기를 조성하는 것이 좋습니다.

〈교사가 할 수 있는 주요 질문〉
- 사진 속 인물이 누구인지 알고 있나요?
- 알고 있는 인물의 이름은 누구인가요?

〈학생들의 기대 답변〉
- 첫 번째 사진은 독립운동가 유관순입니다.
- 두 번째 사진은 안중근입니다.

---

2 전개

활동1 한국의 독립운동가 탐구하기

- **교과서 자료와 ChatGPT에게 질문한 결과를 바탕으로 자신이 선정한 독립운동가의 업적을 조사하기**

  ※ 학생들은 ChatGPT를 활용하여 독립운동가를 조사할 때 내용의 오류가 있으면 배운 내용을 바탕으로 수정하
  도록 합니다.

 유관순의 업적에 대해 알려줄래?

유관순은 1919년 3월 1일, 독립선언을 전파하고 대규모 항일 시위를 조직하는 데 중요한 역할을 했습니다. 이 시위는 "삼일운동"이라고 알려져 있습니다. 유관순은 이 시기에 활동한 가장 젊은 리더 중 한 명이었습니다. 그녀는 당시 오직 16세였습니다.
그녀는 이 운동에서의 역할로 인해 일본 경찰에 체포되었고 감옥에서 투혼을 보여 주었습니다. 그녀는 일본의 유혹에 굴하지 않고, 독립을 위한 그녀의 신념을 포기하지 않았습니다. 유관순은 감옥에서 병에 걸려 1920년에 사망했지만, 그녀의 정신은 대한민국의 독립운동에 큰 영향을 끼쳤습니다.

활동2 **독립운동가를 위한 헌정시 작성하기**

- **ChatGPT를 활용하여 독립운동가의 업적이 반영된 헌정시 작성하기**

  ※ 학생들이 ChatGPT가 만든 헌정시를 참고하여 자신의 생각이 담긴 헌정시를 작성하도록 할 수 있다.

 유관순의 업적을 반영하여 헌정시를 작성해 줄래?

 유관순의 영원한 빛, 기억되리라

청춘의 꽃, 용감한 마음에 피어난
유관순 그 이름, 영원히 기억하리라
아버지의 딸, 어머니의 사랑스런 이
민족의 자부심, 우리의 눈물로 적셔진

철없는 소녀, 그러나 눈부신 영혼의 주인
나라를 위해, 눈물과 피로 써낸 독립의 노래
어둠 속에서도 빛나는 별처럼
민족의 꿈, 그때 그 시절에 묻지 않고

투쟁의 불꽃, 타오르는 열정으로
신념을 다하며, 고통에 맞서서
갇힌 철창 속, 그 맑은 미소로
민족의 자유, 이루고자 한 숭고한 사명

- ChatGPT로 만들어진 헌정시와 **활동1** 에서 조사한 내용을 바탕으로, 독립운동가 이름의 N행시를 작성하기

3 정리

- **활동 소감 나누기**

비어
더

ChatGPT를 활용하여 프랑스 혁명 과정을 연표로 만들기

① 수업 미리보기

학교급	고등학교	과목	세계사	준비물	PC 또는 노트북

학습 주제	ChatGPT를 활용하여 프랑스 혁명 과정을 연표로 만들기

관련 성취 기준

2015 개정 교육과정 | [12세사04-04] 시민 혁명과 국민 국가의 형성 과정을 이해하고, 산업 혁명의 세계사적 의미를 해석한다.

2022 개정 교육과정 | [12세사03-02] 미국 혁명, 프랑스 혁명을 시민 사회 형성과 관련지어 파악한다.

시작하며

* 고등학교 세계사 교과에서 **ChatGPT**를 활용하여 프랑스 혁명 과정을 연표로 만드는 수업입니다.

ChatGPT는 다양한 데이터를 학습하여 빠른 시간 내에 답변을 제시하지만 데이터를 학습하는 과정에서 잘못된 데이터를 학습하면 틀린 답변을 사실인 것처럼 제시하기도 합니다. 이렇듯 ChatGPT와 같은 생성형 인공지능이 정보를 처리하는 과정에서 잘못된 정보나 허위 정보를 생성하는 것을 '할루시네이션(hallucination)'이라고 합니다.

ChatGPT를 활용하여 프랑스 혁명 과정을 알아보고 ChatGPT의 답변에 오류가 있는지 비판적으로 검토해봅니다. 그리고 오류를 수정하여 자신만의 프랑스 혁명 연표를 만들어봅니다.

수업의 흐름 한눈에 살펴보기

동기 유발	·········	프랑스 국기를 보며 어느 나라 국기인지 맞혀보고, 국기의 의미가 무엇인지 생각하기
활동1	·········	프랑스 혁명 과정 알아보기
활동2	·········	ChatGPT를 활용하여 프랑스 혁명 연표 나타내기
활동3	·········	나만의 연표 만들기
정리	·········	활동 소감 나누기

수업 전 생각해보기

♥ 교사는 프랑스 혁명의 전개 과정을 단편적인 사건이 아닌 전체적인 흐름으로 이해할 수 있도록 연표를 그리며 설명합니다.

♥ 교사는 학생들이 ChatGPT가 제시한 프랑스 혁명 과정 내용에 오류가 없는지 비판적으로 검토합니다.

② 수업 톺아보기

교수·학습과정안을 통하여 수업 흐름을 자세히 살펴보겠습니다.

---

1 도입

동기유발

- **프랑스 국기를 보며 어느 나라 국기인지 맞혀보고, 국기의 의미가 무엇인지 생각하기**
  - 프랑스 삼색기를 보고 삼색기의 의미를 생각해 봅시다.

---

2 전개

활동1 **프랑스 혁명 과정 알아보기**

- **삼부회 소집-테니스코트의 서약-바스티유 감옥 습격-루이 16세 처형-테르미도르의 반동-나폴레옹 쿠데타의 내용 알아보기**

활동2 **ChatGPT를 활용하여 프랑스 혁명 연표 나타내기**

- **ChatGPT에게 프랑스 혁명 과정을 연표로 만들어줄 것을 요청하기**
  - ※ 학생은 ChatGPT에게 프랑스 혁명 과정을 연표로 만들어줄 것을 요청할 수 있습니다.
  - ※ 교사는 학생들이 ChatGPT의 답변을 **활동1** 에서 배운 내용과 비교하여 오류가 있는지 비판적으로 검토하도록 합니다.

 프랑스 혁명 과정을 연표로 만들어줄래?

 프랑스 혁명의 과정을 대략적으로 연표로 정리해 드리겠습니다. 하지만 프랑스 혁명의 세부 사항은 매우 복잡하고 다양하므로, 이 연표는 전체 이벤트를 포괄하지는 않습니다.

1789년
- 5월 5일: 총명부 회의 개최
- 6월 20일: 테니스 코트 선서
- 7월 14일: 바스티유 감옥 습격
- 8월 26일: 인권 선언 채택

1791년
- 6월 20-21일: 국왕 루이 16세와 가족의 도주 시도 (바렌스 도주 사건)
- 9월 3일: 프랑스 헌법 채택

1792년
- 8월 10일: 투일러리 왕궁 습격
- 9월 21일: 프랑스 공화국 선포

1793년
- 1월 21일: 루이 16 처형
- 9월 5일: 테러 정권 시작 (최고치 정치위원회 설치)

1794년
- 7월 27일: 맥시미리앙 로브스피에르 사형 (테르미도르 반란)
- 7월 28일: 테러 정권 종결

1799년
- 11월 9-10일: 나폴레옹 보나파르트가 정권 장악

이 연표는 프랑스 혁명의 주요 사건들을 나열한 것이지만, 이 시기의 많은 다른 중요한 사건들도 있습니다.

활동3 **나만의 연표 만들기**

· **ChatGPT의 답변과 배운 내용을 비교하여 오류를 수정하고, 자신만의 연표 만들기**

   ※ 학생들은 ChatGPT의 답변과 **활동1** 에서 배운 내용을 비교하여 오류를 수정한 뒤 자신만의 연표를 만들어 볼 수 있습니다.

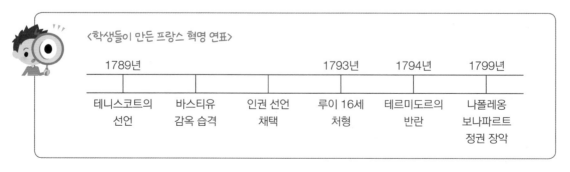

〈학생들이 만든 프랑스 혁명 연표〉

1789년			1793년	1794년	1799년
테니스코트의 선언	바스티유 감옥 습격	인권 선언 채택	루이 16세 처형	테르미도르의 반란	나폴레옹 보나파르트 정권 장악

3 **정리**

· **활동 소감 나누기**

가상 공간에 필요한 정보 윤리 만들기

① 수업 미리보기

학교급	고등학교	과목	생활과 윤리	준비물	PC 또는 노트북

학습 주제	ChatGPT와 함께 가상 공간에 필요한 정보 윤리 만들기

관련 성취 기준

2015 개정 교육과정 [12생윤04-02]정보기술과 매체의 발달에 따른 윤리적 문제들을 제시할 수 있으며 이에 대한 해결 방안을 정보윤리와 매체윤리의 관점에서 제시할 수 있다.

2022 개정 교육과정 [12현윤03-02] 정보통신 기술과 뉴미디어의 발달에 따른 윤리 문제들을 제시할 수 있으며 이에 대한 해결 방안을 정보윤리와 미디어 윤리의 관점에서 제시할 수 있다.

시작하며

* 고등학교 생활과 윤리 교과에서 ChatGPT가 제시한 가상 공간에서 발생할 수 있는 윤리적 문제를 바탕으로 정보 윤리를 제정해 보는 수업입니다.

ChatGPT를 활용하기 전 학생들이 알고 있는 가상공간의 특성을 브레인스토밍을 통해 추출하고 파악할 수 있습니다. 가상공간에 대한 특성을 파악한 후 **ChatGPT와 함께 가상 공간에서 발생될 수 있는 윤리적 문제를 찾아보고,** 가상 공간에서 필요한 윤리적 자세와 태도에 대해 생각해 볼 수 있습니다. 이를 바탕으로 **가상 공간에 필요한 정보 윤리를 제정해 보는 활동을 진행합니다.** ChatGPT가 답변한 가상공간에서 발생할 수 있는 윤리적 문제를 기반으로 가상 공간에서 실천해야 할 정보 윤리를 제정하는 과정을 통해 윤리적 실천 역량을 기르고 가상 공간에서의 도덕적 행동을 다짐해 볼 수 있습니다.

수업의 흐름 한눈에 살펴보기

동기 유발	………	'기게스의 반지' 이야기를 바탕으로 사고 실험해 보기
활동1	………	가상 공간의 특성 파악하기
활동2	………	가상 공간에서 발생될 수 있는 윤리적 문제 찾아보기
활동3	………	가상 공간에 필요한 정보 윤리 제정하기
정리	………	활동 소감 나누기

수업 전 생각해보기

♥ 정보 사회에서 다양하게 나타나는 가상공간의 특성에 대한 학습을 바탕으로 ChatGPT 4.0에게 가상공간에서 발생할 수 있는 윤리적 문제를 요청합니다.

♥ 교사는 학생들이 가상 공간의 특성을 학습하는 과정에서 긍정적인 점도 함께 설명하여, 가상 공간의 부정적인 부분에만 초점을 맞추지 않도록 지도합니다.

윤리

② 수업 톺아보기

교수·학습과정안을 통하여 수업 흐름을 자세히 살펴보겠습니다.

1 도입

동기유발

- '기게스의 반지' 이야기를 바탕으로 사고 실험해 보기
  - 자신이 익명성이 보장된 기게스의 상황이라면 비도덕적인 행동을 할 것인지 발표해 봅시다.
  - 타인이 기게스라면 타인의 비도덕적 행동을 묵인할 것인지 발표해 봅시다.
  - 가상 공간에서 익명성으로 인해 발생되는 문제를 이야기 해 봅시다.
    ※ 이 때, 교사는 학생들이 기게스의 반지 이야기와 가상 공간의 공통적 특성에 대해 생각해 보도록 합니다.

2 전개

활동1 가상 공간의 특성 파악하기

- 포스트잇을 활용한 브레인스토밍을 통해 가상 공간의 특성을 추출하고 특성을 파악해 보기

활동2 가상 공간에서 발생될 수 있는 윤리적 문제 찾아보기

- ChatGPT에게 가상공간에서 발생할 수 있는 윤리적 문제를 요청하기
  ※ 교사와 학생은 정보 윤리 관점에서 가상공간에서 발생할 수 있는 문제를 ChatGPT에게 요청할 수 있습니다.

 가상공간에서 발생할 수 있는 윤리적 문제를 정보 윤리의 관점에서 알려줘.

 가상공간에서 발생할 수 있는 윤리적 문제는 다양하며, 정보 윤리의 관점에서 다음과 같이 몇 가지 주요 문제점을 들 수 있습니다:

1. 개인정보 보호와 프라이버시: 가상공간에서도 사용자의 개인 정보나 행동 패턴이 수집, 저장, 공유될 수 있습니다. 이로 인해 프라이버시 침해나 데이터 유출과 같은 문제가 발생할 수 있습니다.

2. 디지털 도덕과 행위의 경계: 가상공간에서의 행위가 현실에서의 행위와 어떻게 다른지, 그리고 그 차이가 어떤 윤리적 함의를 가지는지를 고민해야 합니다. 예를 들어, 가상세계에서의 폭력 행위나 사기 행위는 어떻게 평가되어야 하는지에 대한 논의가 필요합니다.

3. 가짜 뉴스와 허위 정보: 정보의 진실성과 신뢰성은 정보 윤리의 중요한 부분입니다. 가상공간에서는 허위 정보나 조작된 내용이 쉽게 퍼질 수 있으며, 이로 인해 현실 세계에서도 다양한 문제가 발생할 수 있습니다.
4. 디지털 부당한 차별: 가상공간의 알고리즘이나 시스템이 특정 집단이나 개인을 부당하게 차별하는 경우가 있습니다. 이러한 디지털 차별은 윤리적 문제로 다루어져야 합니다.
5. 소통의 윤리: 가상공간에서의 의사소통은 때로는 악의적이거나 혐오스러운 내용으로 이루어질 수 있습니다. 이러한 행위는 다른 사용자의 권리를 침해하게 되며, 디지털 환경에서의 소통 윤리에 대한 규정과 가이드라인이 필요하다고 볼 수 있습니다.
6. 저작권: 가상공간에서는 콘텐츠의 복사와 공유가 쉽게 이루어질 수 있습니다. 이로 인해 저작권 침해와 관련된 윤리적 문제가 발생할 수 있습니다.
7. 사회적 분열: 가상공간에서의 행위나 의사소통이 현실 세계의 사회적 분열을 증폭시킬 수 있습니다. 이러한 문제에 대한 인식과 대응 방안이 필요합니다.

이외에도 가상공간은 그 특성상 다양한 윤리적 문제를 초래할 수 있습니다. 따라서 사용자나 개발자, 그리고 관련 기관들은 지속적인 윤리적 고민과 논의를 통해 가상공간을 더 건강하고 생산적으로 활용할 수 있는 방안을 모색해야 합니다.

• **ChatGPT의 답변에 대한 심화 설명 요청하기**
  - 교사는 ChatGPT 4.0을 활용하여 불분명한 답변이나 이해가 어려운 부분에 대한 세부적인 설명을 요청하도록 지도합니다.

 가상 공간에서의 "사회적 분열"의 구체적인 사례를 말해줘.

 가상 공간에서의 "사회적 분열"은 다양한 형태로 나타날 수 있습니다. 아래는 그러한 사례들 중 일부입니다:

1. 온라인 혐오 발언: 특정 인종, 종교, 성별, 성적 지향 등을 대상으로 한 혐오 발언이 가상 공간에서 쉽게 퍼질 수 있습니다. 이는 해당 집단에 대한 편견을 강화시키고, 오프라인 세계에서도 그들에 대한 차별을 촉발할 수 있습니다.
2. 정치적 극단주의: 가상 공간에서는 동질적인 사고를 가진 사람들끼리 모이기 쉽습니다. 이러한 '에코 챔버' 현상은 극단적인 정치적 의견을 갖는 사람들에게 그 의견을 강화시키는 효과를 줄 수 있습니다.
3. 가짜 뉴스와 편향된 정보: 특정 사회적, 정치적 의제를 밀어내기 위해 가짜 뉴스나 편향된 정보가 확산될 때, 이는 사람들 사이에 오해나 분란을 초래하고 사회적 분열을 야기할 수 있습니다.
4. 사이버 불링: 온라인 상에서 특정 개인이나 집단을 대상으로 하는 공격적인 행동은, 그 대상이 되는 사람들의 정신적 건강을 해칠 뿐만 아니라, 그들의 소속 집단과 가해자의 소속 집단 사이에 불필요한 갈등을 일으킬 수 있습니다.

5. 온라인 경쟁 문화: 게임이나 소셜 미디어에서의 경쟁 문화는 사람들 사이에 부러움, 질투, 경쟁심을 부추기며, 이로 인해 온라인 커뮤니티 내에서의 분열이나 갈등이 발생하기도 합니다.

6. 디지털 차별: 기술적 장벽이나 접근성 문제로 인해 특정 집단이 가상 공간의 이점을 누리지 못할 때, 이는 사회적 계층 간의 불평등을 심화시킬 수 있습니다.

이러한 사례들은 가상 공간이 현실 세계와 별개의 공간이 아니라, 현실 세계와 긴밀하게 연결되어 있음을 보여줍니다. 따라서 가상 공간에서의 행동이나 정보 전달 방식에 대한 성찰과 조절이 필요합니다.

활동3 가상 공간에 필요한 정보 윤리 제정하기

- ChatGPT가 답변한 가상공간에서 발생할 수 있는 윤리적 문제를 기반으로 가상 공간에서 실천해야 할 정보 윤리를 제정하여 친구들과 나누어 보기

※ 교사는 학생들이 만든 학급 정보 윤리 실천 강령의 타당성을 검토하도록 합니다. 또한, 정보 윤리를 제정하는 과정이 가상 공간에서의 도덕적 행동으로 이어질 수 있도록 격려합니다.

1단계 (개인 활동)	가상공간에서 실천해야 할 정보 윤리의 내용과 이유를 3가지씩 포스트잇에 적어 칠판에 부착하기
2단계 (학급 활동)	모두 부착한 후 칠판을 돌아보고 가장 필요하다고 생각하는 정보 윤리의 내용에 스티커(5장)를 붙이기
3단계 (학급 활동)	스티커가 많이 붙은 윤리 실천 강령 10가지를 선정하여 학급 정보 윤리로 제정하여, 함께 읽고 실천 다짐하기

3 정리

- 활동 소감 나누기

43 도형의 대칭이동을 활용하여 나만의 로고 만들기

① 수업 미리보기

학교급	고등학교	과목	수학	준비물	PC 또는 노트북

학습 주제 도형의 대칭이동을 활용하여 나만의 로고 만들기

관련 성취 기준

2015 개정 교육과정 | [10수학02-09] 원점, x축, y축, 직선 y = x에 대한 대칭이동의 의미를 이해한다.

2022 개정 교육과정 | [10공수2-01-07] 원점, x축, y축, 직선 y = x에 대한 대칭이동을 탐구하고, 실생활과 연결하여 문제를 해결할 수 있다.

시작하며

＊ **고등학교 수학 교과에서 ChatGPT를 활용하여 도형의 대칭이동의 원리를 파악하고 그 원리를 활용하여 직선의 방정식과 원의 방정식의 대칭이동으로 나만의 로고를 만들어보는 수업입니다.**

도형의 대칭이동은 점의 대칭이동을 학습한 후에 배우게 되는 내용입니다. 많은 학생들이 점의 대칭이동과 도형의 대칭이동의 결과가 다르게 나타나는 것에 어려움을 보입니다. 이때 **ChatGPT를 활용하여 도형의 대칭이동의 결과를 시각적으로 관찰하고 그 원리를 탐색하는 것**은 어려움을 극복하는 데 큰 도움을 줄 것입니다. 그 후 도형의 대칭이동의 원리를 활용하여 '나만의 로고'를 만들며 개념을 견고히 다질 수 있도록 수업을 구성하였습니다.

수업의 흐름 한눈에 살펴보기

동기 유발	………	대칭이동을 활용한 무늬 또는 문양 관찰하기
활동1	………	ChatGPT를 활용하여 2x + y + 3 = 0 직선을 대칭이동 시키는 파이선 코드를 얻고 Google Colab에서 실행하기
활동2	………	도형의 대칭이동 원리 탐구하기
활동3	………	ChatGPT와 도형의 대칭이동의 원리를 활용하여 나만의 로고 만들기
정리	………	활동 소감 나누기

수업 전 생각해보기

♥ 교사는 학생들이 지나치게 인공지능 활동에 치우지지 않고 수학적 해석 및 탐구를 할 수 있도록 안내합니다.

♥ ChatGPT로부터 얻은 파이선 코드를 Google Colab에서 실행할 때 원하는 형태로 시각화되지 않을 경우에 오류를 수정할 수 있도록 합니다.

교수·학습과정안을 통하여 수업 흐름을 자세히 살펴보겠습니다.

1 도입

동기유발

- **실생활에서 대칭이동을 활용한 무늬 또는 문양 관찰하기**
  - 실생활 예제를 활용하여 도형의 대칭이동에 대한 호기심을 가질 수 있도록 합니다.

▲ 실생활에서 대칭이동을 활용한 무늬

2 전개

활동1 ChatGPT를 활용하여 2x+y+3=0 직선을 대칭이동 시키는 파이선 코드를 얻고 Google Colab에서 실행하기

- **ChatGPT, Google Colab 활용 방법 안내하기**
  - 학생들에게 ChatGPT와 Google Colab을 활용하는 방법을 안내하고 오늘 활동이 어떻게 진행되는지 간략하게 소개합니다.

- **학생은 ChatGPT를 활용하여 직선 $2x+y+3=0$ 직선을 x축에 대칭이동 시키는 파이선 코드 얻기**
  - 직선 $2x+y+3=0$이 아닌 다양한 도형의 방정식을 활용할 수 있습니다.

 2x+y+3=0 직선의 방정식을 x축 대칭이동 하고 싶어. 파이선 언어로 그래프가 표현되어 시각적으로 볼 수 있도록 알려줘.

 x축에 대한 대칭이동은 y의 값을 반대로 바꾸는 것과 같습니다. 따라서 주어진 직선 $2x+y+3=0$의 x축에 대한 대칭이동은 $2x-y+3=0$이 됩니다.
파이선의 matplotlib 라이브러리를 사용하여 두 직선을 그래프로 표현하겠습니다.

```python
import numpy as np
import matplotlib.pyplot as plt
# x의 범위를 정의합니다.
x = np.linspace(-10, 10, 400)
# 원래의 직선: 2x+y+3=0 ⇒ y=-2x-3
y1 = -2*x - 3
# x축에 대한 대칭이동된 직선: 2x-y+3=0 ⇒ y=2x+3
y2 = 2*x + 3
plt.figure(figsize=(8, 6))
plt.plot(x, y1, label='Original Line: 2x+y+3=0')
plt.plot(x, y2, label='Reflected Line: 2x-y+3=0', linestyle='--')
plt.title('Line and its Reflection about the x-axis')
plt.xlabel('x')
plt.ylabel('y')
plt.axhline(0, color='black',linewidth=0.5)
plt.axvline(0, color='black',linewidth=0.5)
plt.grid(color = 'gray', linestyle = '--', linewidth = 0.5)
plt.legend()
plt.show()
```

위의 코드를 실행하면 원래의 직선과 x축에 대한 대칭이동된 직선이 그래프로 표현됩니다.

- **학생은 ChatGPT로부터 얻은 파이선 코드를 Google Colab에서 실행하기**
  - ChatGPT의 답변으로 얻은 파이선 코드를 'Copy code' 버튼을 눌러 복사한 후 Google Colab에 붙여넣고 실행합니다.

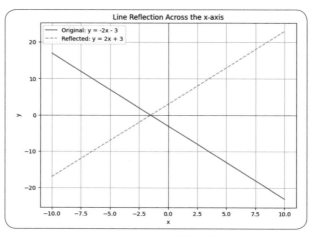

▲ Google Colab 실행 결과물

- **학생은 동일한 방법으로 y축, 원점, 직선 y=x에 대한 대칭이동 시각화하기**
  - 동일한 방법으로 ChatGPT에게 파이선 코드를 얻어 Google Colab에서 실행하는 과정을 대칭축을 바꿔가며 반복합니다.

 동일한 코드로 2x+y+3=0이 x축 말고 y=x 대칭이동이 될 수 있도록 해줘.

 y=x 대칭이동은 x와 y의 값을 서로 바꾸는 것과 같습니다. 따라서 주어진 직선 2x+y+3=0의 y=x에 대한 대칭이동은 2y+x+3=0이 됩니다.
파이선의 matplotlib 라이브러리를 사용하여 두 직선과 y=x 대칭선을 그래프로 표현하겠습니다.

```python
〈python〉
import numpy as np
import matplotlib.pyplot as plt
# x의 범위를 정의합니다.
x+np.linspace(-10, 10, 400)
# 원래의 직선: 2x+y+3=0 ⇒ y=-2x-3
y1+-2*x-3
# y+x에 대한 대칭이동된 직선: 2y+x+3=0 ⇒ y=-0.5x-1.5
y2+-0.5*x-1.5
plt.figure(figsize=(8, 6))
plt.plot(x, y1, label='Original Line: 2x+y+3=0')
plt.plot(x, y2, label='Reflected Line: 2y+x+3=0', linestyle='--')
plt.plot(x, x, label='y=x', color='red', linestyle=':')
plt.title('Line and its Reflection about y=x')
plt.xlabel('x')
plt.ylabel('y')
```

```
plt.axhline(0, color='black',linewidth=0.5)
plt.axvline(0, color='black',linewidth=0.5)
plt.grid(color = 'gray', linestyle = '--', linewidth = 0.5)
plt.legend()
plt.show()
```

위의 코드를 실행하면 원래의 직선, y = x 대칭선, 그리고 y = x에 대한 대칭이동된 직선이 그래프
로 표현됩니다.

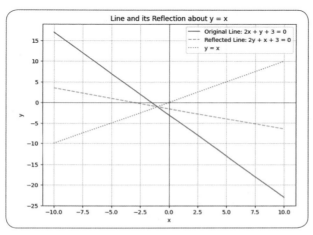

▲ Google Colab 실행 결과물

활동2 도형의 대칭이동 원리 탐구하기

• Google Colab에 시각화한 그래프와 ChatGPT로부터 얻은 파이선 코드를 살펴보면서 도형의 방정식
  을 x축, y축, 원점, 직선 y = x 대칭이동하면 어떤 원리가 있는지 탐구하기
  - 학생들이 도형의 방정식의 대칭이동 원리를 스스로 발견할 수 있도록 합니다.
  - 학생들이 발견한 원리를 확인하고 오류가 생기면 오류를 수정할 수 있도록 합니다.
  - 활동 마무리 단계에서 교사가 도형의 대칭이동 원리를 정리해줍니다.

〈교사가 할 수 있는 주요 질문〉
• 활동을 하면서 발견한 도형의 대칭이동의 원리는 무엇이 있을까요?

〈학생들의 기대 답변〉
• x축 대칭이동을 하면 f(x, y) = 0에서 y의 부호가 바뀌어요.
• 직선 y = x 대칭이동을 하면 f(x, y) = 0에서 f(y, x) = 0이 되어요.

- **활동2**를 통해 얻은 도형의 대칭이동의 원리와 ChatGPT, Google Colab 활동 과정을 바탕으로 나만의 로고 만들기

  - 자유롭게 자신의 생각을 그래프로 표현할 수 있도록 안내합니다.
  - 나만의 로고를 완성한 후 동료 학생들과 공유할 수 있도록 합니다.

 $y=3x+5$ 직선을 x축, y축, 원점 대칭이동한 그래프에 $x^2+y^2=1$원을 안에 넣은 모양을 그려주는 코드 작성해줘. 위와 같은 방식으로 표현해줘.

 먼저, 주어진 직선 $y=3x+5$에 대한 대칭이동을 계산하겠습니다:
x축 대칭: y의 부호를 바꿉니다. $y=-3x-5$
y축 대칭: x의 부호를 바꿉니다. $y=-3x+5$
원점 대칭: y의 부호를 모두 바꿉니다. $y=3x-5$

이제 이를 그래프로 표현하는 파이선 코드를 작성하겠습니다:

```python
import numpy as np
import matplotlib.pyplot as plt
# x의 범위를 정의합니다.
x = np.linspace(-10, 10, 400)
# 원래의 직선: y=3x+5
y1 = 3*x+5
# x축 대칭: y=-3x-5
y2 = -3*x-5
# y축 대칭: y=-3x+5
y3 = -3*x+5
# 원점 대칭: y=3x-5
y4 = 3*x-5
# 원: x^2+y^2=1
theta = np.linspace(0, 2*np.pi, 400)
x_circle = np.cos(theta)
y_circle = np.sin(theta)
plt.figure(figsize=(8, 6))
plt.plot(x, y1, label='Original Line: y=3x+5')
plt.plot(x, y2, label='x-axis Reflection: y=-3x-5', linestyle='--')
plt.plot(x, y3, label='y-axis Reflection: y=-3x+5', linestyle='-.')
plt.plot(x, y4, label='Origin Reflection: y=3x-5', linestyle=':')
plt.plot(x_circle, y_circle, label='Circle: ₩(x^2+y^2=1₩)', color='blue')
plt.title('Line and its Reflections with Circle')
```

```
plt.xlabel('x')
plt.ylabel('y')
plt.axhline(0, color='black',linewidth=0.5)
plt.axvline(0, color='black',linewidth=0.5)
plt.grid(color = 'gray', linestyle = '--', linewidth = 0.5)
plt.legend()
plt.xlim(-10, 10)
plt.ylim(-10, 10)
plt.gca().set_aspect('equal', adjustable='box')
plt.show()
```

위의 코드를 실행하면 원래의 직선과 각 대칭이동된 직선들, 그리고 주어진 원이 그래프로 표현됩니다.

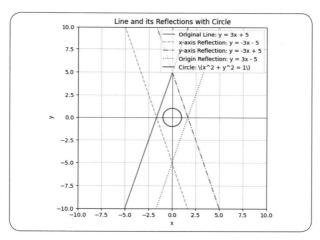

▲ Google Colab 실행 결과물

3 정리

• **활동 소감 나누기**

나의 성격과 어울리는 함수를 찾아 적분하기

① 수업 미리보기

| 학교급 | 고등학교 | | 과목 | 미적분 | | 준비물 | PC 또는 노트북 |

학습 주제 | 나의 성격과 어울리는 함수를 찾고 부정적분과 정적분하기

관련 성취 기준

2015 개정 교육과정 | [12미적03-03] 여러 가지 함수의 부정적분과 정적분을 구할 수 있다.

2022 개정 교육과정 | [12미적II-03-01] $y = x^n$(n은 실수), 지수함수, 삼각함수의 부정적분과 정적분을 구할 수 있다.

시작하며

> * **고등학교 미적분 교과에서 ChatGPT를 활용하여 나의 MBTI를 간략하게 파악하고, 자신의 MBTI에 어울리는 초월함수를 찾아 ChatGPT plugin 기능으로 그 함수의 그래프를 표현하고 적분 계산을 해보는 수업입니다.**
>
> ChatGPT는 텍스트 기반의 거대 언어 모델입니다. 수식을 인식하고 그래프를 표현하기 위해서는 ChatGPT의 plugin 기능을 활용해야 합니다. ChatGPT plugin 기능으로 wolfram을 활용한다면 미적분 교과에서 재미난 수업을 진행할 수 있습니다.
>
> 미적분 교과에서 부정적분과 정적분을 학습하는 과정은 다소 지루하고 반복적일 수 있습니다. 이때 **ChatGPT를 활용하여 일반적으로는 찾을 수 없는 나의 MBTI에 어울리는 함수를 찾고 이를 부정적분, 정적분 해보는 과정**은 학생들에게 충분한 흥미를 제공할 수 있습니다.

수업의 흐름 한눈에 살펴보기

동기 유발	………	수학II, 미적분에서 학습한 여러 함수의 부정적분, 정적분 방법 확인하기
활동1	………	ChatGPT를 활용하여 나의 MBTI 파악하기
활동2	………	나의 MBTI에 어울리는 함수 질문하고 그래프로 표현하기
활동3	………	ChatGPT로 함수 부정적분, 정적분하기
정리	………	활동 소감 나누기

수업 전 생각해보기

♥ 교사는 학생들이 지나치게 인공지능 활동에 치우지지 않고 수학적 해석 및 탐구를 할 수 있도록 안내합니다.
♥ ChatGPT 4.0과 plugin 기능을 적절히 활용하여 학습 목표에 도달할 수 있도록 활용 방법을 충분히 설명합니다.

② 수업 톺아보기

교수·학습과정안을 통하여 수업 흐름을 자세히 살펴보겠습니다.

1 ┆ 도입

동기유발

- **수학Ⅱ, 미적분에서 학습한 여러 함수의 부정적분, 정적분 방법 확인하기**
  - 다항함수, 지수함수, 로그함수, 삼각함수의 부정적분과 정적분 방법을 확인합니다.

〈교사가 할 수 있는 주요 질문〉
- 다항함수, 지수함수, 로그함수, 삼각함수의 적분 방법을 떠올려 볼까요?

〈학생들의 기대 답변〉
- 미분 과정의 역과정을 생각해서 계산하면 됩니다.

2 ┆ 전개

활동1 ChatGPT를 활용하여 나의 MBTI 파악하기

- **학생은 ChatGPT에게 MBTI 검사 요청하기**

 MBTI 검사를 하고 싶어. 10개의 문항으로 MBTI를 찾을 수 있도록 도와줘.

 MBTI (Myers-Briggs Type Indicator)는 16가지 성격 유형으로 나누는 성격 유형 검사입니다. 전통적인 MBTI 검사는 많은 문항을 포함하고 있지만, 여기서는 간략하게 10개의 문항으로 성격 유형을 파악해보도록 하겠습니다.

아래의 문항에 답하십시오. 각 문항에는 두 가지 선택지가 있으며, 자신에게 가장 해당되는 선택지를 선택하십시오.
1. 나는 주로...
   - A. 외향적이다.
   - B. 내향적이다.
2. 정보를 수집할 때 나는...
   - A. 직관적으로 정보를 받아들인다.
   - B. 구체적인 사실을 선호한다.

3. 결정을 내릴 때 나는...
- A. 감정을 기반으로 한다.
- B. 논리와 사실을 기반으로 한다.

4. 계획을 세울 때 나는...
- A. 계획을 따르는 것을 선호한다.
- B. 유연하게 대처하는 것을 선호한다.

5. 나는 주로...
- A. 사람들과 함께 있을 때 에너지를 얻는다.
- B. 혼자 있을 때 에너지를 얻는다.

6. 나는...
- A. 미래의 가능성에 대해 생각하는 것을 좋아한다.
- B. 현재의 사실에 집중하는 것을 좋아한다.

7. 나는...
- A. 사람들의 감정을 중요하게 생각한다.
- B. 논리적인 결정을 중요하게 생각한다.

8. 나는...
- A. 일정을 정확하게 지키는 것을 좋아한다.
- B. 유연성을 가지고 일을 처리하는 것을 좋아한다.

9. 나는...
- A. 다양한 사람들과 소통하는 것을 좋아한다.
- B. 몇몇 친한 친구와 깊은 대화를 나누는 것을 좋아한다.

10. 나는...
- A. 큰 그림을 보는 것을 선호한다.
- B. 세부 사항에 집중하는 것을 선호한다.

각 문항의 선택지를 기반으로 MBTI 성격 유형을 파악할 수 있습니다. 답변을 바탕으로 성격 유형을 알려드리겠습니다. 어떤 선택지를 선택하셨는지 알려주세요!

• **학생은 MBTI 검사 요청 답변 입력하기**

 A, 2.B, 3.B, 4.A, 5.A, 6.B, 7.B, 8.A, 9.A, 10.B

 감사합니다. 답변을 바탕으로 MBTI 성격 유형을 분석해보겠습니다.

1. A: 외향적 (E)
2. B: 감각형 (S)
3. B: 사고형 (T)
4. A: 판단형 (J)
5. A: 외향적 (E)

6. B: 감각형 (S)
7. B: 사고형 (T)
8. A: 판단형 (J)
9. A: 외향적 (E)
10. B: 감각형 (S)

결과적으로, 당신의 MBTI 성격 유형은 ESTJ (외향적, 감각형, 사고형, 판단형)로 보입니다. ESTJ 유형은 실용적이며, 조직적이고, 논리적으로 생각하는 경향이 있습니다. 리더십 능력이 뛰어나며, 일을 체계적으로 진행하는 것을 선호합니다.
그러나 이 간략한 테스트는 전통적인 MBTI 검사의 대체품이 아닙니다. 보다 정확한 결과를 원하신다면 전문가가 진행하는 정식 MBTI 검사를 받아보시는 것을 추천드립니다.

활동2 나의 MBTI에 어울리는 함수 질문하고 그래프로 표현하기

- **학생은 ChatGPT에게 나의 MBTI에 어울리는 함수 추천 질문하기**
  - 미적분 교과와 수학 II 교과의 차이를 주기 위해 초월함수로 요청합니다.

 그러면 나의 MBTI에 어울리는 초월함수식을 하나 추천해줘. y = x 꼴로 제시해줘.

 MBTI 유형과 수학적 함수 사이에는 직접적인 연관성이 없습니다. 그러나, 재미 삼아 ESTJ 유형의 특성을 고려하여 초월함수식을 선택해볼 수 있습니다.
ESTJ는 실용적이며, 조직적이고, 논리적으로 생각하는 경향이 있습니다. 이러한 특성을 반영하여, 간단하면서도 논리적인 구조를 가진 초월함수를 선택해보겠습니다.
식은 다음과 같습니다:

$$y = x \cdot e^{-x}$$

이 함수는 e^{-x}의 감소하는 특성과 x의 선형 증가를 결합하여, 초기에는 증가하다가 점차 감소하는 형태를 보입니다. 이는 ESTJ의 리더십과 체계적인 특성을 상징할 수 있습니다.
그러나 이는 순전히 재미를 위한 선택이므로, 실제 MBTI 유형과는 관련이 없습니다.

- **학생은 ChatGPT 4.0의 plugin 기능을 활용하여 Wolfram로 함수 그래프 표현하기**
  - ChatGPT 4.0의 plugin store에서 Wolfram을 install한 후 Wolfram 기능을 이용하여 나의 MBTI에 어울리는 함수를 그래프로 표현합니다.

 그러면 나의 MBTI에 어울리는 초월함수식을 하나 추천해줘. y = x 꼴로 제시해줘.

당신의 MBTI 유형인 ESTJ에 어울리는 함수 y=x · e⁻ˣ의 그래프는 다음과 같습니다:

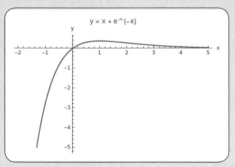

이 그래프는 초기에는 증가하다가 점차 감소하는 형태를 보입니다. 이는 ESTJ의 리더십과 체계적인 특성을 상징할 수 있습니다. 그러나 이는 순전히 재미를 위한 선택이므로, 실제 MBTI 유형과는 관련이 없습니다.

활동3 ChatGPT로 함수 부정적분, 정적분하기

• 학생은 나의 MBTI에 어울리는 함수식과 그래프를 보고 부정적분과 적절한 영역에서 정적분 계산을 직접 수행한 후 ChatGPT의 계산 결과와 비교합니다.

 y=x * e^(-x)를 부정적분해줘. 그리고 1부터 3까지 정적분해줘.

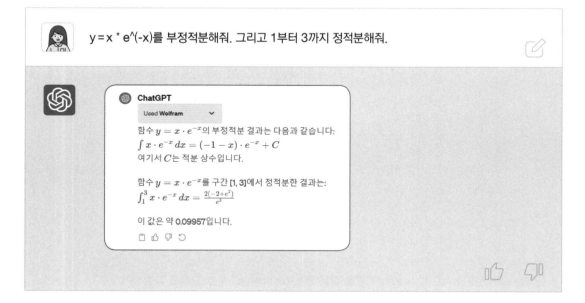

ChatGPT
Used Wolfram ∨

함수 $y = x \cdot e^{-x}$의 부정적분 결과는 다음과 같습니다:
$\int x \cdot e^{-x} \, dx = (-1 - x) \cdot e^{-x} + C$
여기서 C는 적분 상수입니다.

함수 $y = x \cdot e^{-x}$를 구간 [1, 3]에서 정적분한 결과는:
$\int_1^3 x \cdot e^{-x} \, dx = \frac{2(-2 + e^2)}{e^3}$

이 값은 약 0.09957입니다.

3 정리

• 활동 소감 나누기

③ 수업 참고자료

● **ChatGPT 4.0 Plugin 기능 활용 방법**

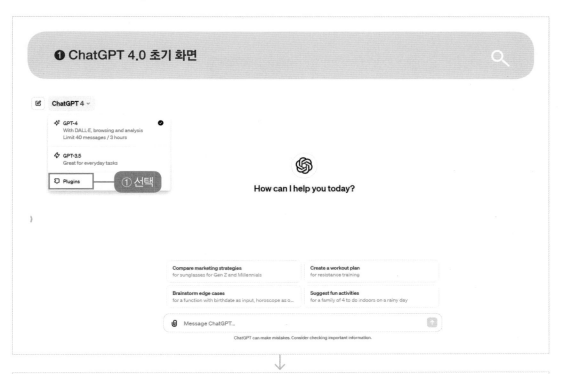

❶ ChatGPT 4.0 초기 화면

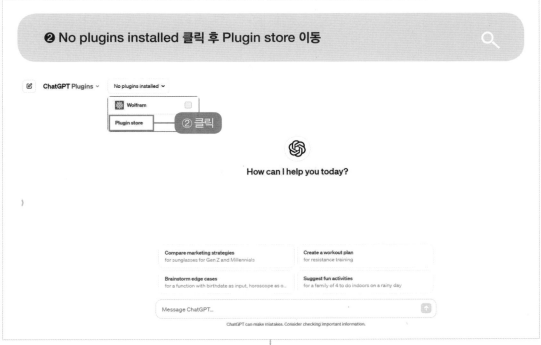

❷ No plugins installed 클릭 후 Plugin store 이동

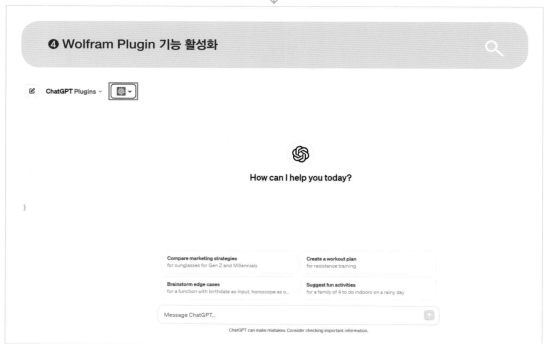

ChatGPT가 제시한 파이선 코드로 원소 분류기 만들기

① 수업 미리보기

학교급	고등학교	과목	통합과학	준비물	PC 또는 노트북

학습 주제	ChatGPT가 제시한 파이선 코드로 원소 분류기 만들기

관련 성취 기준

2015 개정 교육과정	[10통과01-03]세상을 이루는 물질은 원소들로 이루어져 있으며, 원소들의 성질이 주기성을 나타내는 현상을 통해 자연의 규칙성을 찾아낼 수 있다.
2022 개정 교육과정	[10통과1-02-03] 세상을 구성하는 원소들의 성질이 주기성을 나타내는 현상을 통해 자연의 규칙성을 도출하고, 지구와 생명체를 구성하는 주요 원소들이 결합을 형성하는 이유를 해석할 수 있다.

시작하며

＊고등학교 통합 과학 교과에서 ChatGPT를 활용하여 금속과 비금속 원소의 특징을 파악하고 이를 통해 금속 원소와 비금속 원소를 분류하는 파이선 코드를 ChatGPT에게 요청하여 원소 분류기를 제작해 보는 수업입니다.

첫 번째 활동은 ChatGPT를 활용하여 금속과 비금속 원소의 특징을 알아봅니다. 학생은 ChatGPT를 활용하여 원자 번호 1~20번 원소의 특징 및 금속, 비금속으로 분류하고 금속과 비금속의 특징을 알아봅니다.

두 번째 활동은 첫 번째 활동을 바탕으로 ChatGPT에게 원자 번호1~20번 원소의 특징과 금속, 비금속 원소로 분류해주는 파이선 코드를 요청하여 원소 분류기를 제작합니다. 학생은 ChatGPT를 활용하여 원소 분류기를 제작할 수 있는 파이선 코드를 요청하여 원하는 방향으로 수정한 후 원소 분류기를 제작합니다.

수업의 흐름 한눈에 살펴보기

동기 유발	………	나의 소지품은 어떤 원소로 이루어져 있는지 분류하기
활동1	………	ChatGPT와 함께 금속과 비금속 원소의 특징 알아보기
활동2	………	금속 원소와 비금속 원소를 분류하는 원소 분류기 만들기
정리	………	원소 분류기를 응용할 수 있는 분야를 설명해보기

수업 전 생각해보기

♥ 교사는 학생들이 활동을 진행할 때, ChatGPT가 제시한 원자 번호 1~20번의 특징이 신뢰할 수 있는지 확인할 수 있도록 안내합니다.

♥ 교사는 학생들이 ChatGPT에게 답변을 요청하기 전 학생들의 의견을 먼저 물어 과학적 개념을 그대로 암기하는 것을 지양하도록 합니다.

과학

② 수업 톺아보기

교수·학습과정안을 통하여 수업 흐름을 자세히 살펴보겠습니다.

1 도입

동기유발

- **학생이 가지고 있는 소지품은 어떤 원소로 이루어져 있는지 분류해보기**
  - 본인의 소지품 중 하나를 적어보고 그 물건들은 어떤 원소로 이루어져 있는지 말해봅시다.

〈교사가 할 수 있는 주요 질문〉
- 연필은 어떤 원소로 이루어져 있을까요?
- 텀블러는 어떤 원소로 이루어져 있을까요?

〈학생들의 기대 답변〉
- 연필에서 흑연은 탄소로 이루어져 있어요.
- 텀블러는 금속 재질이니까 철이 있을 것 같아요.

  - 물건을 이루는 원소는 금속 원소인지 비금속 원소인지 말해봅시다.

〈교사가 할 수 있는 주요 질문〉
- 그렇다면 탄소는 금속일까요? 비금속일까요?
- 그렇다면 철은 금속일까요? 비금속일까요?

〈학생들의 기대 답변〉
- 탄소는 비금속이에요.
- 철은 금속이에요.

  - 본인이 가지고 있는 소지품 하나를 꺼내어 친구들과 자유롭게 의견을 나누도록 합니다.

2 전개

활동1 ChatGPT와 함께 금속과 비금속 원소의 특징 알아보기

- 학생은 원자 번호 1~20번까지 원소의 특징과 금속, 비금속 원로로 분류 요청하기

원자 번호 1~20번까지 원소를 금속과 비금속으로 분류해주고, 각각의 원소 특징 2개씩 알려줘.
그리고 표로 작성해줘.

 네, 원자 번호 1~20번까지의 원소를 금속과 비금속으로 분류하고, 각 원소의 특징을 2개씩 알려
드리겠습니다.

원자 번호	원소 기호	원소 이름	분류	특징1	특징2
1	H	수소	비금속	가장 가벼운 원소	반응성이 좋음
2	He	헬륨	비금속	광선 아래에서 빛남	반응성이 없음
3	Li	리튬	금속	가벼운 금속	물과 반응하여 수소를 발생
4	Be	베릴륨	금속	경도가 높음	반응성이 낮음
5	B	붕소	비금속	경도가 높은 결정체	온에서 금속과 반응
6	C	탄소	비금속	다이아몬드 형태로 존재	생명체의 기본 구성 원소
7	N	질소	비금속	대기의 78% 구성	냉각제로 사용됨
8	O	산소	비금속	대기의 21% 구성	호흡에 필수
9	F	플루오린	비금속	가장 반응성이 좋은 원소	높은 전기음성도
10	Ne	네온	비금속	반응성이 없음	네온사인에서 발광
11	Na	나트륨	금속	물과 강하게 반응	체내에서 필수적인 역할
12	Mg	마그네슘	금속	밝은 불꽃을 발생	경량금속
13	Al	알루미늄	금속	경량	부식에 강함
14	Si	실리콘	금속	반도체 산업에 사용	지각의 주요 구성 원소
15	P	인	비금속	매치의 머리에 사용	DNA와 ATP의 구성요소
16	S	황	비금속	무취	일부 단백질의 구성요소
17	Cl	염소	비금속	살균제로 사용	염화물 형태로 많이 발견
18	Ar	아르곤	비금속	귀중한 기체	반응성이 없음
19	K	칼륨	금속	물과 강하게 반응	체내에서 필수적인 역할
20	Ca	칼슘	금속	뼈와 이의 주요 구성요소	반응성이 보통

※ 비고: 실리콘 (Si)는 중금속 성질을 갖는다는 의견도 있으며, 분류에 따라 비금속으로 간주되기
도 합니다.

※ 통합 과학 교육과정에서는 Si(실리콘)은 비금속으로, 화학 I 에서는 준금속으로 분류됨을 학생들에게 안내합
니다.

- **학생은 금속과 비금속 원소의 특징 요청하기**

 고등학교 1학년 과학 수준의 금속과 비금속의 특징을 5가지 씩 알려줘.

고등학교 1학년 과학 수준에서 다루는 금속과 비금속의 기본적인 특징을 알려드리겠습니다:

금속의 특징 (5가지):
1. 전기 전도성: 금속은 일반적으로 좋은 전기 전도체이다. 이는 금속 원자들 사이에 자유롭게 움직일 수 있는 전자 때문이다.
2. 열 전도성: 금속은 열을 잘 전달한다.
3. 광택: 많은 금속들이 특징적인 광택을 가진다.
4. 가공성: 금속은 물리적 혹은 열적 방법으로 쉽게 변형될 수 있다 (예: 망치로 편평하게 치거나, 선으로 뽑는다).
5. 밀도와 무게: 대부분의 금속들은 높은 밀도와 무게를 가진다.

비금속의 특징 (5가지):
1. 전기 전도성: 대부분의 비금속은 전기를 전도하지 않는다. 단, 일부 예외 (예: 그래핀)가 있다.
2. 절연체: 대부분의 비금속은 열과 전기를 잘 전도하지 않아, 절연체로 사용되기도 한다.
3. 비금속-비금속 결합: 비금속끼리 결합할 때는 공유결합을 주로 형성한다.
4. 다양한 상태에서 존재: 비금속은 고체, 액체, 기체 상태에서 모두 존재할 수 있다.
5. 물리적 특성: 일반적으로 비금속은 낮은 밀도와 경도를 가진다. 하지만 예외(예: 다이아몬드와 같은 탄소의 알로트로프)도 존재한다.

이러한 특징들은 고등학교 수준의 과학 교육에서 금속과 비금속을 구분하는 기본적인 기준으로 사용된다.

활동2 금속 원소와 비금속 원소를 분류하는 원소 분류기 만들기

- 학생은 금속 원소와 비금속 원소를 분류하는 파이썬 코드 요청하기

 위 내용을 바탕으로 원소 번호 1~20번까지 입력하였을 때 그 원소의 기호와 특징 2개, 금속 원소와 비금속 원소로 분류해주고, 금속 원소인 경우 금속 원소의 특징 5개, 비금속 원소인 경우 비금속 원소 특징 5개가 나오는 파이썬 언어를 작성해줘.

```python
def get_element_properties(atomic_number):
    elements = {
        1: ("H", "수소", "비금속", ["가장 가벼운 원소", "반응성이 좋음"]),
        2: ("He", "헬륨", "비금속", ["광선 아래에서 빛남", "반응성이 없음"]),
        3: ("Li", "리튬", "금속", ["가벼운 금속", "물과 반응하여 수소를 발생"]),
        4: ("Be", "베릴륨", "금속", ["경도가 높음", "반응성이 낮음"]),
        5: ("B", "붕소", "비금속", ["경도가 높은 결정체", "고온에서 금속과 반응"]),
        6: ("C", "탄소", "비금속", ["다이아몬드 형태로 존재", "생명체의 기본 구성 원소"]),
        7: ("N", "질소", "비금속", ["대기의 78% 구성", "냉각제로 사용됨"]),
```

```python
        8: ("O", "산소", "비금속", ["대기의 21% 구성", "호흡에 필수"]),
        9: ("F", "플루오린", "비금속", ["가장 반응성이 좋은 원소", "높은 전기음성도"]),
        10: ("Ne", "네온", "비금속", ["반응성이 없음", "네온사인에서 발광"]),
        11: ("Na", "나트륨", "금속", ["물과 강하게 반응", "체내에서 필수적인 역할"]),
        12: ("Mg", "마그네슘", "금속", ["밝은 불꽃을 발생", "경량금속"]),
        13: ("Al", "알루미늄", "금속", ["경량", "부식에 강함"]),
        14: ("Si", "실리콘", "비금속", ["반도체 산업에 사용", "지각의 주요 구성 원소"]),
        15: ("P", "인", "비금속", ["매치의 머리에 사용", "DNA와 ATP의 구성요소"]),
        16: ("S", "황", "비금속", ["무취", "일부 단백질의 구성요소"]),
        17: ("Cl", "염소", "비금속", ["살균제로 사용", "염화물 형태로 많이 발견"]),
        18: ("Ar", "아르곤", "비금속", ["귀중한 기체", "반응성이 없음"]),
        19: ("K", "칼륨", "금속", ["물과 강하게 반응", "체내에서 필수적인 역할"]),
        20: ("Ca", "칼슘", "금속", ["뼈와 이의 주요 구성요소", "반응성이 보통"])
    }
    metal_properties = ["좋은 전기 전도성", "열을 잘 전달", "광택이 있음", "가공성이 좋음", "높은
밀도와 무게"]
    non_metal_properties = ["전기를 전도하지 않음", "절연체", "비금속-비금속은 공유결합",
"다양한 상태에서 존재", "경도가 낮음"]

    element_symbol, element_name, element_type, specific_properties =
elements[atomic_number]

    print(f"원소 기호: {element_symbol}")
    print(f"원소 이름: {element_name}")
    print(f"분류: {element_type}")
    print(f"특징 1: {specific_properties[0]}")
    print(f"특징 2: {specific_properties[1]}")

    if element_type == "금속":
        print("\n금속의 일반적인 특징:")
        for prop in metal_properties:
            print(f"- {prop}")
    else:
        print("\n비금속의 일반적인 특징:")
        for prop in non_metal_properties:
            print(f"- {prop}")

atomic_number = int(input("원소 번호(1~20)를 입력하세요: "))
if 1 <= atomic_number <= 20:
    get_element_properties(atomic_number)
else:
    print("1~20 범위 내의 번호를 입력해주세요.")
```

- **배운 내용으로 코드의 신뢰성 판단하기**
  - 원자 번호 1~20번의 원소가 금속과 비금속 원소로 잘 분류가 되었는지 확인합시다.
  - 금속과 비금속 원소의 특징이 올바르게 입력이 되었는지 확인합시다.

- **원소 분류기 작동시키기**
  - 구글 코랩(Google colab)으로 원소 분류기 파이선 코드를 작동시켜 봅시다.
  - 과학적 개념을 바꾸지 않는 범위에서 한글로 된 입출력 부분을 수정하여 나만의 분류기를 완성해봅시다.

3 정리

- **원소 분류기를 응용할 수 있는 분야를 설명해보기**
  - 원소 분류기의 원리를 다른 분야에 적용하여 설명해봅시다.

③ 수업 참고자료

- **코랩(Colaboratory) 활용 기법**
  - **코랩(Colaboratory)**을 실행하기 위해서 구글아이디가 있어야 합니다.
  - **코랩(Colaboratory)**은 파이선 코드를 실행할 수 있는 플랫폼으로 ChatGPT에서 요청한 파이선 코드를 실행해 볼 수 있도록 합니다.
  - **코랩(Colaboratory)**을 활용하면 ChatGPT에서 요청한 다양한 파이선 코드를 실행하는 것이 가능합니다.

- **코랩(Colaboratory) 활용 방법**

❶ 구글에 코랩을 검색하기

❷ 코랩 사이트 클릭하기

❸ 새노트를 클릭하여 파이선 코드를 실행할 준비하기

❹ ChatGPT가 제시한 파이선 코드를 복사하기

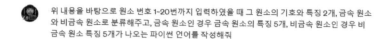

위 내용을 바탕으로 원소 번호 1~20번까지 입력하였을 때 그 원소의 기호와 특징 2개, 금속 원소와 비금속 원소로 분류해주고, 금속 원소인 경우 금속 원소의 특징 5개, 비금속 원소인 경우 비금속 원소 특징 5개가 나오는 파이썬 언어를 작성해줘

네, 요청하신 내용을 바탕으로 원소의 기호, 특징, 그리고 금속/비금속의 분류와 특징을 출력하는 파이썬 코드를 작성하겠습니다.

```python
def get_element_properties(atomic_number):
    elements = {
        1: ("H", "수소", "비금속", ["가장 가벼운 원소", "반응성이 좋음"]),
        2: ("He", "헬륨", "비금속", ["광선 아래에서 빛남", "반응성이 없음"]),
        3: ("Li", "리튬", "금속", ["가벼운 금속", "물과 반응하여 수소를 발생"]),
        4: ("Be", "베릴륨", "금속", ["경도가 높음", "반응성이 낮음"]),
        5: ("B", "붕소", "비금속", ["경도가 높은 결정체", "고온에서 금속과 반응"]),
        6: ("C", "탄소", "비금속", ["다이아몬드 형태로 존재", "생명체의 기본 구성 원
        7: ("N", "질소", "비금속", ["대기의 78% 구성", "냉각제로 사용됨"]),
        8: ("O", "산소", "비금속", ["대기의 21% 구성", "호흡에 필수"]),
        9: ("F", "플루오린", "비금속", ["가장 반응성이 좋은 원소", "높은 전기음성도"]
       10: ("Ne", "네온", "비금속", ["반응성이 없음", "네온사인에서 발광"]),
       11: ("Na", "나트륨", "금속", ["물과 강하게 반응", "체내에서 필수적인 역할"]
       12: ("Mg", "마그네슘", "금속", ["밝은 불꽃을 발생", "경량금속"]),
       13: ("Al", "알루미늄", "금속", ["경량", "부식에 강함"]),
```

❺ 복사한 파이선 코드를 코랩에 붙여넣기

CO 🔺 Untitled12.ipynb ☆

파일 수정 보기 삽입 런타임 도[ ]말 모든 변경사항이 저장됨

☰ + 코드 + 텍스트

```python
[1] def get_element_properties(atomic_number):
        elements = {
            1: ("H", "수소", "비금속", ["가장 가벼운 원소", "반응성이 좋음"]),
            2: ("He", "헬륨", "비금속", ["광선 아래에서 빛남", "반응성이 없음"]),
            3: ("Li", "리튬", "금속", ["가벼운 금속", "물과 반응하여 수소를 발생"]),
            4: ("Be", "베릴륨", "금속", ["경도가 높음", "반응성이 낮음"]),
            5: ("B", "붕소", "비금속", ["경도가 높은 결정체", "고온에서 금속과 반응"]),
            6: ("C", "탄소", "비금속", ["다이아몬드 형태로 존재", "생명체의 기본 구성 원소"]),
            7: ("N", "질소", "비금속", ["대기의 78% 구성", "냉각제로 사용됨"]),
            8: ("O", "산소", "비금속", ["대기의 21% 구성", "호흡에 필수"]),
            9: ("F", "플루오린", "비금속", ["가장 반응성이 좋은 원소", "높은 전기음성도"]),
           10: ("Ne", "네온", "비금속", ["반응성이 없음", "네온사인에서 발광"]),
           11: ("Na", "나트륨", "금속", ["물과 강하게 반응", "체내에서 필수적인 역할"]),
           12: ("Mg", "마그네슘", "금속", ["밝은 불꽃을 발생", "경량금속"]),
           13: ("Al", "알루미늄", "금속", ["경량", "부식에 강함"]),
           14: ("Si", "실리콘", "비금속", ["반도체 산업에 사용", "지각의 주요 구성 원소"]),
           15: ("P", "인", "비금속", ["매치의 머리에 사용", "DNA와 ATP의 구성요소"]),
           16: ("S", "황", "비금속", ["무취", "일부 단백질의 구성요소"]),
           17: ("Cl", "염소", "비금속", ["살균제로 사용", "염화물 형태로 많이 발견"]),
           18: ("Ar", "아르곤", "비금속", ["귀중한 기체", "반응성이 없음"]),
           19: ("K", "칼륨", "금속", ["물과 강하게 반응", "체내에서 필수적인 역할"]),
           20: ("Ca", "칼슘", "금속", ["뼈와 이의 주요 구성요소", "반응성이 보통"])
        }
```

Untitled12.ipynb ☆

파일 수정 보기 삽입 런타임 도구 도움말 <u>모든 변경사항이 저장됨</u>

+ 코드 + 텍스트

```python
        print("\n금속의 일반적인 특징:")
        for prop in metal_properties:
            print(f"- {prop}")
    else:
        print("\n비금속의 일반적인 특징:")
        for prop in non_metal_properties:
            print(f"- {prop}")

atomic_number = int(input("원소 번호(1~20)를 입력하세요: "))
if 1 <= atomic_number <= 20:
    get_element_properties(atomic_number)
else:
    print("1~20 범위 내의 번호를 입력해주세요.")
```

원소 번호(1~20)를 입력하세요: [   ]

↓

원소 번호(1~20)를 입력하세요: 11
원소 기호: Na
원소 이름: 나트륨
분류: 금속
특징 1: 물과 강하게 반응
특징 2: 체내에서 필수적인 역할

금속의 일반적인 특징:
- 좋은 전기 전도성
- 열을 잘 전달
- 광택이 있음
- 가공성이 좋음
- 높은 밀도와 무게

더미

259

46 ChatGPT가 제시한 화학으로 발전한 우리 사회를 만화로 그려보기

① 수업 미리보기

학교급	고등학교		과목	화학 I	준비물	PC 또는 노트북, 도화지, 색연필

학습 주제	ChatGPT가 제시한 화학으로 발전한 우리 사회 만화로 그려보기

관련 성취 기준

2015 개정 교육과정	[12화학 I 01-01] 화학이 식량 문제, 의류 문제, 주거 문제 해결에 기여한 사례를 조사하여 발표할 수 있다. [12화학 I 01-02] 탄소 화합물이 일상생활에 유용하게 활용되는 사례를 조사하여 발표할 수 있다.
2022 개정 교육과정	[12화학01-01] 화학이 현대 과학·기술·사회의 발전에 기여한 사례를 조사·발표하며 화학에 흥미와 호기심을 가질 수 있다.

시작하며

* **고등학교 화학 I 교과에서 ChatGPT를 활용하여 화학으로 발전한 우리 사회를 만화로 그려 보는 수업입니다.**

첫 번째 활동은 ChatGPT를 활용하여 화학으로 삶이 개선된 사례를 조사합니다. 학생은 ChatGPT를 활용하여 화학으로 인해 인류 문명에서 해결된 문제를 찾아 우리의 나아진 삶을 조사합니다.
두 번째 활동은 ChatGPT가 제시한 주제로 4컷 만화를 그립니다. 학생은 ChatGPT를 활용하여 화학으로 나아진 삶 중 식량 문제, 의류 문제, 주거 문제 등의 주제를 선정하여 조별로 4컷 만화를 완성합니다.

수업의 흐름 한눈에 살펴보기

동기 유발	········	우리 주변에 화학으로 삶이 나아진 것을 이야기하기
활동1	········	우리 주변에 화학으로 삶이 나아진 사례 조사하기
활동2	········	ChatGPT가 제시한 주제를 정하여 4컷 만화 그리기
정리	········	4컷 만화를 전시하고 감상하기

수업 전 생각해보기

♥ 개인별 활동이 아닌 모둠 활동으로 진행하고 4인 1조가 되어 4컷 만화를 그리되 인원에 따라서 5인 1조, 6인 1조가 된다면 5컷, 6컷으로 안내합니다.
♥ 교사는 활동1 의 질문에서 ChatGPT의 답변을 확인하고 조별로 큰 주제를 제시해줍니다.
♥ ChatGPT가 제시한 화학으로 문제를 해결된 예(또는 발전된 예)에서 윤리적으로 합당한 내용인지, 문화가 편향된 표현이 관련되었는지 비판적으로 검토 후 학생들에게 안내합니다.

② 수업 톺아보기

교수·학습과정안을 통하여 수업 흐름을 자세히 살펴보겠습니다.

1 도입

 동기유발

• **우리 주변에 화학으로 삶이 개선된 사례를 이야기하기**
  - 화학으로 인해 해결된 것과 발전된 것을 이야기해봅시다.

2 전개

활동1 **우리 주변에 화학으로 삶이 나아진 사례 조사하기**

• **ChatGPT에게 화학으로 인해 문제가 해결된 것(또는 발전 된 것)을 요청하기**

 화학으로 인해 인류 문명에서 해결된 식량 문제가 어떤 것이 있는지 알려줘.

 화학은 식량 문제의 해결에 크게 기여한 여러 분야와 기술들을 도출해냈습니다. 그 중 몇 가지 주요 사례를 아래에 나열합니다.

1. 비료의 발견과 개발: 하버-보쉬 공정을 통한 합성 아모니아의 대량 생산은 인공 비료 산업의 탄생을 이끌었습니다. 이 공정은 고정 질소를 사용하여 아모니아를 합성하는 방법을 제공하므로 농작물의 생산성을 크게 향상시켰습니다.
2. 농약과 제초제의 발전: 화학물질을 이용하여 해충, 병원균, 잡초를 효과적으로 퇴치하고 관리함으로써 농작물의 생산성과 품질을 향상시켰습니다.
3. 식품 보존기술: 화학적 방법을 사용하여 식품의 신선도를 유지하고 부패를 방지하였습니다. 이에는 항산화제, 방부제, 밀봉 포장 등이 포함됩니다.
4. 생물공학의 발전: DNA 재조합 기술과 유전자 편집 기술은 농작물의 특성을 개선하는 데 활용되었습니다. 이로 인해 더 높은 생산량, 더 나은 영양 가치, 재해 및 병해충에 대한 저항력이 향상된 작물이 개발되었습니다.
5. 식품 가공과 첨가물: 화학은 식품의 풍미, 색상, 질감 및 보존성을 개선하기 위한 다양한 식품 첨가물의 개발에 중요한 역할을 하였습니다.

이러한 기술과 발전은 세계의 식량 보안과 충분한 식량 공급을 위한 중요한 역할을 하였습니다. 그러나 이런 발전에는 환경적, 건강적 문제와 같은 부작용도 있을 수 있기 때문에 지속 가능하고 환경 친화적인 방법들의 연구와 도입이 계속 필요하게 되었습니다.

• **ChatGPT에게 추가적으로 질문을 하여 구체화하기**

 비료의 발견과 개발 측면에서 어떻게 중요한 역할을 했는지 예시 하나를 구체적으로 알려줘.

 비료의 발견과 개발 중에서 가장 혁명적인 발전은 "하버-보쉬 공정"의 발견입니다. 이 공정은 직접적으로 20세기의 인구 폭증을 지원하게 된 핵심 요소 중 하나였으며, 그 중요성을 이해하기 위해 구체적인 상황과 그 영향을 살펴보겠습니다.

하버-보쉬 공정:
- 개발 연도: 20세기 초
- 개발자: Fritz Haber와 Carl Bosch
- 주요 내용: 고온고압 환경에서 질소와 수소를 반응시켜 합성 아모니아를 생산하는 방법.

이 공정이 중요한 이유:
1. 질소의 중요성: 질소는 식물의 성장에 필수적인 영양소입니다. 자연에서는 식물이 사용할 수 있는 형태의 질소가 제한적이므로, 농작물의 생산성은 직접적으로 사용 가능한 질소의 양에 의존하게 됩니다.
2. 인공 비료의 생산: 하버-보쉬 공정을 통해 대량의 합성 아모니아를 생산할 수 있게 되었고, 이 아모니아는 인공 비료의 주요 구성 요소가 되었습니다. 이 비료는 전 세계의 농작물 생산성을 대폭 향상시켰습니다.
3. 인구 증가 지원: 20세기에 인구가 폭증하게 되었는데, 이러한 인구 증가를 지원하기 위해서는 더 많은 식량이 필요했습니다. 하버-보쉬 공정으로 생산된 비료 덕분에 농작물의 생산량이 크게 늘어나게 되었고, 이로 인해 빠르게 증가하는 인구를 먹여 살릴 수 있게 되었습니다.

예를 들어, 이 공정이 발견되기 전에는 전세계적으로 식량 부족으로 인한 기근이 자주 발생했습니다. 하지만 하버-보쉬 공정 덕분에 굶주림의 위협이 크게 감소하게 되었습니다.

결론적으로, 하버-보쉬 공정은 현대 농업의 핵심 기술 중 하나로 인정받으며, 인류의 식량 보안에 결정적인 역할을 하게 되었습니다.

활동2 **ChatGPT가 제시한 주제를 정하여 4컷 만화 그리기**

• **학생은 ChatGPT가 제시한 주제에 해당하는 4컷 만화 내용 요청하기**

※ **활동1** 에서 ChatGPT가 제시한 내용 중 하나를 구체화하여 질문합니다.
※ 교사는 조별로 주제가 겹치지 않도록 순회하며 지도합니다.

인공 비료가 생산된 배경을 4컷 만화로 그리려고 하는데 컷 별로 그림을 그릴 수 있도록 구체적으로 설명해줘.

 4컷 만화로 인공 비료가 생산된 배경을 표현하려면 다음과 같은 장면을 생각해볼 수 있습니다:

1컷: 고대 농부와 황폐한 농장
• 배경: 건조하고 황폐한 농장
• 등장인물: 고대 농부가 작은 화분을 들고 비탄의 눈물을 흘리며 앞을 바라봅니다.
• 말풍선 또는 캡션: "땅이 빈약해서 수확량이 줄었어…"

2컷: 자연의 한계 인식
• 배경: 여러 농부들이 모여서 땅의 상태를 논의하는 장면
• 등장인물: 농부들이 모여 땅의 샘플을 들고 있으며 서로 대화하고 있습니다.
• 말풍선 또는 캡션: "우리가 필요로 하는 질소가 부족해… 자연만으로는 해결이 안 되겠어."

3컷: 하버와 보쉬의 발견
• 배경: 실험실
• 등장인물: Fritz Haber와 Carl Bosch가 화학 장비를 가지고 실험하고 있습니다. 불꽃 속에서 반응이 일어나고 있습니다.
• 말풍선 또는 캡션: "성공이다! 합성 아모니아를 만들었어!"

4컷: 농장의 변화와 풍요로운 수확
• 배경: 푸른 농장과 크게 자라난 농작물들
• 등장인물: 농부들이 큰 미소를 짓고 풍부한 농작물을 수확하며 기뻐하고 있습니다.
• 말풍선 또는 캡션: "비료 덕분에 이렇게 풍성한 수확을 얻을 수 있게 됐어!"

이렇게 간단한 스토리라인을 통해 인공 비료의 중요성과 그 배경을 재미있게 표현할 수 있을 것입니다!

• **ChatGPT가 제시한 내용을 바탕으로 4컷 만화 그리기**
  - ChatGPT가 제시한 4컷 설명을 통해 만화를 그려봅시다.

3 정리

• **4컷 만화를 전시하고 감상하기**
  - 친구들이 그린 4컷 만화를 감상합니다.

ChatGPT의 도움으로 영어 글쓰기 방법 익히기

① 수업 미리보기

학교급	고등학교	과목	영어	준비물	PC 또는 노트북

학습 주제	ChatGPT와 함께 영어 글쓰기 방법 익히기

관련 성취 기준

2015 개정 교육과정 | [10영04-03] 일상생활이나 친숙한 일반적 주제에 관하여 자신의 의견이나 감정을 쓸 수 있다.

2022 개정 교육과정 | [10공영1-02-04] 자신의 생각이나 의견, 감정, 감상 등을 표현한다.

시작하며

＊ 고등학교 영어 교과에서 ChatGPT의 도움을 받아 영어글쓰기 방법을 익히는 수업입니다.
ChatGPT와 함께 성격을 나타내는 키워드를 알아봅니다. ChatGPT를 활용해 다양한 글쓰기 소재를 빠르게 얻고 활용함으로써, 학생들이 영어 글쓰기의 연습 시간을 충분히 확보할 수 있습니다. **학생이 선택한 키워드와 관련된 경험을 영어로 먼저 글 써봅니다.** 학생들은 생성형 인공지능의 결과물에 의존하기보다 먼저 스스로 글을 써보고 피드백을 받음으로써 영어 쓰기 능력을 신장시킵니다. 마지막으로 **ChatGPT의 글쓰기 피드백 도움을 받아 글을 재작성해보는 시간을 갖습니다.** 학생들로 하여금 ChatGPT에 요구조건을 달리하여 질문하도록 지도하여, 자신의 글을 단계적으로 완성해나가는 시간을 갖도록 합니다.

수업의 흐름 한눈에 살펴보기

동기 유발	·······	'나의 강점'을 관련 경험과 함께 소개하는 글쓰기 안내하기
활동1	·······	나의 성격을 표현할 수 있는 키워드 선택하기
활동2	·······	내가 선택한 키워드와 관련된 경험을 영어로 글쓰기
활동3	·······	ChatGPT를 활용한 글쓰기 피드백을 반영하여 완성도있는 글쓰기
정리	·······	글을 검토해보고 완성된 글을 친구들과 공유해보기

수업 전 생각해보기

♥ 교사는 학생들이 ChatGPT의 글쓰기 피드백에 의존하도록 하기보다, 글을 써보고 피드백을 수용하는 과정에서 영어 글쓰기 능력을 스스로 향상시킬 수 있도록 수업을 설계합니다.
♥ 영어 글쓰기를 진행할 때는 학생들에게 여러 번의 기회를 단계적으로 부여하여 학생들 스스로 글을 완성해나갈 수 있도록 유도합니다.

② 수업 톺아보기

교수·학습과정안을 통하여 수업 흐름을 자세히 살펴보겠습니다.

---

1 도입

동기유발

- '나의 강점'을 관련 경험과 함께 소개하는 글쓰기 안내하기
  - 나의 강점을 소개하는 영어 글쓰기를 써 봅시다.

- 예시 글을 보여주며 완성된 글에 대한 동기 부여하기

---

2 전개

활동1 나의 성격을 표현할 수 있는 키워드 선택하기

- ChatGPT에게 질문하여 나의 성격을 표현할 수 있는 키워드 찾기

 사람의 성격을 표현할 수 있는 영어 단어를 있는대로 알려줘. 한글 표현과 영어 표현을 함께 알려줘.

 물론이죠! 사람의 성격을 긍정적으로 표현하는 영어 단어와 그에 해당하는 한글 표현을 몇 가지 나열해보겠습니다.

Kind (친절한)   Generous (관대한, 너그러운)
Warm-hearted (마음이 따뜻한)   Honest (정직한)
Cheerful (명랑한, 쾌활한)   Optimistic (낙관적인)
Loyal (충실한)   Reliable (믿을 수 있는)
Compassionate (동정심 있는, 연민 있는) Enthusiastic (열정적인)
Patient (인내심 있는)   Humble (겸손한)
Respectful (존중하는)   Friendly (친근한)
Considerate (배려하는)

이 외에도 많은 긍정적인 성격 표현들이 있습니다. 필요에 따라 추가적인 정보나 예문도 제공해 드릴 수 있습니다!

미디어

- 학생은 ChatGPT가 제시한 단어 중 궁금한 단어는 추가적인 설명이나 예문을 요청하기

 연민 있다는 건 무슨 뜻이야? Compassionate의 의미를 예문과 함께 설명해줄래?

 "연민"이란 타인의 고통이나 어려움에 대해 따뜻한 마음으로 이해하고 도움을 주려는 마음을 가지고 있다는 의미입니다. "Compassionate"는 영어로 "연민 있는"이라는 의미를 가집니다. "Compassionate"는 어떤 사람이나 행동이 다른 사람의 고통이나 어려움에 대해 깊은 동정심을 가지고 있다거나, 그런 마음에서 오는 행동을 의미합니다.

예문을 통해 "Compassionate"의 의미를 더 잘 이해해보겠습니다.

1. "She's a compassionate nurse, always taking extra time to comfort her patients."
   "그녀는 연민 있는 간호사로, 항상 환자들을 위로하기 위해 추가적인 시간을 보낸다."
2. "After the hurricane, many compassionate individuals donated money and supplies to the victims."
   "허리케인이 지나간 후, 많은 연민 있는 사람들이 피해자들에게 돈과 물품을 기부했다."
3. "Being compassionate means more than just feeling sorry for someone; it means taking action to help."
   "연민을 가지고 있다는 것은 단순히 누군가를 위해 미안해하는 것 이상을 의미한다; 그것은 도움을 주기 위해 행동하는 것을 의미한다."

"Compassionate"는 자비로운, 동정심 있는 등의 뜻도 포함하므로, 문맥에 따라 적절한 해석이 필요할 수 있습니다.

- 학생은 ChatGPT가 제시한 단어 중 자신의 강점을 나타내는 영어 단어를 선택하기

활동2 내가 선택한 키워드와 관련된 경험을 영어로 글쓰기

- 나의 성격을 대표하는 키워드를 선택하고, 이와 관련해 떠오르는 경험을 인공지능의 도움 없이 스스로 글 써보기

  ※ 이때의 글은 초안(roughdraft)이므로, 학생들이 문법과 글의 형태에지나치게 신경쓰지 않도록 유도합니다.

> As a person, I would describe me as altruistic. One day, I decided to surprise my classmates with sweet treats. I knew many of them had been stressed with final exams. So I thought that a small gesture of kind could help brighten their day. I went to the store and bought a few bags of candy, and then spent the evening packaging them into small treat bags. The next day, I brought the treat bags to school and handed them out to my classmates. I saw their faces light up with joy as they realized what I had done, and it made me feel happy to know that I had made a small difference in their day. And, my altruistic personality is one of my greatest strengths.

활동3 **ChatGPT를 활용한 글쓰기 피드백을 반영하여 완성도있는 글쓰기**

- 학생은 ChatGPT에게 수정 전, 수정 후, 설명 등을 표로 요청하여 글쓰기 피드백 받기

 이 글을 문법적이고 자연스러운 형태로 고쳐 써주겠니? 내용을 어떻게 바꾸었는지, 그리고 왜 바꾸었는지 표로 보기 좋게 정리해줘.

 네, 여기 기존 버전, 수정된 버전, 그리고 변화에 대한 설명을 담은 표를 제공해드리겠습니다.

원본 버전	수정된 버전	설명
As a person, I would describe **me** as altruistic.	I would describe **myself** as altruistic	"As a person" 대신 "Personally"를 사용하여 더 자연스러운 표현으로 수정했습니다. "describe me"를 "describe myself"로 수정하여 주어와 동사의 일치를 맞추었습니다.
One day, I decided to surprise my classmates with **sweet treats**.	One day, I decided to surprise my classmates with **some sweet treats**.	"Sweet treats" 앞에 "some"을 추가하여 더 자연스럽게 표현했습니다.
So I thought that a small gesture of **kind** could help brighten their day.	So I thought that a small **act** of **kindness** could help brighten their day.	"Kind"를 "kindness"로 수정하여 명사 형태로 표현하고, "a small act of"를 추가하여 더 자연스러운 표현으로 변경했습니다.
And, my altruistic personality is one of my greatest strengths.	**Overall**, I **consider** my altruistic personality **to be** one of my greatest strengths.	"And" 대신 "Overall"을 사용하여 문맥을 연결하였고, "my altruistic personality"를 강조하기 위해 수정하여 표현을 개선했습니다.

- 학생은 피드백을 활용하여 글을 고쳐 써보고, 피드백 과정에서 궁금한 내용을 추가적으로 탐구하기
  (ex. 재귀대명사의 용법과 예시에 대해 알아보기 등)

3 정리

- 이번 시간에 새롭게 알게 된 것들을 나의 말로 재구성하여 정리하기
- 글의 응집성과 통일성 측면에서 글을 검토해보고, 완성된 글을 친구들과 공유하기

빌더

ChatGPT와 함께 이어그리기 협동게임으로 영어 공부하기

① 수업 미리보기

학교급	고등학교	과목	영어 I	준비물	PC 또는 노트북

학습 주제	ChatGPT와 함께 이어그리기 협동게임으로 영어 공부하기

관련 성취 기준

2015 개정 교육과정	[12영 I -02-05] 친숙한 일반적 주제에 관해 그림, 도표, 도식 등을 활용하여 의사소통할 수 있다.
2022 개정 교육과정	[12영 I -02-07] 다양한 매체와 적절한 전략을 활용하여 정보를 창의적으로 전달한다.

시작하며

＊고등학교 영어 I 교과에서 ChatGPT의 도움을 받아 이어그리기 협동 영어 게임을 합니다.
ChatGPT에게 이미지 분석을 요청하여 영어 설명을 요청합니다. 학생의 개별 수준에 맞게 그림을 묘사하는 글을 읽고 익혀봅니다. **학생들은 이미지를 묘사하는 글을 독해하며 표현을 정리해봅니다.** 이때 글 속 관련 표현이나 어휘를 스스로 공부하고 정리하는 시간을 가집니다.
마지막으로 학습한 지문의 내용을 그림으로 표현하는 게임을 통해 글을 재구성해봅니다. 학생들은 자신이 이해한 내용을 친구들과 공유하고, 이해한 내용을 다른 형태의 결과물로 재구성하면서 깊이 있는 독해 학습을 합니다.

수업의 흐름 한눈에 살펴보기

동기 유발	………	제시된 사진과 관련된 핵심 영어 단어 떠올려보기
활동1	………	이미지에 대한 핵심어 정보를 활용하여 인공지능에게 설명 요청하기
활동2	………	이미지를 묘사하는 글을 친구와 함께 읽고 이해하며 정리하기
활동3	………	글을 읽고 그림으로 표현하는 협동 게임하기
정리	………	새롭게 배운 표현을 정리하고 가장 높은 점수의 팀 시상하기

수업 전 생각해보기

♥ 교사는 ChatGPT에게 사진에 대한 분석을 요청할 때, 학생 개개인의 수준에 맞는 표현인지 다시 한번 검토한 후 수업 자료로 활용합니다.
♥ 교사는 수업에 활용하는 사진이 저작권에 위배되지 않는지 점검하고, 학생들이 저작권에 위배되지 않는 사진을 활용할 수 있도록 저작권 무료 사이트 등을 안내합니다.

② 수업 톺아보기

교수·학습과정안을 통하여 수업 흐름을 자세히 살펴보겠습니다.

---

1 도입

동기유발

- **교사는 사진을 제시하고 학생들에게 떠오르는 핵심 영어 단어를 생각해보도록 하기**
  - 학생들의 어휘 수준을 다양하게 고려하면서 사진 이미지를 제시합니다.
  - ex. 다음 그림을 보고 떠오르는 영어 단어를 말해볼까요?
    (예상 답변: polar bear, north pole, ice 등)

▲ 출처: 픽사베이

---

2 전개

활동1 이미지의 핵심어 정보를 활용하여 인공지능에게 설명 요청하기

- **교사는 학생 3~4인을 한 팀으로 모둠을 구성하기**

- **학생은 교사가 제시하는 주제 내에서 사진을 골라, ChatGPT에게 사진에 대한 영어 설명을 요청하기**
  ※ 교사는 학생들이 각자의 영어 읽기 수준에 맞는 설명을 요청하게 하여 개별화 학습이 이뤄지도록 유도합니다.

> 내가 제공한 사진에 대해서 영어로 묘사해주겠니? 다음 조건을 지켜줘.
> 1. 초보 구사자(novice high) 수준의 글일 것
> 2. 그림을 상상해볼 수 있도록 구체적으로 설명할 것
> 3. 짧은 세 문단 정도의 길이일 것

The picture shows a big polar bear. The bear's fur is very white. You can see its whiskers. They are thin and long. The bear is standing on snow. It looks like winter. The ground is white and gray. The bear looks strong.

Behind the bear, there is more snow. The sky is white and gray too. There are no sun, trees, or green things. It is all white and gray. It looks very cold. The bear looks like it is not cold. It lives in the cold.

The bear is looking at us. It has a black nose and little round ears. Its eyes are dark and small. The bear's mouth is closed. It does not look scary. It looks calm and not afraid. It is alone in the cold place.

활동2 이미지를 묘사하는 글을 친구와 함께 읽고 이해하며 정리하기

- 친구와 협동하여 설명문을 해석해보고 이해하기 어려운 단어는 추가 설명 요청하기

'Whiskers'가 무엇인지 간단하게 설명해줘.

동물 얼굴의 긴 민감한 털입니다. 이것은 동물이 주변 환경을 느끼는 데 도움을 줍니다.

- 그림에 대한 설명을 바탕으로 그림으로 표현해보는 연습하기

활동3 글을 읽고 그림으로 표현하는 협동 게임 하기

- 팀별로 사진을 선택한 후, 나머지 팀들에게 사진에 대한 설명문만 따로 제공하기
- 나머지 팀들은 설명문을 해석한 후 그림으로 표현하여 원래 사진과 일치하는지 비교하기
- 여러 팀 중 사진을 그림으로 가장 정확히 묘사한 팀에게 점수 부여하기

3 정리

- 새롭게 배운 표현과 단어를 정리하고, 나만의 문장을 만들어 응용해보기
- 가장 높은 점수를 받은 팀에게 보상 제공하기

49

ChatGPT와 가상의 대화문을 만들어 직업세계 탐색하기

① 수업 미리보기

학교급	고등학교	과목	영어 회화	준비물	PC 또는 노트북

학습 주제	ChatGPT와 함께 가상의 대화문을 만들어 직업세계 탐색하기

관련 성취 기준

2015 개정 교육과정 [12영회02-01] 일상생활이나 친숙한 일반적 주제에 관하여 듣거나 읽고 세부 정보를 설명할 수 있다.

2022 개정 교육과정 [12실영01-01] 실생활에 관한 말이나 대화를 듣고 핵심 정보를 파악한다.

시작하며

❋ **고등학교 영어 회화 교과에서 ChatGPT를 활용한 가상의 대화문을 만들어 직업세계를 탐색해보는 수업입니다.**

ChatGPT에게 학생의 진로와 관련된 영어 대화문을 요청합니다. **학생들은 대화문을 통해 낯선 용어와 회화 표현을 익히며** 진로와 관련된 직업 용어를 자주 쓰는 영어 회화 표현들과 연관지어 학습하게 됩니다. 또 **다양한 전문 용어를 친구들에게 소개하고 직접 대화하면서**, 억양, 강세, 발음을 살려 실감나게 대화해보는 말하기 시간을 갖습니다.

수업의 흐름 한눈에 살펴보기

동기 유발	……	원하는 대화문을 얻기 위한 방법 생각하기
활동1	……	ChatGPT에게 나의 진로와 관련된 영어 대화문을 요청하기
활동2	……	대화문을 통해 낯선 용어와 회화 표현 익히기
활동3	……	다양한 전문 용어를 친구들에게 소개하고 직접 대화해보기
정리	……	새롭게 배운 표현을 정리하고 소감 나누기

수업 전 생각해보기

♥ 교사는 ChatGPT가 학생들의 요구에 맞는 대화문을 잘 생성했는지 살펴보고, 고등학교 수준을 벗어난 내용은 없는지, 실생활에서 사용되는 표현이 맞는지 면밀히 검토합니다.

♥ 교사는 학생들이 ChatGPT가 생성한 대화문을 해석하는 데 그치지 않고 직접 말하기 연습을 해볼 수 있도록 추후 활동을 계획하고 지도합니다.

비어
더

② 수업 톺아보기

교수·학습과정안을 통하여 수업 흐름을 자세히 살펴보겠습니다.

---

1 도입

동기유발

- 원하는 대화문을 얻기 위해 ChatGPT에게 어떻게 질문해야 하는지 생각나누기
  - 대담자의 직업과 대화 장소 등의 정보를 제공하기
  - 대화문의 수준과 대화문의 길이를 정해주기
  - 전문 용어의 개수를 5개 이상 포함하도록 요청하기 등

---

2 전개

활동1 ChatGPT에게 나의 진로와 관련된 영어 대화문을 요청하기

- 학생은 전단계에서 토의한 내용을 바탕으로 인공지능에게 질문하기
  - ※ 학생들의 희망 직업이나 관심사를 토대로 가상의 대화문을 얻을 수 있도록 유도합니다.
  - ※ 학생들에게 영어 능숙도 지침을 제공하고, 각자의 영어 읽기 수준에 맞는 대화문을 요청하게 하여 개별화 학습이 이뤄지도록 합니다.

 응급실에서 일하는 두 간호사 간의 대화문을 10줄 정도로 만들어줘. 5개 이상의 전문 용어가 들어가야 하고, Intermediate-low 수준의 글이면 좋겠어.

 Nurse 1: Hey, our next patient has tachycardia. Can you grab the EKG machine?

Nurse 2: Sure, I'll also get **the crash cart** just in case.

Nurse 1: Good idea. The patient's BP is 150/95, we should monitor it closely.

Nurse 2: Okay, I'll set up the IV line for fluids and meds.

Nurse 1: Please add a saline lock and draw some blood for a CBC and BMP.

Nurse 2: Got it. I'll also check the patient's O2 saturation with a pulse oximeter.

Nurse 1: Yes, and please grab a non-rebreather mask if the O2 saturation is low.

Nurse 2: Will do. I see the doctor ordered a chest X-ray. I'll let the radiology tech know.

Nurse 1: Thanks. After the X-ray, we need to move the patient to the observation room.

Nurse 2: Sure thing. Let's work together to provide the best care for our patient.

활동2 대화문을 통해 낯선 용어와 회화 표현 익히기

- 친구와 협동하여 대화문을 해석해보고 이해하기 어려운 단어는 추가 설명 요청하기
  ※ 교사는 학생들이 번역기에 의존하기보단 스스로 질문하고 글을 해석해볼 수 있도록 단계적인 도움을 제공합니다.

 'the crash cart'가 무엇인지 간단하게 설명해줘.

 응급 운반차(Crash cart)란 병원 내 응급 상황에 쓰이는 필수 의료용품이 들어있는 이동식 서랍을 의미합니다.

활동3 다양한 전문 용어를 친구들에게 소개하고 직접 대화해보기

- 짝과 함께 강세, 리듬, 억양을 살려 대화해보기
- 대화문에 등장한 다양한 전문 용어들을 친구들에게 소개하기

3 정리

- 새롭게 배운 표현과 단어를 정리하고, 나만의 문장을 만들어 응용해보기
- 희망 직업군의 대화를 살펴본 소감을 나누고, 미래 직업인으로서의 포부 밝히기

ChatGPT가 제시한 파이선 코드로 실생활 문제 해결하기

① **수업 미리보기**

| 학교급 | 고등학교 | 과목 | 정보 | 준비물 | PC 또는 노트북 |

학습 주제 | ChatGPT가 제시한 파이선 코드로 실생활 문제 해결하기

관련 성취 기준

2015 개정 교육과정	[12정보04-09] 다양한 학문 분야의 문제 해결을 위한 알고리즘을 협력하여 설계한다. [12정보04-10] 다양한 학문 분야의 문제 해결을 위해 설계한 알고리즘을 프로그램으로 구현하고 효율성을 비교·분석한다.
2022 개정 교육과정	[12정03-09] 실생활 및 다양한 학문 분야의 문제 해결을 위한 프로그램을 협력적으로 설계·구현한다.

시작하며

＊ **고등학교 정보 과목에서 ChatGPT가 제시한 파이선 코드를 활용하여 실생활 문제를 해결하는 수업입니다.**

ChatGPT를 활용하여 프로그래밍으로 해결할 수 있는 실생활 문제 사례를 알아봅니다. 실생활 속에서 접하는 다양한 문제 중 프로그래밍으로 해결할 수 있는 사례를 찾아보고, 해결하고 싶은 문제를 선택하여 추상화해 봅니다. **ChatGPT를 활용하여 실생활 문제를 해결하기 위한 알고리즘을 설계해 봅니다.** 추상화한 내용을 바탕으로 알고리즘을 설계해 봅니다. 마지막으로 **ChatGPT를 활용하여 실생활 문제를 해결하기 위한 파이선 소스 코드를 작성해 봅니다.** 설계한 알고리즘을 파이선 소스 코드로 구현해 봅니다.

수업의 흐름 한눈에 살펴보기

동기 유발	········	프로그래밍으로 해결할 수 있는 실생활 문제 사례 알아보기
활동1	········	ChatGPT와 함께 프로그래밍으로 해결할 수 있는 실생활 문제 선택하기
활동2	········	ChatGPT와 함께 실생활 문제 해결을 위한 알고리즘 설계하기
활동3	········	ChatGPT와 함께 실생활 문제 해결을 위한 파이선 소스 코드 작성하기
정리	········	활동 소감 나누기

수업 전 생각해보기

♥ 교사는 학생들이 활동을 진행할 때, ChatGPT가 제시한 알고리즘과 파이선 소스 코드를 그대로 사용하지 않고, 학생들이 생각한 문제 해결 과정에 적합한 형태로 재구성하여 스스로 알고리즘을 설계한 후 파이선 소스 코드를 작성할 수 있도록 지도합니다.

② 수업 톺아보기

교수·학습과정안을 통하여 수업 흐름을 자세히 살펴보겠습니다.

---

1 도입

동기유발

- **프로그래밍으로 해결할 수 있는 실생활 문제 사례 알아보기**
  - 실생활 속에서 프로그래밍으로 해결할 수 있는 다양한 문제 사례를 조사하고, 모둠원들과 함께 이야기해 봅시다.
  - ※ 경험을 바탕으로 학생들이 자유롭게 이야기할 수 있는 허용적인 분위기를 만듭니다.

---

2 전개

활동1 ChatGPT와 함께 프로그래밍으로 해결할 수 있는 실생활 문제 선택하기

- **프로그래밍으로 해결할 수 있는 실생활 문제 사례 탐색하기**
  - 학생은 ChatGPT에게 프로그래밍으로 해결할 수 있는 실생활 문제 사례를 요청합니다.
  - ※ 현재 학습한 파이선 개념 등 구체적인 정보를 ChatGPT에게 전달한 후 질문합니다.

순차, 선택, 반복 구조의 기본적인 개념을 공부했어. 순차, 선택, 반복 구조를 활용하여 실생활 문제를 파이선으로 해결해 보고 싶어 좋은 소재를 추천해 줘.

순차, 선택, 반복 구조는 프로그래밍의 기본 구조입니다. 이 세 가지 구조를 활용하여 여러 가지 문제를 해결할 수 있습니다. 실생활 문제와 관련하여 몇 가지 소재를 제안해 드리겠습니다.

1. 영화 평점 계산기:
   - 사용자로부터 볼 영화의 수를 입력 받습니다. (순차)
   - 각 영화의 제목과 평점을 입력 받습니다. (반복)
   - 평점의 평균을 계산합니다. (순차)
   - 평균 평점이 7 이상이면 "좋은 영화"라고 출력하고, 그렇지 않으면 "평범한 영화"라고 출력합니다. (선택)

2. 할인 계산기:
   - 사용자로부터 구매 금액을 입력 받습니다. (순차)
   - 구매 금액이 10만 원 이상이면 10% 할인, 5만 원 이상이면 5% 할인을 적용합니다. (선택)
   - 최종 금액을 출력합니다. (순차)

비어
더

3. 구구단 출력기:
- 사용자로부터 원하는 구구단의 단을 입력 받습니다. (순차)
- 해당 단의 구구단을 출력합니다. (반복)

4. 비밀번호 확인기:
- 사용자로부터 비밀번호를 입력 받습니다. (순차)
- 사용자에게 비밀번호를 다시 입력 받아 첫 번째로 입력한 비밀번호와 일치하는지 확인합니다. (선택)
- 3번 잘못 입력하면 "접근이 거부되었습니다."라고 출력하고 종료합니다. (반복 + 선택)

위의 소재 중에서 어느 것을 선택하여 프로그램을 작성해 보고 싶은지 알려주세요! 그리고 필요하다면 추가적인 기능이나 변경 사항도 제안해 주시면 좋습니다.

- **실생활 문제를 발견하고 추상화하기**
  - 학생은 ChatGPT가 제시해 준 실생활 문제 사례를 바탕으로 자신이 해결하고 싶은 실생활 문제를 발견하고, 이를 이해하기 위해 핵심 내용을 추출하여 글, 표 등으로 추상화해 봅니다.
  - ※ 현재 제공되는 ChatGPT 서비스의 Advanced Data Analysis 기능에서 한글 OCR 등이 지원되지 않으므로 간단한 영어 단어로 추상화합니다.

Type	Age	Card	Cash
City Bus	19 ~	1,000	1,200
	13 ~ 18	900	1,000
	7 ~ 12	550	600

활동2 ChatGPT와 함께 실생활 문제 해결을 위한 알고리즘 설계하기

- **실생활 문제 해결을 위한 알고리즘 설계하기**
  - 학생은 ChatGPT에게 추상화한 글, 표 등을 입력한 후 알고리즘 설계를 요청합니다.
  - ※ 표를 캡처하여 이미지로 저장하여 입력하면 Advanced Data Analysis 기능을 통해 OCR을 수행해 줍니다.

시내버스요금표.png
Image

네가 추천해 준 할인 계산기를 수정하여, 첨부한 그림과 같은 버스 요금 계산 프로그램을 만들고 싶어. 알고리즘 설계를 도와줄래?

먼저 첨부해 주신 그림을 확인하겠습니다. 그림을 통해 요구사항을 파악한 후 알고리즘을 설계해
드리겠습니다.

```python
from PIL import Image
import IPython.display as display

# Open the uploaded image
image = Image.open("/mnt/data/시내버스요금표.png")
display.display(image)
```

그림을 확인했습니다. 그림에서 표시된 내용을 바탕으로 버스 요금 계산 프로그램의 요구사항을
다음과 같이 정리했습니다:

1. 기본 요금:
   • 성인: 1,200원
   • 학생: 1,000원
   • 아동: 600원

2. 카드 할인:
   • 성인: 200원 할인
   • 학생: 100원 할인
   • 아동: 50원 할인

3. 요금 계산:
   • 사용자로부터 탑승자의 유형(성인, 학생, 아동)을 입력 받습니다.
   • 카드를 사용하는지 여부를 입력 받습니다.
   • 카드를 사용할 경우 해당 유형의 할인 금액을 적용합니다.
   • 최종 요금을 출력합니다.

이를 바탕으로 요금 계산 프로그램의 알고리즘을 다음과 같이 설계할 수 있습니다:

1. 사용자로부터 탑승자의 유형(성인, 학생, 아동)을 입력 받습니다.
2. 사용자로부터 카드 사용 여부를 입력 받습니다.
3. 입력받은 탑승자 유형에 따라 기본 요금을 결정합니다.
4. 카드를 사용할 경우, 해당 유형의 할인 금액을 적용합니다.
5. 최종 요금을 출력합니다.

알고리즘 설계가 마음에 드신다면, 이를 바탕으로 프로그램 코드를 작성해 드리겠습니다.

- **알고리즘 수정하기**
  - 학생은 ChatGPT가 제시해 준 알고리즘을 수정 요청합니다.
    ※ 학생들은 ChatGPT가 제시해 준 알고리즘과 자기가 생각한 알고리즘을 비교하여 필요한 경우 수정을 요청합니다.

 카드 사용 여부를 먼저 입력받은 후, 탑승자의 유형(성인, 학생, 아동)에 따른 요금을 계산하는 것이 더 좋지 않을까?

 네, 그렇게 수정할 수 있습니다.

요청하신 내용을 반영하여 알고리즘을 다시 설계하겠습니다:

1. 사용자로부터 카드 사용 여부를 입력 받습니다.
2. 사용자로부터 탑승자의 유형(성인, 학생, 아동)을 입력 받습니다.
3. 입력받은 탑승자 유형에 따라 기본 요금을 결정합니다.
4. 카드를 사용할 경우, 해당 유형의 할인 금액을 적용합니다.
5. 최종 요금을 출력합니다.

이렇게 수정하여 진행하겠습니다. 프로그램 코드를 작성해 드릴까요?

활동3 **ChatGPT와 함께 실생활 문제 해결을 위한 파이선 소스 코드 작성하기**

- **ChatGPT에게 설계한 알고리즘을 기반으로 파이선 소스 코드 작성 요청하기**

설계한 알고리즘을 파이선 소스 코드로 작성해 줘.

```
def calculate_bus_fare():
    # 할인 정보
    discounts = {
        "성인": 200,
        "학생": 100,
        "아동": 50
    }

    # 기본 요금 정보
    basic_fares = {
```

```
        "성인": 1200,
        "학생": 1000,
        "아동": 600
    }

    # 카드 사용 여부 입력
    use_card = input("카드를 사용하시나요? (예/아니오): ")

    # 탑승자 유형 입력
    passenger_type = input("탑승자 유형을 입력하세요 (성인, 학생, 아동 중 선택): ")

    # 기본 요금 계산
    fare = basic_fares[passenger_type]

    # 카드 사용 시 할인 적용
    if use_card == "예":
        fare -= discounts[passenger_type]

    return fare

# 요금 계산 실행
fare = calculate_bus_fare()
print(f"최종 요금은 {fare}원 입니다.")
```

죄송합니다. 현재 환경에서는 직접적인 사용자 입력을 받는 'input()' 함수를 사용할 수 없습니다.

하지만 제공된 코드를 복사하여 로컬 환경에서 실행하실 수 있습니다. 로컬 환경에서 실행하면 사용자로부터의 입력을 받아 요금을 계산하게 됩니다.

혹시 다른 방식으로 도움을 드릴 부분이 있으시면 말씀해 주세요!

• **ChatGPT에게 학습하지 않은 개념을 제외한 파이선 소스 코드 다시 요청하기**

 응. 로컬 환경에서 실행해 볼게. 그런데, 딕셔너리, 함수를 아직 공부하지 않았어. 딕셔너리, 함수를 사용하지 않는 파이선 소스 코드로 수정해 줘.

 네, 알겠습니다. 딕셔너리와 함수를 사용하지 않고 요청하신 내용을 반영한 코드를 작성하겠습니다.

```
# 카드 사용 여부 입력
use_card = input("카드를 사용하시나요? (예/아니오): ")

# 탑승자 유형 입력
passenger_type = input("탑승자 유형을 입력하세요 (성인, 학생, 아동 중 선택): ")

# 기본 요금 계산
if passenger_type == "성인":
    fare = 1200
    if use_card == "예":
        fare -= 200
elif passenger_type == "학생":
    fare = 1000
    if use_card == "예":
        fare -= 100
elif passenger_type == "아동":
    fare = 600
    if use_card == "예":
        fare -= 50

print(f"최종 요금은 {fare}원 입니다.")
```

아직도 'input()' 함수의 문제가 발생하네요. 죄송합니다.

위의 코드를 복사하여 로컬 환경에서 실행하시면 됩니다. 딕셔너리와 함수를 사용하지 않은 버전으로 작성하였으므로, 사용자의 입력에 따라 요금을 계산해 출력해 줍니다.

혹시 추가로 원하시는 내용이나 질문이 있으시면 알려주세요!

• **ChatGPT에게 이해되지 않는 파이선 문법 설명 요청하기**

 print(f"최종 요금은 {fare}원 입니다.")에 사용된 print문의 문법을 모르겠어.
자세히 설명해 줘.

 물론이죠! 해당 print 문에서 사용된 문법은 f-string이라고 부릅니다. Python 3.6 이후로 사용 가능한 문자열 포매팅 방식입니다.

f-string의 기본 구조는 다음과 같습니다:

```
f"문자열 내용 {변수명}"
```

여기서 주요 특징은:

1. 문자열 앞에 f나 F를 붙입니다.
2. 중괄호 {} 안에 변수나 표현식을 넣을 수 있습니다.

f-string을 사용하면 문자열 안에 변수나 표현식의 값을 직접 삽입할 수 있습니다. 이를 통해 문자열 포매팅이 훨씬 간결하고 읽기 쉬워집니다.

예시:

```
name = "Alice"
age = 30
print(f"My name is {name} and I am {age} years old.")
```

출력:

```
My name is Alice and I am 30 years old.
```

또한, 중괄호 안에서는 다양한 표현식을 사용할 수 있습니다:

```
x = 10
y = 20
print(f"The sum of {x} and {y} is {x + y}.")
```

출력:

```
The sum of 10 and 20 is 30.
```

'print(f"최종 요금은 {fare}원 입니다.")'에서는 'fare'라는 변수의 값을 문자열 안에 직접 삽입하는 것을 보여주고 있습니다. 이렇게 하면 'fare'의 현재 값이 해당 위치에 출력됩니다.

- **ChatGPT에게 추가로 수정하고 싶은 사항 요청하기 ①**
  - 문자 입력을 숫자 입력으로 변경한 파이썬 코드를 요청합니다.

 카드 사용 여부, 탑승자의 유형을 입력받을 때, 문자로 입력받는 것보다 숫자로 입력받는 것이 좋을 것 같아(예. 1: 카드, 2: 현금 등). 수정해 줘.

알겠습니다. 카드 사용 여부와 탑승자의 유형을 숫자로 입력받도록 수정하겠습니다.

1. 카드 사용 여부:
   - 1: 카드
   - 2: 현금

2. 탑승자 유형:
   - 1: 성인
   - 2: 학생
   - 3: 아동

위의 내용을 반영하여 코드를 수정하겠습니다.

```python
# 카드 사용 여부 입력 (1: 카드, 2: 현금)
use_card_num = int(input("결제 수단을 선택하세요 (1: 카드, 2: 현금): "))

# 탑승자 유형 입력 (1: 성인, 2: 학생, 3: 아동)
passenger_type_num = int(input("탑승자 유형을 선택하세요 (1: 성인, 2: 학생, 3: 아동): "))

# 기본 요금 계산
if passenger_type_num == 1:  # 성인
    fare = 1200
    if use_card_num == 1:  # 카드 사용 시
        fare -= 200
elif passenger_type_num == 2:  # 학생
    fare = 1000
    if use_card_num == 1:  # 카드 사용 시
        fare -= 100
elif passenger_type_num == 3:  # 아동
    fare = 600
    if use_card_num == 1:  # 카드 사용 시
        fare -= 50

print(f"최종 요금은 {fare}원 입니다.")
```

죄송합니다. 여전히 'input()' 함수의 문제가 발생하네요.

위의 코드를 복사하여 로컬 환경에서 실행하시면 됩니다. 숫자로 결제 수단과 탑승자 유형을 선택하도록 수정되었습니다. 실행하면 사용자의 입력에 따라 요금을 계산해 출력해 줍니다.

다른 부분에서 도움이 필요하시면 언제든지 말씀해 주세요

- **ChatGPT에게 추가로 수정하고 싶은 사항 요청하기 ②**
  - 6세 미만 탑승자는 보호자가 동반 탑승할 때 무료라는 조건을 추가한 파이선 코드를 요청합니다.

 6세 미만 탑승자는 보호자가 동반 탑승할 때 무료라는 조건을 추가해 줘.

 네, 이해했습니다.

6세 미만의 아동이 탑승할 때 보호자의 동반 여부를 체크하여 요금을 계산하도록 수정하겠습니다.

1. 탑승자 유형:
   - 1: 성인
   - 2: 학생
   - 3: 아동 (6세 이상)
   - 4: 아동 (6세 미만)

위와 같이 6세 미만의 아동을 위한 선택지를 추가하고, 해당 선택지를 선택할 경우 보호자 동반 여부를 물어보겠습니다.

코드를 수정하겠습니다.

```python
# 카드 사용 여부 입력 (1: 카드, 2: 현금)
use_card_num = int(input("결제 수단을 선택하세요 (1: 카드, 2: 현금): "))

# 탑승자 유형 입력 (1: 성인, 2: 학생, 3: 아동 (6세 이상), 4: 아동 (6세 미만))
passenger_type_num = int(input("탑승자 유형을 선택하세요 (1: 성인, 2: 학생, 3: 아동 (6세 이상), 4: 아동 (6세 미만)): "))

# 기본 요금 계산
if passenger_type_num == 1:  # 성인
    fare = 1200
    if use_card_num == 1:  # 카드 사용 시
        fare -= 200
elif passenger_type_num == 2:  # 학생
    fare = 1000
    if use_card_num == 1:  # 카드 사용 시
        fare -= 100
elif passenger_type_num == 3:  # 아동 (6세 이상)
    fare = 600
    if use_card_num == 1:  # 카드 사용 시
        fare -= 50
```

```
elif passenger_type_num == 4:  # 아동 (6세 미만)
    guardian = input("보호자와 함께 탑승하시나요? (예/아니오): ")
    if guardian == "예":
        fare = 0  # 무료
    else:
        fare = 600  # 보호자 없이 탑승하는 경우 일반 아동 요금 적용
        if use_card_num == 1:  # 카드 사용 시
            fare -= 50

print(f"최종 요금은 {fare}원 입니다.")
```

죄송합니다. 여전히 'input()' 함수의 문제가 발생합니다.

다만, 코드를 수정하여 6세 미만의 아동에 대한 요금 계산 조건을 추가하였습니다. 위의 코드를 복사하여 로컬 환경에서 실행하시면 됩니다. 6세 미만의 아동을 선택하실 경우, 보호자의 동반 여부를 물어보고 그에 따라 요금을 계산해 출력해 줍니다.

다른 부분에서 도움이 필요하시면 언제든지 말씀해 주세요!

• **ChatGPT에게 추가로 수정하고 싶은 사항 요청하기 ③**

　- 다음 탑승자가 존재하는 경우 반복 수행할 수 있도록 파이선 코드를 요청합니다.

 다음 탑승자가 있는지 물어보고, 다음 탑승자가 존재하는 경우 버스 요금을 반복하여 계산할 수 있도록 수정해 줘.

 다음 탑승자가 있는지 여부를 물어보고, 있다면 요금 계산을 계속 반복하도록 수정하겠습니다. 'while' 반복문을 사용하여 이 기능을 구현하겠습니다.

```
while True:
    # 카드 사용 여부 입력 (1: 카드, 2: 현금)
    use_card_num = int(input("결제 수단을 선택하세요 (1: 카드, 2: 현금): "))

    # 탑승자 유형 입력 (1: 성인, 2: 학생, 3: 아동 (6세 이상), 4: 아동 (6세 미만))
    passenger_type_num = int(input("탑승자 유형을 선택하세요 (1: 성인, 2: 학생, 3: 아동 (6세 이상), 4: 아동 (6세 미만)): "))
```

```
# 기본 요금 계산
if passenger_type_num == 1:  # 성인
    fare = 1200
    if use_card_num == 1:  # 카드 사용 시
        fare -= 200
elif passenger_type_num == 2:  # 학생
    fare = 1000
    if use_card_num == 1:  # 카드 사용 시
        fare -= 100
elif passenger_type_num == 3:  # 아동 (6세 이상)
    fare = 600
    if use_card_num == 1:  # 카드 사용 시
        fare -= 50
elif passenger_type_num == 4:  # 아동 (6세 미만)
    guardian = input("보호자와 함께 탑승하시나요? (예/아니오): ")
    if guardian == "예":
        fare = 0  # 무료
    else:
        fare = 600  # 보호자 없이 탑승하는 경우 일반 아동 요금 적용
        if use_card_num == 1:  # 카드 사용 시
            fare -= 50

print(f"최종 요금은 {fare}원 입니다.")

# 다음 탑승자가 있는지 물어보기
next_passenger = input("다음 탑승자가 있나요? (예/아니오): ")
if next_passenger == "아니오":
    break
```

다시 한번 죄송합니다. 여전히 'input()' 함수의 문제가 발생합니다.

제가 수정한 코드를 로컬 환경에서 실행하시면 됩니다. 코드는 사용자의 입력에 따라 반복적으로
요금을 계산하며, "다음 탑승자가 있나요?"라는 질문에 "아니오"라고 답하면 프로그램이 종료됩니
다.

이외에도 도움이 필요하신 부분이 있으시면 알려주세요!

3 정리

- **활동 소감 나누기**

51 ChatGPT가 제시한 파이선 코드로 인공신경망 모델 만들기

① 수업 미리보기

학교급	고등학교		과목	인공지능 기초	준비물	PC 또는 노트북

학습 주제	ChatGPT가 제시한 파이선 코드로 인공신경망 모델 만들기

관련 성취 기준

2015 개정 교육과정	[12인기03-08] 훈련 데이터를 분류 모델의 학습에 적용하고, 테스트 데이터를 이용하여 성능을 평가한다.
2022 개정 교육과정	[12인기02-04] 훈련 데이터를 이용하여 학습을 진행하고, 테스트 데이터를 사용하여 성능을 평가한다.

시작하며

* **고등학교 인공지능 기초 과목에서 ChatGPT가 제시한 파이선 코드를 활용하여 인공신경망 모델을 만드는 수업입니다.**

ChatGPT를 활용하여 인공신경망의 개념에 대해 알아봅니다. 인공신경망에 대해 궁금한 개념을 알아볼 수 있습니다. **ChatGPT를 활용하여 인공신경망 예측 모델을 구현해 봅니다.** 인공신경망 프로젝트 주제와 실습에 필요한 데이터셋을 탐색할 수 있습니다. 이후 ChatGPT를 활용하여 적합한 모델을 선정하여 구현할 수 있습니다. 마지막으로 **ChatGPT를 활용하여 모델을 학습시키고 모델의 성능을 평가합니다.** 데이터셋을 모델에 학습시키고, 손실함수를 이용하여 모델의 성능을 평가할 수 있습니다.

수업의 흐름 한눈에 살펴보기

동기 유발	········	인공신경망을 활용하여 해결할 수 있는 실생활 문제 사례 알아보기
활동1	········	ChatGPT와 함께 인공신경망의 개념 알아보기
활동2	········	ChatGPT와 함께 인공신경망 예측 모델 구현하기
활동3	········	ChatGPT와 함께 인공신경망 예측 모델을 학습시키고, 모델의 성능 평가하기
정리	········	활동 소감 나누기

수업 전 생각해보기

♥ 교사는 학생들이 활동을 진행할 때, ChatGPT가 제시한 인공신경망 모델과 부분 코드를 그대로 사용하지 않고, 문제 해결에 적합한 모델을 선택하고, 부분 코드를 수정할 수 있도록 지도합니다. 그리고, 부분 코드들을 조합하여 전체 코드로 완성할 수 있도록 지도합니다.

교수·학습과정안을 통하여 수업 흐름을 자세히 살펴보겠습니다.

1 도입

동기유발

- **인공신경망을 활용하여 해결할 수 있는 실생활 문제 사례 알아보기**
  - 실생활 속에서 인공신경망으로 해결할 수 있는 다양한 문제 사례를 조사하고, 모둠원들과 함께 이야기해 봅시다.
  - ※ 경험을 바탕으로 학생들이 자유롭게 이야기할 수 있는 허용적인 분위기를 만듭니다.

2 전개

활동1 **ChatGPT와 함께 인공신경망의 개념 알아보기**

- **ChatGPT에게 인공신경망의 개념 질문하기**

 인공신경망의 개념에 대해 기초부터 설명해 줘.

 물론이죠! 인공신경망(ANN, Artificial Neural Network)은 뇌의 생물학적 신경망에서 영감을 받아 만들어진 알고리즘입니다. 인공신경망은 데이터를 분류하거나, 예측하기 위한 모델로 사용됩니다.

1. 기본 구성요소: 뉴런 (Neuron)
   - 인공신경망의 기본 단위는 뉴런 또는 노드입니다.
   - 각 뉴런은 여러 입력 값을 받아들여 가중치를 곱하고, 그 결과들을 합한 후 활성화 함수를 거쳐 출력값을 생성합니다.
2. 레이어 (Layer)
   - 뉴런들이 여러 층으로 구성되어 있습니다. 일반적으로 세 가지 유형의 레이어로 구분됩니다.
   2.1. 입력 레이어 (Input Layer): 데이터의 입력을 받는 레이어입니다.
   2.2. 은닉 레이어 (Hidden Layer): 입력 레이어와 출력 레이어 사이에 위치하는 레이어입니다. 여러 개의 은닉 레이어를 가질 수 있습니다.
   2.3. 출력 레이어 (Output Layer): 최종 예측 또는 분류 결과를 출력하는 레이어입니다.
3. 활성화 함수 (Activation Function)
   - 뉴런의 출력값을 결정하는 함수입니다.
   - 대표적인 활성화 함수로는 시그모이드(sigmoid), 렐루(ReLU), 하이퍼볼릭 탄젠트(tanh) 등이 있습니다.

4. 훈련 (Training)
   - 신경망은 주어진 데이터를 통해 학습합니다. 학습 과정은 손실 함수 (loss function) 또는 비용 함수 (cost function)를 최소화하는 방향으로 가중치와 편향을 조절하는 과정을 포함합니다.
   - 이 과정은 경사 하강법 (gradient descent) 같은 최적화 알고리즘을 사용하여 수행됩니다.
5. 역전파 (Backpropagation)
   - 신경망을 훈련시키기 위한 핵심 알고리즘입니다.
   - 손실 함수의 값을 최소화하기 위해 출력 레이어에서 시작하여 입력 레이어 방향으로 오차를 전파하면서 가중치를 업데이트합니다.
6. 깊은 신경망 (Deep Neural Network, DNN)
   - 은닉 레이어가 여러 개인 신경망을 '깊은 신경망' 또는 '딥 뉴럴 네트워크'라고 합니다. 이는 딥러닝 (Deep Learning)의 기반이 됩니다.

이렇게 간단하게 설명했지만, 실제로는 더 많은 개념과 세부 사항이 포함됩니다. 필요한 경우 추가적인 설명이나 구체적인 부분에 대해 더 깊게 알고 싶다면 말씀해주세요!

- **ChatGPT에게 인공신경망에 대해 더 알고 싶은 내용 추가 질문하기**

 ANN과 DNN의 차이에 대해 알려줘.

 인공신경망(ANN, Artificial Neural Network)과 깊은 신경망(DNN, Deep Neural Network)은 많은 사람들이 혼용해서 사용하는 용어지만, 사실상 DNN은 ANN의 한 유형입니다. 그들 사이의 주요 차이점은 네트워크의 깊이, 즉 은닉 레이어의 수에 있습니다.

1. 인공신경망 (ANN)
   - ANN은 입력 레이어, 하나 이상의 은닉 레이어, 그리고 출력 레이어로 구성됩니다.
   - ANN은 상대적으로 적은 수의 레이어와 뉴런으로 구성될 수 있습니다.
   - 기본적인 패턴 인식, 분류 문제 등에 사용될 수 있습니다.
2. 깊은 신경망 (DNN)
   - DNN은 여러 개의 은닉 레이어로 구성되어 있습니다. 이러한 '깊이'는 네트워크가 복잡한 패턴을 인식하고 학습할 수 있게 해줍니다.
   - DNN은 많은 수의 뉴런과 파라미터를 가질 수 있습니다.
   - 이미지 인식, 음성 인식, 자연어 처리 등 복잡한 문제를 해결하는 데 사용됩니다.
   - 딥러닝 (Deep Learning)이라는 용어는 주로 DNN을 학습시키는 과정을 의미합니다.

요약:
- ANN은 신경망의 일반적인 형태를 나타내며, DNN은 여러 은닉 레이어를 포함하는 ANN의 한 유형입니다.

- DNN은 '깊다'는 특성 때문에 복잡한 문제와 대량의 데이터에 대한 학습이 가능하며, 이로 인해 딥러닝 분야에서 중요한 역할을 합니다.

이 두 용어 사이의 주요 차이점은 '깊이'입니다. DNN은 이름에서도 알 수 있듯이 '깊은' 네트워크를 의미하며, 이는 여러 개의 은닉 레이어를 가지고 있다는 것을 의미합니다.

활동2 ChatGPT와 함께 인공신경망 예측 모델 구현하기

• **인공신경망 프로젝트 주제와 데이터셋 추천받기**
  - 학생은 ChatGPT에게 인공신경망을 활용한 프로젝트 주제와 데이터셋을 추천받습니다.
  ※ 교사는 ChatGPT의 추천 주제 중 학생들이 개발하기에 적합한 수준의 주제를 선별해 주는 것이 좋습니다.

 ANN 알고리즘을 활용하여 실생활 문제를 해결해 보고 싶어. 어렵지 않은 프로젝트 주제를 추천해 줘.

 인공신경망(ANN)을 활용하여 실생활 문제를 해결하는 프로젝트는 매우 흥미롭습니다. 다음은 초보자에게도 적합한 몇 가지 프로젝트 주제를 제안하는 것입니다.

1. 숫자 인식:
   • 데이터셋: MNIST 데이터셋. 이는 손으로 쓴 숫자 이미지(0-9)로 구성되어 있습니다.
   • 목표: 손으로 쓴 숫자 이미지를 인식하여 해당하는 숫자를 예측합니다.
   • 왜 중요한가?: 기본적인 이미지 분류 문제로서 딥러닝과 ANN의 기초를 익히기에 좋습니다.
2. 영화 리뷰 감성 분류:
   • 데이터셋: IMDB 영화 리뷰 데이터셋.
   • 목표: 영화 리뷰 텍스트를 기반으로 해당 리뷰가 긍정적인지 부정적인지 예측합니다.
   • 왜 중요한가?: 텍스트 데이터를 처리하고 감성 분석을 통해 기업의 제품 리뷰, 고객 피드백 등을 분석하는 데 활용할 수 있습니다.
3. 주가 예측:
   • 데이터셋: 주식 거래 데이터, 예를 들면 Yahoo Finance에서 얻을 수 있습니다.
   • 목표: 과거의 주가 데이터를 기반으로 미래의 주가를 예측합니다.
   • 왜 중요한가?: 주가 예측은 매우 도전적인 문제로, 실제로 완벽하게 예측하는 것은 어렵지만, ANN을 사용하여 주가의 트렌드나 패턴을 파악하는 데 도움이 될 수 있습니다.
4. 패션 아이템 분류:
   • 데이터셋: Fashion MNIST 데이터셋. 이는 10개의 카테고리로 구분된 패션 아이템 이미지로 구성되어 있습니다.
   • 목표: 패션 아이템 이미지를 인식하여 해당하는 카테고리를 예측합니다.
   • 왜 중요한가?: 온라인 쇼핑몰에서 상품을 자동으로 카테고리별로 분류하는 데 활용할 수 있습니다.

더보기

이 중에서 관심 있는 주제를 선택하여 시작하면 좋습니다. 각 주제에 대한 기본적인 튜토리얼과 코드 예제는 인터넷에서 쉽게 찾을 수 있습니다. 시작하는 데 필요한 자원이나 가이드가 필요하다면 알려주세요!

- **주제 선택 및 데이터셋 탐색하기**
  - 학생은 ChatGPT에게 추천받은 주제를 선택하여 데이터셋 탐색을 요청합니다.
  ※ 학생들은 선택한 주제에 대한 데이터셋 링크를 클릭하여 데이터셋을 내려받습니다.

 주가, 집값, 택시 요금처럼 어떤 값을 예측해 보는 프로젝트를 수행해 보고 싶어. 이에 적합한 데이터셋을 Kaggle에서 찾아줘.

 Kaggle은 데이터 과학 및 기계 학습 관련 프로젝트를 위한 수많은 데이터셋을 제공합니다. 주가, 집값, 택시 요금 등의 값을 예측하기 위한 데이터셋을 찾고자 한다면, 아래의 데이터셋들을 고려해 볼 수 있습니다:

1. 집값 예측:
   - 데이터셋 이름: Ames Housing Dataset
   - 설명: 이 데이터셋은 아이오와 주 Ames의 주택에 대한 다양한 특징들과 함께 그 주택들의 최종 가격을 포함하고 있습니다.
   - Kaggle 링크: Ames Housing dataset
2. 주가 예측:
   - 데이터셋 이름: Huge Stock Market Dataset
   - 설명: 다양한 주식에 대한 과거의 일일 주가 데이터를 포함하고 있습니다.
   - Kaggle 링크: Huge Stock Market Dataset
3. 택시 요금 예측:
   - 데이터셋 이름: New York City Taxi Fare Prediction
   - 설명: 뉴욕 시내 택시의 여행 시작 시간, 위치, 목적지, 승객 수 등의 데이터와 함께 요금을 포함하고 있습니다.
   - Kaggle 링크: New York City Taxi Fare Prediction

이러한 데이터셋들은 각각의 예측 문제에 대한 인사이트와 함께 실제 세계의 복잡성을 반영하고 있습니다. 선택한 데이터셋을 사용하여 프로젝트를 시작하기 전에, 데이터를 탐색하고 이해하는 것이 중요합니다. 데이터의 특징, 결측치, 이상치 등을 분석하고, 적절한 데이터 전처리와 피처 엔지니어링 기법을 적용하여 모델의 성능을 향상시킬 수 있습니다.

- **ChatGPT에게 데이터셋을 입력한 후 모델 구현 절차 질문하기**

train.csv
Spreadsheet

첨부한 train.csv(New York City Taxi Fare Prediction 데이터셋) 파일로 뉴욕시 택시 요금을 예측하는 모델을 만들고 싶어. 어떤 절차로 수행하면 되는지 개요만 알려줘.

뉴욕시 택시 요금을 예측하는 모델을 만들기 위해 다음과 같은 절차를 추천합니다:

1. 데이터 로딩 및 탐색:
   - 데이터를 불러와 기본적인 통계, 결측치, 이상치 등을 확인합니다.
2. 데이터 전처리:
   - 결측치 제거 또는 대체.
   - 이상치 탐지 및 제거.
   - 필요한 경우 새로운 피처 생성 (예: 승하차 위치 간의 거리 계산).
3. 데이터 시각화:
   - 요금, 위치, 승객 수 등의 분포를 확인.
   - 요금과 다른 피처들 간의 관계 시각화.
4. 모델 선택 및 훈련:
   - 주어진 문제에 적합한 모델을 선택합니다. 회귀 문제에는 선형 회귀, 결정 트리 회귀, 랜덤 포레스트 회귀 등이 있습니다.
   - 데이터를 훈련 세트와 검증 세트로 나눈 후 모델을 훈련시킵니다.
5. 모델 평가:
   - 검증 세트를 사용하여 모델의 성능을 평가합니다. 평가 지표로는 RMSE(Root Mean Squared Error), MAE(Mean Absolute Error) 등을 사용할 수 있습니다.
   - 필요한 경우 하이퍼파라미터 튜닝을 통해 모델 성능을 개선합니다.
6. 모델 최적화 및 튜닝:
   - 그리드 검색, 랜덤 검색 등의 방법으로 최적의 하이퍼파라미터를 찾습니다.
7. 테스트 및 배포:
   - 최종적으로 선택된 모델을 전체 데이터로 다시 훈련시킨 후 실제 예측에 사용합니다.
   - 필요한 경우 웹 서비스나 API로 배포하여 실제 환경에서의 요금 예측 서비스를 제공합니다.

먼저 데이터를 간단하게 살펴보고, 각 단계를 자세히 탐구해보겠습니다.

Finished working   Show work ∨

이러한 절차는 뉴욕시 택시 요금 예측 문제뿐만 아니라 다양한 회귀 예측 문제에도 적용할 수 있습니다. 각 단계에서의 세부 사항은 데이터의 특성, 프로젝트의 목표, 사용 가능한 리소스에 따라 달라질 수 있습니다.

부록

- **인공신경망 모델 구현하기**
  - 학생은 ChatGPT에게 모델 구현 절차에 따라 차례로 수행을 요청합니다.
    - ※ 학생들은 모델 구현 절차를 차례로 요청하며 궁금한 사항에 대해 질문하거나 ChatGPT가 추천해 준 방법을 변경 요청할 수 있습니다.

 데이터셋에 결측치나 이상치가 있는지 확인한 후 제거해 줘.

 Finished working　　Show work ✔

결측치는 확인되지 않았습니다. 그러나 기본 통계를 확인할 때 몇 가지 이상치를 발견할 수 있습니다:

1. fare_amount: 요금이 음수인 경우가 있습니다. 택시 요금은 음수일 수 없으므로 이러한 값을 제거해야 합니다.
2. pickup_latitude 및 dropoff_latitude: 위도의 값은 일반적으로 -90에서 90 사이입니다. 데이터에서 401과 같은 값이 확인되므로 이는 확실히 이상치입니다.
3. pickup_longitude 및 dropoff_longitude: 경도의 값은 일반적으로 -180에서 180 사이입니다. 현재 데이터에서 벗어나는 값은 없는 것으로 보입니다.
4. passenger_count: 승객 수가 0인 경우가 있습니다. 이는 실제 상황과 일치하지 않을 수 있으므로 고려해야 합니다.

이상치를 제거하는 단계로 진행하겠습니다.

원본 데이터셋에는 총 50,000개의 항목이 있었으며, 이상치를 제거한 결과 49,825개의 항목이 남아 있습니다. 따라서 총 175개의 이상치 항목이 제거되었습니다.

다음 단계로 데이터의 전처리, 피처 엔지니어링, 모델 훈련 및 평가 등을 진행할 수 있습니다.

- **주어진 특성(feature)들로 새로운 특성 생성하기**

 경도와 위도를 이용해 승하차 간의 거리를 계산해 주는 특성(feature)을 생성해 줘.

 Finished working　　Show work ✔

승차와 하차 위치를 기반으로 'distance_km'라는 새로운 특성을 생성했습니다. 이 특성은 두 위치 사이의 직선 거리(해버사인 거리)를 킬로미터 단위로 나타냅니다.

이제 이 'distance_km' 특성을 사용하여 택시 요금을 예측하는 모델을 훈련시킬 수 있습니다.

• **인공신경망 모델 구현 과정 중 궁금한 사항 질문하기**

 파이선 소스 코드에 사용된 하버사인 공식(Haversine formula)이 무엇인지 알려줘.

 물론이죠! 하버사인 공식은 두 지점 간의 대표적인 거리를 계산하는 데 사용되는 공식입니다. 이 공식은 지구의 곡률을 고려하여 두 지점 사이의 직선 거리를 계산하는 데 적합합니다.

하버사인 공식은 다음과 같습니다:

$$a = \sin^2\left(\frac{\Delta \text{lat}}{2}\right) + \cos(\text{lat}_1) \times \cos(\text{lat}_2) \times \sin^2\left(\frac{\Delta \text{lon}}{2}\right)$$
$$c = 2 \times \text{atan2}\left(\sqrt{a}, \sqrt{1-a}\right)$$
$$d = R \times c$$

여기서:

- Δlat는 두 지점의 위도 차이 (라디안 단위).
- Δlon는 두 지점의 경도 차이 (라디안 단위).
- lat_1, lat_2는 첫 번째 및 두 번째 지점의 위도 (라디안 단위).
- R는 지구의 평균 반경 (약 6371.0 km).
- d는 두 지점 사이의 거리 (킬로미터 단위).

하버사인 공식을 사용하면 큰 거리에서도 정확한 결과를 얻을 수 있습니다. 이 공식은 특히 위성 네비게이션, 항공, 해상 항로 계획 등에서 두 지점 간의 거리를 계산하는 데 널리 사용됩니다.

• **인공신경망 모델 구현의 일부 과정 수정하기**

 하버사인 공식(Haversine formula) 대신 택시 거리(Manhattan distance)로 계산해 줘.

 Finished working   Show work ∨

'manhattan_distance'라는 새로운 특성을 생성했습니다. 이 특성은 두 지점 사이의 택시 거리(Manhattan distance)를 나타냅니다. 택시 거리는 두 지점 간의 수평 및 수직 거리의 합으로 계산됩니다.

이제 이 'manhattan_distance' 특성을 사용하여 택시 요금을 예측하는 모델을 훈련시킬 수 있습니다.

• 회귀 알고리즘 탐색하기

 회귀 알고리즘을 추천해 줘.

 회귀 문제를 해결하기 위해 사용할 수 있는 다양한 알고리즘이 있습니다. 아래는 주요 회귀 알고리즘들과 그들의 특징을 간단히 설명한 목록입니다:

1. 선형 회귀 (Linear Regression)
   • 가장 기본적이고 널리 사용되는 회귀 알고리즘입니다.
   • 피처와 타겟 변수 간의 선형 관계를 모델링합니다.
   • 피처가 많아질 경우 다중 공선성 문제를 주의해야 합니다.

2. 릿지 회귀 (Ridge Regression)
   • 선형 회귀의 변형으로 L2 정규화를 포함합니다.
   • 다중 공선성 문제를 해결하는 데 유용합니다.

3. 라쏘 회귀 (Lasso Regression)
   • 선형 회귀의 변형으로 L1 정규화를 포함합니다.
   • 불필요한 피처를 0으로 만들어 피처 선택 효과를 제공합니다.

4. 결정 트리 회귀 (Decision Tree Regression)
   • 데이터를 여러 조각으로 나누어 예측을 수행하는 트리 기반 알고리즘입니다.
   • 복잡한 비선형 관계를 모델링하는 데 유용합니다.

5. 랜덤 포레스트 회귀 (Random Forest Regression)
   • 여러 결정 트리의 예측을 평균하여 결과를 생성하는 앙상블 방법입니다.
   • 오버피팅 문제를 줄이고 일반화 성능을 향상시킵니다.

6. 그래디언트 부스팅 회귀 (Gradient Boosting Regression)
   • 여러 나무를 연속적으로 훈련시켜 이전 나무의 오차를 보정하는 앙상블 방법입니다.
   • 성능이 뛰어나지만 파라미터 튜닝이 중요합니다.

7. 신경망 회귀 (Neural Network Regression)
   • 딥러닝 기반의 회귀 방법입니다.
   • 큰 데이터셋과 복잡한 비선형 관계에 적합합니다.

이 중에서 가장 적합한 알고리즘을 선택하는 것은 데이터의 특성, 문제의 복잡도, 사용 가능한 컴퓨팅 리소스 등 여러 요인에 따라 달라집니다. 초기에는 간단한 모델 (예: 선형 회귀)부터 시작하여 복잡한 모델로 점차 확장하는 것이 좋습니다.

- 데이터셋에 적합한 회귀 알고리즘 탐색하기

 이 데이터셋에 적합한 회귀 알고리즘을 추천해 줘.

 데이터셋의 특징을 고려할 때, 다음과 같은 추론을 할 수 있습니다:

1. 데이터의 크기: 데이터셋이 큰 경우, 일부 복잡한 알고리즘의 훈련 시간이 길어질 수 있습니다.
2. 특징의 관계: 위도, 경도와 같은 특징 간의 관계는 비선형적일 수 있습니다. 거리와 요금 사이의 관계도 비선형적일 수 있습니다.

이러한 고려사항을 바탕으로, 데이터셋에 적합한 회귀 알고리즘을 추천하면:

1. 랜덤 포레스트 회귀 (Random Forest Regression)
   - 비선형 관계를 잘 모델링할 수 있습니다.
   - 피처 중요도를 제공하여 어떤 피처가 예측에 중요한지 파악하는 데 도움을 줍니다.
   - 데이터셋의 크기가 큰 경우에도 상대적으로 빠른 훈련 속도를 제공합니다.
2. 그래디언트 부스팅 회귀 (Gradient Boosting Regression)
   - 랜덤 포레스트와 마찬가지로 비선형 관계를 잘 모델링할 수 있습니다.
   - 일반적으로 랜덤 포레스트보다 더 나은 성능을 제공하지만, 파라미터 튜닝이 중요합니다.
3. 신경망 회귀 (Neural Network Regression)
   - 복잡한 비선형 관계를 모델링할 수 있습니다.
   - 큰 데이터셋에 적합하며, 올바른 네트워크 구조와 파라미터 선택이 중요합니다.

개인적으로는 랜덤 포레스트 또는 그래디언트 부스팅을 처음에 시도해보는 것을 추천합니다. 둘 다 좋은 성능을 제공하며, 파라미터 튜닝을 통해 추가적인 성능 향상을 기대할 수 있습니다.

 ChatGPT와 함께 인공신경망 예측 모델을 학습시키고, 모델의 성능 평가하기

- 인공신경망 회귀 모델 요청하기

 신경망 회귀 모델을 만들어 줘.

 죄송합니다. 현재 환경에서는 TensorFlow 및 Keras를 사용할 수 없습니다. 따라서 신경망 기반의 회귀 모델을 직접 훈련시키는 것은 불가능합니다.

그러나 다른 회귀 알고리즘 (예: 랜덤 포레스트 또는 그래디언트 부스팅)을 사용하여 모델을 훈련시킬 수 있습니다. 이 중 어느 알고리즘을 사용하여 모델을 만들어 드릴까요?

- **라이브러리를 변경하여 인공신경망 회귀 모델 다시 요청하기**
  - 학생은 ChatGPT에게 Scikit-Learn 라이브러리를 사용하여 인공신경망 예측 모델을 만들고 성능을 평가해 달라고 요청합니다.
    ※ 현재 제공되는 ChatGPT의 Advanced Data Analysis에서는 TensorFlow와 Keras 라이브러리를 사용할 수 없으므로 Scikit-Learn 라이브러리를 사용하여 모델을 생성하도록 요청합니다.

사이킷런(Scikit-Learn) 라이브러리를 사용해 신경망 모델을 만들어 학습시킨 후, 모델을 평가해 줘.

Scikit-Learn에서는 MLPRegressor를 사용하여 다층 퍼셉트론 (MLP) 기반의 신경망 회귀 모델을 구축할 수 있습니다.

다음 절차에 따라 MLPRegressor를 사용하여 신경망 모델을 구축하고 평가하겠습니다:

1. 모델 구축: MLPRegressor를 사용하여 모델을 초기화합니다.
2. 모델 훈련: 훈련 데이터를 사용하여 모델을 훈련시킵니다.
3. 모델 평가: 검증 데이터를 사용하여 모델의 성능을 평가합니다. 평가 지표로는 평균 절대 오차 (MAE)와 평균 제곱 오차 (MSE)를 사용하겠습니다.

먼저, MLPRegressor를 사용하여 모델을 구축하고 훈련시키겠습니다.

> Finished working   Show work ∨

MLP 기반의 신경망 회귀 모델을 사용하여 예측한 결과는 다음과 같습니다:

- 평균 제곱 오차 (MSE): 22.8043
- 평균 절대 오차 (MAE): 2.3978

이는 검증 데이터에 대한 모델의 성능을 나타냅니다. MAE 값이 2.3978이므로, 모델의 예측이 실제 값과 평균적으로 약 $2.40 만큼 차이가 난다는 것을 의미합니다.

추가로 튜닝이 필요하거나 다른 요청사항이 있으신가요?

- **전체 코드 완성 후 통합개발환경에서 실행하기**
  - 학생은 부분 코드를 조합하여 전체 코드로 완성 후 노트북의 통합개발환경에서 실행해 봅니다.
    ※ 노트북의 통합개발환경에 Scikit-Learn 등 코드 실행에 필요한 라이브러리가 설치되어 있어야 합니다.

3 정리

- **활동 소감 나누기**

2 창체 연계

ChatGPT와 함께 한글 사랑 시 짓기

① 수업 미리보기

대상학년	초등학교 3학년	과목	창의적 체험활동	준비물	PC 또는 노트북

학습 주제 ChatGPT와 함께 한글 사랑 시 짓기

관련 성취 기준

한글 자음자를 활용해 시를 짓고 한글을 사랑하는 마음을 기른다.

시작하며

＊ 초등학교 3학년 창의적체험활동에서 ChatGPT와 함께 한글 사랑 시를 짓는 수업입니다.

ChatGPT는 다양한 데이터를 학습하여 빠른 시간 내에 답변을 제시한다는 특징을 가지고 있습니다. 빠른 시간 내에 답변을 제공하기 때문에 학생들이 직접 정보를 검색하거나 생산하는 시간을 줄일 수 있고, 이는 곧 다른 활동에 대한 시간 확보 용이라는 장점을 가져옵니다.

이번 시간에는 ChatGPT의 이와 같은 장점을 활용하여 **ChatGPT로 ㄱ-ㅎ 자음자가 들어간 낱말을 찾습니다.** 이때 교사는 ChatGPT를 활용하여 ㄱ-ㅎ 자음자가 들어간 낱말을 찾아 제공함으로써 학생들이 시를 지을 시간을 확보할 수 있습니다. 그리고 **ChatGPT가 제시한 ㄱ-ㅎ 자음자 단어를 사용해 한글 사랑 시를 지어봅니다.**

수업의 흐름 한눈에 살펴보기

동기 유발	………	한글 창제 과정과 한글날에 대해 알아보기
활동1	………	ChatGPT로 ㄱ-ㅎ 자음자가 들어간 낱말 찾기
활동2	………	ChatGPT가 제시한 ㄱ-ㅎ 자음자 단어를 사용해 한글 사랑 시 짓기
정리	………	활동 소감 나누기

수업 전 생각해보기

♥ 교사는 학생들이 ChatGPT가 제시한 ㄱ-ㅎ 자음자 단어 외에 자신이 알고 있는 ㄱ-ㅎ 자음자 단어를 사용하여 시를 지어도 된다는 것을 안내합니다.

♥ 한글날 계기교육과 연계하여 활용하거나 ㄱ-ㅎ 자음자 단어로 비유하는 표현을 만들어 6학년 국어 교과(비유하는 표현을 살려 시 쓰기)와 연계하여 수업을 재구성할 수 있습니다.

② 수업 톺아보기

교수·학습과정안을 통하여 수업 흐름을 자세히 살펴보겠습니다.

1 도입

동기유발

- **한글 창제 과정과 한글날에 대해 알아보기**
  - 세종대왕님께서 한글을 만드신 과정과 한글날에 대해 알아보며 한글의 소중함을 생각해 봅시다.
  ※ 한글에 대해 알고 있던 내용을 이야기하며 한글의 소중함을 생각해봅니다.

2 전개

활동1 **ChatGPT로 ㄱ-ㅎ 자음자가 들어간 낱말 찾기**

- **교사는 ChatGPT ㄱ~ㅎ 자음자로 시작하는 쉬운 일상 단어 요청하기**

 ㄱ-ㅎ으로 시작하는, 초등학생이 이해하기 쉬운 일상 단어를 5개씩 알려줘.

 알겠습니다! 초등학생이 이해하기 쉬운 일상 단어를 한글 자음 ㄱ-ㅎ에 해당하는 것으로 각각 5개씩 알려드리겠습니다.

ㄱ: 가게, 간식, 거울, 고양이, 교실
ㄴ: 나무, 날씨, 냄비, 노래, 놀이터
ㄷ: 도서관, 도시락, 도화지, 동물, 딸기
ㄹ: 라디오, 물고기, 라면, 레몬, 로봇
ㅁ: 말, 머리카락, 무지개, 문제, 미술
ㅂ: 바나나, 박물관, 배, 별, 불
ㅅ: 사과, 새, 서점, 선물, 소풍
ㅇ: 오리, 옷, 외계인, 우산, 음악
ㅈ: 자동차, 자전거, 장난감, 젤리, 즐거움
ㅊ: 창문, 초콜릿, 춤, 치약, 치즈
ㅋ: 케이크, 코끼리, 쿠키, 크레파스, 크레용
ㅌ: 태양, 타조, 터널, 토끼, 트럭
ㅍ: 파인애플, 포도, 풍선, 풍차, 피자
ㅎ: 하늘, 하얀색, 학교, 호두, 호랑이

- 교사는 ChatGPT에게 잘못되었거나 수정이 필요한 답변에 대한 추가 단어 요청하기

  ※ 교사는 ChatGPT가 제시한 ㄱ-ㅎ 자음자로 시작하는 쉬운 일상 단어를 살펴보고 잘못되었거나 수정이 필요한 답변은 추가 단어를 요청할 수 있습니다.

 딸기는 ㄷ이 아닌 ㄸ으로 시작하는 단어야. ㄷ으로 시작하는 단어를 다시 알려줘.

 죄송합니다. 오류가 있었습니다. ㄷ으로 시작하는 일상 단어를 다시 알려드립니다.
달력, 닭, 달리기, 대학교, 도시

활동2 **ChatGPT가 제시한 ㄱ-ㅎ 자음자 단어를 사용해 한글 사랑 시 짓기**

- ChatGPT가 제시한 ㄱ-ㅎ 자음자로 시작하는 단어나 알고 있는 ㄱ-ㅎ 자음자로 시작하는 단어를 사용해 한글 사랑 시 짓기

  ※ 교사는 학생들이 ChatGPT가 제시한 ㄱ-ㅎ 자음자 단어 외에 자신이 알고 있는 ㄱ-ㅎ 자음자 단어를 사용하여 시를 지어도 된다는 것을 안내합니다.

< 학생들이 지은 한글 사랑 시 >

기역니은 한글 세상

ㄱ: 야옹 야옹 귀여운 고양이
ㄴ: 시원한 그늘 만들어주는 나무
ㄷ: 내 생일을 알려주는 달력
ㄹ: 아빠가 끓여주신 맛있는 라면
ㅁ: 눈부신 햇살 가려주는 모자
ㅂ: 밤하늘에 반짝이는 아름다운 별
ㅅ: 어린이날에 받은 커다란 선물

ㅇ: 엄마가 자주 듣는 신나는 음악
ㅈ: 동생과 몰래 먹는 달콤한 젤리
ㅊ: 횡단보도 건너게 해주는 초록불
ㅋ: 알록달록 여러 가지 색깔 크레파스
ㅌ: 무더운 여름날 쨍쨍 태양
ㅍ: 친구들과 함께 날린 풍선
ㅎ: 내가 매일 오고 싶은 학교

- 친구들 앞에서 내가 지은 한글 사랑 시 발표하기

  ※ 교사는 학생들이 자신의 시를 발표할 수 있도록 허용적인 분위기를 조성합니다.

3 정리

- 활동 소감 나누기

53 ChatGPT와 함께 기념일 홍보물 만들기

① 수업 미리보기

대상학년	초등학교 4학년	과목	창의적 체험활동	준비물	PC 또는 노트북

학습 주제	ChatGPT와 함께 기념일 홍보물 만들기

관련 성취 기준

다양한 기념일에 대해 알아보고 홍보물을 만든다.

시작하며

＊ 초등학교 4학년 창의적체험활동에서 ChatGPT와 함께 기념일 홍보물을 만들어보는 수업입니다.

첫 번째 활동에서 학생들은 기념일에 대해 알아봅니다. 학생들은 전 세계 여러 기념일에 대한 자료를 통해 공부하는 시간을 갖습니다. 교사는 시기, 주제, 대상에 따라 다양한 정보를 ChatGPT에게 요구함으로써 지정되어 있는 전세계의 기념일에 대해 자세한 답변을 얻을 수 있습니다.

두 번째 활동에서 학생들은 ChatGPT의 도움을 받아 기념일 홍보물을 만듭니다. 교사는 ChatGPT에게 이미지와 문구 등 도움 자료를 요청하고, 학생들은 이를 참고하여 기념일 홍보물을 만들어 친구들에게 소개합니다.

수업의 흐름 한눈에 살펴보기

동기 유발	………	우리나라의 다양한 기념일에 대해 이야기해보기
활동1	………	인공지능과 함께 기념일에 대해 알아보기
활동2	………	기념일 홍보물 만들기
정리	………	활동 소감 나누기

수업 전 생각해보기

♥ 교사는 ChatGPT에게 4학년 학생 수준에 맞는 기념일 이미지를 그리도록 요청합니다.
♥ 교사는 ChatGPT가 제시한 기념일의 유래와 의미를 학생들의 수준에 맞게 설명해줌으로써 학생들이 다양한 나라의 문화와 역사를 학습할 수 있도록 수업을 설계합니다.

초등학교 3학년

② 수업 톺아보기

교수·학습과정안을 통하여 수업 흐름을 자세히 살펴보겠습니다.

---

1 도입

동기유발

- **교사는 우리나라의 다양한 기념일에 대해 이야기하도록 안내하기**
  - 학생들이 알고 있는 기념일에 대해 이야기하여 보도록 질문합니다.

---

2 전개

활동1 **인공지능과 함께 기념일에 대해 알아보기**

- **교사는 전 세계 여러 가지 기념일에 대해 ChatGPT에게 자료를 요청하기**
  - 질문 시에는 기념일의 시기, 주제에 따라 질문 내용을 다양하게 구상할 수 있습니다.

 교사

4월에 지정되어 있는 다양한 기념일에 대해서 자세히 알려줘.

네, 4월에는 다양한 기념일과 행사가 있습니다. 일부 기념일과 의미를 소개해드리겠습니다.

1. 봄철 꽃구경이 좋은 4월 5일은 '식목일'입니다. 나무를 심고 보호하는 의미로 나무를 심는 행사가 많이 열리기도 합니다.

2. 4월 7일은 세계 보건의 날 (World Health Day)입니다. 세계 보건의 날은 세계보건기구(WHO)의 창립일을 기념하기 위한 날입니다.

3. 4월 20일은 '장애인의 날'입니다. 이 날을 맞아 다양한 행사와 캠페인이 진행되며, 장애인의 권리와 이들이 직면하는 문제들에 대한 인식과 관심을 높이기 위한 노력들이 이루어집니다.

4. 4월 21일은 '과학의 날'입니다. 이 날을 통해 과학 기술의 발전과 그 중요성에 대해 재인식하고, 과학 인재 육성에 대한 관심을 높이기 위한 다양한 행사 및 활동이 이루어집니다.

5. 4월 22일은 '지구의 날'로 환경 보호 및 지구에 대한 관심을 높이기 위한 행사가 전 세계적으로 진행됩니다.

6. 4월 25일은 세계 말라리아의 날 (World Malaria Day)입니다. 세계 말라리아의 날은 말라리아의 예방, 치료 및 제거에 대한 인식을 높이기 위한 국제적인 날입니다. 이날은 전 세계적으로 말라리아와 관련된 정보를 전달하고, 말라리아 퇴치를 위한 다양한 캠페인이 진행됩니다.

각 나라의 문화와 역사에 따라 다양한 의미와 방식으로 기념되는 날들이 있으니, 여러 나라와 문화의 기념일에 대해 알아보시길 바랍니다.

- **교사는 ChatGPT에게 기념일 홍보물과 관련된 이미지 요청하기**

  ※ 교사가 학생들이 참고할 수 있는 수업 자료를 ChatGPT에게 요청할 수 있습니다. 이때, 학생들의 학습 내용과 수준에 맞는 이미지를 얻을 수 있도록 상세히 질문하도록 합니다.

교사 "4월 22일 지구의 날을 나타낼 수 있는 이미지를 알고 싶어. **지구의 날의 의미를 대표할 수 있는 이미지를 보여줘.**"

이 이미지는 4월 22일에 기념되는 지구의 날을 상징합니다. 다양한 사람들이 푸르고 생기있는 지구본 주위에 모여 있으며, 이는 단결과 환경에 대한 인식을 상징합니다. 배경에는 자연의 아름다움이 표현되어 있어, 우리 행성을 보호하는 것의 중요성을 강조합니다.

- 교사는 ChatGPT에게 이미지에 어울리는 문구 요청하기

 이미지와 관련된 내용을 나타낼 수 있는 문구를 다섯 문장으로 작성해줘.

 지구의 날은 환경 문제에 대한 인식을 높이고 지속 가능한 미래를 추구하기 위해 전 세계 사람들이 함께하는 특별한 날입니다. 이 날을 계기로, 지구를 보호하고 환경을 보존하는데 동참할 필요성을 인식하게 됩니다.

우리는 지구의 날을 기념하며 개인, 지역 사회, 정부 및 기업이 어떻게 환경 보호에 기여할 수 있는지 생각해 볼 수 있는 기회를 갖습니다. 지구의 날은 우리에게 지구를 보호하고, 오염과 기후 변화와 같은 글로벌 환경 문제에 맞서 싸울 필요를 일깨워줍니다. 이 날은 우리가 지구와 환경에 대한 책임을 다시금 되새기고, 지속 가능한 삶을 위한 노력을 이어갈 수 있는 동기를 부여하는 중요한 의미를 담고 있습니다.

 기념일 홍보물 만들기

- **ChatGPT가 제공하는 이미지와 문구를 참고하여 기념일 홍보물을 만들고 소개하기**
  - ChatGPT의 답변을 참고하되 자신만의 언어로 산출물을 만들 수 있도록 지도합니다.
  - 색칠도구, 도화지, 그림 프로그램 등 다양한 미술 도구를 사용하여 만들기 활동을 진행할 수 있습니다.

3 정리

- **기념일 홍보물을 만들어본 활동 소감을 나누기**

54 ChatGPT와 함께 학습발표회 준비하기

① 수업 미리보기

대상학년	초등학교 5학년	과목	창의적 체험활동	준비물	PC 또는 노트북

학습 주제 ChatGPT와 함께 학습발표회 준비하기

관련 성취 기준

성숙한 민주시민으로서 타인과 원활하게 소통하고 공동체의 문제를 상호 연대하여 해결할 수 있는 역량을 함양한다.

시작하며

＊ 초등학교 5학년 창의적 체험활동에서 ChatGPT를 활용하여 학습발표회의 대본과 팸플릿 만들어 보는 수업입니다.

ChatGPT 4.0은 2023년 10월 업데이트를 통해 텍스트로 요청한 내용을 이미지로 추출할 수 있는 기능이 추가되었습니다. 이 기능을 활용하여 학급 운영과 관련된 다양한 이미지를 추출할 수 있습니다.

학급 회의를 통해 학습발표회의 프로그램 내용과 역할을 정합니다. 학급 회의를 통해 학습발표회 준비를 위해 필요한 역할을 생각해 보고, 학생들 각자 자신이 할 수 있는 역할과 참여할 프로그램 정합니다.

그리고 **ChatGPT를 활용하여 학습발표회 대본과 팸플릿을 만들어봅니다.** 교사는 ChatGPT에게 프로그램 내용과 순서에 맞는 대본을 요청하고, 학생들은 이를 검토 및 수정하여 사회자의 대본을 완성합니다. 또 교사가 ChatGPT에게 요청하여 받은 학습발표회에 어울리는 이미지를 활용하여 학습 발표회 팸플릿을 제작합니다.

수업의 흐름 한눈에 살펴보기

동기 유발	········	학습발표회 일정 안내하기
활동1	········	학습발표회 프로그램과 역할 정하기
활동2	········	ChatGPT와 함께 팀별로 학습발표회 준비하기
정리	········	활동 소감 나누기

수업 전 생각해보기

♥ ChatGPT는 요청하는 텍스트 내용에 따라 추출할 수 있는 이미지의 내용이 달라지므로, 교사는 사전에 학습발표회에 어울리는 이미지를 추출할 수 있는 가장 효과적인 텍스트 문구를 확인합니다.

♥ 교사는 ChatGPT가 제공하는 답변과 이미지에 편견이나 문제가 없는지 검토하고 학생들에게 제공합니다.

초등 5학년, 6학년

② 수업 톺아보기

교수·학습과정안을 통하여 수업 흐름을 자세히 살펴보겠습니다.

---

1 도입

동기유발

- **학습발표회 일정 안내하기**
  - 우리 반의 학습발표회를 함께 계획하고 준비해 봅시다.

---

2 전개

활동1 **학습발표회 프로그램과 역할 정하기**

- **학습발표회 프로그램 내용 및 역할 정하기**
  - 학습발표회 준비를 위해 각자의 역할을 정해봅시다.
  - 학습발표회에 참여할 프로그램과 순서를 정해봅시다.

활동2 **ChatGPT와 함께 팀별로 학습발표회 준비하기**

- **[사회자 팀] 학습발표회 대본 짜기**
  ※ 교사는 사회자 팀 학생들이 참고자료로 활용할 수 있는 학습발표회 대본의 기본틀을 ChatGPT에게 요청합니다.

 초등학교 5학년 학생들이 '학습발표회'를 계획하고 진행하려고 해. 5학년 학생 두 명이 사회자가 되어 다음 프로그램 순서에 따라 '학습발표회'를 진행하는 대본을 써줘.
1번: 5명의 리코더 연주
2번: 5명의 태권도 시범
3번: 2명의 마술 쇼
4번: 3명의 컵타 공연
5번: 6명의 케이팝 댄스

 [사회자 1: 영준, 사회자 2: 지은]

영준: 안녕하세요, 저희는 5학년 4반의 영준과 지은입니다. 오늘 저희가 '학습발표회'의 사회를 맡게 되어 기쁩니다. 여러분, 기대하고 계시죠?
지은: 그렇습니다. 오늘은 우리 친구들이 열심히 준비한 다양한 프로그램을 보여드릴 예정입니다. 지금부터 시작하겠습니다!

영준: 첫 번째 프로그램은 우리 친구들의 리코더 연주입니다. 잠시 후, 멋진 연주로 여러분을 초대할 5명의 친구들이 나타날 거예요. 많은 기대 부탁드립니다!

(리코더 연주 후)

지은: 와우, 정말 멋진 리코더 연주였습니다. 박수를 보내주세요! 다음은 두 번째 순서로 우리 친구들의 태권도 시범이 준비되어 있습니다.

영준: 네, 강한 우리 친구들의 힘을 느낄 수 있을 거에요. 안전을 위해 시범 중에는 침착하게 관람해 주시기 바랍니다.

(태권도 시범 후)

지은: 우와, 정말 멋졌습니다! 우리 친구들의 놀라운 태권도 실력에 박수를 보냅시다. 이제 세 번째 프로그램으로 놀라움이 가득한 2명의 마술 쇼를 준비했습니다.

영준: 그럼 이제부터 모두의 눈을 사로잡을 마법의 세계로 여러분을 초대하겠습니다.

(마술 쇼 후)

지은: 정말 놀랍지 않나요? 마술사 친구들의 놀라운 마술 쇼에 박수를 보내주세요! 이제 네 번째 프로그램으로 우리 친구들의 컵타 쇼가 준비되어 있습니다.

영준: 리듬감 넘치는 컵타 쇼, 여러분도 함께 응원하며 즐겨보세요.

(컵타 쇼 후)

지은: 멋진 리듬, 그리고 화려한 연출! 우리 친구들의 컵타 쇼에 다시 한번 박수를 보내주세요! 마지막으로 오늘의 마지막 프로그램인 5명의 케이팝 댄스가 준비되어 있습니다.

영준: 우리 친구들이 얼마나 열심히 연습했는지 궁금하시죠? 그럼 지금부터 케이팝 댄스로 여러분을 사로잡을 친구들의 무대를 공개하겠습니다!

(케이팝 댄스 후)

지은: 와우, 정말 대단했습니다. 우리 친구들의 멋진 댄스에 다시 한번 박수를 보내주세요! 그리고 이렇게 우리의 가을 학습발표회가 마무리되었습니다.

영준: 오늘 참여해 주신 모든 분들에게 감사의 말씀을 드리며, 열심히 준비한 모든 친구들에게도 큰 박수를 보내주세요. 우리 다음에 또 만나요!

지은: 그럼 이만 저희 사회자 영준, 지은은 인사드리며 마치겠습니다. 감사했습니다!

둘 다: 안녕히 계세요!

- **[사회자 팀] ChatGPT가 보여준 대본 수정 및 검토하기**

  ※ 교사는 학생들이 요청하는 내용을 반영하여 ChatGPT에게 대본 수정을 요청한 후, 학생들에게 참고자료로 제공할 수 있습니다.

 위 대본에 **유머러스한 표현과 농담, 참가자들의 호응을 유도하는 표현**을 추가해 줘.

[사회자 1: 영준, 사회자 2: 지은]

영준: 안녕하세요, 저희는 5학년 4반의 영준과 지은입니다. 오늘 저희가 '학습발표회'의 사회를 맡게 되어 기쁩니다. 여러분, 기대하고 계시죠? 아, 그런데 지은 너의 양쪽 어깨가 기대감으로 무거워 보이는데 괜찮아?

지은: 아니, 영준이와 함께 나누어 들고 있어서 가벼워요. 네, 그럼 지금부터 시작하겠습니다!

영준: 첫 번째 프로그램은 우리 친구들의 리코더 연주입니다. 잠시 후, 공주님, 왕자님들을 위한 음악회로 여러분을 초대할 5명의 친구들이 나타날 거예요. 어떤 멋진 선율이 우리를 기다리고 있을지, 귀를 쫑긋하게 세워보세요!

(리코더 연주 후)

지은: 와우, 멋진 연주에 마음이 녹아버릴 뻔했어요. 우리 친구들에게 박수를 보내주세요! 다음은 두 번째 순서로 우리 친구들의 태권도 시범이 준비되어 있습니다.

영준: 네, 강한 우리 친구들의 힘을 느낄 수 있을 거예요. 안전을 위해 시범 중에는 침착하게 관람해 주시기 바랍니다.

(태권도 시범 후)

지은: 우와, 힘찬 태권도를 보니 저도 땀이 나네요. 우리 친구들의 놀라운 태권도 실력에 박수를 보냅시다. 이제 세 번째 프로그램으로 놀라움이 가득한 2명의 마술 쇼를 준비했습니다.

영준: 그럼 이제부터 모두의 눈을 사로잡을 마법의 세계로 여러분을 초대하겠습니다.

(마술 쇼 후)

지은: 우와, 마술사 친구들이 진짜 마법사인 줄 알았네요! 멋진 마술 쇼에 박수를 보내주세요! 이제 네 번째 프로그램으로 우리 친구들의 컵타 쇼가 준비되어 있습니다.

영준: 리듬감 넘치는 컵타 쇼, 여러분도 함께 응원하며 즐겨보세요.

(컵타 쇼 후)

지은: 와, 컵타 리듬에 저도 심장이 쿵쿵 뛰었어요! 우리 친구들의 컵타 쇼에 다시 한번 박수를 보내주세요! 마지막으로 오늘의 마지막 프로그램인 5명의 케이팝 댄스가 준비되어 있습니다.

영준: 우리 친구들이 얼마나 열심히 연습했는지 궁금하시죠? 그럼 지금부터 케이팝 댄스로 여러분을 사로잡을 친구들의 무대를 공개하겠습니다!

(케이팝 댄스 후)

지은: 와, 우리 친구들의 댄스가 마치 꿈을 꾸는 것 같았어요! 멋진 댄스에 다시 한번 박수를 보내주세요! 그리고 이렇게 우리의 가을 학습발표회가 마무리 되었습니다.

영준: 오늘 참여해 주신 모든 분들에게 감사의 말씀을 드리며, 열심히 준비한 모든 친구들에게도 큰 박수를 보내주세요. 우리 다음에 또 만나요!

지은: 그럼 이만 저희 사회자 영준, 지은이 인사드리며 마치겠습니다. 오늘은 잊지 못할 추억이 될 것 같아요! 감사했습니다!

둘 다: 안녕히 계세요!

- **[사회자 팀] ChatGPT가 보여준 대본 수정 및 검토하기**
  - ChatGPT를 통해 얻은 대본을 다시 꼼꼼하게 읽어보며 수정해 봅시다.

- **[디자인 팀] ChatGPT와 함께 팸플릿 이미지 추출하기**
  ※ 교사는 학생들이 요청하는 내용을 소재로 하는 이미지를 ChatGPT에게 요청합니다.

 '초등학교 5학년 학생들의 재미있고 신나는 학급 학습발표회'를 소재로 하는 이미지를 보여줘.

 네, 다음은 '초등학교 5학년 학생들의 재미있고 신나는 학급 학습발표회'를 소재로 하는 이미지입니다.

- **[디자인 팀] ChatGPT가 보여준 이미지 수정하기**
  ※ 교사는 학생들이 요청한 내용을 반영하여 ChatGPT에게 수정된 이미지를 요청합니다.

 위 이미지를 학생들이 책상과 의자 없이 관람석에서 지켜보는 모습으로 변경하여 다시 보여줘.

네, 다음은 '초등학교 5학년 학생들의 재미있고 신나는 학급 학습발표회'를 소재로 하는 이미지입니다.

- **[디자인 팀] ChatGPT가 제시한 이미지로 팸플릿 디자인하기**
  - ChatGPT를 통해 얻은 이미지를 활용하여 '미리캔버스'로 팸플릿을 직접 제작해 봅시다.
  (※ 미리캔버스, https://www.miricanvas.com/ko)

3 정리

- **활동 소감 나누기**

55 ChatGPT와 함께 환경지킴이 되기

① 수업 미리보기

대상학년	초등학교 5학년		과목	창의적 체험활동	준비물	PC 또는 노트북

학습 주제 ChatGPT와 함께 환경지킴이 되기

관련 성취 기준

지능정보기술을 통해 얻은 정보를 바탕으로 환경의 날에 관심을 가지고 환경을 보호하려는 실천 의지를 기른다.

시작하며

＊**초등학교 5학년 창의적체험활동에서 ChatGPT와 함께 환경지키미가 되어 보는 수업입니다.**
세계 환경의 날에 대해 알아봅니다. 교사는 ChatGPT를 활용하여 세계 환경의 날에 대한 자료를 찾아보고 학생들이 쉽게 이해할 수 있도록 합니다. 다음으로 **환경을 살리는 방법을 찾아봅니다.** 교사는 ChatGPT에게 환경을 살리는 방법에는 어떤 것이 있는지 질문하고 학생들은 그 결과를 바탕으로 자신이 스스로 실천할 수 있는 방법을 토의하고 발표합니다. 마지막으로 **미래의 모습을 상상합니다.** 교사는 ChatGPT에게 우리가 환경지킴이 활동을 했을 때 변화될 미래의 모습을 상상하여 이미지로 표현하도록 하고, 학생들은 ChatGPT가 제시한 사진을 보고 느낌을 이야기해 봅니다.

수업의 흐름 한눈에 살펴보기

동기 유발	6.5가 의미하는 것은 무엇인지 맞춰보기
활동1	세계 환경의 날에 대해 알아보기
활동2	환경을 살리는 방법 찾아보기
활동3	미래의 모습 상상하기
정리	활동 소감 나누기

수업 전 생각해보기

♥ ChatGPT에서 이미지 검색을 할 때, 같은 질문을 하더라도 검색할 때마다 다른 결과가 나올 수 있으므로, 적합한 사진이 나올 경우, 이미지를 저장하여 수업에 활용하도록 합니다.
♥ 환경의 날과 연계하여 지도할 수 있으며 ChatGPT에서 검색한 환경 지키기 실천 방법이 초등학생에게 적절한지 확인하고 학생들에게 제공합니다.

초등 5학년, 6학년

② 수업 톺아보기

교수·학습과정안을 통하여 수업 흐름을 자세히 살펴보겠습니다.

---

1 도입

동기유발

- **6.5가 의미하는 것은 무엇인지 맞춰보기**
  - 6.5의 숫자가 의미하는 것에 대해 이야기해 봅시다.

  ※ 숫자가 의미하는 것이 무엇일지 학생들이 교사의 질문에 자신의 경험을 자유롭게 말할 수 있도록 허용적인 분위기를 조성하는 것이 좋습니다.

〈교사가 할 수 있는 주요 질문〉
- 6.5를 보면 떠오르는 것이 있나요?
- 6.5가 의미하는 것은 무엇일까요?

〈학생들의 기대 답변〉
- 6.5는 6월 5일의 날짜를 나타내는 것 같아요.
- 세계 환경의 날인 6월 5일을 의미하는 것 같아요.

---

2 전개

활동1 세계 환경의 날에 대해 알아보기

- **교사는 ChatGPT에게 세계 환경의 날에 대한 설명 요청하기**

  ※ 교사는 ChatGPT가 제시한 결과에 오류가 없는지 확인하고 학생들에게 제시하도록 합니다.

 세계 환경의 날에 대해 알려줘.

 세계 환경의 날은 매년 6월 5일에 열리며, 1972년 유엔 인간 환경에 관한 회의에서 처음 제안되었습니다. 이 회의는 스웨덴의 스톡홀름에서 개최되었고, 이후 1974년부터 세계 환경의 날이 정식으로 시작되었습니다. 이날은 세계 각지에서 다양한 환경 이슈에 대한 인식을 높이고 이에 대한 행동을 촉구하는 일련의 행사가 열립니다.

세계 환경의 날은 매년 다른 주제를 가지며, 특정 환경 이슈에 초점을 맞춥니다. 이 주제는 매년 변경되며, 환경 보호, 기후 변화, 해양 오염, 지속 가능한 소비 등 다양한 주제를 다룹니다. 또한 매년 다른 국가가 주최국으로 지정되어, 그 국가에서 다양한 행사와 활동이 진행됩니다.

세계 환경의 날은 환경 보호의 중요성을 인식하고, 이를 위한 구체적인 행동을 취하는 데 도움이
되는 중요한 날입니다. 각자의 환경을 보호하고 지속 가능한 미래를 위한 행동을 촉구하는 것이 이
날의 주요 목표입니다.

 환경을 살리는 방법 찾아보기

- 교사는 ChatGPT에게 환경을 살리는 방법에는 어떤 것이 있는지 실천 방법 요청하기

 환경을 위해 초등학생이 실천할 수 있는 것은 무엇이 있을까?

 초등학생들도 환경을 위해 많은 것을 실천할 수 있습니다. 다음은 몇 가지 예시입니다:

- 재활용하기: 재활용이 가능한 품목(종이, 플라스틱, 유리 등)을 분리수거하는 습관을 기르는 것
  은 매우 중요합니다.
- 에너지 절약하기: 불필요하게 전기가 켜져 있는 것을 확인하고 꺼주는 것, 물을 쓸 때 필요한 만
  큼만 사용하는 것 등을 통해 에너지를 절약할 수 있습니다.
- 쓰레기 줄이기: 가능하면 일회용 품목의 사용을 줄이고, 음식을 남기지 않는 등 쓰레기를 줄이는
  습관을 가지는 것이 좋습니다.
- 식물 키우기: 식물을 직접 키우면서 자연과 친해지고, 식물이 환경에 어떤 역할을 하는지 배울
  수 있습니다.
- 환경에 대해 배우고 알리기: 환경에 대한 지식을 배우고, 그 정보를 친구나 가족과 공유하는 것
  도 중요합니다.
- 야외 활동: 자연을 직접 체험하며 환경에 대한 이해와 사랑을 키울 수 있습니다.
- 환경 보호 운동 참여: 학교나 지역 커뮤니티에서 주최하는 환경 보호 행사나 운동에 참여하는 것
  이 좋습니다. 이는 환경을 보호하는 구체적인 행동을 취하는 동시에, 다른 사람들에게도 환경에
  대한 중요성을 알릴 수 있습니다.

- **우리가 실천할 수 있는 방법에 대해 토의하고 발표하기**

  ※ ChatGPT가 제시한 결과를 참고하여 학생들이 스스로 실천할 수 있는 방법을 찾아보도록 합니다.

〈학생들이 토의 결과 정리한 내용〉
- 제로웨이스트 운동 참여하기
- 물통 가지고 다니기
- 음식물 쓰레기 줄이기 등

활동3 **미래의 모습 상상하기**

- **환경지킴이 활동을 했을 때 우리의 미래 모습은 어떻게 변화될지 상상하여 보기**
  ※ 상상한 모습을 간단한 문장으로 표현하도록 합니다.

〈학생들의 기대 답변〉
- 미세먼지 없이 깨끗한 하늘을 만날 수 있을 것 같아요.
- 북극의 빙하가 녹지 않을 것 같아요.
- 기후 변화가 덜해질 것 같아요. 등

- **교사는 학생들이 상상한 미래의 모습을 ChatGPT에게 이미지로 요청하기**
  ※ 교사는 ChatGPT가 제시한 결과에 오류가 없는지 확인하고 학생들에게 제시하도록 합니다.

〈이미지로 요청할 문장〉

미세먼지 없이 깨끗한 하늘

 미세먼지 없이 깨끗한 하늘을 이미지로 표현해줘.

  여기에 선명한 푸른색과 보송보송한 하얀 구름과 함께 깨끗하고 오염되지 않은 하늘을 묘사한 이미지가 있습니다. 그 장면은 또한 나무들이 있는 무성한 녹색 풍경과 맑은 강물을 포함하고 있으며, 사람들은 이 자연 그대로의 환경에서 야외를 즐기고 있습니다.

- **ChatGPT가 제시한 사진을 본 느낌 이야기하기**

〈학생들의 기대 답변〉
- 사진을 보니, 더욱 환경 보호를 위해 힘써야겠다는 생각이 들었어요.
- 사진 속처럼 우리 미래가 바뀔 수 있다는 생각을 하니 설레어요.

3 정리

- **활동 소감 나누기**

56 선거 포스터 만들기

① 수업 미리보기

대상학년	초등학교 5학년	과목	창의적 체험활동	준비물	PC 또는 노트북

학습 주제	ChatGPT와 함께 선거 포스터 만들기

관련 성취 기준

다양한 매체를 활용하여 선거 포스터를 작성할 수 있다.

시작하며

* **초등학교 5학년 창의적 체험활동에서 ChatGPT가 제시한 창의적 포스터 제작 방법을 토대로 선거포스터를 만들어 보는 수업입니다.**

교사는 ChatGPT를 활용하여 선거 포스터의 제작 방법을 빠르게 찾아, 학생들이 각자 제작할 선거 포스터를 구상할 수 있는 시간을 확보할 수 있습니다.

ChatGPT를 활용하여 선거 포스터를 만드는 활동을 통해 ChatGPT 4.0의 답변 중 시각적 요소를 활용한 인포그래픽에 대한 아이디어를 구체화해 보고, 인공지능 기술을 활용해 볼 수 있습니다.

수업의 흐름 한눈에 살펴보기

동기 유발	………	선거 포스터 살펴보기
활동1	………	선거 포스터 제작 방법 알아보기
활동2	………	ChatGPT와 함께 포스터 구상해 보기
활동3	………	ChatGPT를 활용하여 선거 포스터 만들기
정리	………	활동 소감 나누기

수업 전 생각해보기

♥ 교사는 ChatGPT에게 창의적 포스터 제작 방법과 인포그래픽에 활용할 자료 예시 및 자신의 장점을 나타낼 수 있는 캐릭터를 요청합니다.
♥ 교사는 학생이 ChatGPT의 답변을 그대로 쓰지 않고, 자신의 생각으로 2차 산출물을 만들 수 있도록 지도합니다.
♥ 인포그래픽을 활용한 자료를 제작시 사전 교육을 통해 다양한 그래프의 특징과 목적에 맞는 사용 방법을 익혀 올바르게 활용할 수 있도록 안내합니다.

② 수업 톺아보기

교수·학습과정안을 통하여 수업 흐름을 자세히 살펴보겠습니다.

1 도입

동기유발

- **선거 포스터 살펴보기**
  선거 포스터가 활용되는 상황을 찾아봅니다.

2 전개

활동1 선거 포스터 제작 방법 알아보기

- **교사가 ChatGPT에게 창의적 포스터 제작 방법 요청하기**
  ※ 학생들의 확산적인 사고를 위해 사전에 학생들과 아이디어를 충분히 나눈후 ChatGPT에게 답변을 요청하도록 합니다.

 창의적인 선거 포스터 만드는 방법 5가지 형태로 제시해 줘.

 창의적인 선거 포스터를 디자인하는 방법에는 다양한 접근 방식이 있습니다. 다음은 그 중 몇 가지 방법을 제시해 드리겠습니다.

1. 이미지와 타이포그래피의 조화
   - 대표적인 이미지와 간결한 문구를 사용하여 즉시 메시지를 전달할 수 있도록 합니다.
   - 후보자의 사진 대신 상징적인 아이콘, 일러스트레이션 등을 활용하면 독특한 느낌을 줄 수 있습니다.
2. 인터랙티브한 포스터
   - QR 코드나 AR(증강현실) 기술을 활용하여 스마트폰 등을 통해 추가 정보나 콘텐츠를 제공할 수 있습니다.
   - 관람자가 스마트폰을 통해 포스터와 상호작용하게 되면, 더 많은 정보나 메시지를 전달할 수 있게 됩니다.
3. 감정을 자극하는 디자인
   - 감정적인 이미지나 색상을 사용하여 관람자의 감정에 호소하도록 디자인합니다.
   - 예를 들어, 희망을 주는 밝은 색상이나 강력한 메시지를 담은 사진 등을 활용할 수 있습니다.
4. 미니멀리즘
   - 지나치게 많은 정보나 이미지 대신 핵심 메시지나 요소만을 강조하는 포스터를 만듭니다.

- 미니멀한 디자인은 관람자의 시선을 바로 핵심 포인트로 집중시켜 메시지 전달이 더욱 효과적입니다.

5. 시리즈 디자인
- 여러 개의 포스터를 하나의 시리즈로 디자인하여 일관성과 동시에 다양한 메시지를 전달할 수 있게 합니다.
- 시리즈 포스터는 하나의 주제를 여러 각도에서 다루거나, 여러 가지 중요한 메시지를 하나씩 전달할 수 있습니다.

이외에도 창의성은 무한하므로, 자신의 아이디어와 메시지에 맞는 디자인 방향을 찾아보는 것도 좋습니다. 포스터 디자인 시에는 후보자의 이미지와 정치적 입장, 그리고 타겟 유권자의 관심사와 문화를 고려하는 것이 중요합니다.

ChatGPT와 함께 포스터 구상해 보기

- **교사가 ChatGPT에게 초등학교 수준의 선거 포스터 구상 예시를 요청하기**

 시각적인 그래프를 사용하여 선거 포스터를 작성하고 싶어, 초등학생 수준의 선거 포스터를 어떻게 만들어야 하는지 알려줘.

 초등학생 수준의 선거 포스터를 그래프와 함께 구상해보겠습니다. 실제로 포스터를 그릴 수는 없지만, 아이디어와 구성을 설명해 드리겠습니다.

1. 포스터 제목: "우리 학교, 함께 좋아지자!"
2. 설명:
- 상단: 포스터 제목인 "우리 학교, 함께 좋아지자!"를 크게 적습니다. 밝은 색상의 배경에 흰색 글씨로 제목을 부각시킵니다.
- 중앙: 원형 그래프를 사용하여 학생들이 원하는 변화를 시각적으로 표현합니다. 예를 들어, 원형 그래프의 각 부분에는 "운동장 개선", "도서관 책 추가", "학급 환경 개선", "학교 식당 메뉴 다양화" 등의 섹션을 만들어 학생들의 요구 사항을 비율에 맞게 표시합니다. 각 부분은 서로 다른 색상으로 표시해 구분이 잘 가게 합니다.
- 원형 그래프 아래: 그래프 아래에는 간략하게 각 부분의 설명을 붙입니다. 예: "더 맛있는 학교 식당 메뉴를 원해요!" 또는 "도서관에 더 다양한 책을 원해요!"
- 하단: 후보자의 사진과 이름, 그리고 "함께 만들어요, 더 좋은 우리 학교!"와 같은 슬로건을 적습니다.
- 포스터 전체: 밝은 색상과 친근한 폰트를 사용하여 초등학생들에게 친숙하게 다가갈 수 있도록 디자인합니다.

이렇게 포스터를 구성하면 초등학생들에게 어떤 변화를 가져다줄 것인지, 그 변화의 중요성이 얼마나 되는지를 시각적으로 잘 표현할 수 있습니다.

활동3 ChatGPT를 활용하여 선거 포스터 만들기

• **교사가 ChatGPT에게 학생 입장에서 장점을 나타낼 수 있는 캐릭터 요청하기**

 나는 친구들에게 모든 일에 열심히 참여하는 모습을 캐릭터로 나타내어 소개하고 싶어. 초등학생들이 이해하기 쉬운 캐릭터 5가지를 만들어줘.

 다양한 활동에 열심히 참여하는 어린 학생들을 나타내는 다섯 개의 개별 캐릭터들이 만들어졌습니다. 이 캐릭터들은 초등학생들에게 매력적이고 공감 가게 디자인되었습니다:

1. 과학 실험에 참여하는 학생.
2. 스포츠에 적극적으로 참여하는 학생.
3. 즐겁게 악기를 연주하는 학생.
4. 미술에 몰두하는 학생.
5. 환경 활동에 자원봉사하는 학생.

이 캐릭터들을 필요에 따라 보고 사용하실 수 있습니다.

▲ ChatGPT 이미지 생성 결과물

• **인포그래픽을 활용한 선거 포스터 만들기**
   - 인공지능의 답변을 활용하여 나만의 선거 포스터 만들기
   - 교사는 ChatGPT의 답변을 활용하여 자신의 특징을 시각화할 수 있는 요소를 찾아 선거 포스터를 작성할 수 있도록 지도합니다.

3 정리

• **활동 소감 나누기**

ChatGPT가 제시하는 답변을 비판적으로 확인하기

① 수업 미리보기

| 대상학년 | 초등학교 6학년 | | 과목 | 창의적 체험활동 | 준비물 | PC 또는 노트북 |

학습 주제 ChatGPT가 제시하는 답변을 비판적으로 확인하기

관련 성취 기준

인공지능의 데이터 편향성에 대해 이해하고, 인공지능이 제시하는 답변을 비판적으로 확인한다.

시작하며

＊ 초등학교 6학년 창의적 체험활동에서 ChatGPT가 제시하는 답변을 비판적으로 확인하는 수업입니다.

ChatGPT와 같은 생성형 인공지능은 다양한 데이터를 학습하여 답변을 구성합니다. 이 과정에서 잘못된 데이터를 학습하거나, 검증이나 판단 알고리즘으로 인해 마치 인공지능이 고정관념을 가진 것처럼 대답을 하기도 하는데, 이를 인공지능의 데이터 편향성이라고 합니다. 인공지능이 가진 데이터 편향성은 인공지능 기술이 발전할수록 사회적으로 큰 문제를 일으킬 수 있습니다. 그렇기 때문에 인공지능 미래 사회를 살아가게 될 학생들에게 이러한 인공지능의 역기능을 올바르게 가르치는 것이 매우 중요합니다.

ChatGPT의 답변 속에 나타나는 편향적 특성을 살펴보고, 이를 비판적으로 이해하는 수업을 통해 생성형 인공지능의 특성을 이해하고, 인공지능을 올바르게 활용하기 위한 방법을 지도할 수 있습니다.

수업의 흐름 한눈에 살펴보기

동기 유발	………	교사가 준비한 장난감 사진 살펴보기
활동1	………	데이터 편향성에 대해 알아보기
활동2	………	ChatGPT가 제시한 장난감 이름의 특징을 비판적으로 살펴보기
활동3	………	ChatGPT가 가지고 있는 편견에 대해 알아보기
정리	………	활동 소감 나누기

수업 전 생각해보기

♥ 교사는 학생들에게 인공지능이 학습한 데이터에 따라 편향성 문제를 가질 수 있음을 다양한 사례를 통해 이해할 수 있도록 안내합니다.

♥ 교사는 학생들에게 ChatGPT이 제시한 답변 속에 '아름다운', '강한'과 같은 전통적 성역할이 담긴 단어가 많이 추천되었음을 알 수 있도록 지도합니다.

초등 5학년, 6학년

② 수업 톺아보기

교수·학습과정안을 통하여 수업 흐름을 자세히 살펴보겠습니다.

---

1 ┆ 도입

동기유발

- **교사가 준비한 장난감 사진 살펴보기**
  - 교사가 준비한 다양한 장난감과 인형 사진을 보고 어울리는 이름을 지어주기
    ※ 교사는 전통적 성 역할을 벗어나는 장난감 사진 자료를 준비합니다. 예를 들어 강인한 모습의 여전사와 같이 성별이 정해져 있기는 하나 외형적으로 여성과 남성 구분이 잘 가지 않는 장난감과 같은 자료를 준비할 수 있습니다.

〈인형 사진 자료〉

성별: 여성	성별: 여성	성별: 남성

▲ 출처: 픽사베이, pixabay.com

  - 내가 만약 인공지능이라면 어떻게 인형의 이름을 지어줄지 친구들과 말해보기
    ※ 교사는 학생들이 인형의 성별이나 생김새보다 다른 특징을 활용하여 이름을 생각해 보도록 합니다.

---

2 ┆ 전개

활동1 ┆ 데이터 편향성에 대해 알아보기

- **인공지능의 데이터 편향성에 대해 알아보기**
  ※ 교사는 ChatGPT의 대답을 역할놀이 대본으로 재구성하여 활동으로 실시할 수도 있습니다.

 교사 데이터 편향성을 초등학생들이 이해할 수 있도록 알려줘.

 데이터 편향성을 이해하기 쉽게 설명해 드릴게요.

상상해 볼까요? 친구들과 함께 학교에서 놀이터에서 놀고 있다고 생각해 보세요.

선생님이 여러분에게 새로운 놀이 기구를 만들어 달라고 부탁했어요. 여러분은 친구들의 의견을 듣고 어떤 놀이 기구를 만들지 결정하려고 해요.

그런데 여기서 문제가 발생했어요.
여러분은 오직 10명의 친구들만 물어보기로 결정했어요. 이 10명의 친구들이 다른 모든 사람들과 똑같은 취향을 가지고 있다고 생각했기 때문이죠.
그래서 이 10명의 친구들이 좋아하는 놀이 기구를 만들면 모두가 좋아할 것이라고 생각했어요.

하지만 그렇지 않았어요.
결국 다른 아이들은 새로운 놀이 기구를 별로 좋아하지 않았어요.
왜냐하면 여러분이 선택한 10명의 친구들의 의견은 다른 아이들의 의견을 대표하지 못했기 때문이죠. 이런 상황이 바로 데이터 편향성의 한 예시에요.

데이터 편향성은 데이터를 수집하거나 분석할 때 일어나는데, 일부 데이터가 다른 데이터에 비해 너무 많이 포함되거나, 또는 일부 데이터가 빠져서 전체 데이터가 공평하게 대표되지 않는 경우를 말해요. 이로 인해 우리가 얻은 결과가 정확하지 않거나, 특정한 쪽으로 치우칠 수 있어요.

그래서 데이터를 다룰 때는 여러가지 다양한 의견과 정보를 고려해야 해요.
이렇게 하면 데이터 편향성을 줄이고, 모두에게 더 좋은 결과를 얻을 수 있답니다.

- 인공지능에게서 데이터 편향성이 나타날 수 있을지 친구들과 이야기하기

<학생들의 기대 답변>
- 수많은 데이터를 바탕으로 대답을 하기 때문에 공정하고 객관적인 것 같다.
- ChatGPT는 항상 옳은 답을 주는 것 같다.

활동2 **ChatGPT가 제시한 장난감 이름의 특징을 비판적으로 살펴보기**

- **동기유발** 에서 보여준 사진을 떠올리며 ChatGPT가 추천하는 인형 이름의 특징 살펴보기

 교사 여자 인형 이름 지어줘.

 "루나레아"라는 이름은 어떠세요? 이 이름은 달빛처럼 부드럽고 아름다운 느낌을 주며 여자 인형에게 잘 어울리는 이름입니다.

"하늘소리"라는 이름은 어떠세요? 이 이름은 하늘에서 들려오는 아름다운 소리를 상징하여 인형에게 매력적인 분위기를 선사합니다.

"소피엘"이라는 이름은 어떠세요? 이 이름은 우아하고 고요한 느낌을 주며 여자 인형에게 매력적인 이름이 될 것입니다.

"미르벨"이라는 이름은 어떠세요? 이 이름은 사랑스럽고 아름다운 느낌을 주며 여자 인형에게 잘 어울리는 이름입니다.

"아리엘라"라는 이름은 어떠세요? 이 이름은 우아하고 고요한 느낌을 주며 여자 인형에게 아름답고 매력적인 이름이 될 것입니다.

 남자 인형 이름 지어줘.

"레온트"라는 이름은 어떠세요? 이 이름은 용감하고 강인한 느낌을 주며 남자 인형에게 잘 어울리는 이름입니다.

"탈론"이라는 이름은 어떠세요? 이 이름은 남자 인형에게 강인하고 기민한 느낌을 부여하며 독특한 매력을 선사합니다.

"테오든"이라는 이름은 어떠세요? 이 이름은 용감하고 강인한 느낌을 주며 남자 인형에게 잘 어울리는 이름입니다.

"맥스웰"이라는 이름은 어떠세요? 이 이름은 대담하고 침착한 느낌을 주며 남자 인형에게 잘 어울리는 이름입니다.

- **그 밖의 ChatGPT가 추천한 이름과 그 이유를 살펴보며 인공지능이 제공하는 이름 데이터의 특징을 비판적으로 생각하기**

  ※ 교사는 학생들이 ChatGPT가 추천하는 이름들이 전통적인 성 역할에 근거하여 이름이 추천되고 있음을 알 수 있도록 지도합니다.

〈학생들이 만든 자료〉

1. 여자 인형 이름
   - 하늘소리: 하늘에서 들려오는 **아름다운** 소리를 의미
   - 아리엘라: 우아하고 고요한 느낌을 주며 **아름답고** 매력적임
2. 남자 인형 이름
   - 테오든: **용감하고 강인한** 느낌을 줌
   - 맥스웰: **대담하고** 침착한 느낌을 줌

활동3 ChatGPT가 가지고 있는 편견에 대해 알아보기

- **"인공지능도 편견을 가질 수 있을까?"라는 주제로 토의 활동하기**

  ※ 교사는 학생들이 토의활동을 통해 데이터 편향성에 대한 이해와 개념이 형성될 수 있도록 지도합니다.

〈학생들의 답변〉
- 인공지능은 어떤 가치관이 있는 것이 있는 것이 아니고, 자신이 모아놓은 데이터를 보여주는 것이므로 편견을 가질 수 없을 것이다.
- 인공지능에게 인간이 <u>특정한 데이터만 준다면</u> 편견처럼 보일 수도 있을 것이다.
- 수업 초반 놀이터 이야기처럼 인공지능이 가지고 있는 여러 가지 데이터 중에서 <u>특정한 결과만 모아서 보여준다면</u> 편견을 가지고 있다고 볼 수도 있을 것이다.

- **인공지능이 사진 속 인형의 이름을 어울리게 지어주려면 어떻게 해야할지 생각해보기**

〈학생들의 답변〉
- 인공지능에게 여자는 예쁘고, 남자는 강하다는 데이터 이외에 다양한 데이터를 제공한다.
- 인공지능에게 인형의 특징을 자세히 알려주고 이름을 물어본다.

3 정리

- **활동 소감 나누기**

58 ChatGPT를 활용하여 우리 반 노래를 작사하고 저작권에 대해 토론하기

① 수업 미리보기

대상학년	초등학교 6학년	과목	창의적 체험활동	준비물	PC 또는 노트북

학습 주제 ChatGPT를 활용하여 우리 반 노래를 작사하고 저작권에 대해 토론하기

관련 성취 기준

ChatGPT와 함께 우리 반 노래를 작사하고 저작권 주인에 대해 학급 토론하기

시작하며

＊초등학교 6학년 창의적 체험활동에서 ChatGPT를 활용하여 반 노래를 작사하고 저작권에 대해 토론하는 수업입니다.

먼저 **ChatGPT를 활용하여 반 노래를 작사해봅니다.** 교사는 기존에 있던 곡을 반의 분위기에 맞게 개사해줄 것을 ChatGPT에게 요청하고, 학생들은 ChatGPT가 개사한 가사를 참고하여 창의적으로 개사합니다. 그리고 **ChatGPT를 활용하여 저작권 관련 토론을 합니다.** 교사는 ChatGPT가 개사한 반 노래의 저작권 주인이 누구인지 ChatGPT에게 답변을 요청하고, 학생들은 이를 토대로 저작권 관련 학급 토론을 합니다.

수업의 흐름 한눈에 살펴보기

동기 유발	‥‥‥	김○○ 작사가가 작업한 아○유 '좋은 날' 감상하기
활동1	‥‥‥	ChatGPT와 함께 우리 반 노래 작사하기
활동2	‥‥‥	저작권 주인이 누구인지 학급 토론하기
정리	‥‥‥	활동 소감 나누기

수업 전 생각해보기

♥ 교사는 학생이 ChatGPT를 통해 얻은 답변을 그대로 수용하지 않고 비판적으로 생각하여 학생 자신만의 의견과 까닭을 내세울 수 있도록 지도합니다.
♥ 교사는 ChatGPT가 생성한 예시 작품 중에서 학급 투표를 통해 수정할 작품을 선정할 수 있도록 학생들에게 안내합니다.

② 수업 톺아보기

교수·학습과정안을 통하여 수업 흐름을 자세히 살펴보겠습니다.

---

1 | 도입

동기유발

- **김○○ 작사가가 작업한 아○유 '좋은 날' 감상하기**
  - 김○○ 작사가의 노래 중 아○유 '좋은 날' 영상을 보면서 노래 가사에 집중해서 작사 스타일을 느껴봅시다.

---

2 | 전개

활동1 **ChatGPT와 함께 우리 반 노래 작사하기**

- **교사는 ChatGPT에게 학생들이 좋아하는 가수의 대표곡을 요청하기**

아○유의 대표곡 알려줘.

아○유는 대한민국의 가수이자 배우로, 데뷔 이후 다양한 히트곡을 선보여 왔습니다. 그녀의 대표 곡을 일부 나열하자면 다음과 같습니다:

1. 좋은 날 (Good Day)
   - 이 곡은 아○유의 대표곡 중 하나로 꼽히며, 특히 고음 파트가 유명합니다.
2. 너랑 나 (You and I)
   - 환상적인 요소가 가미된 뮤직비디오와 함께 많은 사랑을 받았던 곡입니다.
3. 밤편지 (Through the Night)
   - 아○유의 솔직하고 감성적인 목소리를 잘 드러내는 발라드 곡입니다.
4. Palette (ft. G-DRAGON)
   - 아○유의 25세, 그리고 그녀의 성장과 변화를 담은 곡으로, 타이틀 곡 'Palette'는 많은 사람 들에게 사랑받았습니다.
5. 블루밍 (Blueming)
   - 밝고 경쾌한 멜로디의 곡으로, 아○유의 다채로운 음악 세계를 잘 보여줍니다.
6. 라일락 (LILAC)
   - 활기찬 스프링 팝 장르의 곡으로, 뮤직비디오와 함께 아○유의 다양한 매력을 보여줍니다.

아○유는 그녀의 음악 캐리어 동안 다양한 장르와 스타일의 곡을 발표하였기 때문에, "대표곡"을 꼽는 것은 쉽지 않습니다. 위의 곡들은 그저 아○유의 히트곡 중 일부에 불과하며, 그녀의 음악을 좀 더 깊게 탐구하면 다양한 명곡들을 발견할 수 있습니다.

- **교사는 가수의 대표곡 중 하나를 선택하여 ChatGPT에게 개사 요청하기**

 아○유의 '좋은날'을 개사해줘.

 아○유의 "좋은 날" 전체 가사를 노래의 기본 테마인 긍정적이고 밝은 감정을 유지하면서 각 구절을 새롭게 구성할게요.

개사된 가사:

햇살이 내린 아침, 꿈결 같은 하루
기분 좋은 바람이 내 맘을 간지럽혀
세상이 다 내 것 같은 이 기분
오늘 하루도 빛나는 나를 느껴

높이 날아올라, 하늘 끝까지
맑은 웃음으로 내일을 그려
꿈꾸는 마음, 희망의 노래
오늘은 정말 좋은 날

이 개사 버전은 원곡의 멜로디와 어울리게끔 작성되었으니, 노래 부를 때 잘 어울릴 것입니다.

- **교사는 ChatGPT에게 우리 반 분위기에 맞게 수정해줄 것을 요청하기**

 위 작사한 내용을 초등학교 6학년 반 분위기에 맞게 반 곡으로 개사하고 싶어. 우리 반은 장난꾸러기들이 많고 어른들께 예의가 바른 학생들이야.

알겠습니다! 아래는 초등학교 6학년 반의 분위기에 맞게 개사한 가사입니다.

우리의 눈부신 반

숨바꼭질, 장난꾸러기들의 웃음소리
햇살 가득한 교실, 칠판 위 그린 모든 이야기

눈 부신 하루처럼, 선생님의 따뜻한 눈빛에
학교 종이 땡땡땡, 하굣길을 나서면

우리는 항상, 예의 바르게 인사해
마치 어른처럼, 공손히 말을 건네

반 친구들과, 함께라면 재미있는 시간
비록 숙제가 힘들어도, 함께라면 모든 것이 즐거워

하루가 빠르게 지나, 내일을 기다리며
언제나 반 친구들과, 눈부신 교실 안에서

이 가사는 초등학교 6학년 반의 분위기와 그 학생들의 특징을 반영하여 작성하였습니다.

- **ChatGPT의 답변을 참고하여 창의적으로 개사하기**
  ※ 교사는 학생들에게 ChatGPT의 답변을 그대로 쓸 것이 아니라 이를 참고하여 나만의 창작물로 재창조할 것을 지도합니다.

노래 제목
눈 부신 우리 반

노래 가사
숨바꼭질, 장난꾸러기 웃음소리
오늘따라 햇살 가득한 우리 교실
칠판 위에 낙서, 공책 속에 그림
꾸러기들의 이야길 시작할까?
오늘은 또 어떤 일이 벌어질까?

눈 부신 하루처럼, 시작되고
선생님 따뜻한 눈빛에 퐁당
학교 종 땡땡땡, 하굣길을 나서면
오늘 하루 피곤은 저 하늘 위로

우리 반 항상 예의
웃 어른께 인사를 항상 공손히

나는 요 우리 반 좋은걸
어떡해

활동2 저작권 주인이 누구인지 학급 토론하기

- **교사는 ChatGPT에게 저작권의 주인이 누구인지 의견 요청하기**
  - 작사가의 노래 스타일과 비슷하게 작사한 ChatGPT의 노랫말에 대해서 저작권의 주인이 누구인지 생각해 봅시다.

 김○○ 작사가의 예시 곡과 스타일로 작사했는데, 김○○ 작사가에게는 저작권에 대한 권한이 없어?

 죄송합니다. 제가 제공한 가사는 김○○ 작사가의 실제 작품을 직접적으로 활용하지 않았습니다. 참고한 "스타일"은 김○○ 작사가의 곡들의 느낌과 유사한 방식으로 가사를 작성하는 것을 의미하며, 실제 작품을 모방하거나 카피한 것은 아닙니다.

다만, 그럼에도 불구하고 김○○ 작사가나 다른 작사가, 작곡가의 특정 스타일을 활용해 생성한 콘텐츠가 저작권 문제에 연관될 수 있습니다. 상업적이나 다른 목적으로 이러한 콘텐츠를 활용할 때는 항상 법적인 조언을 구하는 것이 좋습니다.

제가 제공한 내용이 김○○ 작사가의 실제 스타일과 일치하지 않을 수 있으니, 이 점을 고려하셔야 합니다.

- ChatGPT가 제공한 가사를 우리 반 친구들이 개사했을 때 저작권의 주인이 누구인지 생각해 봅시다.

 우리 반 학생이 ChatGPT의 가사에서 단어만 바꾸면 우리 반 학생에게 저작권이 있어?

 저작권에 관한 사항은 국가마다 법률이 다르기 때문에 특정 지역의 법률에 대한 정보를 제공하기는 어렵습니다. 그러나 일반적으로 원작의 특징적인 부분을 크게 변형하지 않고 단순히 몇 가지 단어만 변경하는 것은 원작의 변형이라고 인정받기 어려울 수 있습니다.

즉, ChatGPT가 제공한 원본 가사에서 단순히 몇 가지 단어만 바꾼다면 그 가사에 대한 독립적인 저작권을 주장하기는 어려울 수 있습니다. 실제로 이러한 내용을 상업적으로 활용하거나 공개하려면 저작권과 관련된 법적 조언을 구하는 것이 좋습니다.

단순한 단어 변경 외에도 크게 다양하게 수정하거나 추가 작업을 통해 새롭게 창작된 부분이 많아지면 저작권에 대한 주장이 강화될 수 있습니다.

• **ChatGPT이 만든 노래의 저작권에 대한 내용을 주제로 학급 토론하기**
  - ChatGPT의 답변을 참고해서 나의 입장을 정하고, 자료를 조사하여 토론을 해 봅시다.

3 정리

• **활동 소감 나누기**

## 59

ChatGPT와 함께 우리 지역 대표 미니어쳐 만들기

① 수업 미리보기

| 학교급 | 중학교 | 과목 | 창의적 체험활동 | 준비물 | PC 또는 노트북, 3D프린터 |

학습 주제　ChatGPT와 함께 우리 지역 대표 미니어쳐 만들기

관련 성취 기준

인공지능을 이용하여 필요한 데이터를 습득 분석하고 이를 활용해 작품을 제작할 수 있다.

시작하며

> * **중학교 창의적 체험활동에서 ChatGPT가 제시한 지역을 대표하는 마스코트를 미니어쳐로 만들어보는 수업입니다.**
>
> **ChatGPT를 활용하여 우리 지역을 대표하는 것을 알아봅니다.** 학생들에게 ChatGPT를 활용하여 우리 지역을 대표하는 것을 알아볼 수 있도록 안내하고 답변한 내용이 정확한 내용인지 확인할 수 있도록 유의시킵니다. 이어서 **ChatGPT가 제시한 지역 대표 마스코트를 선택하여 미니어쳐로 설계합니다.** 학생들은 3D펜을 활용하거나 TinkerCAD 등과 같은 3D모델링을 통하여 설계할 수 있도록 합니다. 마지막으로 **설계한 3D모델링 작품을 직접 출력합니다.** 학생들은 출력을 진행하면서 3D프린터 활용 시 주의해야 할 사항을 같이 파악할 수 있습니다.

수업의 흐름 한눈에 살펴보기

동기 유발	우리 지역을 대표하는 3D모델링 작품의 예시 살펴보기
활동1	ChatGPT와 함께 우리 지역을 대표하는 것 탐색하기
활동2	내가 선택한 미니어쳐 설계하기
활동3	3D 모델링 작품을 직접 출력하기
정리	출력한 작품을 모아 우리 지역을 대표하는 것들 살펴보기

수업 전 생각해보기

- ♥ 학생들은 3D펜 및 3D프린터를 활용할 시에는 교사의 안전 감독 하에 안전 장비와 환기 시설을 갖춘 장소에서 진행하도록 합니다.
- ♥ ChatGPT 4.0를 통하여 조사한 내용 중 인종, 성별, 문화, 차별과 혐오 등 편향된 표현이 관련되었는지 비판적으로 학생들과 함께 검토합니다.

교수·학습과정안을 통하여 수업 흐름을 자세히 살펴보겠습니다.

1 도입

동기유발

- **우리 지역을 대표하는 3D모델링 작품의 예시 살펴보기**
  - 3D모델링을 통하여 우리 지역의 마스코트를 살펴봅시다.
    ※ 활동 예시 작품의 실물이나 모델링 작품을 제시합니다.

2 전개

활동1 **ChatGPT와 함께 우리 지역을 대표하는 것 탐색하기**

- **ChatGPT에게 우리 지역을 대표하는 것은 무엇이 있는지 질문하기**
  ※ 교사는 학생들이 ChatGPT의 답변에 오류가 없는지 살펴볼 수 있도록 유의시킵니다.

 충청남도 천안을 대표할 수 있는 것은 무엇이 있을까?

 충청남도 천안은 그 역사, 문화, 그리고 경제적 특성을 통해 많은 것을 대표할 수 있습니다. 다음은 천안을 대표할 수 있는 몇 가지입니다:

1. 천안 시티 FC: 천안 시티 FC는 대한민국의 프로축구 클럽으로, 충청남도를 기반으로 활동하며 K리그2(한국의 2부 리그)에서 경기를 치르고 있습니다.
2. 천안 흥타령 축제: 천안시는 매년 '천안 흥타령 축제'를 개최합니다. 이 축제는 국내외 여러 퍼포먼스 팀들이 참여하며 다양한 공연을 선보입니다.

이외에도 천안에는 여러 문화유산과 역사적인 장소, 뛰어난 자연 풍경이 있어 방문객들에게 많은 것을 제공합니다.

천안의 호두과자에 대하여 설명해 줘.

 천안의 호두과자는 충청남도 천안의 전통적인 명물 중 하나입니다. 이 과자는 주로 호두 모양의 틀에 반죽과 팥소, 그리고 호두를 넣고 구워 만듭니다.

호두과자의 겉은 바삭하면서도 속은 부드럽고, 호두의 고소함과 팥의 달콤함이 조화롭게 어우러져 맛있습니다. 또한 이 과자는 천안의 명소를 방문하는 관광객들 사이에서 인기 있는 기념품 중 하나입니다.

천안의 호두과자는 그 고유의 특징과 맛을 가지고 있어 대한민국에서 널리 알려져 있습니다. 이러한 호두과자는 천안을 방문하는 사람들에게 인기 있는 먹거리 중 하나입니다.

활동2 내가 선택한 미니어쳐 설계하기

- **TinkerCAD를 활용하여 자신이 선택한 대표 심볼을 미니어쳐로 설계하기**

  ※ TinkerCAD(https://www.tinkercad.com)를 활용하기 위해서는 교사 계정을 생성하여 학생용 계정을 발급하거나 학생들에게 무료 회원가입을 통하여 계정을 만들 수 있도록 안내합니다.

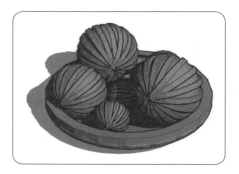

활동3 3D 모델링 작품을 직접 출력하기

- **설계한 3D모델링 작품을 3D프린터에 전송하여 작품 출력하기**

  ※ 3D프린터를 활용할 때, 보호 마스크를 꼭 착용하고 환기 시설이 작동되어 있는지 확인합니다.

3 정리

- **출력한 작품을 모아 우리 지역을 대표하는 것들 살펴보기**
  - 여러분들이 제작한 작품들을 살펴보고 무엇이 우리 지역을 대표하는지 살펴봅시다.

## 60

ChatGPT를 활용하여 우리 동아리와 어울리는 로고 만들기

① 수업 미리보기

| 학교급 | 고등학교 | 과목 | 창의적 체험활동 | 준비물 | PC 또는 노트북 |

| 학습 주제 | ChatGPT를 활용하여 우리 동아리와 어울리는 로고 만들기 |

관련 성취 기준

동아리 활동 계획을 세우고, 이와 어울리는 동아리 명칭을 정하여 동아리 로고 제작하기

시작하며

＊**고등학교 창의적 체험활동에서 ChatGPT를 활용하여 동아리 로고를 만들어보는 수업입니다.**

첫 번째 활동은 ChatGPT를 활용하여 동아리 계획을 세웁니다. 학생은 ChatGPT를 활용하여 동아리 목적에 맞는 전반적인 활동 계획을 세웁니다.

두 번째 활동은 ChatGPT를 활용하여 동아리의 명칭을 정합니다. 학생은 첫 번째 활동에서 세운 활동 계획을 이용해 ChatGPT에게 적절한 동아리 명칭을 요청하고 동아리 슬로건도 제작합니다. ChatGPT가 제시한 동아리 명칭과 슬로건을 수정 및 보완합니다.

세 번째 활동은 ChatGPT를 활용하여 동아리 로고를 제작합니다. 학생은 '브랜드 마크'사이트를 이용하여 ChatGPT가 제시한 동아리 관련 10개의 단어를 이용해 동아리 로고를 제작합니다.

수업의 흐름 한눈에 살펴보기

동기 유발	………	브랜드를 대표하는 다양한 로고 생각하기
활동1	………	동아리의 활동 계획 세우기
활동2	………	동아리의 명칭 및 슬로건 정하기
활동3	………	동아리 로고 제작하기
정리	………	제작된 동아리 로고의 활용 방안을 생각해보기

수업 전 생각해보기

♥ 본 수업 전개는 화학 공학으로 진로를 희망하는 학생들을 대상으로 전개됩니다. 따라서 동아리 성격 및 구성원에 따라 주제를 변형하여 운영합니다.

♥ 교사는 동아리의 활동 계획과 방향성을 기반으로 로고를 제작해야 함을 학생들에게 안내합니다.

② 수업 톺아보기

교수·학습과정안을 통하여 수업 흐름을 자세히 살펴보겠습니다.

---

1 | 도입

동기유발

- **브랜드를 대표하는 다양한 로고 생각하기**
  - 나이키는 스우시, 애플은 사과 등의 로고를 생각해 봅시다.

〈교사가 할 수 있는 주요 질문〉
- 떠오르는 브랜드의 로고가 있나요?

〈학생들의 기대 답변〉
- 나이키의 스우시요.
- 애플의 사과요.

---

2 | 전개

활동1 **동아리의 활동 계획 세우기**

- ChatGPT에게 한 학기(또는 1년) 동안의 동아리 활동 계획을 요청하여 활동 계획의 큰 틀 세우기

 화학 공학을 진로로 희망하는 학생들이 동아리 활동을 하려고 하는데 어떤 활동을 하면 좋을지 알려줘.

 화학 공학을 진로로 희망하는 학생들이 동아리 활동을 통해 다양한 경험과 지식을 얻기 위한 활동 아이디어는 다음과 같습니다:

1. 실험 및 프로젝트 팀:
   - 학생들이 직접 기본적인 화학 및 화학공학 실험을 설계하고 수행.
   - 작은 모델 규모의 화학 공정을 설계하고 실험해보기.
2. 연구 및 학술 활동:
   - 최신 화학공학 관련 논문 및 기사를 읽고 토론하는 세미나 진행.
   - 학술 대회 또는 학술적인 활동에 참여하기.

3. 업계 탐방 및 현장 실습:
- 화학공장이나 연구소를 방문하여 현장의 실제 환경을 체험
- 현장에서의 작업 흐름과 공정을 학습

4. 화학공학 관련 소프트웨어 교육:
- Aspen Plus, COMSOL, MATLAB 등 화학공학에 필요한 프로그램 교육 및 실습

5. 창업 및 비즈니스 아이디어 브레인스토밍:
- 화학공학 기반의 창업 아이디어를 제안하고, 그 아이디어에 대한 비즈니스 모델을 만들어보기

6. 환경 및 지속가능성 프로젝트:
- 화학공학의 지식을 활용하여 지속 가능한 솔루션을 제안하거나, 환경 문제를 해결하는 프로젝트를 진행

7. 멘토링 및 네트워킹:
- 화학공학 분야의 선배나 전문가를 초청하여 강연이나 Q&A 세션을 진행
- 대학원 진학이나 취업에 관한 조언을 얻기

8. 커뮤니티 서비스 및 교육 활동:
- 지역 커뮤니티나 학교에서 화학 및 화학공학에 관한 교육 프로그램을 제공
- 학생들이 설계한 실험을 학교나 공공 장소에서 시연

이렇게 다양한 활동을 통해 학생들은 진로 탐색, 전문 지식 습득, 실무 경험, 네트워킹 등 여러 가지 이점을 얻을 수 있습니다.

- **동아리 활동 계획 구체화하기**
  - ChatGPT가 제시한 활동 중 동아리원들과 토의를 통해 활동 계획을 세워봅시다.
  - 예) 연구 및 학술 활동, 환경 및 지속가능성 프로젝트

  > 1. 연구 및 학술 활동: MSG 사용을 금지해야 할까?
  > 2. 환경 및 지속가능성 프로젝트: 천안 지역 하천 오염 조사 및 BOD측정

활동2 동아리의 명칭 및 슬로건 정하기

- **ChatGPT에게 동아리 활동과 관련 있는 동아리 명칭 요청하기**

화학 공학에 진로를 생각하고 있는 고등학교 학생들이 동아리 활동으로 "천안 지역 수질 오염 조사 및 BOD측정 실험"과 "MSG 사용을 금지해야 할까?에 대한 토론"을 한 학기동안 진행하려고 하는데 이러한 활동과 어울리는 "동아리 명칭"을 5가지 제시해줘.

고등학교 학생들이 "천안 지역 수질 오염 조사 및 BOD측정 실험"과 "MSG 사용을 금지해야 할까?에 대한 토론"을 주요 활동으로 하는 동아리의 명칭을 다음과 같이 제안해봅니다:

1. AquaPioneers (아쿠아파이어니어스): 'Aqua'는 물을 의미하고, 'Pioneers'는 개척자 또는 선구자를 의미합니다. 이 동아리명은 수질 오염 조사와 같은 활동을 선구하는 학생들을 상징합니다.

2. EcoGuardians (에코가디언스): 'Eco'는 생태계를, 'Guardians'는 수호자를 의미합니다. 이 동아리명은 환경과 생태계를 보호하려는 학생들의 열정을 반영합니다.

3. ChemInquiry (켐인쿼리): 'Chem'은 화학을, 'Inquiry'는 탐구 또는 조사를 의미합니다. 화학 공학을 통한 다양한 주제에 대한 탐구와 조사를 중점으로 둔 동아리의 명칭으로 적합합니다.

4. Elemental Ethics (엘리멘탈 에틱스): 'Elemental'은 기본적인 또는 원소의 의미로, 'Ethics'는 윤리나 도덕을 의미합니다. 이 동아리명은 화학 원소와 관련된 윤리적 토론의 중요성을 강조합니다.

5. PureVoyagers (퓨어보이저스): 'Pure'는 순수한을, 'Voyagers'는 여행자나 탐험가를 의미합니다. 수질 오염에 대한 조사와 화학적 순도에 대한 토론을 중점으로 둔 동아리의 명칭으로 적합합니다.

각 동아리명은 해당 활동의 특성과 목표를 반영하여 제안되었습니다.

- **ChatGPT가 제시한 동아리 명칭을 조합하여 동아리원들과 동아리 명칭과 의미 정하기**
  - 예) 에코 보이저스(Eco Voyagers)

'Eco'는 생태계를 'Voyagers'는 여행자나 탐험가를 의미합니다. 따라서 환경과 생태계를 탐구하고 연구하며 주변 문제에 대해 토의하는 여행자 또는 탐험자를 의미합니다.

- **ChatGPT에게 동아리 활동 및 동아리 명칭과 관련 있는 슬로건 요청하기**

 동아리 명칭을 에코 보이저스(Eco Voyagers)로 정했는데 위에서 제시한 동아리 활동과 동아리 명칭을 기반으로 슬로건을 5개 제시해줘.

 "에코 보이저스(Eco Voyagers)"라는 동아리 명칭과 활동 내용을 기반으로한 슬로건은 다음과 같이 제안할 수 있습니다:

1. "탐험의 선봉장, 환경의 수호자": '보이저'의 탐험적 성격과 '에코'의 환경 보호 의미를 조합하여, 동아리가 환경 문제에 대한 탐구와 해결의 선봉에 서 있음을 강조합니다.

2. "천안의 물, 우리의 미래": 천안 지역의 수질 오염 조사 활동을 특징적으로 드러내면서, 환경의 중요성과 미래 세대를 위한 보호의 필요성을 강조합니다.

3. "과학으로 탐구, 윤리로 선택": MSG 사용에 대한 토론과 수질 오염 조사의 과학적 탐구를 연결하면서, 과학적 지식과 윤리적 판단의 중요성을 강조합니다.

4. "보이저의 여정, 지구의 미래": '보이저'의 여정과 지구 환경의 미래가 연결되어 있다는 메시지로, 환경 문제에 대한 책임과 관심을 강조합니다.

5. "모든 여정은 한 방울의 물에서 시작": 수질 오염에 대한 관심을 중점적으로 표현하면서, 작은 변화가 큰 변화의 시작이 될 수 있음을 강조합니다.

이 슬로건들은 동아리의 활동과 목표를 잘 나타내고, 회원들의 자부심과 활동의 중요성을 부각시킬 수 있습니다.

- ChatGPT가 제시한 동아리 슬로건을 조합하여 선택하기
  - 예) "생태계를 탐험하는 우리는 천안 보이저스"

활동3 동아리 로고 제작하기

- ChatGPT에게 동아리와 관련 있는 키워드 요청하기

"에코 보이저스(Eco Voyagers)" 동아리와 관련 있는 키워드 20개를 영어로 나열해주고 단어와 단어는 쉼표로 구분해줘.

물론입니다! "에코 보이저스(Eco Voyagers)" 동아리와 관련 있는 키워드 20개를 아래에 나열해 드리겠습니다:
Exploration, Eco-consciousness, Sustainability, Green initiatives, Environmental research, Clean water, Conservation, Pollution mitigation, Eco-advocacy, Scientific inquiry, Community engagement, Natural preservation, Renewable resources, Environmental ethics, Green technology, Water quality testing, Chemical analysis, Environmental debate, Eco-education, Biodiversity.

이러한 키워드들은 "에코 보이저스(Eco Voyagers)" 동아리의 주요 활동 및 목표와 관련있습니다.

- 학생은 '브랜드 마크' 사이트를 활용하여 동아리 로고를 제작하기
  - 사이트 주소: "https://brandmark.io/
  - 동아리 명칭, 슬로건, 키워드를 위 사이트에 입력하여 동아리 로고를 제작합시다.
  - 제작된 여러 개의 로고 중 동아리 성격과 가장 어울리는 로고를 선택합시다.

3 ┃ 정리

- 제작된 동아리 로고의 활용 방안을 생각해보기
  - 예) 동아리 뱃지, 동아리 홍보 게시물 로고 등

③ 수업 참고자료

● **브랜드 마크(brandmark) 활용 기법**
  - **브랜드 마크(brandmark)**사이트는 별도의 아이디 없이 사용 가능합니다.
  - **브랜드 마크(brandmark)**을 활용하려면 브랜드 이름, 브랜드 슬로건, 브랜드와 관련 있는 영어 단어가 있어야
    합니다.
  - **브랜드 마크(brandmark)**을 활용하면 원하는 브랜드의 로고를 제작하는 것이 가능합니다.

● **브랜드 마크(brandmark) 활용 방법**

❶ 브랜드 마크(brandmark) 사이트 들어가 "Create my logo" 클릭하기

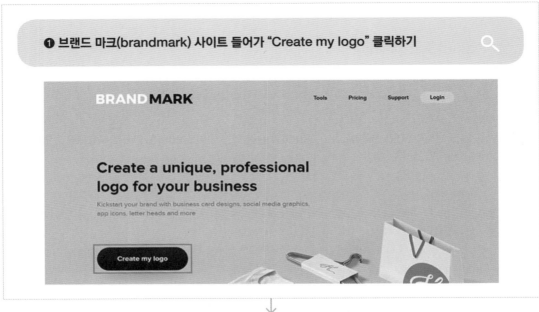

❷ 동아리 명칭과 슬로건을 주어진 위치에 넣기

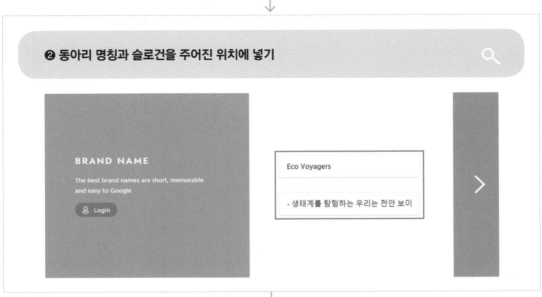

❸ ChatGPT가 제시한 동아리와 관련 있는 영어 단어 20개를 주어진 위치에 넣기

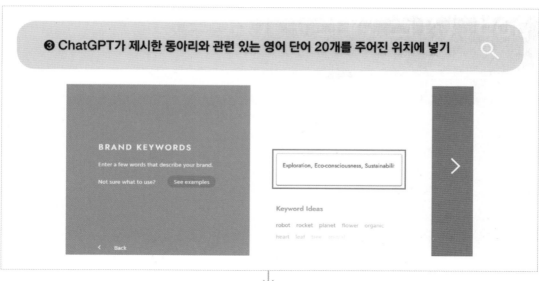

❹ 원하는 로고의 색감을 고르기

❺ 여러 로고 중 동아리와 가장 관련 있어 보이는 로고 고르기

## 61

ChatGPT를 통해 토론의 규칙 만들기

① 수업 미리보기

| 학교급 | 고등학교 | | 과목 | 창의적 체험활동 | 준비물 | PC 또는 노트북 |

학습 주제 ChatGPT를 통해 토론에서 지켜야 할 규칙 만들기

관련 성취 기준

민주시민으로서 공동체의 문제에 대해 관심을 가지고, 문제 해결을 위한 토론에 참여하는 과정에 필요한 규칙을 제시하고 정당화할 수 있다.

시작하며

＊**고등학교 창의적 체험활동에서 ChatGPT를 활용하여 토론의 규칙을 지키기 않았을 때 발생할 수 있는 문제 상황을 알아보고 토론의 규칙을 만들어 보는 수업입니다.**

교사는 학생들이 토론에 참여한 경험을 바탕으로 바람직한 토론의 필요성을 느낄 수 있도록 할 수 있습니다. **ChatGPT를 활용하여 토론의 규칙을 지키지 않았을 때 발생할 수 있는 문제 상황을 탐색하는 활동에서** 문제를 빠르게 찾아보고, 문제를 해결하는 역량을 키울 수 있습니다. 또한 다양한 문제를 해결하는 방안에 대해서도 ChatGPT를 활용할 수 있음을 깨달을 수 있습니다. ChatGPT와 함께 알아본 토론의 규칙을 지키지 않았을 때의 문제점과 해결 방안을 바탕으로 토론의 규칙을 만들어 봅니다. 토론의 규칙 만들기 활동을 통해 민주시민으로서의 역량을 키울 수 있습니다.

수업의 흐름 한눈에 살펴보기

동기 유발	⋯⋯	바람직한 토론에 대한 영상 시청하기
활동1	⋯⋯	최근에 토론을 한 경험 발표하기
활동2	⋯⋯	토론의 규칙을 지키지 않았을 때 발생할 수 있는 문제 상황 탐색하기
활동3	⋯⋯	토론에서 지켜야 할 규칙 만들기
정리	⋯⋯	활동 소감 나누기

수업 전 생각해보기

♥ ChatGPT 4.0에게 토론의 규칙을 지키지 않았을 때 발생할 수 있는 문제 상황과 문제 상황을 극복할 수 있는 방법에 대한 설명을 요청합니다. ChatGPT가 제시한 내용이 오류가 없는지 비판적으로 검토 후 학생들에게 안내합니다.

♥ 민주시민교육과 연계하여 학생들이 민주시민으로서 갖추어야 할 역량(공감, 비판적 성찰, 민주적 의사결정, 사회참여)을 신장할 수 있도록 지도합니다.

② 수업 톺아보기

교수·학습과정안을 통하여 수업 흐름을 자세히 살펴보겠습니다.

1 도입

동기유발

- **영상을 보고 바람직한 토론이란 무엇인지 생각하기**
  - '이런 토론도 가능하구나'(2023. 4. 12/MBC 뉴스) 영상을 시청합니다.
    (https://youtu.be/OPSuCKD-BsI)
  - ※ 이 때, 학생들이 토론 참가자가 어떤 태도로 참여하는지 살펴보도록 합니다.

2 전개

활동1 최근에 토론을 한 경험 발표하기

- **교사의 질문을 바탕으로 토론을 한 경험 발표하기**
  - ※ 학생들이 교사의 질문에 자신의 경험을 자유롭게 말할 수 있도록 허용적인 분위기를 조성하는 것이 좋습니다.

〈교사가 할 수 있는 주요 질문〉
- 토론에 참여하며 어떤 상황에서 기분이 좋고, 어떤 상황에서 기분이 좋지 않았나요?
- 다수의 의견으로 결정했는데 소수의 의견이 옳았던 적은 없나요?

〈학생들의 기대 답변〉
- 친구들이 제 이야기를 잘 들어줄 때 기분이 좋았어요.
- 친구들이 제가 이야기 하는 중간에 말을 끊을 때 기분이 좋지 않았어요.
- 다수결로 결정했는데 소수의 의견이 옳았던 적이 있어서 어떤 결정에는 충분한 검토가 필요하다는 것을 느꼈어요.

활동2 토론의 규칙을 지키지 않았을 때 발생할 수 있는 문제 상황 탐색하기

- **인공지능에게 학급에서 토론의 규칙을 지키지 않았을 때 발생할 수 있는 문제 상황에 대한 설명 요청하기**

 학급에서 토론의 규칙을 지키지 않았을 때 발생할 수 있는 문제 상황에 대해 알려줘.

학급에서 토론의 규칙을 지키지 않았을 때 발생할 수 있는 문제 상황은 여러 가지가 있습니다. 여기 몇 가지를 나열해보겠습니다:

1. 불편한 분위기 형성: 토론의 규칙을 지키지 않으면 몇몇 학생들이 불편해하거나 스트레스를 받을 수 있습니다. 이로 인해 학급의 분위기가 나빠질 수 있습니다.

2. 비생산적인 토론: 규칙을 지키지 않으면 토론이 제대로 진행되지 않을 수 있습니다. 학생들이 주제에서 벗어난 이야기를 하거나, 감정이 격해져 비판이나 인신공격을 하는 등의 문제가 발생할 수 있습니다.

3. 불필요한 감정 충돌: 토론 규칙을 지키지 않는 경우, 학생들 간에 의견 차이나 감정의 충돌이 발생할 수 있습니다. 이로 인해 학급 내에서의 관계가 악화될 수 있습니다.

4. 토론의 목적 상실: 토론의 규칙을 지키지 않으면 토론의 본래 목적인 다양한 의견을 듣고 생각을 나누는 것에서 벗어나게 될 수 있습니다.

5. 학생들의 참여 부진: 일부 학생들이 규칙을 지키지 않으면 다른 학생들은 토론에 참여하는 것을 꺼리게 될 수 있습니다. 이로 인해 토론에 참여하는 학생의 수가 줄어들 수 있습니다.

6. 교사와 학생 간의 불신: 토론 규칙을 준수하지 않는 학생들이 있다면, 교사는 해당 학생들을 불신하게 될 수 있습니다. 이로 인해 교사와 학생 간의 관계가 악화될 수 있습니다.

7. 시간 낭비: 규칙을 따르지 않아서 토론이 산으로 가는 경우, 토론에 할당된 시간이 허비될 수 있습니다.

8. 학습 목표 달성 실패: 토론의 목적이 학생들의 생각을 확장하고, 주제에 대한 깊은 이해를 돕는 것인데, 규칙을 지키지 않으면 이러한 학습 목표를 달성하기 어려워질 수 있습니다.

이러한 문제들을 예방하고 토론을 원활하게 진행하기 위해서는 토론 규칙의 중요성을 학생들에게 꾸준히 강조하고, 토론의 규칙을 모두가 알고 준수할 수 있도록 지도하는 것이 필요합니다.

- **문제 상황을 극복할 수 있는 방법을 요청하기**

 토론에서 불필요한 감정의 충돌을 없앨 수 있는 구체적인 방법은 무엇이 있는지 말해줘.

 토론 중 불필요한 감정의 충돌을 없앨 수 있는 구체적인 방법은 여러 가지가 있습니다. 이러한 충돌은 토론의 질을 저하시키며, 참가자들 사이의 관계에도 부정적인 영향을 미칠 수 있습니다. 아래는 이러한 감정의 충돌을 최소화하는 방법들입니다:

1. 명확한 규칙 설정: 토론 시작 전에 참여자들에게 인신공격, 감정적 언어 사용 금지, 서로의 의견 존중 등의 규칙을 명확히 전달합니다.

2. 객관적 언어 사용: "나는 ~라고 생각한다"와 같이 자신의 의견을 개인적인 감정으로 표현하는 것이 아닌, 객관적이고 구체적인 사실을 바탕으로 의견을 제시하도록 합니다.

3. 듣기의 중요성 강조: 토론자들에게 다른 사람의 의견을 경청하는 것의 중요성을 강조하며, 자신의 의견을 주장하기 전에 상대방의 말을 충분히 듣는 습관을 기르도록 합니다.

4. 피드백 시스템 도입: 토론이 끝난 후 참여자들에게 서로 피드백을 주는 시간을 갖도록 합니다. 이를 통해 감정의 충돌이 발생한 원인과 그 해결 방법에 대해 고민하게 만듭니다.

5. 중재자의 역할: 중재자가 토론의 진행을 총괄하며, 감정의 충돌이 발생할 때 적절하게 개입하여 상황을 조절합니다.

6. 따뜻한 분위기 조성: 토론 시작 전에 간단한 아이스브레이킹 활동을 통해 참여자들 간의 긴장을 풀어주고, 서로에 대한 이해와 신뢰를 높입니다.

7. 시각화 도구 활용: 그림, 차트, 슬라이드 등의 시각화 도구를 활용하여 의견을 명확하게 전달하도록 합니다. 이는 오해를 줄이며, 감정의 충돌을 예방하는 데 도움이 됩니다.

8. 감정 조절 교육: 참여자들에게 감정 조절 방법에 대한 교육이나 워크샵을 제공하여, 감정의 폭발을 예방하도록 합니다.

9. 상대방의 입장에서 생각하기: 참여자들에게 상대방의 입장에서 생각해보고, 그 관점에서의 의견과 감정을 이해하려는 노력을 강조합니다.

10. 타임아웃 제공: 토론 중 감정이 과열되는 경우, 잠시 토론을 중단하고 참여자들에게 짧은 휴식 시간을 제공하여 감정을 진정시키도록 합니다.

감정의 충돌은 피할 수 없는 사람 간의 상호작용의 일부지만, 위의 방법들을 활용하여 이를 최소화하고 생산적인 토론을 진행할 수 있습니다.

활동3 토론에서 지켜야 할 규칙 만들기

- **ChatGPT가 제시한 설명을 바탕으로 토론의 규칙 만들기**

  ※ 토론의 규칙을 개인별로 만들고, 전체로 모아 학급의 규칙을 만들어 봅니다.

1단계(개인 활동)	토론에서 필요하다고 생각하는 규칙과 이유를 3가지씩 포스트잇에 적어 칠판에 부착하기
2단계(학급 활동)	모두 부착한 후 칠판을 돌아보고 가장 필요하다고 생각하는 규칙에 스티커(5장)를 붙이기
3단계(학급 활동)	스티커가 많이 붙은 규칙 10가지를 선정하고 회의를 통해 학급의 토론 규칙으로 정하기

3 | 정리

- **활동 소감 나누기**

## 62

ChatGPT가 제시한 계획에 따라 인공지능 동아리의 프로젝트 활동을 정하고 계획 만들기

① 수업 미리보기

학교급	고등학교	과목	창의적 체험활동	준비물	PC 또는 노트북

학습 주제 ChatGPT가 제시한 계획에 따라 인공지능 동아리의 프로젝트 활동을 정하고 계획 만들기

관련 성취 기준

동아리 활동 주제를 정하고, 구성원들과 협력하여 문제를 해결한다.

시작하며

＊**고등학교 창의적 체험활동 동아리의 연간 계획을 세울 때 ChatGPT가 제시한 계획을 활용하는 활동입니다.**

ChatGPT를 활용하여 인공지능 동아리의 프로젝트 주제를 정합니다. 인공지능 동아리에 적합한 프로젝트 주제를 추천받을 수 있습니다. **ChatGPT를 활용하여 인공지능 동아리의 프로젝트 활동 수행에 필요한 학습 내용과 기간을 알아봅니다.** 프로젝트 활동 수행에 필요한 학습 내용과 기간을 추천받은 후, 동아리 활동 시간, 방과후학교 시간 등을 고려하여 적합한 주제를 다시 요청할 수 있습니다. 마지막으로 **인공지능 동아리의 프로젝트 활동 수행에 필요한 학습 자료를 추천받고, 구체적인 활동 계획을 만들 수 있습니다.** 학생은 ChatGPT가 추천해 준 주제, 학습 내용, 기간, 자료 등을 참고하여, 동아리, 방과후학교 시간에 할 수 있는 구체적인 활동 계획을 만들 수 있습니다.

수업의 흐름 한눈에 살펴보기

동기 유발	⋯⋯⋯	동아리 프로젝트 활동을 위한 사례 살펴보기
활동1	⋯⋯⋯	ChatGPT와 함께 인공지능 동아리 프로젝트 활동 주제 정하기
활동2	⋯⋯⋯	ChatGPT와 함께 프로젝트 활동 수행에 필요한 학습 내용과 기간 알아보기
활동3	⋯⋯⋯	ChatGPT와 함께 프로젝트 활동 계획표 작성하기
정리	⋯⋯⋯	활동 소감 나누기

수업 전 생각해보기

♥ 교사는 학생들이 ChatGPT를 활용하여 학생 스스로 프로젝트 주제를 선정하고, 이를 수행하기 위한 연간 활동 계획을 세울 수 있도록 지도합니다. ChatGPT가 제시한 내용을 참고하여, 프로젝트의 난이도를 조절하고, 실현 가능한 계획을 세울 수 있도록 지도합니다.

교수·학습과정안을 통하여 수업 흐름을 자세히 살펴보겠습니다.

1 도입

동기유발

- **동아리 프로젝트 활동을 위한 사례 살펴보기**
  - 충남 온(ON)누리 AI · SW 학생 동아리 한마당 리플렛 및 포스터 등을 통해 다양한 인공지능 동아리 프로젝트 활동을 살펴봅니다.

2 전개

활동1 **ChatGPT와 함께 인공지능 동아리 프로젝트 활동 주제 정하기**

- **인공지능 동아리의 연간 프로젝트 활동 추천받기**
  - 학생은 ChatGPT에게 인공지능 동아리의 연간 프로젝트 활동을 추천받습니다.
  - ※ 교사는 프로젝트에 따라 시간이 많이 소요되는 경우가 있으므로 학생들이 실현 가능한 주제를 선택할 수 있도록 안내합니다.

인공지능 동아리에서 친구들과 함께 장기 프로젝트 활동을 하려고 해. 다 함께 할 수 있는 유익한 프로젝트 활동을 추천해 줘.

 인공지능 동아리에서 장기 프로젝트로 진행할 수 있는 활동은 다양합니다. 목적, 참여자의 기술 수준, 사용할 수 있는 자원 등을 고려하여 아래와 같은 프로젝트 아이디어를 제시합니다:

1. 자체 챗봇 개발: 여러분만의 챗봇을 개발해 보세요. 이를 통해 자연어 처리(NLP) 기술을 실습해 볼 수 있습니다. 챗봇은 학교나 동아리 내부 정보 제공, Q&A, 게임 등 다양한 기능을 포함할 수 있습니다.
2. 오픈 소스 기여: 이미 있는 오픈 소스 AI 프로젝트에 기여하면서 실제 프로젝트 경험을 쌓아보세요.
3. 이미지 인식: 주변의 물체나 사람을 인식하거나, 특정 객체를 분류하는 AI 모델을 개발해보세요. 이를 통해 컴퓨터 비전에 대한 지식을 확장할 수 있습니다.
4. 음성 인식 및 변환: 음성을 텍스트로 변환하거나, 반대로 텍스트를 음성으로 읽어주는 시스템을 개발해보세요.
5. 추천 시스템 개발: 사용자의 기호나 행동 패턴에 따라 콘텐츠를 추천하는 시스템을 만들어 보세요. 예를 들어 동아리 활동에 관련된 자료나 강의를 추천해주는 서비스를 생각해 볼 수 있습니다.
6. 게임 AI: 기존의 보드 게임이나 간단한 컴퓨터 게임에 AI를 적용하여 사람과 대결할 수 있는 AI를 만들어보세요.
7. 예측 모델링: 시계열 데이터나 다른 종류의 데이터를 활용하여 미래의 값을 예측하는 모델을 개발해보세요.
8. 데이터 분석 및 시각화: 공공 데이터나 동아리 활동과 관련된 데이터를 수집하고 분석한 후, 인사이트를 도출하고 이를 시각화해보세요.
9. 자율 주행 로봇: 간단한 자율 주행 로봇을 개발하여 장애물을 피해 다니거나, 지정된 경로를 따라 이동하는 로봇을 만들어보세요.
10. 교육용 플랫폼 개발: AI와 관련된 교육 콘텐츠를 제공하는 웹 플랫폼이나 앱을 개발하여 학교나 동아리 내부에서 사용해보세요.

각 프로젝트를 진행하면서 필요한 기술, 도구, 데이터 등을 조사하고, 구체적인 계획을 세우는 것이 중요합니다. 또한, 프로젝트를 통해 얻은 경험과 결과를 발표하거나 공유하는 것도 좋은 학습 경험이 될 것입니다.

- **프로젝트 활동 수행에 필요한 학습 내용 추천받기**
  - 학생은 ChatGPT에게 프로젝트 활동 수행에 필요한 학습 내용을 추천받습니다.
    ※ 현재 학습한 내용 등 구체적인 정보를 제공한 후 학습 내용을 추천받습니다.

 자체 챗봇 개발 프로젝트를 수행해보고 싶은데, 현재 동아리 부원들은 파이선 프로그래밍의 기초적인 사용법만 배운 상태야. 어떤 것부터 공부하면 좋을지 모르겠어. 초보자들도 자체 챗봇 개발 프로젝트를 완성할 수 있도록 커리큘럼을 추천해 줘.

 초보자들도 챗봇 개발 프로젝트를 수행할 수 있습니다. 기초적인 파이선 프로그래밍 지식이 있으면 좋은 출발을 할 수 있습니다. 아래는 초보자들을 위한 챗봇 개발 커리큘럼을 제안하는 내용입니다:

1. 파이선 기초 복습
   - 파이선 데이터 타입, 제어문, 함수, 클래스 등의 기초 지식 복습
   - 외부 라이브러리 사용 방법 및 패키지 설치 방법 알아보기 (pip)

2. 자연어 처리(NLP) 기초
   - 텍스트 전처리 기법: 토큰화, 불용어 제거, 어간 추출 등
   - Python의 NLTK, spaCy와 같은 라이브러리 소개 및 사용법

3. 챗봇 개발 기본
   - 챗봇의 기본적인 작동 원리 이해
   - 간단한 rule-based 챗봇 구현해보기 (특정 키워드에 대응하는 응답 반환)

4. 머신러닝 기초
   - 머신러닝의 기본 원리 및 용어 이해
   - scikit-learn 라이브러리 소개 및 기본 사용법
   - 기본 분류 알고리즘 (로지스틱 회귀, 결정 트리 등) 이해

5. 챗봇과 머신러닝의 연결
   - 간단한 텍스트 분류 모델을 이용한 챗봇 구현
   - 사용자의 질문을 분류하여 해당하는 카테고리의 응답 반환

6. 대화형 챗봇 구현
   - Seq2Seq 모델과 같은 기초적인 딥러닝 기반의 대화 모델 소개
   - 간단한 대화형 챗봇 구현 시도

7. 챗봇 프레임워크 및 도구
   - Rasa, Chatfuel 등의 챗봇 개발 도구 및 프레임워크 소개
   - 간단한 프로토타입 챗봇 구현 및 테스트

8. 챗봇 배포
   - 웹 서버와의 연동 방법
   - Flask나 Django를 이용하여 챗봇 API 생성 및 배포
   - 실제 사용자와의 인터랙션 테스트

9. 프로젝트 완성 및 리뷰
   - 동아리 내부에서 챗봇 사용 경험 공유
   - 개선 사항 및 추가 기능 논의
   - 프로젝트 완료 보고서 작성 및 발표

이 커리큘럼은 큰 틀로 제안된 것이므로, 실제 진행 상황이나 동아리 부원들의 학습 속도에 따라 유연하게 조정하면 좋습니다.

- **ChatGPT에게 프로젝트 활동 수행에 필요한 시간 알아보기**

 파이선 초보자가 각 과정을 학습하는 데 평균적으로 소요되는 시간을 알려줘.

 파이선 초보자가 각 과정을 학습하는 데 소요되는 시간은 개인의 배경, 학습 습관, 사용하는 학습 자료 등에 따라 크게 다를 수 있습니다. 그렇지만 대략적인 평균 시간을 제시한다면 다음과 같습니다:

1. 파이선 기초 복습
   - 소요 시간: 10-20시간
   - 기존에 파이선 기초를 알고 있다면, 복습하는 데 그리 긴 시간이 필요하지 않을 것입니다.
2. 자연어 처리(NLP) 기초
   - 소요 시간: 15-25시간
   - 기초적인 텍스트 처리 기법과 라이브러리 사용법을 익히는 데 필요한 시간입니다.
3. 챗봇 개발 기본
   - 소요 시간: 5-10시간
   - 간단한 규칙 기반의 챗봇을 구현하는 것은 크게 어렵지 않습니다.
4. 머신러닝 기초
   - 소요 시간: 20-40시간
   - 머신러닝의 기본 원리와 알고리즘을 이해하고 실습하는 데 필요한 시간입니다.
5. 챗봇과 머신러닝의 연결
   - 소요 시간: 15-25시간
   - 텍스트 분류 모델을 챗봇에 적용하고 최적화하는 과정입니다.
6. 대화형 챗봇 구현
   - 소요 시간: 30-50시간
   - 딥러닝 기반의 대화 모델을 학습하고 구현하는 것은 상대적으로 복잡하므로 더 많은 시간이 소요될 수 있습니다.
7. 챗봇 프레임워크 및 도구
   - 소요 시간: 15-30시간
   - 다양한 도구와 프레임워크를 학습하고 적용하는 데 필요한 시간입니다.

8. 챗봇 배포
- 소요 시간: 10-20시간
- 실제 환경에서 챗봇을 배포하고 테스트하는 과정입니다.

9. 프로젝트 완성 및 리뷰
- 소요 시간: 5-10시간
- 최종적인 수정, 보고서 작성 및 발표를 준비하는 데 필요한 시간입니다.

총합산으로 대략 135-235시간의 학습 시간이 소요될 것으로 예상됩니다. 이는 약 3-6개월에 걸쳐 주말마다 집중적으로 학습한다고 가정했을 때의 시간입니다. 실제 학습 시간은 동아리 활동의 집중도나 개인의 학습 능력에 따라 달라질 수 있으니 참고로만 사용하시길 바랍니다.

- **ChatGPT에게 프로젝트 활동 가능한 시간을 알려주고 주제를 다시 추천받기**

 연간 동아리 활동 시간이 68시간이고, 방과후학교 활동 시간이 32시간이야. 총 100시간 동안에 구현할 수 있는 프로젝트 주제와 필요한 시간을 다시 알려줘.

 100시간의 제한된 시간 안에서 프로젝트를 수행하기 위해서는 좀 더 간략화된 프로젝트를 계획해야 합니다.

아래는 100시간 내에서 완성할 수 있는 간략화된 챗봇 개발 커리큘럼을 제안합니다:

1. 파이썬 기초 복습
- 소요 시간: 5시간
- 파이썬의 핵심적인 부분만 간략히 복습합니다.

2. 자연어 처리(NLP) 기초
- 소요 시간: 10시간
- 텍스트 전처리에 초점을 둡니다. 토큰화, 불용어 제거 등의 기초적인 텍스트 처리 방법을 학습합니다.

3. 챗봇 개발 기본
- 소요 시간: 5시간
- 간단한 rule-based 챗봇을 만들어봅니다. 사용자의 입력에 따라 특정한 응답을 출력하는 방식입니다.

4. 머신러닝 기초
- 소요 시간: 15시간
- 가장 기본적인 머신러닝 알고리즘 (로지스틱 회귀, 결정 트리 등)에 대해 학습합니다.

부록

5. 챗봇과 머신러닝의 연결
   - 소요 시간: 15시간
   - 사용자의 질문을 분류하는 간단한 텍스트 분류 모델을 만들어 챗봇에 적용해봅니다.

6. 챗봇 프레임워크 및 도구
   - 소요 시간: 10시간
   - Rasa나 기타 간단한 프레임워크를 사용하여 챗봇을 더 효율적으로 구현해봅니다.

7. 챗봇 배포
   - 소요 시간: 10시간
   - Flask를 이용하여 간단한 웹 인터페이스와 연동하여 챗봇을 배포해봅니다.

8. 프로젝트 완성 및 리뷰
   - 소요 시간: 5시간
   - 프로젝트의 마무리 단계로, 발표 자료를 준비하고 팀원들과 리뷰를 진행합니다.

이렇게 계획하면 총 75시간이 소요되며, 추가적인 수정 및 팀원 간의 협업 시간 등을 고려하여 100시간 내에 프로젝트를 완료할 수 있을 것입니다.

 ChatGPT와 함께 프로젝트 활동 계획표 작성하기

- ChatGPT에게 프로젝트 활동의 구체적인 계획표 작성 요청하기

 프로젝트 활동의 구체적인 계획을 표로 작성해 줘.

 물론이죠. 아래는 프로젝트 활동의 구체적인 계획을 표로 정리한 내용입니다:

주차	활동 내용	소요 시간 (시간)	구체적인 내용
1주	파이선 기초 복습	5	• 변수, 제어문, 함수, 리스트, 딕셔너리 복습 • 간단한 실습 진행
2주	자연어 처리(NLP) 기초 – Part 1	5	• 텍스트 전처리 개요 • 토큰화 실습
3주	자연어 처리(NLP) 기초 – Part 2	5	• 불용어 제거, 어간 추출 실습 • NLTK 라이브러리 활용
4주	챗봇 개발 기본	5	• rule-based 챗봇 구조 이해 • 간단한 챗봇 예제 구현
5주	머신러닝 기초 – Part 1	7.5	• 머신러닝 개요 및 종류 • 로지스틱 회귀 이론 및 실습

주차	활동 내용	소요 시간 (시간)	구체적인 내용
6주	머신러닝 기초 – Part 2	7.5	• 결정 트리 이론 및 실습 • 모델 평가 방법론
7주	챗봇과 머신러닝의 연결	7.5	• 텍스트 데이터 수집 및 전처리 • 텍스트 분류 모델 구현
8주	챗봇과 머신러닝의 연결	7.5	• 모델 튜닝 및 최적화 • 챗봇에 모델 연동
9주	챗봇 프레임워크 및 도구	5	• Rasa나 다른 챗봇 프레임워크 소개 • 기본적인 사용법 학습
10주	챗봇 프레임워크 실습	5	• 프레임워크를 활용한 챗봇 개선 • 추가 기능 구현
11주	챗봇 배포	5	• Flask 기본 학습 • 챗봇과 Flask 연동
12주	챗봇 배포 및 테스트	5	• 웹 인터페이스를 통한 챗봇 테스트 • 사용자 피드백 수집
13주	프로젝트 리뷰 및 개선	5	• 팀원들의 피드백 반영 • 챗봇 기능 개선
14주	프로젝트 발표 준비	2.5	• 발표 자료 작성 • 리허설 진행
15주	프로젝트 발표 및 마무리	2.5	• 전체 동아리 앞에서 발표 • 프로젝트 회고

이 표는 큰 틀로 제시된 것이기 때문에, 실제 활동 내용이나 동아리의 상황에 따라 유연하게 조정이 필요할 수 있습니다.

- **프로젝트 활동 계획표 완성하기**
  - ChatGPT가 작성해 준 계획표를 바탕으로 수정·보완하여 최종 계획표를 완성합니다.

〈인공지능 동아리 프로젝트 활동 계획표〉

주차	활동 주제	소요 시간	세부 내용
1주	파이선 기초 복습	5	변수, 제어문, 함수, 리스트, 딕셔너리 실습
2주	자연어 처리(NLP) 기초 – Part 1	5	텍스트 전처리, 토큰화 실습
3주	자연어 처리(NLP) 기초 – Part 2	5	불용어 제거, 어간 추출, NLTK 라이브러리 실습

주차	활동 주제	소요 시간	세부 내용
4주	챗봇 개발 기본	5	Rule-based 챗봇 구조 이해, 간단한 챗봇 예제 구현
5주	머신러닝 기초 – Part 1	5	머신러닝 개요 및 종류 학습, 로지스틱 회귀 이론 및 실습
6주	머신러닝 기초 – Part 2	5	의사 결정 트리 구현 실습
7주	챗봇과 머신러닝의 연결	10	텍스트 데이터 수집 및 전처리, 텍스트 분류 모델 구현 실습
8주	챗봇과 머신러닝의 연결	10	모델 튜닝 및 최적화, 챗봇에 모델 연동 실습
9주	챗봇 프레임워크 및 도구	5	Rasa 챗봇 프레임워크 기초 사용법 학습
10주	챗봇 프레임워크 실습	10	프레임워크를 활용한 챗봇 개선 및 추가 기능 구현
11주	챗봇 배포	5	Flask 기초 사용법 학습, 챗봇과 Flask 연동 실습
12주	챗봇 배포 및 테스트	5	웹 인터페이스를 통한 챗봇 테스트, 배포, 피드백 수집
13주	프로젝트 리뷰 및 개선	5	피드백 반영한 챗봇 기능 개선
14주	동아리한마당 부스 준비	10	인공지능 동아리 한마당 챗봇 체험 부스 준비
15주	동아리 한마당 부스 운영 및 평가	7	인공지능 동아리 한마당 챗봇 체험 부스 운영

3 정리

- **활동 소감 나누기**

3 학급 운영

## 63

ChatGPT가 추천하는 주제로 아침 글쓰기 하기

① 학급 운영 미리보기

학교급	초등학교	준비물	PC 또는 노트북

운영 주제	ChatGPT가 추천하는 주제로 아침 글쓰기 하기

관련 성취 기준

주제에 어울리는 글쓰기 활동을 한다.

시작하며

✽ **초등학교에서 인공지능이 추천하는 주제를 바탕으로 아침 글쓰기를 하는 학급 운영입니다.**
ChatGPT를 활용하면 초등학생들이 글쓰기에 적절한 주제를 다양하게 얻을 수 있어 주제 선정의 어려움을 덜어낼 수 있습니다. **첫 번째로 ChatGPT로 글쓰기 주제를 정할 수 있습니다.** ChatGPT에게 초등학생의 글쓰기 능력 향상을 위한 글쓰기 주제, 상상력을 키워주기 위한 글쓰기 주제, 논설문 쓰기 연습을 위한 글쓰기 주제를 요청합니다. **두 번째는 아침 주제 글쓰기 활동입니다.** ChatGPT가 추천하는 주제 중 하나를 선택하여 아침 주제 글쓰기 활동을 수행합니다.

운영의 흐름 한눈에 살펴보기

동기 유발	·········	좋은 글쓰기 주제에 대해 생각하기
운영1	·········	ChatGPT로 글쓰기 주제 정하기
운영2	·········	아침 주제 글쓰기 하기
정리	·········	활동 소감 나누기

운영 전 생각해보기

♥ 교사는 ChatGPT 4.0에게 상상해서 글쓰기, 논설문 쓰기, 설명하는 글쓰기 등 자세한 요구 사항을 포함하여 다양한 글쓰기 주제를 요청합니다.
♥ ChatGPT 4.0이 제시한 글쓰기 주제에 인종, 성별, 문화, 차별과 혐오 등 편향된 표현이 관련되었는지 비판적으로 검토 후 학생들에게 안내합니다.

② 운영 톺아보기

학급 운영의 흐름을 자세히 살펴보겠습니다.

1 도입

동기유발

- **좋은 글쓰기 주제에 대해 생각하기**
  - 좋은 글쓰기 주제의 조건에 대해 생각해 봅시다.
  - 우리 반 아침 글쓰기 주제를 생각해서 추천해봅시다.

2 전개

운영1 ChatGPT로 글쓰기 주제 정하기

- **교사는 ChatGPT에게 초등학생의 글쓰기 실력 향상을 위한 글쓰기 주제 요청하기**

 초등학생 글쓰기 실력 향상을 위한 글쓰기 주제 30가지 알려줘.

 초등학생의 글쓰기 실력을 향상시키기 위한 주제를 제안해 드리겠습니다. 다양한 주제를 통해 학생들의 상상력과 표현력을 키울 수 있습니다.

1. 나의 최애 동물과 그 이유
2. 가장 기억에 남는 여행지와 그곳에서의 경험
3. 내가 만약 마법을 사용할 수 있다면?
4. 내가 생각하는 가장 행복한 순간
5. 내가 만약 우주인이라면?
6. 내가 좋아하는 계절과 그 이유
7. 나의 가장 소중한 물건
8. 내가 만약 대통령이라면?
9. 내가 가장 좋아하는 책과 그 이유
10. 내가 만약 동물이라면?
11. 내가 생각하는 나의 장점과 단점
12. 내가 만약 시간 여행을 할 수 있다면?
13. 내가 가장 좋아하는 음식과 그 이유
14. 내가 만약 섬주인이라면?
15. 내가 생각하는 가장 무서운 순간
16. 내가 만약 마법사라면?

17. 내가 가장 좋아하는 스포츠와 그 이유
18. 내가 만약 로봇이라면?
19. 내가 생각하는 가장 아름다운 풍경
20. 내가 만약 공룡이라면?
21. 내가 가장 좋아하는 게임과 그 이유
22. 내가 만약 해적이라면?
23. 내가 생각하는 가장 재미있는 꿈
24. 내가 만약 요정이라면?
25. 내가 가장 좋아하는 영화와 그 이유
26. 내가 만약 괴물이라면?
27. 내가 생각하는 가장 감동적인 순간
28. 내가 만약 왕이라면?
29. 내가 가장 좋아하는 노래와 그 이유
30. 내가 만약 마녀라면?

이러한 주제들을 통해 학생들은 자신의 생각과 감정을 표현하며 글쓰기에 대한 흥미와 자신감을 얻을 수 있습니다.

- **교사는 ChatGPT에게 초등학생의 상상력을 키워주기 위한 글쓰기 주제 요청하기**

 초등학생의 상상력을 키워주기 위한 글쓰기 주제 30가지 알려줘.

 초등학생의 상상력을 키워주기 위한 글쓰기 주제를 제안해 드리겠습니다. 이러한 주제들은 학생들이 자유롭게 상상하고 창의적으로 생각할 수 있도록 도와줍니다.

1. 내가 만약 우주 여행을 간다면?
2. 내 친구가 실제로는 외계인이라면?
3. 내가 만약 하루동안 투명인간이 된다면?
4. 마법의 램프를 찾았을 때 나오는 요정의 세 가지 소원
5. 내가 만약 거대한 공룡과 친구가 된다면?
6. 내가 만약 바다 속에서 살 수 있다면?
7. 내가 만약 하루동안 나비로 변한다면?
8. 내가 만약 마법의 섬에 갇힌다면?
9. 내가 만약 숲 속의 요정이라면?
10. 내가 만약 하늘에서 별을 하나 고를 수 있다면?
11. 내가 만약 초능력을 가진다면?
12. 내가 만약 하루동안 왕이나 여왕이 된다면?
13. 내가 만약 마법의 신발을 발견한다면?
14. 내가 만약 하루동안 동물과 말할 수 있다면?

15. 내가 만약 시간을 멈출 수 있다면?
16. 내가 만약 하루동안 구름 위에서 살 수 있다면?
17. 내가 만약 마법의 문을 발견한다면?
18. 내가 만약 하루동안 괴물이 된다면?
19. 내가 만약 비밀의 정원을 발견한다면?
20. 내가 만약 하루동안 새로운 행성을 발견한다면?
21. 내가 만약 마법의 지팡이를 가진다면?
22. 내가 만약 하루동안 바람과 함께 날 수 있다면?
23. 내가 만약 꿈 속의 세계로 들어간다면?
24. 내가 만약 하루동안 무지개의 끝에 도착한다면?
25. 내가 만약 마법의 책을 발견한다면?
26. 내가 만약 하루동안 달에서 살 수 있다면?
27. 내가 만약 마법의 나침반을 가진다면?
28. 내가 만약 하루동안 불을 내는 드래곤이 된다면?
29. 내가 만약 비밀의 동굴을 발견한다면?
30. 내가 만약 하루동안 마법의 세계로 여행한다면?

이러한 주제들은 학생들에게 상상의 세계로 빠져들게 하며, 그들의 창의력과 상상력을 키워줄 것입니다.

- 교사는 ChatGPT에게 초등학생의 논설문 쓰기 연습을 위한 글쓰기 주제 요청하기

 초등학생의 논설문 쓰기 연습을 위한 글쓰기 주제 30가지 알려줘.

 초등학생의 논설문 쓰기 연습을 위한 주제를 제안해 드리겠습니다. 논설문은 주장과 근거를 바탕으로 한 글쓰기이므로, 학생들이 자신의 의견을 명확하게 표현하고 근거를 제시하는 능력을 키울 수 있습니다.

1. 학교에서의 교복 착용의 장단점
2. 하루에 TV나 게임 시간을 얼마나 해야 하는지
3. 학교에서의 휴대폰 사용에 대한 의견
4. 주말에 숙제를 받아야 하는지에 대한 의견
5. 학교 급식의 장단점
6. 동물원의 존재에 대한 찬반 의견
7. 여름 방학 vs 겨울 방학: 어느 것이 더 좋은지
8. 학교에서의 체육 시간의 중요성
9. 가정에서 반려동물을 키우는 것의 장단점
10. 학교에서의 예술 교육의 중요성
11. 자전거 도로의 필요성에 대한 의견

12. 학교에서의 도서관 이용의 중요성
13. 환경 보호를 위해 우리가 할 수 있는 것
14. 학교에서의 그룹 활동 vs 개인 활동
15. 가정에서의 가사 도우미 역할에 대한 의견
16. 학교에서의 과학 실험의 중요성
17. 공원과 놀이터의 중요성에 대한 의견
18. 학교에서의 음악 교육의 중요성
19. 가정에서의 독서의 중요성
20. 학교에서의 컴퓨터 교육의 중요성
21. 우리 동네의 문제점과 개선 방안
22. 학교에서의 외국어 교육의 중요성
23. 가정에서의 식생활의 중요성
24. 학교에서의 사회 교육의 중요성
25. 우리나라의 전통 문화 보존의 중요성
26. 학교에서의 수학 교육의 중요성
27. 가정에서의 환경 보호 활동
28. 학교에서의 역사 교육의 중요성
29. 우리 동네의 특색과 그 중요성
30. 학교에서의 자연 교육의 중요성

이러한 주제들을 통해 학생들은 자신의 의견을 명확하게 표현하고, 그 의견을 뒷받침하는 근거를 제시하는 연습을 할 수 있습니다.

운영2 **아침 주제 글쓰기 하기**

• ChatGPT가 추천하는 주제 중 하나를 골라 아침 주제 글쓰기 활동하기

< 학생들이 작성한 아침 주제 글 >

주제: 봄봄봄, 봄이 왔어요!

제가 가장 좋아하는 계절은 봄입니다.
봄에는 따뜻한 날씨와 함께 새로운 생명의 시작을 볼 수 있어서 정말 좋아해요. 겨울이 지나면서 식물들도 꽃이 피고, 나무도 싹이 돋아서 초록빛으로 물들어요. 봄이 되면 꽃들의 향기가 느껴지고, 노란 꽃들이 푸르른 풍경 속에서 더욱 빛나는 것 같아요.

3 정리

• **활동 소감 나누기**

64 ChatGPT와 함께 1인 1역 청소역할 정하기

① 학급 운영 미리보기

학교급	초등학교	준비물	PC 또는 노트북

운영 주제	ChatGPT를 활용하여 1인 1역 청소역할 정하기

관련 성취 기준

지능정보활용 기술을 활용하여 필요한 정보를 얻고, 이를 바탕으로 실생활의 문제를 해결할 수 있다.

시작하며

＊ 초등학교에서 ChatGPT와 함께 1인 1역 청소역할을 정하는 학급 운영입니다.

교사는 수업 전에 더러운 교실의 모습과 깨끗한 교실의 모습을 사진 찍어 놓으면 좋습니다. **ChatGPT의 도움을 받아 교실 사진을 활용하여 1인 1역 청소역할을 만듭니다.** 교사는 ChatGPT에게 교실 사진을 분석하게 하고 우리 교실에 필요한 1인 1역 청소역할을 요청합니다. 이때, ChatGPT가 제시한 청소역할을 그대로 사용하기 보다는 구체적인 교실 상황에 따라 수정, 보완할 수 있습니다.

다음으로, **학급 회의를 하여 1인 1역 청소역할을 정하는 활동입니다.** 이전 활동에서 만든 1인 1역 역할을 참고하여 학생들은 자신이 잘 할 수 있는 1인 1역 청소역할을 선택합니다.

운영의 흐름 한눈에 살펴보기

동기 유발	………	더러운 교실과 깨끗한 교실 비교하기
운영1	………	교실 사진을 활용하여 1인 1역 역할 만들기
운영2	………	학급 회의를 통하여 1인 1역 청소역할 정하기
정리	………	앞으로의 1인 1역 청소역할에 대한 포부 밝히기

운영 전 생각해보기

♥ ChatGPT 4.0의 답변을 그대로 활용하지 않고 교실 상황에 맞게 수정, 보완합니다.
♥ 교사는 사전에 ChatGPT에 이미지를 업로드하여 분석하는 방법을 익힙니다.
♥ 교사는 교실을 다양한 각도로 찍어 여러 교실 사진을 준비하고 이미지 분석이 정확하게 되는지 확인하고, 만약 이미지 분석이 잘 되는 사진이 없다면 저작권이 없는 교실 사진 자료를 준비합니다.

② 운영 톺아보기

학급 운영의 흐름을 자세히 살펴보겠습니다.

---

1 도입

동기유발

- **더러운 교실과 깨끗한 교실 비교하기**
  - 더러운 교실과 깨끗한 교실을 비교하여 교실을 깨끗하게 유지해야 하는 이유를 생각해 봅시다.

▲ 출처: 픽사베이

---

2 전개

운영1 **교실 사진을 활용하여 1인 1역 역할 만들기**

- **교사는 ChatGPT에 우리 교실 사진 이미지를 업로드하고 정보 요청하기**

  ※ 직접 찍은 교실 사진을 활용하되, 부득이한 경우 저작권이 없는 사진 자료를 활용합니다.

우리 교실 사진을 보고 알 수 있는 것을 말해줘.

 이 사진은 전형적인 교실의 모습을 보여주고 있습니다. 여러 특징이 눈에 띕니다.

- 교실은 전통적인 레이아웃을 가지고 있으며, 여러 줄의 책상과 의자가 교탁을 향해 배열되어 있습니다. 각 책상에는 개별 의자가 마련되어 있어 학생들이 개별적으로 앉을 수 있음을 시사합니다.
- 교실 뒤편에는 큰 세계지도가 걸려 있고, 그 옆에는 칠판이 있습니다. 이 칠판은 일부 사용된 흔적이 보입니다.
- 교실의 전면에는 또 다른 칠판과 함께 화이트보드가 있어, 교사가 다양한 수업 자료를 사용할 수 있음을 보여줍니다.

- 천장에는 형광등이 설치되어 있어 밝은 조명을 제공합니다.
- 교실에는 여러 창문이 보이며, 이는 자연광을 받을 수 있는 환경을 제공합니다.

이 사진은 학교의 교육 환경을 잘 보여주며, 학생들이 학습하는 전통적인 환경의 특징들을 담고 있습니다.

- **교사는 우리 교실 사진을 바탕으로 1인 1역 청소역할 질문하기**

우리 교실 사진을 바탕으로 청소역할을 10가지 만들어줘.

이 교실 사진을 보고 청소역할을 10가지 만들면 다음과 같습니다:

1. 책상 청소: 책상 표면의 먼지와 얼룩을 닦아내기.
2. 의자 정리: 의자를 책상 밑에 깔끔하게 배치하고, 필요하다면 의자를 닦기.
3. 칠판 닦기: 칠판의 분필 가루를 제거하고, 칠판을 물티슈나 스프레이와 천으로 닦기.
4. 화이트보드 청소: 화이트보드 마커의 잔여물을 제거하고 깨끗이 닦기.
5. 창문 닦기: 창문 유리와 창틀을 청소하여 먼지와 얼룩을 제거하기.
6. 쓰레기통 비우기: 쓰레기통의 내용물을 비우고 새 봉투로 교체하기.
7. 바닥 쓸기: 바닥의 먼지와 쓰레기를 쓸어내기.
8. 바닥 닦기: 물걸레나 습식 청소기를 사용하여 바닥을 닦기.
9. 교탁 정리: 교탁 위의 자료들을 정돈하고 필요 없는 것들을 제거하기.
10. 세계지도와 교육 자료 정리: 세계지도와 벽에 붙어 있는 교육 자료들을 닦고, 필요한 경우 정돈하기.

- **인공지능의 답변을 참고하여 1인 1역 청소역할 만들기**
  - 인공지능의 답변을 참고하여 친구들과 토의 활동을 통해 우리 교실에 필요한 1인 1역 청소역할을 만들어 봅시다.
  ※ 학생들이 인공지능의 답변을 그대로 사용하지 않고 교실의 상황에 맞춰 수정, 보완할 수 있도록 지도합니다.

운영2 학급 회의를 통하여 1인 1역 청소역할 정하기

- **학급 임원이 주도하여 1인 1역 청소 구역을 정하는 학급 회의 열기**
  - 운영1 에서 만든 1인 1역 역할을 참고하여, 자신이 잘 할 수 있는 1인 1역 청소역할을 정해 봅시다.

3 정리

- **앞으로의 1인 1역 청소역할에 대한 포부 밝히기**

③ 운영 참고자료

● ChatGPT 이미지 업로드 활용 검색

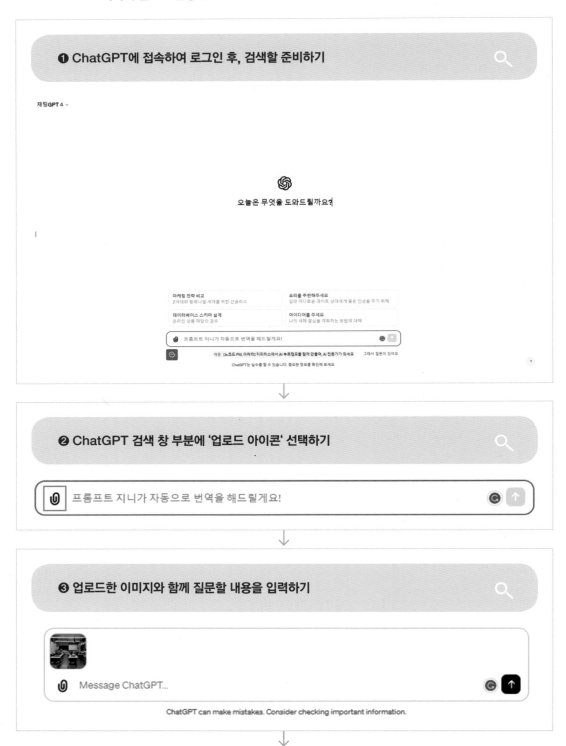

❶ ChatGPT에 접속하여 로그인 후, 검색할 준비하기

채팅GPT 4 ⌄

오늘은 무엇을 도와드릴까요?

마케팅 전략 비교
Z세대와 밀레니얼 세대를 위한 선글라스

요리를 추천해주세요
입맛 까다로운 데이트 상대에게 좋은 인상을 주기 위해

데이터베이스 스키마 설계
온라인 상품 매장의 경우

아이디어를 주세요
나의 새해 결심을 계획하는 방법에 대해

프롬프트 지니가 자동으로 번역을 해드릴게요!

재은 [노프트 PM, 마켓힉 지피티스에서 AI 부트캠프를 함께 만들어, AI 전문가가 되세요   그래서 질문이 있어요

ChatGPT는 실수를 할 수 있습니다. 중요한 정보를 확인해 보세요.

❷ ChatGPT 검색 창 부분에 '업로드 아이콘' 선택하기

프롬프트 지니가 자동으로 번역을 해드릴게요!

❸ 업로드한 이미지와 함께 질문할 내용을 입력하기

Message ChatGPT...

ChatGPT can make mistakes. Consider checking important information.

❹ ChatGPT의 답변 확인하기 🔍

우리 교실 사진을 보 고 알 수 있는 것을 말해줘.

ChatGPT

이 사진은 전형적인 교실의 모습을 보여주고 있습니다. 여러 특징들이 눈에 띕니다:

* 교실은 전통적인 레이아웃을 가지고 있으며, 여러 줄의 책상과 의자가 교탁을 향해 배열되어 있습니다.
* 각 책상에는 개별 의자가 마련되어 있어 학생들이 개별적으로 앉을 수 있음을 시사합니다.
* 교실 뒤편에는 큰 세계지도가 걸려 있고, 그 옆에는 칠판이 있습니다. 이 칠판은 일부 사용된 흔적이 보입니다.
* 교실의 전면에는 또 다른 칠판과 함께 화이트보드가 있어, 교사가 다양한 수업 자료를 사용할 수 있음을 보여줍니다.
* 천장에는 형광등이 설치되어 있어 밝은 조명을 제공합니다.
* 교실에는 여러 창문이 보이며, 이는 자연광을 받을 수 있는 환경을 제공합니다.
* 교실 앞쪽에는 교사의 책상이 보이며, 그 위에는 몇 가지 교육용 자료나 기구가 놓여 있는 것 같습니다.

이 사진은 학교의 교육 환경을 잘 보여주며, 학생들이 학습하는 전통적인 환경의 특징들을 담고 있습니다.

‹ 2 / 2 ›

65 ChatGPT와 함께 나의 성격과 적성에 어울리는 진로를 찾고 나만의 교육과정 설계하기

① 학급 운영 미리보기

학교급	고등학교	준비물	PC 또는 노트북

운영 주제 나의 성격과 적성에 어울리는 진로를 찾고 나만의 교육과정 설계하기

관련 성취 기준

학교 교육과정을 바탕으로 나에게 적합한 진로 교육과정을 설계할 수 있다.

시작하며

* **고등학교에서 ChatGPT를 활용하여 나의 성격과 적성에 어울리는 진로를 찾고 그 진로에 어울리는 고교학점제 교육과정을 설계하는 학급 운영입니다.**

고등학교 교육과정은 나의 관심과 진로에 맞게 수강 과목을 선택하여 교육과정을 설계할 수 있는 고교학점제가 도입되었습니다. 이러한 환경에서 **스스로 자신의 성격과 진로에 필요한 과목을 찾기 어려울 수 있으며 이때 ChatGPT의 도움**을 얻을 수 있습니다.

먼저 ChatGPT에게 나의 성격과 적성을 파악할 수 있도록 질문합니다. 그 후 ChatGPT에게 나의 성격과 적성에 어울리는 진로를 추천해달라고 요청합니다. ChatGPT가 추천한 다양한 진로를 살펴보고 자신의 미래를 구상합니다. 끝으로 **ChatGPT를 활용하여 나의 성격과 적성에 어울리는 진로에 적합한 고등학교 교육과정을 설계**하고 상담일지를 작성하여 담임교사와 상담을 준비합니다.

운영의 흐름 한눈에 살펴보기

동기 유발	⋯⋯⋯	고교학점제에서 교육과정 설계의 필요성 파악하기
운영1	⋯⋯⋯	나의 성격과 적성 파악하기
운영2	⋯⋯⋯	나의 성격과 적성에 어울리는 진로 찾기
운영3	⋯⋯⋯	나의 진로에 맞는 고교학점제 교육과정 설계하기
정리	⋯⋯⋯	활동 소감 나누기

운영 전 생각해보기

♥ 교사는 학생들에게 ChatGPT 4.0이 부정확한 대답을 할 수 있음을 인지할 수 있도록 안내합니다.
♥ 교사는 학생들이 적절한 질문을 통해 원하는 대답을 찾을 수 있도록 안내합니다.

② 운영 톺아보기

학급 운영의 흐름을 자세히 살펴보겠습니다.

1 도입

동기유발

- **고교학점제에서 교육과정 설계의 필요성 파악하기**
  - 고교학점제 설명을 바탕으로 나의 성격과 적성에 어울리는 고교학점제 교육과정을 설계할 필요성 파악하기
  (교육부 공식 유튜브 교육TV: 고교학점제 이 영상 하나면 정리 끝! 교육부 담당자가 말하는 고교학점제
  https://www.youtube.com/watch?v=kVcJgfPsZ6U)

2 전개

운영1 **나의 성격과 적성 파악하기**

- **학생은 ChatGPT를 활용하여 나의 성격과 적성을 파악하기**
  - ChatGPT에게 나의 성격과 적성 파악을 요청합니다. 이때, 여러 가지 방법이 있으나 몇 가지 보기 중에서 나에게 어울리는 것을 선택할 수 있도록 요청하는 것이 편리합니다.

 나의 성격과 적성을 파악하고 싶어. 여러 가지 적성 특징을 나열해주고 내가 몇 가지 선택하여 답변하면 성격과 적성을 파악할 수 있도록 안내해줘.

 물론이죠! 아래는 여러 가지 적성 및 성격 특징 중 일부입니다. 이 목록을 통해 자신에게 해당하는 특징을 선택하실 수 있습니다. 선택한 특징을 알려주시면, 그에 따른 성격 및 적성에 대해 설명해 드리겠습니다.

1. 분석적 사고: 복잡한 문제나 상황을 빠르게 파악하고, 그 원인과 결과를 분석하는 능력이 있습니다.
2. 창의성: 새로운 아이디어나 해결책을 생각해내는 능력이 있습니다.
3. 사회성: 다른 사람들과의 관계 형성이나 대화를 즐기며, 팀에서 잘 작동합니다.
4. 독립성: 혼자서 일을 진행하는 것을 선호하며, 스스로 결정을 내리는 데 자신감이 있습니다.
5. 조직력: 일정, 계획, 목표 등을 체계적으로 관리하는 능력이 있습니다.
6. 상세 지향성: 작은 부분에도 주의를 기울이며, 세심하게 일을 처리합니다.
7. 의사소통 능력: 생각이나 의견을 명확하게 전달하는 데 능숙합니다.
8. 유연성: 변화하는 상황에 쉽게 적응하며, 다양한 문제에 대응할 수 있습니다.

9. 리더십: 다른 사람들을 이끌고, 팀의 방향성을 제시하는 능력이 있습니다.
10. 기술적 능력: 기술적인 문제를 해결하는 데 관심과 능력이 있습니다.

위의 특징 중에서 자신에게 해당한다고 생각하는 항목을 몇 가지 선택하여 알려주시면, 그에 따른 성격 및 적성에 대해 더 자세히 설명해드리겠습니다!

• **ChatGPT에게 이어 질문하기**

 나는 분석적 사고나 창의성을 활용하는 것이 좋아.

 분석적 사고와 창의성을 가진 사람들은 다음과 같은 성격 및 적성 특징을 가질 수 있습니다:

1. 분석적 사고:
   • 문제 해결 능력: 복잡한 문제나 상황을 빠르게 파악하고, 그 원인과 결과를 분석하여 해결책을 제시하는 데 능숙합니다.
   • 논리적 사고: 사실과 정보를 기반으로 합리적인 결론을 도출하는 데 능력이 있습니다.
   • 집중력: 주어진 문제나 과제에 집중하여 깊게 파고들 수 있습니다.
2. 창의성:
   • 독창성: 표준적인 방법이나 해결책에서 벗어나 새로운 아이디어나 접근법을 생각해낼 수 있습니다.
   • 유연성: 다양한 상황이나 문제에 대해 새로운 관점에서 생각하며, 변화에 빠르게 적응합니다.
   • 시각적 사고: 이미지나 디자인을 통해 아이디어를 표현하는 데 능숙합니다.

분석적 사고와 창의성은 많은 분야에서 중요한 역량으로 간주되므로, 이러한 능력을 지속적으로 발전시키면 다양한 기회를 얻을 수 있을 것입니다!

운영2 **나의 성격과 적성에 어울리는 진로 찾기**

• **학생은 ChatGPT에게 나의 성격과 적성에 어울리는 진로 추천 요청하기**

 나의 성격과 진로에 어울리는 진로 추천해줘.

분석적이고 논리적인 사람들은 다음과 같은 직업 분야에서 잘 맞을 수 있습니다:

1. 데이터 분석가: 대량의 데이터를 분석하여 유용한 정보나 통찰력을 도출하는 업무에 적합합니다.
2. 연구원: 새로운 아이디어나 기술을 연구하고 개발하는 업무에 적합합니다.
3. 경제학자: 경제 현상을 분석하고 예측하는 업무에 적합합니다.
4. 프로그래머: 코드를 작성하고 문제를 해결하는 데 필요한 논리적 사고 능력이 요구됩니다.
5. 금융 분석가: 금융 시장의 동향을 분석하고 투자 전략을 수립하는 업무에 적합합니다.
6. 전략 기획자: 기업의 전략을 기획하거나 시장 분석을 하는 업무에 적합합니다.
7. 공학자: 기술적인 문제를 해결하고 새로운 기술을 개발하는 업무에 적합합니다.

이 외에도 분석적이고 논리적인 사고 능력은 많은 분야에서 중요한 역량으로 간주되므로, 이러한 능력을 지속적으로 발전시키면 다양한 기회를 얻을 수 있을 것입니다.

운영3 나의 진로에 맞는 고교학점제 교육과정 설계하기

- 학생은 ChatGPT에게 나의 진로에 맞는 고교학점제 교육과정 요청하기

 ※ 교사는 생성형 인공지능의 답변이 틀릴 수도 있다는 것을 충분히 인지할 수 있도록 안내합니다.
 ※ 부정확한 답변이 나올 경우에는 이를 수정할 수 있도록 합니다.

 데이터 분석가 진로에 관심이 있어. 데이터 분석가가 되기 위한 고등학교 교육과정 설계 도와줘.

 데이터 분석가가 되기 위해 고등학교 교육과정을 설계한다면, 다음과 같은 핵심 과목 및 활동에 중점을 둘 수 있습니다:

1. 수학:
   - 기본 수학: 대수학, 기하학, 삼각학 등의 기본 개념을 탄탄히 학습합니다.
   - 고급 수학: 미적분학, 선형대수학, 확률 및 통계 등의 고급 수학 과목을 선택적으로 수강합니다.
2. 과학:
   - 물리학: 기본적인 물리 원리와 과학적 사고 방식을 익힙니다.
   - 컴퓨터 과학: 프로그래밍 기초, 알고리즘, 데이터 구조 등의 개념을 학습합니다.
3. 정보기술 (IT):
   - 프로그래밍: Python, R 등 데이터 분석에 유용한 프로그래밍 언어를 학습합니다.
   - 데이터베이스: SQL 등의 데이터베이스 관리 시스템을 학습하여 데이터 조작 및 관리 능력을 키웁니다.

4. 영어:

  데이터 분석 분야는 국제적인 특성을 가지고 있으므로, 영어 능력은 필수적입니다. 영어 과목을 잘 수강하고, 필요하다면 추가적인 영어 학습 활동을 포함시킵니다.

5. 활동 및 프로젝트:

  • 동아리 활동: 데이터 분석 관련 동아리나 프로젝트 팀에 참여하여 실제 데이터 분석 경험을 얻습니다.
  • 온라인 코스: Coursera, edX, Udacity 등의 온라인 플랫폼에서 데이터 분석 관련 코스를 수강합니다.

이러한 교육과정을 통해 데이터 분석가로서의 기본적인 능력과 지식을 키울 수 있습니다. 고등학교 교육과정은 기본적인 기초를 다지는 단계이므로, 대학교나 그 이후의 교육에서 더 전문적인 지식과 기술을 습득하는 것이 중요합니다.

• **학생은 학교교육과정 편제표에 따른 선택과목 이수 여부 질문하기**

  ※ 학교교육과정 편제표를 안내하고 편제표를 바탕으로 선택과목 이수 여부를 질문하여 보다 정확한 교육과정을 설계할 수 있도록 합니다.

 우리 학교는 국어 교과에서 독서, 문학, 언어와 매체, 화법과 작문 중 3개를 선택하여 이수해야 해. 데이터 분석가 진로에는 어떻게 선택하면 좋을까?

 데이터 분석가의 진로를 고려한다면, 국어 교과의 각 영역이 다음과 같은 방식으로 도움을 줄 수 있습니다:

1. 독서: 다양한 자료와 문헌을 통해 정보를 수집하고 이해하는 능력을 키울 수 있습니다. 데이터 분석가는 다양한 자료를 통해 정보를 수집하고 분석해야 하므로, 독서 능력은 중요합니다.

2. 문학: 문학을 통해 인간의 감정과 사회적 문제에 대한 깊은 이해를 얻을 수 있습니다. 데이터 분석의 결과를 사람들에게 전달할 때, 이러한 이해는 데이터의 의미를 더 깊게 파악하는 데 도움이 될 수 있습니다.

3. 언어와 매체: 언어와 매체를 통해 정보 전달의 중요성과 방법을 학습합니다. 데이터 분석 결과를 효과적으로 전달하기 위한 능력을 키울 수 있습니다.

4. 화법과 작문: 논리적인 글쓰기와 발표 능력을 키울 수 있습니다. 데이터 분석가는 분석 결과를 명확하게 전달해야 하므로, 화법과 작문 능력은 매우 중요합니다.

데이터 분석가 진로를 고려한다면, 다음과 같이 선택하는 것을 추천합니다:

1. 화법과 작문: 데이터 분석 결과를 명확하게 전달하고, 논리적으로 글을 작성하는 능력은 데이터 분석가에게 필수적입니다.
2. 언어와 매체: 데이터 분석의 결과를 다양한 매체를 통해 효과적으로 전달하는 능력을 키울 수 있습니다.
3. 독서 또는 문학: 선택에 따라 다르겠지만, 독서는 다양한 자료를 통한 정보 수집 능력을, 문학은 데이터의 깊은 의미를 파악하는 데 도움을 줄 수 있습니다.

이렇게 선택하면 데이터 분석가로서의 기본적인 능력을 키울 수 있을 것입니다.

- **학생은 ChatGPT의 답변을 바탕으로 나의 교육과정 설계하기**
  - ChatGPT의 답변으로 나의 교육과정을 설계하고 상담일지를 작성하여 담임교사와의 진로 상담을 준비합니다.

3 정리

- **활동 소감 나누기**

4 기타 업무

66

ChatGPT와 함께 VBA를 활용하여 학습 동기유발 자료 만들기

① 활용 미리보기

활용 형태	전문적 학습공동체	준비물	PC 또는 노트북

활용 주제	ChatGPT와 함께 VBA를 활용하여 학습 동기유발 자료 만들기

관련 성취 기준

VBA를 활용하여 학습 동기유발 자료를 만들고 활용할 수 있다.

시작하며

＊**전문적 학습공동체 구성원들이 ChatGPT와 함께 VBA를 활용하여 학습 동기유발 자료를 만드는 활동입니다.**

ChatGPT와 함께 학습 동기유발을 위한 문구를 만들어 봅니다. ChatGPT를 활용하여 편리하게 자료를 제작할 수 있습니다. **ChatGPT와 함께 파워포인트 VBA 코드를 실행하는 방법에 대해 알아봅니다.** 엑셀의 데이터를 가져오기 위한 파워포인트 VBA 환경을 설정할 수 있습니다. **ChatGPT와 함께 엑셀의 데이터를 모두 가져오는 파워포인트 VBA 코드를 만들고 실행해 봅니다.** 엑셀의 데이터를 자동으로 불러와 파워포인트 슬라이드에 삽입할 수 있는 VBA 코드를 만들고 실행해 봅니다. 마지막으로 **추가 기능 구현을 위해 파워포인트 VBA 코드를 수정하고 자료를 완성해 봅니다.** 텍스트 상자의 위치와 크기, 글꼴의 종류와 크기 등을 변경할 수 있도록 VBA 코드를 수정하여 자료를 완성해 봅니다.

활용의 흐름 한눈에 살펴보기

생각하기	반복 작업으로 학급 자료를 만들 때 불편했던 점 이야기하기
활용1	학습 동기유발을 위한 문구 만들기
활용2	파워포인트 VBA 코드 실행 방법 알아보기
활용3	엑셀의 데이터를 모두 가져오는 파워포인트 VBA 코드 만들고 실행하기
활용4	추가 기능 구현을 위해 파워포인트 VBA 코드를 수정하고 자료를 완성하기
적용하기	활용 소감 나누기

활용 전 생각해보기

♥ ChatGPT에게 반복 작업 코드를 요청하여 실행해 보고, 코드를 수정 요청하면서 오류가 있는 경우 오류를 수정하며 코드를 완성합니다. ChatGPT가 제시한 답변의 결과를 확인하고 오류가 없는지 점검하여 완성된 형태로 학습 자료를 만들 수 있습니다.

② 업무 활용 톺아보기

업무 활용 흐름을 자세히 살펴보겠습니다.

1 생각하기

- **반복 작업으로 학급 자료를 만들 때 불편했던 점 이야기하기**
  - 교수 · 학습 자료 제작에서 단순 반복으로 어려웠던 경험을 나누어 봅시다.
  - 인공지능 활용 및 자동화된 자료 제작의 편리성을 생각해 봅시다.

2 활용하기

활용1 학습 동기유발을 위한 문구 만들기

- **만들고 싶은 자동화된 자료를 구상한 후 ChatGPT와 함께 자료 만들기**
  - ChatGPT를 활용하여 학습 동기유발 카드 등을 만들 수 있습니다.

 초등학교 학생들에게 힘을 주는 학습 카드를 만들고 싶어. 아이들에게 힘을 줄 수 있는 말을 표로 만들어줘. 어울리는 상황을 간단한 이야기처럼 풀어서 2문장으로 표현해 줘. 표 열 이름은 번호, 힘을 주는 말, 어울리는 상황으로 해줘.

 좋아요! 아래는 초등학교 학생들에게 힘을 주는 학습 카드 내용을 표로 정리한 것입니다.

번호	힘을 주는 말	어울리는 상황
1	너는 할 수 있어!	수학 문제를 풀다가 어려워하는 친구에게.
2	오늘의 실패는 내일의 성공이야!	시험 점수가 낮게 나와 서운해하는 친구에게.
3	모든 것은 연습에서 시작해!	새로운 스포츠나 활동을 배울 때 어려워하는 친구에게.
4	너의 노력은 결코 헛되지 않아!	오랜 시간 동안 무언가에 도전하고 있는데 결과가 나오지 않는 친구에게.
5	넌 특별하니까, 포기하지 마!	자신감을 잃고 자기 자신을 의심하는 친구에게.
6	어려움 속에서도 빛나는 너가 대단해!	힘든 상황 속에서도 노력하는 친구에게.
7	너의 꿈은 반드시 이뤄질 거야!	미래의 꿈이나 목표에 대해 이야기하는 친구에게.

이런 카드를 만들어 아이들에게 나눠주면, 그들의 자신감을 키워주는 데 도움이 될 것 같아요.

- 응답 결과를 복사하여 엑셀 파일에 붙여 넣고 저장하기

	A	B	C
1	번호	힘을 주는 말	어울리는 상황
2	1	너는 할 수 있어!	수학 문제를 풀다가 어려워하는 친구에게.
3	2	오늘의 실패는 내일의 성공이야!	시험 점수가 낮게 나와 서운해하는 친구에게.
4	3	모든 것은 연습에서 시작해!	새로운 스포츠나 활동을 배울 때 어려워하는 친구에게.
5	4	너의 노력은 결코 헛되지 않아!	오랜 시간 동안 무언가에 도전하고 있는데 결과가 나오지 않는 친구에게.
6	5	넌 특별하니까, 포기하지 마!	자신감을 잃고 자기 자신을 의심하는 친구에게.
7	6	어려움 속에서도 빛나는 너가 대단해!	힘든 상황 속에서도 노력하는 친구에게.
8	7	너의 꿈은 반드시 이뤄질 거야!	미래의 꿈이나 목표에 대해 이야기하는 친구에게.

활용2 파워포인트 VBA 코드 실행 방법 알아보기

- 엑셀의 데이터를 가져오기 위한 파워포인트 VBA 환경 설정하기

 파워포인트에서 엑셀의 자료를 불러와 자동으로 삽입해 주는 VBA 코드를 실행하기 위한 환경 설정 방법 알려줘.

 파워포인트에서 엑셀의 자료를 VBA 코드로 불러오기 위해서는 몇 가지 단계를 거쳐 환경을 설정해야 합니다. 아래는 그 단계를 설명한 내용입니다.

1. 개발 도구 활성화
   - 파워포인트를 실행하고, 상단 메뉴에서 [파일] 〉 [옵션] 〉 [사용자 지정 리본]을 선택합니다.
   - "개발" 항목을 체크하고 확인을 누릅니다.
   - 이후 파워포인트 리본 메뉴 상단에 "개발" 탭이 표시됩니다.

2. 매크로 보안 설정
   - "개발" 탭에서 "매크로 보안"을 클릭합니다.
   - "매크로 설정"에서 "모든 매크로 활성화" 또는 "알림 표시하여 매크로를 활성화 또는 비활성화"를 선택합니다. (보안을 위해 후자를 선택하는 것이 좋습니다.)
   - 확인을 눌러 설정을 저장합니다.

3. 참조 설정
   - "개발" 탭에서 "Visual Basic"을 클릭하여 VBA 편집기를 엽니다.
   - VBA 편집기에서 [도구] 〉 [참조]를 선택합니다.
   - 목록에서 "Microsoft Excel xx.x Object Library"를 찾아 체크합니다 (xx.x는 엑셀의 버전에 따라 다를 수 있습니다).
   - 확인을 누릅니다.

이제 파워포인트 VBA에서 엑셀 데이터를 불러올 수 있는 환경이 준비되었습니다. 필요한 VBA 코드를 작성하고 실행하여 엑셀의 자료를 파워포인트에 삽입할 수 있습니다.

- 엑셀의 데이터를 가져오기 위한 파워포인트 VBA 환경 설정하기

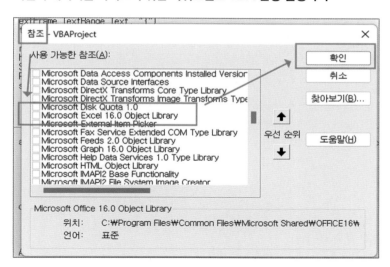

활용3 **엑셀의 데이터를 모두 가져오는 파워포인트 VBA 코드 만들고 실행하기**

- 엑셀의 데이터를 자동으로 불러와 파워포인트 슬라이드에 삽입할 수 있는 VBA 코드를 만들고 실행하기

파워포인트에서 VBA 실행 버튼을 누르면 내가 만든 엑셀 시트를 불러올 창이 뜨고, 선택한 엑셀 파일을 불러온 후 각 행의 데이터를 파워포인트 슬라이드에 자동으로 삽입하고 싶어. 파워포인트 VBA 코드를 작성해 줘.

아래는 파워포인트 VBA 코드입니다. 이 코드는 사용자에게 엑셀 파일을 선택하게 하고, 선택된 파일의 데이터를 파워포인트의 새로운 슬라이드에 자동으로 삽입합니다. 여기서는 간단한 예제로 엑셀의 첫 번째 워크시트의 A열 데이터를 파워포인트에 삽입하도록 합니다.

1. 파워포인트에서 VBA 편집기를 열고 새 모듈을 삽입합니다.
2. 아래 코드를 복사하고 붙여넣기 합니다.

```
Sub InsertDataFromExcel()

    Dim ExcelApp As Object
    Dim Workbook As Object
    Dim Worksheet As Object
    Dim LastRow As Long, i As Long
    Dim PptSlide As Object
    Dim PptShape As Object
    Dim DataValue As String
    Dim FileDialog As FileDialog
    Dim strFilePath As String
```

```
' 파일 선택 대화상자 열기
Set FileDialog = Application.FileDialog(msoFileDialogFilePicker)
With FileDialog
    .Title = "엑셀 파일 선택"
    .Filters.Clear
    .Filters.Add "Excel Files", "*.xls; *.xlsx; *.xlsm"
    If .Show = -1 Then
        strFilePath = .SelectedItems(1)
    Else
        Exit Sub
    End If
End With

' 엑셀 애플리케이션 및 워크북 열기
Set ExcelApp = CreateObject("Excel.Application")
Set Workbook = ExcelApp.Workbooks.Open(strFilePath)
Set Worksheet = Workbook.Worksheets(1) ' 첫 번째 워크시트

' 엑셀에서 마지막 행 찾기
LastRow = Worksheet.Cells(Worksheet.Rows.Count, 1).End(-4162).Row

' 엑셀 데이터를 파워포인트 슬라이드에 삽입
For i = 1 To LastRow
    DataValue = Worksheet.Cells(i, 1).Value
    Set PptSlide = ActivePresentation.Slides.Add(i, 11) ' 기본 슬라이드 레이아웃
    Set PptShape = PptSlide.Shapes.AddTextbox(Orientation:=msoTextOrientation
Horizontal, _
                        Left:=100, Top:=100, Width:=600, Height:=100)
    PptShape.TextFrame.TextRange.Text = DataValue
Next i

' 엑셀 애플리케이션 및 워크북 닫기
Workbook.Close SaveChanges:=False
ExcelApp.Quit
Set ExcelApp = Nothing
Set Workbook = Nothing
Set Worksheet = Nothing

End Sub
```

1. 이제 파워포인트에 있는 "개발" 탭에서 "매크로" 버튼을 클릭하면 만들어진 InsertDataFrom
   Excel 매크로를 볼 수 있습니다. 선택하고 실행하면 해당 작업이 수행됩니다.

이 코드는 간단한 예제로, 엑셀의 A열 데이터만 파워포인트에 가져옵니다. 필요에 따라 엑셀 데이
터의 범위, 파워포인트 슬라이드 레이아웃, 텍스트 상자의 위치 및 크기 등을 조정할 수 있습니다.

- **코드 수정하기**

- 엑셀의 데이터를 모두 불러올 수 있도록 수정 요청합니다.

엑셀의 첫 번째 행은 생략한 후 두 번째 행부터 마지막 행까지의 데이터를 가져오고, 각 행의 열 데이터는 서로 다른 텍스트 상자로 만들어 줘.

알겠습니다. 아래의 코드는 파워포인트 VBA로, 엑셀의 첫 번째 행은 생략하고 두 번째 행부터 마지막 행까지의 데이터를 가져옵니다. 각 행의 열 데이터는 서로 다른 텍스트 상자에 입력됩니다.

```
Sub InsertDataFromExcel()

    Dim ExcelApp As Object
    Dim Workbook As Object
    Dim Worksheet As Object
    Dim LastRow As Long, LastCol As Long, i As Long, j As Long
    Dim PptSlide As Object
    Dim PptShape As Object
    Dim DataValue As String
    Dim FileDialog As FileDialog
    Dim strFilePath As String
    Dim LeftPos As Single, TopPos As Single

    ' 파일 선택 대화상자 열기
    Set FileDialog = Application.FileDialog(msoFileDialogFilePicker)
    With FileDialog
        .Title = "엑셀 파일 선택"
        .Filters.Clear
        .Filters.Add "Excel Files", "*.xls; *.xlsx; *.xlsm"
        If .Show = -1 Then
            strFilePath = .SelectedItems(1)
        Else
            Exit Sub
        End If
    End With

    ' 엑셀 애플리케이션 및 워크북 열기
    Set ExcelApp = CreateObject("Excel.Application")
    Set Workbook = ExcelApp.Workbooks.Open(strFilePath)
    Set Worksheet = Workbook.Worksheets(1) ' 첫 번째 워크시트

    ' 엑셀에서 마지막 행 및 열 찾기
    LastRow = Worksheet.Cells(Worksheet.Rows.Count, 1).End(-4162).Row
    LastCol = Worksheet.Cells(2, Worksheet.Columns.Count).End(-4159).Column
```

```
' 엑셀 데이터를 파워포인트 슬라이드에 삽입
For i = 2 To LastRow
   Set PptSlide = ActivePresentation.Slides.Add(i – 1, 11) ' 기본 슬라이드 레이아웃
   LeftPos = 100 ' 시작 위치 초기화
   For j = 1 To LastCol
      DataValue = Worksheet.Cells(i, j).Value
      Set PptShape = PptSlide.Shapes.AddTextbox(Orientation:=msoTextOrientatio
nHorizontal, _
                          Left:=LeftPos, Top:=100, Width:=200, Height:=100)
      PptShape.TextFrame.TextRange.Text = DataValue
      LeftPos = LeftPos + 220 ' 다음 텍스트 상자의 시작 위치
   Next j
Next i

' 엑셀 애플리케이션 및 워크북 닫기
Workbook.Close SaveChanges:=False
ExcelApp.Quit
Set ExcelApp = Nothing
Set Workbook = Nothing
Set Worksheet = Nothing

End Sub
```

이 코드를 파워포인트 VBA에 붙여넣고 실행하면, 엑셀의 두 번째 행부터 시작하여 각 행의 데이터를 파워포인트 슬라이드에 서로 다른 텍스트 상자로 삽입합니다. 'LeftPos' 값을 조절하여 텍스트 상자 간의 간격을 조절할 수 있습니다.

활용4 **추가 기능 구현을 위해 파워포인트 VBA 코드를 수정하고 자료를 완성하기**

• **ChatGPT를 활용하여 추가 기능 구현 방법 알아보기**
  - ChatGPT를 활용하여 텍스트 상자의 위치와 크기, 글꼴의 종류와 크기 등을 수정하는 방법을 알아봅니다.

 텍스트 상자의 위치, 텍스트 상자의 크기, 폰트 종류, 폰트 크기 등을 수정할 수 있는 방법 알려줘.

 네, 텍스트 상자의 위치, 크기, 폰트 종류, 폰트 크기 등을 수정하기 위한 VBA 코드의 각 부분을 설명하겠습니다.

1. 텍스트 상자의 위치 및 크기 설정:
    • Left: 텍스트 상자의 좌측 위치를 설정합니다. (픽셀 단위)
    • Top: 텍스트 상자의 상단 위치를 설정합니다. (픽셀 단위)
    • Width: 텍스트 상자의 넓이를 설정합니다. (픽셀 단위)
    • Height: 텍스트 상자의 높이를 설정합니다. (픽셀 단위)

```
Set PptShape = PptSlide.Shapes.AddTextbox(Orientation:=msoTextOrientationHoriz
ontal, _
                    Left:=100, Top:=100, Width:=200, Height:=100)
```

2. 폰트 종류 및 크기 설정:
    • Name: 폰트의 이름을 설정합니다.
    • Size: 폰트의 크기를 설정합니다.

```
With PptShape.TextFrame.TextRange.Font
    .Name = "Arial"   ' 폰트 이름 설정
    .Size = 14        ' 폰트 크기 설정
End With
```

위의 설정을 기반으로, 텍스트 상자의 위치, 크기, 폰트 종류, 폰트 크기를 모두 설정하는 예제 코드는 다음과 같습니다:

```
Set PptShape = PptSlide.Shapes.AddTextbox(Orientation:=msoTextOrientationHoriz
ontal, _
                    Left:=100, Top:=100, Width:=200, Height:=100)
With PptShape.TextFrame.TextRange.Font
    .Name = "Arial"   ' 폰트 이름 설정
    .Size = 14        ' 폰트 크기 설정
End With
```

이 코드를 원래 제공된 VBA 코드에 적절한 위치에 삽입하여 텍스트 상자의 위치, 크기 및 스타일을 원하는대로 설정할 수 있습니다.

• **ChatGPT를 활용하여 추가 기능 구현하기 ①**
    - ChatGPT를 활용하여 텍스트 상자의 위치와 크기, 글꼴의 종류와 크기를 수정합니다.

교사

3개의 텍스트 상자를 세로로 배치하고 왼쪽에서 300픽셀에서 시작할 수 있도록 위치를 조정해 줘. 그리고, 텍스트 상자의 크기를 가로 700픽셀, 세로 100픽셀로 바꿔줘. 마지막으로, 폰트를 "맑은 고딕"으로, 폰트 크기를 30으로 수정한 전체 코드 만들어 줘.

알겠습니다. 요구사항에 맞게 수정한 파워포인트 VBA 전체 코드는 다음과 같습니다:

```
Sub InsertDataFromExcel()

    Dim ExcelApp As Object
    Dim Workbook As Object
    Dim Worksheet As Object
    Dim LastRow As Long, LastCol As Long, i As Long, j As Long
    Dim PptSlide As Object
    Dim PptShape As Object
    Dim DataValue As String
    Dim FileDialog As FileDialog
    Dim strFilePath As String
    Dim TopPos As Single, TopPosIncrement As Single

    ' 파일 선택 대화상자 열기
    Set FileDialog = Application.FileDialog(msoFileDialogFilePicker)
    With FileDialog
        .Title = "엑셀 파일 선택"
        .Filters.Clear
        .Filters.Add "Excel Files", "*.xls; *.xlsx; *.xlsm"
        If .Show = -1 Then
            strFilePath = .SelectedItems(1)
        Else
            Exit Sub
        End If
    End With

    ' 엑셀 애플리케이션 및 워크북 열기
    Set ExcelApp = CreateObject("Excel.Application")
    Set Workbook = ExcelApp.Workbooks.Open(strFilePath)
    Set Worksheet = Workbook.Worksheets(1) ' 첫 번째 워크시트

    ' 엑셀에서 마지막 행 및 열 찾기
    LastRow = Worksheet.Cells(Worksheet.Rows.Count, 1).End(-4162).Row
    LastCol = Worksheet.Cells(2, Worksheet.Columns.Count).End(-4159).Column

    TopPosIncrement = 120 ' 텍스트 상자 높이와 간격 포함

    ' 엑셀 데이터를 파워포인트 슬라이드에 삽입
    For i = 2 To LastRow
        Set PptSlide = ActivePresentation.Slides.Add(i - 1, 11) ' 기본 슬라이드 레이아웃
        TopPos = 100 ' 시작 위치 초기화
        For j = 1 To LastCol
            DataValue = Worksheet.Cells(i, j).Value
```

```
        Set PptShape = PptSlide.Shapes.AddTextbox(Orientation:=msoTextOrientatio
nHorizontal, _
                                    Left:=300, Top:=TopPos, Width:=700, Height:=100)
        With PptShape.TextFrame.TextRange.Font
           .Name = "맑은 고딕"   ' 폰트 이름 설정
           .Size = 30           ' 폰트 크기 설정
        End With
        PptShape.TextFrame.TextRange.Text = DataValue
        TopPos = TopPos + TopPosIncrement ' 다음 텍스트 상자의 시작 위치
      Next j
   Next i

   ' 엑셀 애플리케이션 및 워크북 닫기
   Workbook.Close SaveChanges:=False
   ExcelApp.Quit
   Set ExcelApp = Nothing
   Set Workbook = Nothing
   Set Worksheet = Nothing

End Sub
```

- 텍스트 상자 시작 위치를 왼쪽에서 300픽셀로 설정하였습니다.
- 텍스트 상자 크기를 가로 700픽셀, 세로 100픽셀로 설정하였습니다.
- 폰트를 "맑은 고딕"으로 변경하고, 폰트 크기를 30으로 설정하였습니다.
- 텍스트 상자 간의 간격은 TopPosIncrement 값을 통해 조절하였습니다. (텍스트 상자 높이와 20픽셀의 간격을 포함하여 총 120픽셀)

이 코드는 파워포인트의 VBA 환경에 붙여넣어 실행하면 됩니다. 실행 후 엑셀 파일을 선택하면 파워포인트 슬라이드에 원하는 설정으로 텍스트 상자가 추가됩니다.

- **ChatGPT를 활용하여 추가 기능 구현하기 ②**
  - 빈 슬라이드 대신 첫 번째 저장된 슬라이드를 복사해서 사용할 수 있도록 수정합니다.

 빈 슬라이드 대신 첫 번째 저장된 슬라이드를 복사해서 사용할 수 있도록 전체 코드를 수정해 줘.

 빈 슬라이드를 생성하는 대신 첫 번째 저장된 슬라이드를 복사하여 사용하는 방식으로 코드를 수정하겠습니다.

다음은 해당 요구사항을 반영한 코드입니다:

```vba
Sub InsertDataFromExcel()

    Dim ExcelApp As Object
    Dim Workbook As Object
    Dim Worksheet As Object
    Dim LastRow As Long, LastCol As Long, i As Long, j As Long
    Dim PptSlide As Object
    Dim PptShape As Object
    Dim DataValue As String
    Dim FileDialog As FileDialog
    Dim strFilePath As String
    Dim TopPos As Single, TopPosIncrement As Single

    ' 파일 선택 대화상자 열기
    Set FileDialog = Application.FileDialog(msoFileDialogFilePicker)
    With FileDialog
        .Title = "엑셀 파일 선택"
        .Filters.Clear
        .Filters.Add "Excel Files", "*.xls; *.xlsx; *.xlsm"
        If .Show = -1 Then
            strFilePath = .SelectedItems(1)
        Else
            Exit Sub
        End If
    End With

    ' 엑셀 애플리케이션 및 워크북 열기
    Set ExcelApp = CreateObject("Excel.Application")
    Set Workbook = ExcelApp.Workbooks.Open(strFilePath)
    Set Worksheet = Workbook.Worksheets(1) ' 첫 번째 워크시트

    ' 엑셀에서 마지막 행 및 열 찾기
    LastRow = Worksheet.Cells(Worksheet.Rows.Count, 1).End(-4162).Row
    LastCol = Worksheet.Cells(2, Worksheet.Columns.Count).End(-4159).Column

    TopPosIncrement = 120 ' 텍스트 상자 높이와 간격 포함

    ' 첫 번째 슬라이드 복사 준비
    ActivePresentation.Slides(1).Copy

    ' 엑셀 데이터를 파워포인트 슬라이드에 삽입
    For i = 2 To LastRow
        ' 첫 번째 슬라이드를 복사하여 삽입
```

```
            ActivePresentation.Slides.Paste (i − 1)
            Set PptSlide = ActivePresentation.Slides(i − 1)

            TopPos = 100 ' 시작 위치 초기화
            For j = 1 To LastCol
                DataValue = Worksheet.Cells(i, j).Value
                Set PptShape = PptSlide.Shapes.AddTextbox(Orientation:=msoTextOrientatio
nHorizontal, _
                                    Left:=300, Top:=TopPos, Width:=700, Height:=100)
                With PptShape.TextFrame.TextRange.Font
                    .Name = "맑은 고딕"  ' 폰트 이름 설정
                    .Size = 30        ' 폰트 크기 설정
                End With
                PptShape.TextFrame.TextRange.Text = DataValue
                TopPos = TopPos + TopPosIncrement ' 다음 텍스트 상자의 시작 위치
            Next j
        Next i

        ' 첫 번째 원본 슬라이드 삭제
        ActivePresentation.Slides(1).Delete

        ' 엑셀 애플리케이션 및 워크북 닫기
        Workbook.Close SaveChanges:=False
        ExcelApp.Quit
        Set ExcelApp = Nothing
        Set Workbook = Nothing
        Set Worksheet = Nothing

    End Sub
```

이 수정된 코드는 파워포인트의 첫 번째 슬라이드를 복사하여 새로운 슬라이드를 생성하고, 거기에 엑셀 데이터를 텍스트 상자로 삽입합니다. 모든 데이터가 삽입된 후 원래의 첫 번째 슬라이드를 삭제합니다.

• VBA 코드에 오류가 있는 경우 수정 요청하기

VBA 코드를 실행한 결과 엑셀의 두 번째 행부터 마지막 행까지의 데이터를 불러와야 하는데 세 번째 행부터 마지막 행까지의 데이터를 불러왔어. 두 번째 행부터 마지막 행까지의 데이터를 불러올 수 있도록 수정해 줘.

죄송합니다. 수정하겠습니다.

원인은 엑셀에서 데이터를 불러올 때 시작하는 행 번호가 잘못 지정되었습니다. For i = 2 To LastRow 라는 부분이 맞는데, 코드에 잘못된 부분이 있어서 수정이 필요합니다.

요구사항에 따라 수정된 파워포인트 VBA 전체 코드는 다음과 같습니다:

```
Sub InsertDataFromExcel()

    Dim ExcelApp As Object
    Dim Workbook As Object
    Dim Worksheet As Object
    Dim LastRow As Long, LastCol As Long, i As Long, j As Long
    Dim PptSlide As Object
    Dim PptShape As Object
    Dim DataValue As String
    Dim FileDialog As FileDialog
    Dim strFilePath As String
    Dim TopPos As Single, TopPosIncrement As Single

    ' 파일 선택 대화상자 열기
    Set FileDialog = Application.FileDialog(msoFileDialogFilePicker)
    With FileDialog
        .Title = "엑셀 파일 선택"
        .Filters.Clear
        .Filters.Add "Excel Files", "*.xls; *.xlsx; *.xlsm"
        If .Show = -1 Then
            strFilePath = .SelectedItems(1)
        Else
            Exit Sub
        End If
    End With

    ' 엑셀 애플리케이션 및 워크북 열기
    Set ExcelApp = CreateObject("Excel.Application")
    Set Workbook = ExcelApp.Workbooks.Open(strFilePath)
    Set Worksheet = Workbook.Worksheets(1) ' 첫 번째 워크시트

    ' 엑셀에서 마지막 행 및 열 찾기
    LastRow = Worksheet.Cells(Worksheet.Rows.Count, 1).End(-4162).Row
    LastCol = Worksheet.Cells(2, Worksheet.Columns.Count).End(-4159).Column

    TopPosIncrement = 120 ' 텍스트 상자 높이와 간격 포함

    ' 첫 번째 슬라이드 복사 준비
    ActivePresentation.Slides(1).Copy
```

```
' 엑셀 데이터를 파워포인트 슬라이드에 삽입
For i = 2 To LastRow
  ' 첫 번째 슬라이드를 복사하여 삽입
  ActivePresentation.Slides.Paste (i)
  Set PptSlide = ActivePresentation.Slides(i)

  TopPos = 100 ' 시작 위치 초기화
  For j = 1 To LastCol
    DataValue = Worksheet.Cells(i, j).Value
    Set PptShape = PptSlide.Shapes.AddTextbox(Orientation:=msoTextOrientatio
nHorizontal, _
                        Left:=300, Top:=TopPos, Width:=700, Height:=100)
    With PptShape.TextFrame.TextRange.Font
      .Name = "맑은 고딕" ' 폰트 이름 설정
      .Size = 30         ' 폰트 크기 설정
    End With
    PptShape.TextFrame.TextRange.Text = DataValue
    TopPos = TopPos + TopPosIncrement ' 다음 텍스트 상자의 시작 위치
  Next j
Next i

' 첫 번째 원본 슬라이드 삭제
ActivePresentation.Slides(1).Delete

' 엑셀 애플리케이션 및 워크북 닫기
Workbook.Close SaveChanges:=False
ExcelApp.Quit
Set ExcelApp = Nothing
Set Workbook = Nothing
Set Worksheet = Nothing

End Sub
```

이 코드를 파워포인트의 VBA 에디터에 복사하고 붙여 넣으면 엑셀의 두 번째 행부터 마지막 행까지의 데이터를 첫 번째 슬라이드를 복사하여 파워포인트에 올바르게 삽입할 수 있습니다.

3 적용하기

- **활동 소감 나누기**

67 인공지능교육 체험 주간 운영을 위한 학년별 행사 자료를 ChatGPT에게 추천받기

① 활용 미리보기

활용 형태	업무활용	준비물	PC 또는 노트북

활용 주제	ChatGPT와 함께 인공지능교육 체험 주간 운영을 위한 학년별 행사 자료 추천받기

관련 성취 기준

인공지능교육 체험 주간의 의미와 목적을 이해하고 적절한 학년별 행사 계획을 세운다.

시작하며

＊ 업무 활용에서 ChatGPT를 활용하여 인공지능교육 체험 주간 운영 계획을 작성합니다.
첫 번째 활용에서는 ChatGPT와 함께 인공지능교육 체험 주간 자료를 찾아봅니다. 교사는 ChatGPT에게 인공지능교육 체험 주간에 할 수 있는 활동에 대한 질문을 요청합니다. 학교 여건 및 학년에 따라 진행할 수 있는 활동을 찾을 수 있도록 구체적인 질문을 합니다.
두 번째 활용에서는 인공지능교육 체험 주간 행사를 계획합니다. ChatGPT의 답변을 참고하여 학교 및 학생 수준에 맞는 인공지능 체험 주간 행사를 계획합니다. 계획한 행사를 사전에 해당 학년 교사에게 공유하여 적합성 여부를 확인할 수 있도록 합니다.

활용의 흐름 한눈에 살펴보기

생각하기	⋯⋯⋯	다양한 업무 분야에 활용되는 ChatGPT 살펴보기
활용1	⋯⋯⋯	ChatGPT와 함께 인공지능교육 체험 주간 자료 찾기
활용2	⋯⋯⋯	인공지능교육 체험 주간 행사 계획하기
적용하기	⋯⋯⋯	인공지능교육 체험 주간 행사 안내하기

활용 전 생각해보기

♥ 교사는 ChatGPT가 제시한 사이트(링크)를 사전에 모두 확인하여 사이트(링크) 접속 여부를 반드시 확인합니다.
♥ ChatGPT의 답변을 참고하여 학교 여건 및 학년에 맞는 행사를 결정합니다.

② 업무 활용 톺아보기

업무 활용 흐름을 자세히 살펴보겠습니다.

1 생각하기

- **다양한 업무 분야에 활용되는 ChatGPT 살펴보기**
  - 개요 작성, 목차 정리, 이미지 생성 및 이미지를 답변으로 요청하는 방법 등 다양한 활용 방안을 살펴봅시다.

2 활용하기

활용1 **ChatGPT와 함께 인공지능교육 체험 주간 자료 찾기**

- **ChatGPT에게 인공지능교육 체험 주간에 할 수 있는 다양한 활동에 대한 설명 요청하기**
  ※ 교사가 ChatGPT에게 인공지능교육과 관련된 다양한 활동을 요청합니다.

인공지능교육 주간에 초등학교에서 진행할 수 있는 체험 활동을 알려줘.

인공지능(AI) 교육 주간에 초등학생을 대상으로 진행할 수 있는 체험 활동을 계획하실 때, 학생들의 이해 수준과 흥미를 고려하는 것이 중요합니다. 다음은 몇 가지 활동 아이디어입니다.

1. 인공지능 개념 소개
   학생들에게 인공지능이 무엇인지, 어떻게 작동하는지를 쉽게 이해할 수 있도록 설명해주는 시간을 가집니다. 인공지능의 역사와 발전 과정에 대해서도 간략하게 소개합니다.

2. 인공지능을 활용한 게임 체험
   학생들이 인공지능과 상호작용할 수 있는 게임을 체험할 수 있도록 합니다. 예를 들어, 인공지능과 대화를 나눌 수 있는 챗봇 게임이나 인공지능이 상대인 보드 게임 등을 준비합니다.

3. 인공지능 도구 체험
   인공지능 기술이 적용된 도구를 사용해보는 시간을 가집니다. 예를 들어, AI 스피커를 활용해 날씨 정보를 얻거나 간단한 질문에 답변하는 활동을 할 수 있습니다.

4. 코딩 체험
   간단한 인공지능 알고리즘을 구현할 수 있는 코딩 활동을 진행합니다. 블록 코딩과 같은 초등학생이 이해하기 쉬운 도구를 사용하여 AI기반 프로젝트를 만들어 볼 수 있습니다.

5. 로봇 체험
   인공지능이 탑재된 로봇을 사용해보는 활동을 진행합니다. 학생들은 로봇을 조종하거나, 로봇이 인공지능 기술을 통해 어떻게 작동하는지 체험할 수 있습니다.

6. 인공지능과 창의력 발휘

인공지능을 활용한 그림, 글쓰기, 음악 등의 창의적인 활동을 진행합니다. 예를 들어, 인공지능과 함께 그림을 그리거나, 음악을 만들어 보는 등의 활동을 할 수 있습니다.

7. 인공지능의 영향 토론

학생들과 함께 인공지능이 사회, 경제, 일상생활 등에 어떤 영향을 미칠지에 대해 토론하는 시간을 가집니다. 인공지능의 장점과 단점, 그리고 도덕적, 윤리적 측면을 함께 논의합니다.

8. 영화나 동영상 시청

AI와 관련된 어린이 친화적인 영화나 다큐멘터리를 시청하고, 그 내용에 대해 토론합니다.

이러한 활동들은 학생들에게 인공지능에 대한 기본적인 이해를 제공하고, 기술에 대한 흥미를 유발하는 데 도움이 될 것입니다.

- **ChatGPT에게 인공지능교육 체험 주간에 할 수 있는 학년별 활동에 대한 추가 질문하기**

※ 초등학교에서는 텍스트 기반 코딩 프로그램은 다루지 않으므로 체험활동에서 제외합니다.

 추천해 준 활동을 학년별로 다시 세분화해서 제시해줘. 1학년부터 6학년까지 학생 연령과 경험에 맞는 체험 활동을 표에 넣어 2가지 제시해줘. 인공지능 개념에 대한 소개는 활동에 넣지 말아줘.

 초등학교 1학년부터 6학년까지의 학생들을 위한 인공지능 관련 체험 활동을 학년별로 세분화하여 제시하겠습니다. 각 학년의 발달 단계와 경험에 맞춘 활동을 2가지씩 포함시키겠습니다.

학년	체험활동 1	체험활동 2
1학년	인공지능 도구 체험 (AI 스피커로 간단한 이야기 듣기)	인공지능 활용 게임 체험 (예: 그림 맞추기, 동물 이름 맞추기)
2학년	인공지능 도구 체험 (AI 스피커로 간단한 질문-답변 활동)	인공지능 활용 게임 체험 (예: 단어 맞추기, 퍼즐 맞추기)
3학년	인공지능 활용 게임 체험 (보드게임, 퀴즈게임)	로봇 체험 (간단한 조립 및 동작 체험)
4학년	코딩 체험 (블록 코딩을 활용한 간단한 프로젝트)	인공지능과 창의력 발휘 (AI와 함께 그림 그리기, 음악 만들기 등)
5학년	코딩 체험 (블록 코딩을 활용한 인공지능 프로젝트)	인공지능과 창의력 발휘 (AI를 활용한 작문, 디자인 등)
6학년	코딩 체험 (텍스트 기반 코딩을 활용한 인공지능 프로젝트)	AI 윤리 토론 (인공지능의 긍정적 및 부정적 측면에 대해 토론하고, 책임 있는 사용에 대해 논의하기)

- **ChatGPT에게 체험활동을 할 수 있는 사이트 대한 추가 질문하기**

  ※ ChatGPT가 제시한 활동 중 학교 여건에 따라 진행할 수 있는 활동을 찾고 더 구체적인 질문을 합니다.

 우리 학교에는 로봇이 없어. 로봇 관련 체험 대신 태블릿PC로 학생들이 인공지능을 체험할 수 있는 사이트를 제시해줘.

 로봇이 없는 경우, 태블릿PC를 사용하여 학생들이 인공지능을 체험할 수 있는 다양한 웹사이트와 애플리케이션을 활용할 수 있습니다.

1. Quick, Draw! (https://quickdraw.withgoogle.com/): 인공지능이 사용자가 그린 그림을 추측하는 그림 게임
2. 오토드로우 (https://www.autodraw.com/): 인공지능이 사용자의 스케치를 인식하고 완성도 있는 그림으로 변환해주는 웹사이트
3. 인공지능 스크래치(https://scratch.mit.edu/):MIT에서 개발한 인공 지능 블록 코딩 툴로, 초등학생들이 인공지능과 관련된 프로젝트를 만들 수 있습니다.
4. 크롬 뮤직 랩(https://musiclab.chromeexperiments.com/): 구글 크롬 음악 실험실에서 제공하는 인공지능을 활용한 음악 만들기 툴
5. Blockly Games (https://blockly.games/): 블록 기반 프로그래밍을 통해 기본적인 프로그래밍 개념과 인공지능에 대한 이해를 키울 수 있는 게임들을 제공합니다.

위 사이트들은 대부분 한국어를 지원하며 초등학교 학생들이 사용하기에 적합한 리소스를 제공합니다. 그러나 일부 사이트는 다소 어려운 기능이나 내용이 포함되어 있을 수 있으므로, 선생님이나 부모님의 도움이 필요할 수도 있습니다.

활용2 **인공지능교육 체험 주간 행사 계획하기**

- **ChatGPT의 답변을 참고하여 우리 학교 여건과 학년별 학생 수준에 맞는 인공지능 체험 주간 행사 계획하기**

  ※ 행사 계획 과정에서 체험 사이트와 체험 내용, 방법을 사전에 해당 학년 교사에게 공유하여 적합성 여부를 확인합니다.

공통	• 인공지능 개념 소개하기 • 인공지능 관련 단어로 사행시 짓기	3학년	• AI와 함께 음악 만들고 발표하기 (크롬 음악 실험실)
1학년	• AI 스피커가 들려주는 동화책 읽기 • AI와 함께 그림 맞추기(퀵 드로우)	4학년	• 인공지능 모델 학습 체험하기 (티처블 머신)
2학년	• AI 스피커에게 질문하고 답 듣기 • AI와 함께 그림 그리기(오토드로우)	5학년 ~6학년	• 블록 코딩 프로그램 체험하기 (엔트리 / 스크래치)

---

3 적용하기

- **인공지능교육 체험 주간 행사 안내하기**

ChatGPT와 함께 수업 자료 제작하기

① 활용 미리보기

활용 형태	업무활용	준비물	PC 또는 노트북

활용 주제	ChatGPT와 함께 수업 자료 제작하기

관련 성취 기준

인공지능과 함께 교육 내용을 구상하고 이를 활용해 교육용 프레젠테이션 자료를 만든다.

시작하며

＊**업무 활용에서 ChatGPT를 활용하여 교육 내용을 구상하고 교육용 프레젠테이션 자료를 제작합니다.**

ChatGPT를 활용하여 프레젠테이션 자료 목록을 구상합니다. 교사는 ChatGPT에게 초등학교 환경 교육에 활용할 수 있을만한 프레젠테이션 목록과 내용들을 질문하여 알아봅니다. 이어서 **ChatGPT와 함께 프레젠테이션 슬라이드를 제작합니다.** ChatGPT를 활용하여 원하는 형태의 프레젠테이션 슬라이드를 꾸밀 수 있는 VBA 코드를 작성합니다. 마지막으로 앞서 **제작한 슬라이드 형식과 내용들을 정리하여 교육 자료를 완성하여 마무리합니다.**

활용의 흐름 한눈에 살펴보기

생각하기	………	업무 분야에 활용 가능한 ChatGPT의 기능 알아보기
활용1	………	ChatGPT와 함께 프레젠테이션 자료 목록 구상하기
활용2	………	ChatGPT와 함께 프레젠테이션 슬라이드 제작하기
활용3	………	ChatGPT와 함께 프레젠테이션 완성하기
적용하기	………	완성한 프레젠테이션을 활용해 환경 교육 실시하기

활용 전 생각해보기

♥ 교사는 ChatGPT가 대답하는 내용을 그대로 활용하지 않고 대답 내용의 사실 여부를 확인하여 정확한 내용을 기반으로 수업 자료를 만들 수 있도록 합니다.

♥ ChatGPT가 만들어 준 VBA 코드를 프레젠테이션에서 실행 시 오류가 발생할 수 있습니다. 오류가 발생한 경우 해당 코드를 복사하여 ChatGPT에게 수정을 요청하면 수정된 코드를 제공받을 수 있습니다.

② 업무 활용 톺아보기

업무 활용 흐름을 자세히 살펴보겠습니다.

---

1 생각하기

- **업무 분야에 활용 가능한 ChatGPT의 기능 알아보기**
  - 교육용 자료의 목록, 내용 추천, 개요 정리 등의 기능 알아봅시다.

---

2 활용하기

활용1 ChatGPT와 함께 프레젠테이션 자료 목록 구상하기

- **초등학교 환경 교육에 활용할 수 있는 프레젠테이션 목록과 내용을 알아보기**

초등학생 대상의 환경 교육용 프레젠테이션을 만들려고 해.
5가지의 목록과 내용을 추천해 줘.

환경 교육용 프레젠테이션을 만들기 위한 5가지 주요 목록과 내용은 다음과 같습니다:

1. 지구의 환경 이해하기
   - 지구의 구조와 생태계를 소개
   - 자연 자원의 중요성과 그 역할
   - 기후 변화의 개념 및 원인
2. 폐기물 관리와 재활용
   - 일상에서 발생하는 다양한 종류의 폐기물 소개
   - 분리수거의 중요성과 방법
   - 재활용의 종류와 그 과정
   - 무분별한 폐기물 배출이 환경에 미치는 영향
3. 에너지 절약과 친환경 에너지
   - 에너지 절약의 중요성과 방법
   - 친환경 에너지의 종류 (태양열, 풍력, 수력 등)
   - 에너지 효율과 지속 가능한 에너지 소비의 필요성
4. 자연 보호와 생물다양성
   - 동식물의 다양성과 그 중요성
   - 멸종 위기 동식물 소개 및 그 원인
   - 국립공원, 도립공원 등의 보호구역의 역할
   - 생태계 보호를 위한 일상에서의 실천 방법

5. 환경 보호를 위한 우리의 역할
   - 환경 친화적인 생활 습관 (물 절약, 에너지 절약 등)
   - 환경 보호 캠페인에 참여하기
   - 가정에서 실천할 수 있는 친환경 활동
   - 환경 보호를 위한 다양한 기관 및 자원 활용

이러한 주제들을 포함한 프레젠테이션을 통해 초등학생들에게 환경 보호의 중요성과 실천 방법을 이해시킬 수 있습니다. 각 주제에 대한 예시와 그림, 동영상 등 다양한 자료를 사용하여 흥미롭게 설명하는 것이 좋습니다.

 ChatGPT와 함께 프레젠테이션 슬라이드 제작하기

- **ChatGPT와 함께 원하는 프레젠테이션 슬라이드를 꾸밀 수 있는 VBA 코드 작성하기**

  (※ VBA 코드 요청 시 슬라이드 내의 형태와 서식에 대해 자세하게 설명해야 내가 원하는 슬라이드를 생성할 수 있는 코드를 얻을 수 있습니다.)

 추천해 준 목록과 내용으로 프레젠테이션 슬라이드 5개를 만드는 vba코드를 알려줘. 각각의 목록과 내용이 각각의 슬라이드에 들어가게 해줘. 그리고 목록은 초록색에 글자 크기 20으로 해줘. 그리고 내용은 갈색에 글자 크기 15로 들어가게 해줘.

 VBA 코드를 사용하여 프레젠테이션에 슬라이드 5개를 만들고, 각각의 목록과 내용을 입력할 수 있습니다. 다음은 요청한 스타일로 슬라이드를 만드는 VBA 코드입니다.

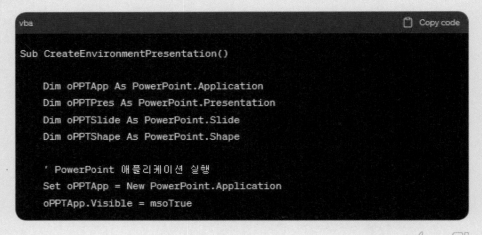

```vba
Sub CreateEnvironmentPresentation()

    Dim oPPTApp As PowerPoint.Application
    Dim oPPTPres As PowerPoint.Presentation
    Dim oPPTSlide As PowerPoint.Slide
    Dim oPPTShape As PowerPoint.Shape

    ' PowerPoint 애플리케이션 실행
    Set oPPTApp = New PowerPoint.Application
    oPPTApp.Visible = msoTrue
```

- **ChatGPT가 답변한 코드를 활용하여 프레젠테이션 슬라이드 제작하기**
  - 프레젠테이션을 실행하고 빈 문서에서 'Alt + F11' 키를 눌러 인공지능이 제작한 코드를 입력하고 생성된 슬라이드를 확인합니다.

지구의 환경 이해하기

- 지구의 구조와 생태계를 소개
- 자연 자원의 중요성과 그 역할
- 기후 변화의 개념 및 원인

폐기물 관리와 재활용

- 일상에서 발생하는 다양한 종류의 폐기물 소개
- 분리수거의 중요성과 방법
- 재활용의 종류와 그 과정
- 무분별한 폐기물 배출이 환경에 미치는 영향

활용3 ChatGPT와 함께 프레젠테이션 완성하기

- **ChatGPT와 함께 프레젠테이션 발표 자료를 채울 내용을 조사하고 이를 바탕으로 프레젠테이션 완성하기**

  (※ 인공지능이 제시하는 내용들의 사실 여부를 확인하여 정확한 정보만을 활용해 교육 자료를 제작합니다.)

 지구의 구조와 생태계를 초등학생에게 소개하는 글을 써줘.

 제목: 지구의 구조와 생태계 이해하기
안녕, 친구들! 오늘은 지구의 구조와 생태계에 대해 알아볼 거야. 지구는 우주에서 특별한 곳이야. 왜냐하면 지금까지 알려진 중에서는 우리가 살 수 있는 유일한 행성이기 때문이지. 그러니까 지구의 구조와 생태계를 배우는 것이 중요하다고 생각해.
지구는 크게 3개의 부분으로 나뉘어져 있어. 그것은 지구의 층으로 알려져 있지. 첫 번째는 지구의 가장 안쪽 부분인 '내핵'이야. 여기는 정말 뜨거운 철과 니켈로 이루어져 있어. 두 번째는 '외핵'으로, 내핵 주변을 감싸고 있는 뜨거운 액체 금속 층이야. 그리고 마지막으로 '지각'이라고 불리는 바깥쪽 지층이 있어. 지각은 여러 개의 큰 조각, 즉 대륙과 바다로 나뉘어져 있어. 등

- **내용에 어울리는 그림과 자료를 넣어 프레젠테이션 완성하기**

---

3 적용하기

- **완성한 프레젠테이션을 활용해 환경 교육 실시하기**

학교 교육 계획 수립을 위한 설문지 만들기

① 활용 미리보기

활용 형태	업무활용	준비물	PC 또는 노트북

활용 주제 학교 교육 계획 수립을 위한 설문지 만들기

관련 성취 기준

인공지능을 활용하여 대상에 따른 설문지를 작성한다.

시작하며

＊ 업무 활용에서 ChatGPT를 활용하여 대상에 따른 설문지를 작성하는 수업입니다.

ChatGPT를 활용하면 설문 조사의 작성 과정을 간소화할 수 있고, 전문가 수준의 설문 조사를 쉽게 만들 수 있도록 도와줍니다. 이를 통해 업무 활용에서 학교 교육 계획 수립을 위한 설문지를 작성할 수 있습니다.

먼저, **학생 대상으로 학교 교육 계획 수립을 위한 설문지를 작성해봅니다.** ChatGPT의 답변을 참고하여 설문 문항을 재구성 합니다. 다음으로 **교직원 및 학부모 대상으로 학교 교육 계획 수립을 위한 설문지를 작성해봅니다.** ChatGPT에게 교직원과 학부모에게 설문할 내용을 각각 질문한 후, 설문 문항을 재구성합니다. 마지막에는 ChatGPT에게 추천받은 학생 대상의 설문지와 교직원 및 학부모의 설문지를 바탕으로 학교 교육과정 수립을 위한 설문지를 작성하고 배포합니다.

활용의 흐름 한눈에 살펴보기

생각하기	………	다양한 업무 분야에 활용되는 ChatGPT 살펴보기
활용1	………	학생 대상으로 학교 교육 계획 수립을 위한 설문지 작성하기
활용2	………	교직원 및 학부모 대상으로 학교 교육 계획 수립을 위한 설문지 작성하기
활용3	………	학교 교육 계획 수립을 위한 설문지 작성하기
적용하기	………	활동 소감 나누기

활용 전 생각해보기

♥ 교사는 ChatGPT 4.0가 제시하는 설문 문항 중에는 학급 규모나 학교급 등 학교 실정을 고려하지 않은 설문 문항이 존재하므로 각 학교의 실정에 맞도록 설문 문항을 수정합니다.

♥ ChatGPT의 답변 중 참고할 점을 반영하여 학교 교육 계획 수립을 위한 설문지 내용을 작성합니다.

② 업무 활용 톺아보기

업무 활용 흐름을 자세히 살펴보겠습니다.

---

1 │ 생각하기

- **다양한 업무 분야에 활용되는 ChatGPT 살펴보기**

  개요 작성, 목차 정리, 설문지 작성, 문서 작성 등 다양한 활용 방안을 살펴봅시다.

---

2 │ 활용하기

활용1 **학생 대상으로 학교 교육 계획 수립을 위한 설문지 작성하기**

- **ChatGPT에게 학생 대상으로 학교 교육 계획 수립을 위한 설문 문항 요청하기**

  ※ 교사는 학급 규모나 학교 실정에 맞게 설문 문항을 재구성하여 활용할 수 있도록 재구성할 수 있습니다.

학년 말 초등학교 학생 대상으로 학교 평가 설문지를 작성하려고 하는데 20가지 정도의 문항을 추천해줘.

학년 말에 초등학교 학생들 대상으로 학교 평가 설문지를 작성한다면, 아래와 같이 다양한 문항을 포함시킬 수 있습니다. 아래의 문항들은 학생들의 학교 생활, 학습 경험, 그리고 학교 환경에 대한 다양한 의견을 수집할 수 있도록 구성되어 있습니다.

1. 학교에 가는 것이 즐거우셨나요?
2. 선생님께서 친절하셨나요?
3. 학교에서 배운 내용이 재미있었나요?
4. 숙제의 난이도는 어떠셨나요?
5. 학교 식당의 음식은 맛있었나요?
6. 체육 수업은 재미있었나요?
7. 도서관 이용이 편리했나요?
8. 방과 후 활동은 어떠셨나요?
9. 학교 환경(청결, 안전 등)에 만족하셨나요?
10. 학교 버스 서비스에 만족하셨나요?
11. 선생님께서 수업을 잘 가르치셨나요?
12. 학교에서 친구들과 잘 지내셨나요?
13. 학교 행사(운동회, 학예회 등)는 재미있었나요?
14. 학교 생활 중 어려웠던 점은 무엇인가요?
15. 학교에서 더 배우고 싶었던 주제나 활동은 무엇인가요?

16. 학교에서 새로운 것을 배울 기회가 충분했나요?
17. 선생님과 소통하기 편리했나요?
18. 학교에서 더 개선되었으면 하는 점은 무엇인가요?
19. 학교에서 가장 즐거웠던 순간은 언제인가요?
20. 내년에도 이 학교에 다닌다면 어떤 것을 배우고 싶나요?

각 문항에 대한 답변은 객관식, 주관식, 혹은 5점 척도(매우 만족, 만족, 보통, 불만족, 매우 불만족) 등 다양한 형태로 작성될 수 있습니다.

활용2 **교직원 및 학부모 대상으로 학교 교육 계획 수립을 위한 설문지 작성하기**

• **ChatGPT에게 교직원 및 학부모 대상으로 학교 교육 계획 수립을 위한 설문 문항 요청하기**

   ※ 교사는 학급 규모나 학교 실정에 맞게 설문 문항을 재구성하여 활용할 수 있도록 재구성할 수 있습니다.

 교직원 및 학부모 대상으로 학교 교육 계획 수립을 위한 설문지를 작성하려고 하는데 각각 10가지 정도의 문항을 추천해 줘.

 교직원 및 학부모 대상으로 설문을 진행할 때는 그룹별로 다르게 문항을 구성하여 그들의 의견과 필요를 정확히 파악할 수 있어야 합니다.

교직원 대상 문항:
1. 현재 교육 커리큘럼이 교육 목표를 달성하기에 적절하다고 생각하시나요?
2. 학교는 교직원의 전문적인 발전을 지원하고 있나요?
3. 학생들에게 필요한 학습 자료와 자원이 충분히 제공되고 있나요?
4. 교육 환경(클래스룸, 공용 공간 등)이 적절하게 유지되고 있나요?
5. 학교의 평가 방법이 학생들의 학습을 정확히 반영하고 있다고 생각하시나요?
6. 교육 기술의 도입이 수업에 효과적으로 활용되고 있나요?
7. 학교는 교직원들의 의견을 충분히 수렴하고 있나요?
8. 교육의 질 향상을 위한 교직원 간 협력이 잘 이루어지고 있나요?
9. 학교의 교육 방향성에 만족하시나요?
10. 학교는 교직원의 복지를 충분히 보장하고 있나요?

학부모 대상 문항:
1. 귀하의 자녀가 학교에서 받는 교육에 만족하시나요?
2. 학교와 학부모 간의 소통이 원활하게 이루어지고 있다고 생각하시나요?
3. 학교 환경이 귀하의 자녀에게 안전하고 적응하기 좋다고 생각하시나요?
4. 학교는 자녀의 개별적인 학습 필요와 성향을 잘 고려하고 있나요?

5. 학교의 방과 후 프로그램과 활동이 다양하고 유익하다고 생각하시나요?
6. 학교의 학사 일정과 행사가 학부모와 학생에게 적절히 전달되고 있나요?
7. 귀하의 자녀의 학업 성취와 개인적 발전을 위한 추가 지원이 필요하다고 생각하시나요?
8. 학교의 교육 목표와 가치관이 귀하의 기대와 일치하나요?
9. 학부모 참여 활동이나 회의가 충분히 개최되고 있나요?
10. 귀하의 자녀가 학교 생활에서 즐거움과 만족감을 느끼고 있나요?

이 문항들을 통해 교직원과 학부모로부터 학교 교육 계획 수립에 대한 귀중한 의견을 얻을 수 있을 것입니다.

활용3 학교 교육 계획 수립을 위한 설문지 작성하기

• ChatGPT가 추천하는 설문 문항을 참고하여 학교 교육 계획 수립을 위한 설문지 작성하기

학교교육과정 수립을 위한 설문(학생용)

안녕하십니까, 귀중한 시간을 내어 이 설문지에 참여해주셔서 감사합니다. 본 설문의 목적은 학교 교육 계획 수립을 위해 교직원, 학부모, 그리고 학생들의 의견과 제안을 수집하고자 하는 것입니다. 답변은 통계적인 목적으로만 사용됩니다. 각 문항에 성실히 답변해주시길 부탁드립니다.

1. 현재 학교생활에 어느 정도 만족하나요?
   ① 매우그렇다 ② 그렇다 ③ 보통이다 ④ 아니다 ⑤ 전혀아니다

2. 학교 교육으로 배움이 향상되고 생활습관이 긍정적으로 변화되고 있나요?
   ① 매우그렇다 ② 그렇다 ③ 보통이다 ④ 아니다 ⑤ 전혀아니다

3. 선생님께서는 우리를 위해 친절하게 잘 가르치셨나요?
   ① 매우그렇다 ② 그렇다 ③ 보통이다 ④ 아니다 ⑤ 전혀아니다

3 적용하기

• 완성한 설문 문항을 활용해 학교 교육 계획 수립을 위한 설문 조사 실시하기

70 ChatGPT와 함께 자녀의 올바른 독서 습관을 기르기

① 활용 미리보기

활용 형태	학부모 연수	준비물	PC 또는 노트북

활용 주제 ChatGPT와 함께 올바른 독서 습관 형성하기

관련 성취 기준

ChatGPT를 활용하여 올바른 독서 습관을 형성한다.

시작하며

＊ **학부모가 ChatGPT를 활용하여 자녀의 올바른 독서 습관을 길러주는 방법에 대한 보호자 연수입니다.**

독서는 다양한 정보와 지식·교양을 쌓을 수 있는 효과적인 학습 방법입니다. 그러나 무작정 독서를 권하기만 한다면 아이들은 독서를 시작하기도 전에 거부감을 느낄 수 있습니다. 또한 부모의 입장에서 자녀 수준에 맞는 책의 종류나 독서 방법을 찾는 것은 쉬운 일이 아닙니다. 이 때, ChatGPT를 활용하면 자녀에게 적합한 도서를 찾거나, 자녀의 올바른 독서 습관을 형성하는데 도움을 받을 수도 있습니다.

이번에는 ChatGPT를 활용하여 자녀의 올바른 독서 습관에 도움을 줄 수 있는 방법에 대해 알아보겠습니다.

활용의 흐름 한눈에 살펴보기

생각하기	………	독서 습관의 중요성에 대해 알아보기
활용1	………	ChatGPT와 함께 올바른 독서 습관을 형성하는 방법 알아보기
활용2	………	자녀에게 적합한 추천 도서 살펴보기
활용3	………	ChatGPT와 함께 올바른 독서 생활 실천하기
적용하기	………	활동 소감 나누기

활용 전 생각해보기

♥ 보호자는 ChatGPT에게 질문을 할 때, 맥락과 상황에 대해 정확하고 구체적으로 질문하도록 합니다.

② 활용 톺아보기

활용 방법을 자세히 살펴보겠습니다.

---

1 생각하기

- **독서 습관의 중요성에 대해 알아보기**
  - 미래 사회에서 독서 습관이 중요한 이유를 알아봅시다.
    ※ 보호자는 평소 자녀의 독서 습관을 떠올려 봅니다. 이 활동은 보호자와 자녀가 함께 이야기를 통해 할 수 있습니다.

---

2 활용하기

 ChatGPT와 함께 올바른 독서 습관을 형성하는 방법 알아보기

- **자녀의 현재 독서 습관을 바탕으로, 올바른 독서 습관을 형성하기 위한 방법 알아보기**
  ※ ChatGPT에게 질문할 때는 자녀의 독서 습관과 관련된 상황이나 단서를 구체적으로 질문할수록 정확한 답변이 제공됩니다.

 자녀가 책을 읽을 때 오래 읽지 못하고, 책 읽는 중간에 집중을 못하는데, 도움을 줄 수 있을까?

 아이의 집중력을 향상시키기 위해 몇 가지 방법을 시도해 볼 수 있습니다. 아래의 제안들은 아이가 책 읽기를 더 즐길 수 있게 도와주고, 오래 읽을 수 있는 집중력을 높이는 데 도움이 될 수 있습니다.

1. **적절한 난이도의 책 선택:** 아이에게 맞는 난이도의 책을 선택하면 이해하기 쉽고 흥미를 유지할 수 있습니다. 너무 쉬운 책은 지루할 수 있고, 어려운 책은 이해하기 힘들어 집중을 잃을 수 있습니다.
2. **조용한 공간 제공:** 조용한 공간을 제공하여 아이가 외부의 소음이나 자극으로부터 도움을 받을 수 있게 해주세요.
3. **일정한 시간 확보:** 매일 정해진 시간에 책을 읽도록 권장하여 일상의 습관으로 만들어 주세요.
4. **읽기를 즐겁게:** 아이의 관심사에 맞는 책을 고르거나, 아이와 함께 읽어주며 이야기를 나누어 읽기를 즐겁게 만들어 주세요.
5. **독서 목표 설정:** 아이와 함께 독서 목표를 설정하고, 목표를 달성할 때마다 작은 보상을 제공하여 독서에 대한 동기를 부여해주세요.
6. **짧은 시간 동안 집중:** 아이가 한 번에 오래 읽지 못한다면, 짧은 시간 동안 집중하도록 하고 점차 시간을 늘려갈 수 있습니다.

7. 책을 읽는 아이의 모습 칭찬: 아이가 책을 읽을 때 긍정적인 피드백을 주고 칭찬해주세요. 이를 통해 자신감을 키우고 독서에 대한 긍정적인 인식을 갖게 합니다.
8. 독서 클럽이나 프로그램 참여: 독서 클럽이나 도서관에서 주최하는 독서 프로그램에 참여시켜 다른 아이들과 함께 읽고 이야기를 나눌 기회를 만들어 주세요.

이러한 방법들을 시도해 보면 아이의 집중력을 향상시키고, 책 읽기를 더 오래 할 수 있도록 도와 줄 것입니다.

활용2 **자녀에게 적합한 추천 도서 살펴보기**

- **ChatGPT를 활용하여 자녀에게 적합한 추천도서 요청하기**

  ※ ChatGPT에게 책을 추천하는 이유를 함께 질문하여 자녀와 함께 ChatGPT의 답변을 살펴보고 읽을 책을 직접 선택하게 할 수 있습니다.

 교사   초등학생이 읽을 만한 추천 도서와 추천 이유를 알려줘.

    물론이죠! 초등학생이 읽을 만한 도서를 몇 권 추천하고 그 이유도 함께 설명하겠습니다:

1. "어린 왕자" (작가: 앙투안 드 생텍쥐페리)
   - 추천 이유: 이 책은 어린이와 어른 모두에게 인기가 있습니다. 깊은 의미와 메시지를 담고 있어, 여러 번 읽을수록 다양한 해석과 감동을 받을 수 있습니다.
2. "해리 포터" 시리즈 (작가: J.K. 롤링)
   - 추천 이유: 마법의 세계와 모험을 통해 우정, 사랑, 용기 등의 가치를 배울 수 있습니다. 또한, 흥미진진한 스토리로 독서에 흥미를 느끼게 해줍니다.
3. "나니아 연대기" 시리즈 (작가: C.S. 루이스)
   - 추천 이유: 판타지의 세계에서 벌어지는 모험을 통해 선과 악, 용기, 희생 등의 주제를 다룹니다. 독자는 이야기 속에서 다양한 가치관을 배울 수 있습니다.
4. "빨간 머리 앤" (작가: 루시 모드 몽고메리)
   - 추천 이유: 주인공 앤의 밝고 긍정적인 에너지, 그리고 그녀의 상상력을 통해 자연과 인간의 관계, 진정한 우정의 의미 등을 배울 수 있습니다.
5. "구름빵" (작가: 백희나)
   - 추천 이유: 아름다운 그림과 함께, 가족의 소중함과 사랑에 대한 이야기를 담고 있습니다. 아이들에게 가족의 의미와 사랑에 대해 생각해보게 만드는 좋은 책입니다.

이 외에도 많은 좋은 도서들이 있습니다. 아이의 관심사와 성향에 따라 적합한 도서를 선택하는 것이 중요합니다.

활용3 **ChatGPT와 함께 올바른 독서 생활 실천하기**

• **ChatGPT와 함께 올바른 독서 습관을 실천하기 위한 표 만들기**

※ ChatGPT에게 표의 내용 및 형식은 자녀의 수준 및 흥미를 고려하여 수정하여 요청할 수 있습니다.

 올바른 독서 습관을 기록할 수 있는 표를 만들어 줘.

 올바른 독서 습관을 기록하고 추적할 수 있는 표를 만드는 것은 좋은 아이디어입니다. 이러한 표를 사용하면 독서 목표를 세우고, 독서 시간을 추적하며, 독서한 책을 기록할 수 있습니다.
아래에 간단한 표를 제시하였습니다:

날짜	독서 시간	완료한 페이지	책 제목	저자	간략한 내용 및 소감
2023-05-11	30분	1-30	예시 책 제목	예시 저자	이 책은 매우 흥미로웠다. 내용은...
2023-05-12	45분	31-60	예시 책 제목	예시 저자	책의 이 부분은 조금 어려웠다. 전체적으로...
2023-05-13	1시간	1-40	또 다른 예시 책 제목	또 다른 예시 저자	이 책은 교훈이 많았다. 특히...

표를 더욱 풍부하게 만들고 싶다면, 각 책의 장르, 주요 인물, 인상 깊었던 인용구 등을 추가할 수도 있습니다.
이 표를 사용하여 독서 습관을 개선하고 독서 경험을 풍부하게 만드세요!

---

3 **적용하기**

• **자녀와 활동 소감 나누기**

선생님을 위한 **챗GPT 수업 지침서**

집필 · 심민정, 김선정, 김성원, 김준수, 김지혜, 나준영, 송재원,
   신승진, 양은지, 우인숙, 이병우, 이예슬, 최수성, 한성희 등 14인

표지디자인 · ㈜다츠

내지디자인 · 엘림

맥편집 · 엘림

영업 · 한기영, 이경구, 박인규, 정철교, 김남준, 이우현

마케팅 · 박혜선, 남경진, 이지원, 김여진

펴낸이 · 주민홍

펴낸곳 · 서울시 마포구 월드컵북로 396(상암동) 누리꿈스퀘어 비즈니스타워 10층
   ㈜NE능률 (우편번호 03925)

펴낸날 · 2023년 12월 29일 초판 제 1쇄

전화 · 02-2014-7114

팩스 · 02-3142-0357